暴走する日本軍兵士

帝国を崩壊させた明治維新の「バグ」

ダニ・オルバフ――著
長尾莉紗／杉田　真――訳

朝日新聞出版

目次

暴走する日本軍兵士——帝国を崩壊させた明治維新の「バグ」

最も我国を悩まし、遂に今日の悲惨な状態に迄持ち来らしめた所の［陸軍の］下剋上。

（極東国際軍事裁判研究会編『木戸日記——木戸被告人宣誓供述書全文』より）

謝辞

本書は、家族、友人、教師、同僚の多大なる協力なしには完成することはなかった。彼らに対して心から感謝している。

はじめに、私の愛する家族、とりわけたくさんの助言と励ましをくれた母リリー・オルバフに深い感謝を。次に、この困難な旅の案内役を務めてくれた先生たち（教師、教授、指導教官）に対して謝意を伝えたい。テルアビブ大学のイリット・アベルブフは私の日本史に通じる扉を最初に開いてくれた。アンドルー・ゴードンは各章を丹念に読み、広範囲にわたる意見と助言を与えてくれた。特に感謝しているのは、彼の限りない忍耐心と助力によって、私の漫然とした考えが首尾一貫した主張になったことだ。デイビッド・ハウェルの鋭い批評は、本書の冗漫な箇所を削除し、議論を磨き上げることに役立った。世界軍事史という広い背景についてのキャサル・ノランの賢明な意見、支援、そして洞察は、非常に貴重だった。ニーアル・ファーガソンの鋭い感想も助けになった。彼の軍事学、政治力学、歴史哲学に関する独自の見解は特に役に立った。

献身的なエージェントのアンドリュー・ロウニーは、国際的な書籍市場という荒れ狂う海原の中でも、しっかりと舵を取り、本書を出版へと導いてくれた。私がこれまで出会った中で最も優秀な校閲者であるネッド・ペナント＝リーには、本書のいくつかの章で尽力してもらった。私はまた、コーネル大学出版局の出版チームに対しても深い恩義がある。特に編集者のロジャー・マルコム・ヘイドンは、校閲の初期段階から本書の価値を信じ、質の向上に多大な貢献をしてくれた。

記録文書の調査のために日本をはじめて訪れたとき、私は深刻な言語上の問題に遭遇した。多くの一次史料、とりわけ一九世紀の文書は、私にはお手上げだった。近代日本に関する知識は持ち合わせていたが、これらの文書は古語が使われ、殴り書きで綴られているものが多かったため、解読が難しかったのだ。一次史料の読解を手伝ってくれた友人たち、先生たちには、感謝の気持ちしかない。東京大学教授で著名な軍事歴史学者の野島（加藤）陽子氏は、一次・二次史料の迷路に迷い込んだ私の手を引いてくれた最初の人だった。私は、大学院生の團藤充己《だんどうみつき》氏から、一九世紀の日本という複雑だが非常に興味深い世界の手ほどきを受け、筆跡の解読を手伝ってもらい、さらに「時代のメンタリティ」がもつ数々の機微を教えてもらった。ウェスレイ・ヤコブセン、宇田川彩、吉江弘和の三氏は、言葉の壁を乗り越えるために力になってもらった。

私はまた、特定の章で手助けをしてくれた学者たちにも感謝している。日本の宗教・軍事史の専門家である小《お》川原《がわら》正道《まさみち》氏は、幕末志士の世界の最初のガイド役を務めてくれた。ライナー・ヘッセリンクとカーター・エッカートは、自身の蔵書から原本を快く貸してくれた。これにより、同様の問題の調査が大いにはかどった。彼らの助力なしには、本書の第一章、すなわち残りの大部分の根幹をなす部分の完成さえ難しかっただろう。汎アジア主義と近代日本陸軍史の専門家であるスヴェン・サーラは、大正政変に関する貴重な手がかりと意見を与えてくれた。ジェミル・アイドゥンのおかげで、桜会の指導者である橋本欣五郎《きんごろう》とトルコとの関係についての知識を得ることができた。

オレグ・ベネシュは、原稿改訂のための非常に有用な助言を与えてくれた。友人たち——コンラッド・ローソン、D・コリン・ジョーンドリル、ジェレミー・イエレン、ビルギット・トレムル、吉江弘和、ジョリオン・トーマス、チョン・ウェイイー、ジョン・リー、ルート・ハラリ、エマー・オドワイヤー、マーレン・エーラス、アンドリュー・レビディス——には、有益な支援と建設的な批評をしてもらった。彼らの洞察と意見のおかげで、私は自分の主張を磨き上げ、内容を豊かにすることができた。アストギク・ホワニシャンは、私がアメリカにいて日本へ行けなかったときに、東京から文献を取り寄せるのを手伝ってくれた。タチアナ・シンビルツェワのおかげで、閔妃《びんひ》暗殺に関するロシアの一次史料を手に入れることができた。元朝日新聞社主筆の船橋洋一氏には、日本の出版社を紹介してもらった。ヴェラ・バラノワは、手書きのロシア語文書の解読作業を快く手伝ってくれた。

私は、日々の調査に手を貸してくれたさまざまな公文書館、図書館、研究機関の職員にも感謝しなければならない。何よりもまずクニコ・マクヴェイに、そしてハーバード大学の燕京《イエンチン》図書館、ワイドナー記念図書館、ラモント図書館の職員たちに。また、東京大学図書館、国立国会図書館（とりわけ特別コレクション）、防衛研究所、外務省外交史料館、東京の国立公文書館、イギリス国立公文書館、アメリカ国立公文書館など多くの機関の文書館員、司書、職員たちにも感謝している。

最後になったが、助成金と研究フェローシップを快く提供してくれた学術財団・機関――ライシャワー日本研究所、アジアセンター、デイビスセンター（いずれもハーバード大学）と国際交流基金――にも感謝したい。

以上の人々および機関は、本書の価値を共有している。しかしながら、本書の誤りに対する責任はすべて私にある。

［凡例］

日付について

日付に関しては、理解しやすいように、日本とロシアの旧暦（それぞれ、一八七三年一月一日の前日までと一九一八年二月一日の前日まで）は、新暦（グレゴリオ暦）に変換している。日付の変換には、Funaba Calendar Application（http://www.funaba.org/calendar-conversion）を利用した。

一般読者の理解のため、訳者による補注を〔　〕に入れて加えた。史料に濁点、読みがなを加えた。

序論

一途に己が本分の忠節を守り、義は山岳よりも重く、
死は鴻毛よりも軽しと覚悟せよ

（『軍人勅諭』より）

欧米人の多くは、大日本帝国陸軍が権力に対して無批判に服従していたと考えている。太平洋戦争中、上官の命令で死へと突き進む日本兵の姿は敵側に知れ渡り、欧米人に「家畜の群れ」や「蜂の集団」といった不気味な印象を与えた。オーストラリア人の従軍記者は次のように書いている。「私が見た日本兵の多くは、うつろな目をした去勢牛のような連中だった。（中略）彼らは持ち場から離れずに命を落とした。そうしろと命令されたからだった。自分の頭で考えることができないのだ[1]」

これは極端な例だが、日本兵が規律にひたすら従うという話は一理ある。実際、軍部は上官命令への絶対的な服従を重要視した。すべての軍人、とりわけ一九二〇年代半ば以降の軍人に暗記が義務づけられ、即座に暗唱できなければならなかった『軍人勅諭』は次のように書かれている。「軍人は忠節を尽すを本分とすべし（中略）一途に己が本分の忠節を守り、義は山岳よりも重く、死は鴻毛よりも軽しと覚悟せよ[2]」。しばしば将校も、命令があればためらうことなく死へと突き進んだ。それは、日本が戦ったほとんどすべての戦争で、将校の死傷者がかなり出ていることからわかる。[3] 一八八〇年代にはじめて公布された陸軍刑法では、階級に関係なく命令違反をした将兵は厳罰に処す、と定められていた。[4]

それにもかかわらず、大日本帝国陸軍は、近代史上屈指の反抗的な軍隊であったと言っていいだろう。日本の将校は、再三にわたりクーデター、暴動、政治家の暗殺を起こした。この現象は一八七〇年代と一九三〇年代という二つのピークがあり、そのあいだの期間も、将校は政府や軍の最高司令部が下した命令に繰り返し抵抗しつづけた。クレイグ・M・キャメロンは、この「下位者が上位者を打倒」する下克上という現象は、「日本の軍隊文化を形づくるきわめて重要でユニークな概念である。（中略）中堅の参謀将校は、上官に逆らうことで国家政策を変えた。（中略）昭和天皇から最高司令部に至るまでの上位者は、自らの権威を回復することなく、何度も下位者の不服従に耐え、彼らの強引な手段を許容した」と書いている。[5]

この伝統は、日本近代史の非常に早い時期に始まった。一八七〇年代は動乱の時代で、反体制派の軍人、政治指導者、かつての武士は、たびたび暗殺計画や反乱を企て、ときには公然と反旗を翻すことさえあった。一九世紀末と一九一〇年代から二〇年代にかけて、将校は外国の指導者を暗殺し、政治危機のさなかに文民内閣を転覆させた。一九三〇年代になると、軍人の不服従はきわめて混沌とした形態になった。一九三一年、「桜会」という軍部のテロ組織が、日本政府をまるごと空爆で壊滅させようとした。その七カ月後、反体制派の将校が犬養毅《いぬかいつよし》首相を暗殺した。それに続くクーデターは失敗したが、軍内外の暴力を伴うさらなる混乱のきっかけとなった。一九三五年、派閥抗争により、中心的立場にあった将官が青年将校に斬殺された。

そしてついに、一九三六年二月の大規模な軍事的反乱の渦中に、国家統制は財政的に崩壊した。千人以上の軍人が往来を占領し、数名の政府首脳が邸宅で殺された。イギリスの特派員ヒュー・バイアスは、第二次世界大戦中に書かれた著作の中で、「暗殺政治」という表現を使っている。バイアスによると、一九三〇年代の将校は、暗殺を繰り返して文民政府を恐怖に陥れた。彼らは暴力で政治家を脅して外交政策の主導権を握り、際限のない軍拡へと舵を切り、しまいには太平洋戦争という最悪な事態へと突き進んでいった。(6)

日本軍人の不服従について研究した英語文献の中で、一九三〇年代の反乱について注目したものはごくわずかだ。おそらくそれは、第二次世界大戦が目前に迫っているからだろう。そうした数少ない文献からわかるのは、反逆や暗殺が、この時期の日本政治を語る上で欠かせない特徴になっていたということだ。(7) しかし、反逆や暗殺というどう考えても異常な行動が、エリート軍人のあいだで、当然のこととして広く受け入れられていたことを説明できた著者は一人もいない。一九三五年に将官を殺害した青年将校は、何事もなかったかのように次の任務を行おうとした。(8) 桜会に殺されかけた要人が首謀者に下した罰は、たった二五日間の謹慎処分だった。いやそれどころか、犯行グループは、将校団と一般大衆の両方から幅広い支持を得た。だが、支持者の中で、暗殺の原因の一端が軍部のややこしい議論や派閥抗争にあったことを知る者はほぼ皆無であったろう。彼らにとって重要なのは、暗殺者の「純粋な動機」だった。(9) 一九三〇年代前半の日本では、将校の暴力行為は、「真摯な」愛国心が動機である限り、正当化され、美化されたのだ。

日本軍についての主要な歴史学者が最近認めたように、一九三〇年代における大日本帝国陸軍の反逆精神の根底にあるものは、依然として謎に包まれている。[10]その謎を解く鍵は、過去数十年間の情勢の変化の中に存在する。日本において、軍人の反逆、抵抗、暗殺、陰謀がどのように当たり前になっていったのかを理解するには、軍人の不服従の歴史を知ることが不可欠だが、そのような長い期間の歴史は英語で書かれてこなかった。本書が初の試みである。

軍人の不服従によって引き起こされた事件は、散発的でも偶発的でもなく、深い根をもつ歴史パターン、すなわち一八六〇年代から一九三〇年代までの日本の軍隊社会の一要素であった反逆と抵抗の文化に基づいていた、というのが私の主張だ。この文化のルーツと変遷をたどりながら、次の四つの大きな特徴について説明しよう。第一に、この文化は、コンピュータプログラムの「バグ」に相当する、日本の政治形態の構造的な欠陥によるものであった。第二に、この文化は、為政者が別の目標を達成しようとして一見合理的な決断を下した結果、思いがけず進展した。第三に、この文化は両義的で、武力による反逆と微妙ですぐにはそれとはわからない抵抗とが結びついていた。第四に、反逆と抵抗は長年にわたって交互に繰り返し、一方が他方を育み、作り直すという互恵関係にあった。

ここでは「コンピュータプログラムのバグ」を、政治システムの基本構造の欠陥を指すメタファーとして使っている。コンピュータプログラムのバグと同様に、通常その欠陥は国家運営を妨げなかったが、ある状況において特定の条件が満たされた場合のみ、国家システム全体を最終的に弱体化させる深刻なエラーを引き起こした。第一のバグは、日本の政策に決して埋まることのない、反逆と抵抗が生まれるすき間を作り出し、日本の天皇制の本質と結びついていた。日本近代史学者の多くが認めているように、天皇の権威は、理論上は絶対だが、実際には非常に制限されていた。あとで詳しく論じるが、世間の目から隠されていた天皇は、自ら政策を決定することができなかった。しかし、天皇の「意向」は政治的正当性を表す最高のシンボルであったため、少数の指導者（「明治の元勲」として広く知られている）は、天皇の名を利用して国の実権を握った。

しかし、この支配集団はある問題に直面した。公式には、天皇が政策決定者であり、元勲は天皇の助言者にすぎなかったのだ。そこで、天皇優位のイメージを維持するために、元勲は事実上の国の支配者である自分たちの地位を正当化しなかった。このような状況は、軍内外の反体制派にとって、無限に政府を批判できるということだった。反体制派は、自分たちのほうが、非公式に権力を保持している者たちよりも、天皇の隠された意向を体現している、といつでも主張できたのだ。あとで見ていくが、彼らは一八七七年の西南戦争から一九三六年二月二六日のクーデターに至るまで、何度となくそのように主張した。こうした軍の蜂起は、他の不服従の行為と同様に、国の支配者に対して行われたものであり、天皇や国家に対しての反対行為はほとんどなかった。最も暴力的な形態をとった軍隊の反逆や抵抗でさえ、天皇を支持し、愛国的であったのだ。

第二のバグは、軍人の反逆や抵抗への対処を難しくした。それは、国家イデオロギーのある種の特徴と関係があったからだ。明治政府の基本方針は富国強兵だった。そのため、軍部の反体制派は、政府よりも迅速かつ毅然とした態度で独自に帝国拡大の道を突き進むことで、反対姿勢を明確に打ち出すことができた。そのような軍人の態度は、しばしば他国への未承認の軍事行動という形を取った。政府は、国家イデオロギーとして不断の領土拡大を掲げていたため、たとえ反体制派将校のやり方が許せなかったとしても、彼らの「功績」を取り消すことはできなかった。とどのつまり、そのような「愛国者」は、政府と同じ目標に向かって努力していたため、彼らだけを処罰することは難しかったのだ。

第三のバグは、軍人の不服従をさらに過激化した。それは、国家イデオロギーのもう一つの特徴である「根本的曖昧性」に由来するものであったからだ。日本の国家目標が富国強兵であることは誰の目から見ても明らかであったが、その限度を理解している者は皆無だった。国家政策は、しばしば帝国が無限に成長していくイデオロギーであると解釈された。その結果、いつになっても軍部の反体制派の渇望は癒やされず、理想がかなうこともなかった。大日本帝国がどれだけ拡大しようとも、不満を抱えた将校たちは帝国のさらなる拡大の必要性を唱え続けることができた。かくして、前述の三つのバグは、帝国陸軍内で反逆と抵抗が起こる余地を生み出し、軍人たちにイデオロギー的な後押しと限りない口実を与えることになったのだ。

しかし、この三つのバグは舞台装置でしかない。この三つのバグにより、軍人の不服従が発生する可能性が高まったが、バグ自体が軍人の不服従の発生を避けられないものにしたわけではない。実のところ反逆と抵抗は、さまざまな人間が何十年にもわたって行ってきた、数多くの政策決定の予期せぬ結果だった。仮に、いくつかの決定が違っていたら、もっと緩やかな変遷であったかもしれないし、抑制することさえできたかもしれない。さまざまな関係者――将校であれ、政治家であれ、警察であれ――が問題の解決を試みたが、軍人の不服従を助長する意図はなかった。それにもかかわらず、彼らの行動は予想外の結果を生んでしまった。

関係者の決断によって意図せず生まれた軍人の不服従は、政府の方針に対する武力を伴う反逆と「暗黙のうちの」抵抗という二つの形態を取っており、その主要な出来事はそれぞれ異なった時期に発生している。本書では、反逆と抵抗の交互の発生を、一八六〇年から一九三六年（日中戦争直前）までの七六年間、時系列に沿って考察している。江戸幕府は、一八六〇年代に、「志士」（高い志をもった武士）という急進的な武士たちが結成した革命連合によって倒された。このような従順でない武士たちのイデオロギーと組織形態は、何世代にもわたって日本の反抗的な将校に受け入れられた。何よりも、志士は、さまざまな理由から一八七〇年代の新政府に敵対することになった反逆者に影響を与えた。初期に起きた軍人の不服従に驚きはない。なぜなら、新政府は発足したばかりで強固な支配体制が確立されておらず、その真価が未知数であったからだ。

皮肉なことに、政権基盤が脆弱だった時期に生まれた軍人の不服従のパターンが、国内の結束後も存続することができたのは、一八七〇年代の大変革に対する政府の対応に原因があった。一八七七年の大規模な反逆［西南戦争］の鎮圧後に実施された軍隊の改革は、その後数十年にわたって軍人の不服従を抑制することに貢献したが、未承認の軍事行動（一八九五年［閔妃《びんひ》暗殺］と一九二八年［張作霖暗殺］）や無血クーデター（一九一二〜一三年［大正政変］）の形態で国家権力に抵抗する傾向を育むという予期せぬ結果を生んだ。このような軍人の抵抗は、過去の武力を伴う反逆の基本的特徴の一部を、休眠状態で保存した。抵抗は次第に過激な性質を帯び、ついに一九三一年から一九三六年までの新たな反逆の波の中で爆発した。要するに本書は、一八七七年の軍隊改革で国家権力によって抑制された軍人の不服従という現象が、なぜそしていかにして五〇年後に再び爆発し、日本が軍国主義、無制限の領土拡大、世界大戦へと向かう原因になったのかという疑問に答えているのである。

本書は、四カ国一五の公文書だけでなく、書簡集、供述書、警察記録、裁判所文書、外交電報、新聞記事、回想録、取材訪問、その他の一次史料（日本語、英語、中国語、ドイツ語、ロシア語）をもとに執筆された。本書で取り上げているいくつかの事件、たとえば、一八七四年の佐賀の乱や一八九五年の朝鮮王妃閔妃の暗殺事件などは、これまで詳しい研究がほとんど行われていなかったので、一次史料がきわめて重要である。その他の事件、大正政変（一九一二〜一九一三年）や、特に一九三六年二月二六日の将校の反乱は、過去に数名の学者が英語と日本語で分析していたので、一次史料だけでなく彼らの研究も参考にした。

各章の事件は時代の所産であるだけでなく、最終的に日本が太平洋戦争へと至る過程の段階でもあると私は考えて、再構築と分析を行っている。だが、あらゆる物語には、扱える出来事と検討するテーマという二つの制約がある。よって、本書は決して近代日本についての包括的な歴史書ではない。本書は、軍人の反逆と抵抗に関係のある主要な出来事にのみ注目している。その他の出来事や変遷は、たとえ日本史において重要な意味をもつものであったとしても、付随的に述べているかまったく言及していない。

また本書は、大日本帝国で起こった抗議活動について包括的な説明をしているわけではない。日本には、民権派、不満を抱えた農民や学生、政治的ならず者、組織化されたストライキを行う労働者、無政府主義者、共産主義者などのさまざまな反体制グループが存在した。しかし本書で扱うテーマは、陸軍将校や彼らと密接な関係にあった集団の不服従である。我々は、初めの数章で、不満を抱えた武士（士族）が企てた反乱や暗殺計画について詳しく検討する。士族は公的には将校団に属していなかったが、主に次の三つの理由から、考察が必要だと考える。まず、明治時代の最初の一〇年間、将校と士族の境界線は曖昧なままだった。それに加えて、明治初期の士族の反逆者は、のちに将校たちのあいだで見受けられる数多くの行動パターンを示した。最後に、最も重要なことだが、こうした士族の反逆者に対する政府の対応は、太平洋戦争前夜まで続く軍人の不服従を形成するという予期せぬ結果を招いた。本筋からはそれるが、二つの短い期間（一九一二～一九一三年と一九三〇～一九三二年）にのみ反逆と抵抗を起こした帝国海軍についても検討する。下士官兵や放浪者のあいだで起こった反逆や抵抗は、彼らが将校に協力したり、同盟を結んだり、結託したりした場合のみ言及する。

これから話すことは、日本独自のものではない。軍人の不服従は――反逆と抵抗の両方の形態で――同時代の数多くの他の国々、とりわけ東アジアと南アジア、ヨーロッパの南部と東部、サハラ砂漠以南のアフリカ諸国、中東、そしてラテンアメリカにも存在した。他国でも、形態は若干異なるが、「三つのバグ」のどれかを抱えていた。

第一のバグは、間違いなく他の場所でも存在した。ロシア皇帝ニコライ二世とドイツ皇帝ヴィルヘルム二世は、自分たちの治世の重大な時期に指導力を発揮することができなかった。アドルフ・ヒトラーのような理論上全権を有する独裁者でさえ、しばしば重要な決定に干渉しなかった。その代わりにヒトラーは、部下同士が彼の意向の「真意」をめぐって言い争うことを期待した（ヒトラーの伝記を書いたイアン・カーショーは「総統の意を汲んで働く」と表現している）[11]。この三人の支配者は日本の天皇のように姿を隠さなかったが、指揮を執らなかったことで派閥抗争の余地ができ、時として軍人の不服従を助長することがあった。

第二のバグと第三のバグの温床である曖昧で際限のない拡張主義的イデオロギーも、決して日本独自のものではなかった。例として、一八九三年に起きた悪名高いハワイのクーデターを挙げよう。この年、アメリカ国民と将校の一団が、ハワイをアメリカに併合する準備工作のために、ハワイに駐在する大使と共謀し、ハワイ女王を打倒して見せかけの共和国を樹立した。将校たちは、次期大統領グローバー・クリーブランドの許可を求めることなく、またクリーブランドの意思に反して独自に行動した。だが、彼らの「愛国心」は絶大な支持を得たため、その成果を覆すことは非常に難しくなってしまった。四年後、アメリカはハワイを併合した(12)。

したがって、一般論として日本は独特ではない。だが、日本の三つのバグの組み合わさり方が、ロシア、ドイツ、あるいはアメリカとは違うストーリーを作り上げた。日本が直面していた問題も違ったし、その問題に対する為政者の対応も違った。日本固有の過去の遺産、ことに志士と彼らのイデオロギーが、きわめて重要な役割を果たした。それゆえに、日本軍人の不服従は、他国の不服従体質と共通点があるものの、独自の歴史的な現象である。その現象がどのように発生したのか、という問いに本書は答えを出そうとしているのである。

第一章　志士——不服従のルーツ

一八五八～一八六八

真斯浮世直三銭　真に斯の浮世は直《あたい》三銭
（高杉晋作の詩より
堀哲三郎編『高杉晋作全集』下より）

橋本欣五郎中佐は、大日本帝国陸軍参謀本部の将校だった。一九三一年一〇月、橋本は、機関銃、有毒ガス、海軍爆撃機で内閣のメンバーを皆殺しにしようとした。橋本は手記の中で、一八六〇年代の志士（高い志をもった武士たち）のあとに続かなければならないと感じた、と釈明している。(1)同志の長勇《ちょういさむ》は、橋本の過度な飲酒癖を、七〇年前の志士たちの振る舞いとまったく同じだ、と語っている。(2)

シンボルは重要だが、その重要性は一様ではない。志士は、第二次世界大戦前までの日本の近代史を通して、軍部の反乱勢力に利用されつづけたきわめて重要な模範だった。志士の伝説は、日本軍人の不服従の一貫した特徴だった。具体的には、志士は三つの異なる次元――そのどれもが日本陸軍における軍人の不服従の展開にとってきわめて重要だった――で未来の反逆者に影響を与えた。一八六八年から一九三六年の反逆者が志士の行動を模倣したのは、志士たちが輝かしい成功を収めたからだった。志士の理想は、もとのコンテクストから切り離されて再解釈され、二〇世紀に入っても反逆者に影響を与えつづけた。さらに、志士というテロ集団の組織形態の一部は、日本陸軍に「移行」して組織の基盤となり、その基盤で未来の軍人不服従が育っていった。最後に、志士の行動は、事件とその反動、さらには反動に対する反動という連鎖を引き起こした。こうした一連の連鎖によって、陸軍や大日本帝国は、軍部の反逆者の影響に無防備になった。歴史はいつも始まりと終わりがはっきりしない。だが、どんな歴史上の説明も物語だと言える。そして、時系列的な区切りがなければ物語ることができない。われわれの物語にとって、志士こそがすべての始まりなのだ。

志士登場以前——徳川幕府の衰退

各地の独立領主たちのあいだで行われた長期に及ぶ争いのあと、日本は一六〇〇年に統一された。統一の維持のため、将軍徳川家康とその後継者は、封建制度と中央支配を巧みに組み合わせて国を再編した。京都にいる天皇を政策の承認者として利用することで、徳川家は江戸から国を統治し、多数の領主(大名)と共存するために、各大名に領地(藩)の支配を任せた。大名はいくつかの重要な特権を幕府に移譲しなければならなかった。[3] まず、幕府は国土の約四分の一(本州中央の広大な土地と、江戸、大阪、京都、長崎という戦略上の拠点を含む)を保有した。加えて、幕府は、一部の例外を除いて、きわめて制限された対外交渉を独占した。[4] さらに、将軍には国の平和を守る責任があり、その責任には藩同士および藩内の武力衝突を鎮圧することも含まれていた。

各大名は、幕府の干渉を受けることなく、かなり自主的な藩運営を行えたが、他藩と重要な交流を行う際は、基本的に幕府の承認が必要だった。大名が京都に入ることは禁じられていたので、天皇に接触することなどできるはずもなかった。[5] 藩同士のネットワークの形成は、幕藩体制のバランスを崩し、幕府の根本的な弱点があらわになる恐れがあったので危険だった。要するに、将軍とその政治組織は、日本全土を征服するのに必要な軍隊、領土、あるいは資金を所有していなかったのだ。ある藩の反乱を抑えるために、幕府は別の藩の大名の力を借りなければならなかった。そのため、統治バランスを崩すことになる藩同士の連携は、厳しく抑制されたのである。

イデオロギー的に言えば、徳川幕府の支配体制は、バランスという理想に根ざしていた。江戸の当局者、各地の大名、そしてこの時代の多くの知識人は、将軍と大名、主君と家臣、上級武士と下級武士、武士と庶民、農民と商人といった身分の異なる者同士の関係が、友好的で安定していることが望ましいと考えていた。各グループは、調和の取れた国家構造の中で、それぞれ独自の役割を担っていると考えられていた。[6] だが、このバランスは——他のバランスと同様に——空論にすぎず、現実と完全に合致するわけではなかった。江戸時代を通して、さまざまな藩や身分の者たちが、共通の社会的、営利的、文芸的、そして学術的な目的を追求することにより相互につながっていた。[7] 一九世紀になるころには、藩と大都市、そして藩同士が結びついたことで、こうしたネットワークは、濃密かつ高度に発展と洗練を遂げたものになっていた。

武士もまた、公的にはその行動範囲が自分の藩に限定されていたが、一九世紀以降は他藩の武士との交流が活発になった。外国船の侵入をきっかけに、武道の実習を奨励する大名が出てきた。結果として、才能のある武士は、大名のお墨付きを得て、江戸にある有名な剣術道場へと旅に出るようになった。射撃術、沿岸警備、築城学、西洋の軍隊組織といったさまざまな実用科目を学ぶため、他藩に派遣された武士もいた。一部の塾では儒学や国学も教科にしており、塾生たちに京都の天皇に対する深い崇敬の念を吹き込んだ(8)。

技術の進歩、中でも防具の普及で、剣術の練習試合を開催することが可能になり、それによって武士の有事に対する覚悟が改めて強調されたのは自然な流れだった。こうした新しい動きは、武士のネットワークの発展に多大な影響を与えた。剣術大会はにわかに評判になり、国中の武士を引き付けた。塾も剣術大会も、競争心が旺盛で、好戦的な塾生文化を生み出した(9)。実際、江戸時代末期の記録は、この文化がいかに血の気が多く、猛烈で、汗臭いものであったのかを、そしてまた、藩が違う武士同士がいかに強い絆で結ばれていたのかを、生き生きと物語っている。こうしたネットワークは、のちの志士運動の基盤を形成した(10)。

一八五〇年代の不穏な情勢は、無邪気な塾生文化を幕府批判というカウンターカルチャーへと変えた。欧米船の侵入を阻止できなかった幕府に多くの大名は激怒し、幕府が「先祖代々の伝統」である鎖国政策を放棄したことを即座に批判した。政治の蚊帳の外に置かれていた孝明天皇は、政策承認者としての立場を拒否し、外国人への譲歩を一切禁じた(11)。西日本の雄藩である長州藩の反幕府分子は、天皇の「命令」を外国人排斥運動の口実として利用し、それが幕府との衝突を引き起こした。

この政治的・社会的な不安定さは、多くの若い武士のアイデンティティが深刻な危機に陥っていたことの裏付けだった。心理学者のエリック・エリクソンが指摘しているように、そのような状況下では、「若者は個人的・集団的に危機感を抱く。その結果、彼らは、統合的なアイデンティティ（極端なナショナリズム、人種差別主義、階級意識）に没入したり、その新しいアイデンティティに対する完全にステレオタイプな敵を集団で攻撃したりすることを許してくれる信条を簡単に支持してしまうのである」[12]。外国人の到来により、血の気の多い若い武士は、藩の境界を越えて協力して戦う敵を見つけることができた。その結果、外国人に対する怒りを公言し、幕府に不信感を抱き、日本を守れなかった将軍に怒りを爆発させる若い武士たちの運動は、一八五〇年代後半に出現し始めた[13]。こうした運動は、江戸の剣術道場などに通う下級・中級武士たちのあいだで特に激しく、彼らは藩の監視が及ばない場所で、活力や士気を高めていった[14]。信頼する仲間と陰謀を企てることや、勇敢な死を遂げることに躊躇せず、江戸やその他の藩に留学した多くの武士は、ますます反逆的な姿勢を強めていった[15]。

江戸や京都に留学生として派遣されることが叶わなかった若い武士たちは、藩を抜け出して、主要都市で急速に発展する武士のカウンターカルチャーに参加した。藩主のもとを無断で去ることは厳しく禁じられていたが、彼らは公然とその規則を破って、「浪人」あるいは「浮浪」と呼ばれる主なき武士になった。浪人は事実上の指名手配犯だった[16]。その他の武士は、自分の藩内に秘密組織をつくった。土佐藩では、剣術の達人だった下級武士の武市《たけち》瑞山《ずいざん》が、「土佐勤王党《きんのうとう》」という組織の盟主になった[17]。南の雄藩である薩摩藩でも、急進的な武士たちが、小規模ながらも決定的な影響力をもつ組織を結成した[18]。

こうした運動は長州藩が一番熱心だった。藩内には、若き思想家吉田松陰に率いられた「松下村塾」（武術と儒学の私塾）が運動の中心組織として存在した。藩内外の多くの若い武士から尊敬を集める精神的指導者であった吉田は、仲間たちの憤りを蒸留して容赦ない幕府批判に変え、幕府に対抗する軍隊を編成するよう塾生たちに呼びかけた[19]。一八五八年、大老井伊直弼《なおすけ》によって実施された幕府反対派に対する大規模な弾圧計画は、はじめのうちは効果があった。だが、「安政の大獄《たいごく》」として知られるこの弾圧は、一八六〇年三月二四日に直弼が武士の集団に暗殺されたことで突然終わりを迎えた。[20] これが、志士運動における最初の重要な作戦行動だった。

狂と愚――志士のイデオロギー

「志士」は次第に、外国人や幕府の役職者、さらには諸藩の佐幕派に武力で対抗する浪人を連想させる言葉になっていったが、もともとは中国の故事に由来する。『論語』衛霊公《えいれいこう》第一五の九で、孔子は「子曰、志士仁人、無求生以害仁。有殺身以成仁（高い志をもつ人は、生き延びるために仁義を捨てることはない。逆に、仁義を守るために自分の命を投げ捨てるものなのだ[21]）」と言っている。志士《しし》は、中国の志士《ジシ》（高い志をもつ人）の日本式の読みであり、古典の素養がある多くの若い武士たちにとってなじみ深い言葉だった。なお、ここでいう「士」とは、もともとは文官のことを指したが、江戸時代に武士と結びついた。したがって、志士は「高い志をもつ武士」と解釈された。一八五〇年代後半から、吉田松陰のような倒幕派の知識人が、明確に革命のコンテクストの中でこの言葉を使い始め、幕府とその支持者に刃向かう武士を称賛した。[22]

一八六〇年代になると、志士の政治信条は「尊王攘夷《そんのうじょうい》」（天皇を崇敬し、夷狄《いてき》を駆逐すること）のスローガンに集約された。[23] 幕府に対する志士の敵意は、幕府が「尊王」も「攘夷」も維持することができなかったことに基づいていた。神聖な日本を汚す西洋の野蛮人を駆逐できなかった将軍は、国の守護者としての職務を怠った。[24] さらに天皇の命令を拒んだことで、徳川家は君主に不敬を働いたのだ。吉田松陰をはじめとする急進的な志士思想家の中には、将軍職自体が違法なものであり、一二世紀から一九世紀の歴代将軍は、要するに天皇の権力の簒奪者だ、とさらに踏み込んで主張する者もいた。(25)

志士は、すべての軍人不服従の当事者と同様に、個人的動機とイデオロギー的動機が複雑に絡み合った状態で行動していた。その全体像の一部は間違いなく利己心だった。特に志士――下級・中級の若い武士が多数を占めていた――は貧しく無名のままに生きなければならないことを運命づけられ、国政への関与を否定する社会体制を苦々しく思っていた。(26) 土佐藩の坂本龍馬が、志士として体験した心躍るような日々と大志を抱くことができず、阿呆者のように愚かに過ごす故郷を比較して、手紙に綴っていることは有名だ。(27)

こうした個人主義により、多くの志士は、因習的な階級制度や、権威と身分の象徴を見下すようになった。社会に浸透している行動規範は、世襲的地位に応じて、話し方や服装、そして態度の違いを押しつけていた。この厳格なヒエラルキーへの反動として起こった志士のカウンターカルチャーは、まさにその本質から、平等化を志向する運動だった。脱藩志士は、しばしば長髪に乱れた着物といった粗野な格好で、既存の身分や地位に対する嫌悪感を表現した。(28) 彼らの待ち合わせ場所は、いわゆる「浮世」の娯楽施設――料理屋、売春宿、宿屋、芸者置屋――であることが多かった。(29) 日本の大都市の売春街は、武士と町人が入り乱れ、身分や地位を気にせずいられる比較的匿名性の高い場所だった。そのような場所で、若い志士は、陰謀を企て、酒を飲み、芸者と遊び、自由に溺れることができた。(30)

京都守護職の取り次ぎ役だった山川浩は、志士たちは公然と犯罪の一線を越えることが多かった、と回想している。山川は次のように書いている。「口を尊皇攘夷にかりて、じつは酒色の費用に盗賊をなすものがおおかたである」[31]。それでも、志士の多くは理想主義者でもあった。口頭や書面での議論は、利己主義を排した国内情勢をめぐる話題が圧倒的に多かった[32]。仇敵の幕府陣営の一部も認めているように、志士たちは「君主と一族のもとを去」り、わが身の危険を冒してまで、迫り来る国家の危機を乗り切ろうとしたのだ[33]。

志士の指導者や活動家の多くは、事態が切迫していたこともあり、周到に構想を練ることを断念し、直接的な武力に訴えるようになった。要するに、計画性の欠如それ自体が理想になったのである。既成の秩序に反対していたこともあり、志士たちは藩や幕府の役人たちのように慎重に根回しをしながら事を進めるやり方を嫌った。過度な用心深さは不信感を抱かせ、しばしば偽善と受け取られた。その一方で、直感的な暴力は誠実さや純真さの証とみなされた[34]。こうしたイデオロギーは、事前の計画の放棄だけでなく、自滅的な無謀さの表れでもあった[35]。一八六三年一月に長州藩の志士数人が品川御殿山に建設中のイギリス公使館を襲撃したとき、犯人たちは居酒屋で「大酒を飲み、大声で歌って」決行前の数時間を過ごした。志士たちが実際に公使館に放火することができたという事実は、彼らの作戦能力よりも、幕府の防衛力の至らなさを示していた[36]。

こうした振る舞いを表現するために、当時しばしば使われたメタファーが、「狂」（狂気）や「愚」（愚行）だった。この二つの言葉は、最終目標のためには自分や他人の命を犠牲にすることを厭わないという覚悟を意味していた。ある志士思想家は、狂人は自分だけの真実を追求するために、既成手順の停滞ぶりを打破しなければならないと語っている[37]。ときとして、この狂気はまさしく文字どおりの意味で表れた。土佐藩の志士隊が一八六二年末に江戸に向かっているときのことだ。一部の志士が、仲間に勇気ある行動を強いるため、切腹してみせようとした。仲間は、この志士たちを「なんとか説得して思いとどまらせた」という。[38] もちろん、ほとんどの志士は狂っていたわけではない。多くは非常に現実的であった。しかし、そのような現実的な武士でさえ、しばしば狂の理想を尊んだ。のちに実利主義の国家指導者として名を馳せる長州藩の山県有朋《ありとも》と木戸孝允《たかよし》も、この理想を尊重して自分たちの異名に「狂」の文字を使った[39]［山県の旧名は「狂介」。木戸孝允（桂小五郎）は「松菊狂夫」と署名した］。

狂の称賛は、志士の思考様式についての別の重要な概念——人の行動を客観的な結果ではなく、動機の純粋性で判断する傾向——と関係があった。[40] フランスの哲学者ジャン＝フランソワ・リオタールは、地震は「生命、建物、物体だけでなく、地震測定に使う計器までも」破壊する、という言葉を残している。[41] 外国人が日本にやって来たことは地震のようなものだった。風変わりで恐ろしい風貌の外国人が突然現れたことに多くの日本人が肝をつぶし、対応をめぐって激しい議論になり、幕府や藩が肝心なときに頼りにならないことがわかって、従来の価値観や社会的階層への信頼が失われたからだ。確実なことがほとんどないまま目まぐるしい変化を続ける世界にあっては、ある特定の行動がもたらす結果について、誰も予想できなかった。だが、そのような不確実な世界でも、志士は自己の動機で行動した。その結果、動機そのもの、すなわち「何が適切で妥当かという直観」が、行動の価値を評価する上で重要であると考えられるようになった。[42]

長州の志士で、のちに国家指導者として名を馳せる伊藤博文は、当時起こった事件について論理的に話をしても誰も理解できなかった、だが、共感している素振りを見せていたと回想している。[43] 愛国的で純粋な精神の持ち主が行った無私の行動は、成否や将来的な影響にかかわらず、直観によって正当化された。その結果、志士は表情と行動の両方で感情を表すことを求められた。怒っているときは乱暴に振る舞い、義憤を感じているときは絶叫し、うれしいときは褒め称え、悲しいときは堂々と涙を流す――こうした態度はすべて、志士の誠実で純粋な感情の表れだった[44]。後述するように、無謀さ、誠実さ、そして動機の純粋性に重きを置くことは、志士が消えたあと何十年にもわたって軍部の反逆者たちのあいだで生きつづけることになった。

同志――組織としての志士

志士集団は一度も結束の固い国民運動組織にならなかった。だが、ある歴史学者が述べているように、彼らは「何百もの支持者をつなぐ高度なネットワーク」の中で活動した。そのネットワークでは「情報は瞬時に志士たちのあいだに広まり、協調行動を可能にした」。その伝達速度は政局の大きな変化があってから「数時間以内」のことさえあった[45]。これは、個人的な信頼関係を欠き、用心深い高官が管理している藩同士の公的な伝達手段のスピードとは正反対だった[46]。

とりわけ重要なことは、志士は忠義に基づく私的ネットワークに従って行動し、それによって幕府や藩の公的ネットワークとの対立が強まっていったということだ。厳格な上下関係を前提とした公的ネットワークとは違い、志士の私的ネットワークは、より水平的で、柔軟で、自発的な傾向にあった。志士集団にも指導者がいたが、彼らはカリスマ性や献身ぶり、そして武勇によって尊敬されていたのであって、官僚的、因習的、世襲的な地位に就いていたからではなかった[47]。こうした私的ネットワークでは、公議輿論《こうぎよろん》（公開討論）や処士横議《しょしおうぎ》（私的な意見交換）の形でコミュニケーションが行われた[48]。処士横議の支持者は、系統だった上品な講話よりも率直な会話を重んじ、家臣を通じて藩の上層部の耳に届くことを期待していた。だが、処士横議は、参加者が大酒を飲みながら激しい政治議論をする場として知られるようになった。重要なメンバーである志士の豪快な飲みっぷりが、このような議論の場においても、内部ヒエラルキーや世襲的地位などの参加者間の差異を曖昧にする原因になったのである。

集団への所属は任意だが拘束力があり、離脱者は処刑される危険性があった。誓約書には、しばしば血判（中国や日本の文化において広く知られた儀式）が押された。神々の前で厳粛な誓いを立てる際、志士は自らを傷つけ、血を酒に混ぜ、その酒をともに飲み、契りを結んだ。そして、彼らは普段互いのことを「同志」と呼び合った。同志は共通の目標において平等であることを意味する言葉だった。同志に対する忠誠心は、裏切りがあった場合は別として、死ぬまで続くものと考えられた。仲間内のコミュニケーションではしばしば隠語が使われ、それが戦友意識を高めることに一役買った。[49]

もっとも、志士のグループは組織形態という点でそれぞれかなり違いがあった。藩集団は、メンバーの全員、あるいは少なくとも圧倒的多数が、単一の封建領地出身であるグループだった。藩の家柄は、ほとんどの志士にとって非常に重要であり、多くの藩集団、とりわけ江戸における藩集団は、家柄同士の結びつきに基づいていた。[50] しかし、このような藩集団は尊王攘夷という大きなイデオロギー上の責任があったため、全国の他の藩集団との連携が容易だった。藩や藩主に対する義務も重要だったが、それは志士としての大義が阻まれない限りにおいてであった。[51] 最も有名な土佐志士である坂本龍馬は、国家に尽くすことは一族と藩の両方に優先されなければならない、と手紙に記している。[52] また、長州志士の指導者は、土佐藩士に宛てた手紙の中で、尊王攘夷の大義は「尊藩も弊藩も滅亡して」も達成されなければならない、と書いている。[53] こうした共通の理念により、多くの志士は、さまざまな藩出身のメンバーからなる混成集団を組織しやすくなった。混成集団は幕府の直轄地でありながら警備隊の力が比較的弱い京都で多く見られた。

混成集団の重要な特徴は、比較的緩やかな組織だったということだ。個人の勇敢さが慎重な計画よりも称賛されていたので、指導者は気が短いメンバーを思うように支配できなかった。特に、場当たり的な振る舞いが勇気ある行動と評価されたとあればなおさらだった。一時期、京都の混成集団に影響力があった土佐の武市瑞山は、ある公家の暗殺をしようとしているメンバーを思いとどまらせるために、策略や大儀な交渉に訴えなければならなかった。[54] 混成集団が武士だけで構成されていることはめずらしく、たいていはさまざまな社会階層の人々と連携した。公家、裕福な庶民、芸者、僧侶たちが、しばしば密偵、情報屋、仲介者、資金提供者などとして志士に協力した。

こうした二つのパターン——藩集団と混成集団——は、初期の志士にとって主要な組織構造だった。これらの組織から、武装集団へ、そして幕府を打倒する軍事同盟へという変化には、第一に江戸や横浜、そして京都で起きた志士によるテロ事件の盛衰が関係していた。

天誅——混成集団の盛衰

一八六〇年代初頭の京都、江戸、横浜は、幕府関係者、外国人、外国人相手に商売をする商人、あるいは欧米人に友好的な日本人にとって危険きわまりない都市だった。[55] 江戸城付近の大通りや小道、京都の狭い路地、そして横浜の国際的な区域は、藩集団や混成集団の志士であふれ、誰もが好戦的で殺気立っていた。志士は宿に身を潜ませ、酒を飲み、陰謀を企て、時折都市を巡回して無差別に喧嘩をふっかけた(56)。イギリスの公使［ラザフォード・オールコック］は次のように回想している。「くる年もくる年も、たえず暗殺の脅威のもとで暮らし、しかもその脅威を実行するのに適当な道具がいつも身辺に迫っている——これがどんなことかということは、近代ヨーロッパにおいてはとうてい理解することが困難だ。馬にのるごとに、かならず危険が迫っていることを意識し、床にはいって目をとじるごとに、こんど目をさますのは最後のときで、のどには執念ぶかい刃を擬せられ、殺害者の凶暴な喚声を耳にせざるをえないようになるかも知れぬと感じるようなことは、愉快な生活状態ではないし、幸福にも健康にもまことによろしくない(57)」と。

「天罰」あるいは「天誅《てんちゅう》」と宣言された暗殺は、通常、夜分の待ち伏せで遂行された。多くの場合、この攻撃は大仰な効果を与えることを狙っていた。犠牲者の遺体や頭部は、彼らの罪状と天誅の理由が書かれた張り紙とともに広場にさらされた。これは、文字どおりの意味で「テロリズム」、すなわち「恐怖、混乱、困惑を広めて敵に害を与えることを目的とした」弱者の方策だった(58)。アメリカ公使のタウンゼント・ハリスは恐れをなし、「泥酔するまで酒を飲ん」で、ろくに住居の外へ出ようともしなかった(59)。実際、一八六〇年は外国人に対する襲撃事件が相次ぎ、この殺伐とした年はアメリカ公使館の通訳が殺害される有名な事件［ヒュースケン殺害事件。新暦では一八六一年一月一五日］で終わった。この犯行は、江戸で最も活動していた志士グループの一つである「虎尾《こび》の会」という混成集団によって実行された。虎尾の会のメンバーは、アメリカの下級外交官を暗殺することで、日本にいる夷狄を一掃できると信じており、これは、のちの暗殺者の特徴である無謀な楽観主義の前兆となるものであった(60)。

一八六二年から一八六四年まで、混成集団が全盛期を迎えた場所は、江戸ではなく京都だった。皇都には一人の外国人もいなかったため、攘夷は問題にならなかった。それに対して、尊王（天皇を崇敬すること）は、長州志士の指導者、他藩出身の浪人、公家、芸者、庶民などのゆるい連携を強固にするスローガンになった。孝明天皇は下層階級の志士には懐疑的であったが、外国人嫌いで有名だったため、天皇は実際には自分たちを支持してくれているのだ、と志士は思い込んだ。同時に、志士は公家の急進派から支持を得たことで、間接的ながらも御所に接近することができるようになった。それに加えて、志士は幕府の一番の敵対勢力である長州藩から支援を受けていた。幕府の警備隊は京都の長州藩邸に侵入することができなかったため、長州藩邸は急速に諸藩の志士の避難場所になっていった。長州藩の久《く》坂玄瑞《さかげんずい》や久留米藩の神主の真木和泉《まきいずみ》によって緩やかに組織された混成集団は、京都の至る所で不気味な存在感を発揮した。(61)

志士も他の者たちと同様、孝明天皇の意向が欧米人の駆逐であり、将軍がその意向を軽視していることは背信行為であるということを十分承知していた。自分たちは天皇の意向を実現しようとしているだけだと主張して、志士は天皇の命令に背いた「国賊」を「処罰」しつづけた。一八六二年の春と夏には、義勇兵に事欠かなかった。新たな武士が京都に殺到して志士の数が膨れ上がったためだ。日本の南西地方を旅していた志士［清河八郎］は、幕府が天皇に退位を強要しているとの噂を流した。この知らせに騒然とした急進的な九州武士の多くは、京都へ向かった。(62)この九州武士の流入により、比較的平穏だった京都は、恐怖に満ちた危険な町になった。幕府の京都守護職は当時の街の様子を次のように書いている。「人々はたがいに危惧の念を抱き、夜間は早くから門戸をとざし、往来はと絶え、風声鶴唳《かくれい》にもおどろいて立ち退くという有様であった[63]」

京都の一般住民が身の危険を感じていたのであれば、幕府関係者がさらに恐怖を感じていたとしても不思議ではなかった。テロの先導者によって「血祭り」という新しい攻撃が、朝廷に対して不敬を働いているとみなされた幕府関係者に真っ先に向けられた[64]。安政の大獄に責任がある警備隊は、公武合体派の公家と同様に、真っ先にターゲットにされた。志士を支援した要人でさえ、大義に背こうものなら、暗殺対象にされた。天誅を下すには不誠実の疑いがあれば十分で、ときには志士の指導者たちでさえ熱狂的な活動家から身を隠さなければならなかった。日本史研究家のトーマス・フーバーによると、一八六二年八月から一八六四年七月までは、京都の混成集団が最も活発な動きを見せた時期で、政治的暗殺はほぼ二週間に一回のペースで発生し、計七〇回以上の暗殺が行われたそうだ[65]。

京都の志士による最初の重要な犠牲者は、幕府のスパイであるとの容疑をかけられた朝廷の従者島田左近《さこん》で、一八六二年七月二〇日に浪人集団に浴槽で襲われた。左近の首は四条河原でさらされ、立て札には「大国賊」と書かれてあった[66]。朝廷の別の「悪党」、賀川肇《はじめ》の首は、当時将軍後見職だった一橋慶喜《よしのぶ》の邸宅前に置かれた。立て札には次のように書かれていた。「攘夷之血祭奉入御覧候」（松村巌『維新史談』）。犠牲者の両手は、幕府との連携を進めようとする二人の公家［千種有文《ちぐさありふみ》と岩倉具視《ともみ》］の敷地内に投げ入れられ、震え上がらせた。このおぞましい見世物は非常に効果があった。佐幕派の公家は恐怖におののき、次の標的から逃れるために職を辞する者が出た。後任には急進的な公家が就き、志士を保護し、彼らの政治的要求を実現させるためにロビー活動を行うようになった[67]。

このような方法で幕府を貶《おとし》め、挑発することによって、志士はあらゆる既存の上下関係を否定し、天皇以外のいかなる権威も認めないことを宣言した。志士は実際には天皇から命令を受けなかったので、この新しい状況は、彼らが自分の判断で自由に行動することを正当化するものであった。彼らにとって、幕府や藩だけでなく朝廷のヒエラルキーさえも、もはや重要ではなく、例外は仲間との私的なネットワークだけだった。いやそれどころか、この志士のテロリストたちは、自らが政治当局者であるかのように振る舞った。活動資金を工面するため、志士は寄付をあてにするだけでなく、豪農から米と金を「軍資金」として徴収した[68]。また、佐幕派の政治工作に加わった女〔村山可寿江〕を「生きさらし」の刑に処したとき、「不赦罪科ニ候へ共、其身女子たるを以面伝之上、死罪一等減之、尤かす白情ニ寄て奸吏之名目一〻記之畢此上其役方再応遂吟味、右奸吏共遂一可加厳刑者也」（この女が行った行為は許されないものだが、女ゆえに死罪にはしなかった。だが、彼女が罪を白状したため、再び調査を行い、厳重に処分した〈アン・ウォルソール著、菅原和子・田﨑公司・高橋彩訳『たをやめと明治維新』ぺりかん社、二〇〇五年より〉[69]という触れを出した。吟味や厳刑という言葉は、権力筋の言い回しを連想させ、京都の合法な政治当局者として振る舞っている志士の虚言に真実味をもたせた。

幕府の警備隊は数でも力でも志士に負けていた。彼らは常に暗がりの攻撃におびえ、役職者は周辺の村に逃げ込んだため、警備隊は事実上解散した。幕府の「腰抜け武士」が消えたことで、志士とその支持者のための舞台全体が開放されたままになった[70]。幕府は、京都に増援部隊を送り、佐幕派の志士集団を組織しようとしたが、すぐには実を結ばなかった。一八六二年を通して、京都における混成集団のテロ行為は止むことがなかった。

一八六三年春、京都の幕府軍に八〇〇人の武士で構成された強力な薩摩軍が合流すると、ようやく事態が変わり始めた。[71] 薩摩藩の藩政を掌握していた島津久光《ひさみつ》は、弱体化する幕府とようやく合意に達し、志士の乱暴狼藉に終止符を打つことに同意したのだ。志士に警戒心を抱かせたのは、この動きが天皇に――天皇は急進派と志士との同盟関係に深い疑いを抱いていた――支持されていたということだった。急進的な公家が志士と結託して勅令を捏造したことにおびえ、激怒した天皇は、久光にこの問題を解決するよう要請した。[72] 一八六三年九月三〇日［旧暦で八月一八日］の深夜、薩摩と会津の連合軍は、御所を支配下に置いた。彼らは長州藩の警備を追い出して、御所の門を閉ざし、急進派の公家の侵入を禁止した。急進派の代表格であった三条実美《さんじょうさねとみ》は、主要な共犯者とともに軟禁された。[73] この事件を「八月一八日の政変」という。

薩摩と会津の断固とした行動は、志士にとって大きな打撃だった。天皇に対する支配権というイデオロギー上の最重要資産を一日で失ったからである。軟禁から逃れた三条実美は、他の六人の公家［三条《さんじょう》西季知《にしすえとも》・東久世通禧《ひがしくぜみちとみ》・壬生基修《みぶもとおさ》・四条隆謌《しじょうたかうた》・錦小路頼徳《にしきのこうじよりのり》・沢宣嘉《さわのぶよし》］、神主の真木和泉、そして大勢の志士とともに長州へと落ち延びた。京都脱出に失敗した者の多くは、薩摩会津軍に一斉逮捕され、出身藩に戻された。[74] 志士の一掃は、大藩、とりわけ尊王攘夷運動の重要な拠点であった土佐藩でも実施された。[75] 翌年の夏の一八六四年七月八日、幕府が組織した浪人集団である「新撰組」が、京都の尊攘派志士たちにさらなる打撃を与えた。旅宿池田屋で謀議中の志士たちが、新撰組の襲撃を受け、多数の死傷者を出したのである。[76] こうした状況は、長州藩のみ著しく異なっていた。長州藩は志士運動の最後の砦で、亡命した公家と武士は三田尻［現・山口県防府市］の茶屋に集まって態勢を立て直した。彼らの勢力は、軍事的コミュニティへと効率的に変形し、メンバーはともに生活し、学習し、訓練を行った。[77]

この新形態は、志士の行動様式の変化と密接に関係していた。混成部隊のメンバーは――三田尻であれ他の場所であれ――軍事組織の中で再編成され、大っぴらな反乱行動が、従来の奇襲作戦に取って代わった。「『忠実な愛国者』の小集団が、電撃的な作戦で天皇に奉ずる支配権を掌握する」ことを目的としたこの作戦の骨子は、神主の真木和泉によって考案された[78]。

一八六四年夏、この軍事組織が最初の本格的な攻撃を行った。長州藩に亡命した志士が、久坂玄瑞と真木和泉の指揮のもと、御所を占拠すべく京都に対して攻勢に出たのだ。今回、この軍事組織は長州主導の軍事遠征の一翼を担っていた。数百人の志士が、長州軍の一部隊として組織され、長州藩士に率いられていた。だが軽率にも、この新しい志士部隊の指導者たちは警告を無視し、天皇を長州藩に拉致すべく、御所の門に「勇ましい」直接攻撃を仕掛けることを決断した。「何をためらっている」と指揮官は怒鳴り、仲間の煮え切らなさを叱責した[79]。案の定、この指揮官は我を通して、無謀な勇気という例の理想を示そうとした。こうした理想は混成集団の特徴だったが、軍隊化した新組織の中でも失われずに残っていたのである。

その結果として、志士たちは「禁門《きんもん》の変」と呼ばれる戦闘で大敗した。この敗北により志士の指導部は壊滅的な打撃を受けた。久坂玄瑞と真木和泉は自ら命を断ち、三〇人の志士とその支持者は斬首刑に処され、遺体は御所の門の前に三日間さらされた[80]。だが、この敗北さえ、志士運動や軍事化の進行を終わらせることができなかったのである。

高杉晋作と長州征伐――軍事組織の全盛期

禁門の変以後、長州志士の指導部の中心は、高杉晋作に移った。中級武士の高杉は、その並外れた経歴で、志士運動の歴史に大きな変化をもたらしていた。高杉が権力を握ったころ、長州藩と日本全体の情勢は劇的に変化していた。京都の志士運動の敗北により、御所を占拠することで日本に変革をもたらすという希望は打ち砕かれた。幕府と連携した薩摩と会津の合同軍は、志士たちにとっては強すぎたのだ。

さらに悪いことに、最も急進的な藩であり、志士の本拠地であった長州藩は、外国人と幕府の挟撃に遭っていた。禁門の変の敗北から数週間しか経っていない一八六四年九月、イギリス、フランス、オランダ、アメリカは、長州は攘夷の報いを受けるべきだという考えで一致した。外国船に砲撃を加えた長州藩に激怒した四カ国は、長州討伐艦隊を派遣し、長州軍に壊滅的な打撃を与えたのだった。[81] 幕府の指導者たちも、長年挑発行為を繰り返して国を大混乱に陥れた（と彼らは考えていた）長州藩に復讐をしようと考えていた。長州藩の大名と家老は幕府に公然と反抗し、藩士たちは外国人を攻撃して幕府と西洋諸国との関係を危うくさせた。またそれだけでなく、藩ぐるみで京都から亡命してきた物騒な志士と急進的な公家を匿《かくま》っていた。御所への攻撃に対して何ら処分がないことは絶対に容認できなかった。一八六四年八月二四日、京都にいる将軍の使者は、薩摩藩の支援を受け、長州征伐を許可する孝明天皇の勅許を得た。[82]

禁門の変以後、長州藩の最も有力な軍事指導者であった高杉晋作は、この新しい状況に対抗する戦略を考え出さなければならなかった。高杉は、飾らない性格で、大胆な行動を好み、酒を愛した。そんな彼を慕う志士は非常に多く、人気は長州藩の外にまで及んだ。(83)だが、好奇心が強く、機転が利き、型破りな指導者であった高杉は、先人たちほど攘夷運動に傾倒しなかった。その代わりに彼が全力を注いだのは、「天皇を崇敬する」ことと、長州藩の監督下の新組織に所属する亡命志士たちの力を結集して幕府と戦うことだった。高杉はその目的を達成するために、あえて外国人から軍事技術を学ぼうとした。(84)「奇兵隊」は、高杉の独創性による最初の成果だった。この武士と庶民からなる混成部隊は、長州藩と志士集団の将校に率いられた。長州藩の他の部隊とともに、奇兵隊は西洋の軍事形態に沿って組織され、近代的なライフル銃を装備していた。昇格は身分ではなく、手柄に基づいていた。実際、隊員の約六割は農民、あるいは武士以外の庶民だった。(85)しかし、すぐに成功を収めたわけではなかった。第一次長州征伐（一八六四年後半）では、長州藩は孤立無援の状態で、幕府と薩摩藩の連合軍に降伏しなければならなかった。幕府は益田親施《ちかのぶ》ら三人の家老に切腹を要求した。それに加えて幕府は、急進派の公家の追放、佐幕派政権の樹立、奇兵隊の解体を要求した。(86)

だが、相変わらず事態の複雑さに理解が追いつかない幕府は、身分の高い犯罪者の処罰に専念した。この間、低い地位に属し、「監視の目をかいくぐって」活動していた真の指導者の高杉晋作は、幕府から相手にされなかった。その結果、高杉は逃亡に成功し、彼に同情的な野村望東尼《もとに》のもとに身を隠した。しばらくして、高杉は長州藩の佐幕派政権に対する反クーデターを指揮するために再び姿を現した。その際、高杉は、幕府と佐幕派の圧倒的な軍事力に抗《あらが》うのは無理だと考えていた慎重派の意見を退けた。彼は、「無謀さ」という志士の流儀に則って独断で反乱を開始し、他の司令官も不本意ながら後を追った。今回は功を奏した。見事な軍事作戦の結果、高杉は数カ月のうちに藩政府を奪還することに成功した。[87] 長州藩と幕府がさらなる戦いの準備をしているあいだ、南の雄藩の薩摩藩は、新たに浮上しつつある確執に注目し、今後の対策を考えていた。

長州、薩摩、そして雄藩同盟の誕生

一八六四年の長州藩の敗北後、幕府と薩摩藩の関係は急速に悪化していった。将軍の側近は、この勝利を敵対的なすべての藩に幕府の優位性を印象づけるチャンスだと考えた。彼らは長州藩に非常に屈辱的な処罰を与え、節度ある振る舞いを求める薩摩藩の助言を鼻であしらった。幕府の傲慢なやり方は、薩摩藩の島津久光とその家臣の面目をつぶしただけでなく、将軍が有力大名たちと権力を分かち合う考えがないことを強烈に印象づけた。[88] 高杉たちが佐幕派政権を打ち倒したあと、幕府は再び長州遠征を計画し、一八六五年三月六日に布告された。薩摩藩にしてみれば、これは度がすぎていた。薩摩藩の家臣の多くは、おそらく幕府の次のターゲットは自分たちだろうと考えた。フランスから兵器と軍事技術を輸入するという将軍の決断は、この脅威の信憑性を高めた。その結果、薩長関係の再考は、もはや道理に反することだとは言えなかった。

第一歩として、久光の側近の西郷隆盛と大久保利通は、長州藩が幕府の包囲網をくぐり抜け、西洋の貿易業者から兵器を調達できるよう手を回した。この行動が、両藩のさらなる交渉への道を開くことになった。[89] 高杉は長州側の交渉者に彼の右腕の木戸孝允を指名した（木戸はのちに長州志士運動の指導者の地位を継ぐことになった）。一八六六年三月、木戸は密かに京都に向かい、西郷と会見した。だが、これ

まで仇敵同士だった両藩の溝は深く、交渉は困難を極めた。とりわけ同盟を先に言い出して面目を失いたくないという思いが双方にあった。(90)

この正念場で、不可能を可能にしたのが、脱藩志士が築いた人脈だった。長州と薩摩の双方にとって幸運だったのは、両陣営に顔が利く土佐と福岡の志士が、行き詰まりを見せていた交渉を成功させるために仲裁に入ってくれたことだった。(91) 彼らは長州と薩摩のすき間を埋める要石《かなめいし》の役割を果たした。その中でも、戦闘や暗殺など数多くの修羅場をくぐり抜けてきた二人の土佐志士、中岡慎太郎と坂本龍馬の功績は大きかった。(92) 軍艦に明るく、豊富な人脈をもつ坂本は、薩摩の密使として長州に向かい、米と兵器の取引を仲介した。その甲斐あって、坂本と中岡は両藩の軋轢《あつれき》を和らげ、侮辱的な言動を釈明し、薩長同盟の締結を促進させることができた。(93)

これは、志士組織の最終形態である雄藩同盟の誕生でもあった。長州、薩摩、土佐など各地の藩は倒幕という共通理念のもとに団結した。雄藩同盟の主導者は、大名ではなく、かつて小集団で活動していた志士や藩内で主要な地位を占めていた下級・中級武士だった。全国の仲間との連携は、志士の広範囲なネットワークを使えば造作もなかった。雄藩同盟の主役たちは、藩の代表と天皇の忠臣という二つの役割を担っていた。(94)

雄藩同盟は、徳川幕府を打倒し、日本が歴史の新たな段階に突入するための原動力だった。一八六八年一月三日、雄藩同盟の指導者たち――いまや各藩の首脳部の地位にいた――は、速やかなクーデターで御所を掌握した。その後、彼らは御所の門を閉ざし、大名であれ、公家であれ、いかなる佐幕派の立ち入りも許さなかった。首謀者たちは、若い天皇の身柄を確保し、公家の協力を受けて、二つの勅許

――将軍の肩書き、土地、官位を剝奪する「王政復古の大号令」と、将軍が朝廷の反逆者で敵であるとする宣言「徳川慶喜征討の大号令」――を得た。

政治工作ができなくなった将軍は、丘に上がった魚も同然だった。彼は失意のうちに大阪に退いた[95]。その後間もなくして、現地の旧幕府軍は、鳥羽・伏見の戦いで敗北した。内戦が続発したが、旧幕府軍は指導者を欠き、混乱状態にあった。江戸は同年に新政府軍の手に落ち、旧幕府軍の残党も一八六九年に北海道で完敗した。このような軍事的・政治的出来事の連続が、「明治維新」という日本の近代史の幕を開ける重大な変化だった。

擬態(ミメシス)――志士のその後

一八六八年から数年後、志士たちは独自の集団として存在することをやめた。維新戦争を生き延びた志士たちは、出身藩に戻るか、さまざまな役職で新政府に仕えた。その一方で、反体制の生き方に固執し、新政府に逆らった者たちは、すぐに捕えられ、裁判にかけられ、死刑に処された。だが志士は、日本人の想像の中でさらに長く生きつづけた。彼らは何年にもわたり、無数の文化人、愛国的組織、国家主義的団体、そしてきわめて重要なことに軍人グループの文化的ヒーローやロールモデルになった[96]。

ある意味、これは政府の行動の結果だった。現実の志士は、迫害や投獄、さらには処刑されることが多かったが、明治政府は、一八六〇年代に命を落とした国家の英雄たちを大々的な追悼キャンペーンで偶像化した。明治維新から八年しか経っていない一八七五年、内務省は全府県に対して、たとえ藩の法律を破ったにしても、維新の「受難者」を追悼するように、と命令を出した。贈位を受ける志士もいた。

一八七五年以降、全国の数百名の志士が東京招魂社《しょうこんしゃ》［のちの靖国神社］に祀られた。靖国神社は、国事に殉じた御霊を慰める目的で建設された神社だった。次第に、明治政府に処刑された志士や反逆者も、その行動が真摯な愛国心から出たものであったなら、靖国神社に祀られるべきだとの声が強まっていった。内務省は、しばしばそのような要求を退けた（実際には長期にわたって審議が行われていた）が、この問題に関する公開討論が、大衆の心に愛国的反逆者の名声を刻み込んだ。(97) 府県が自主的に地元志士の評価を定めることもあった。中央政府以上に、府県は志士の名声を天皇への忠誠の証として利用した。だがそれにより、動機が真摯で、愛国的で、純粋である限り、反抗的な行為は正当化されるようになってしまった。(98)

一九一三年、国会議員の要請を受けて、政府は志士と戦った幕府側の武士も靖国神社に祀ることを決定した。その武士とは、藩の命令を守ることが、天皇の意向に沿うことであると心から信じていた者たちのことだった。政府は、この者たちは死後に志士として認められた、という結論を下した。しかし、帝国の大義に「完全に」反する行動をとった幕府の協力者――天皇の意向を故意に無視した者たち――は、志士と認められなかった。またしても、「動機」が志士として認定されるための最も重要な判断基準だった。天皇を崇敬する純粋な心をもつ武士は、たとえ誤った陣営で戦ったにしても、あるいは尊王派を殺したとしても、志士だったのである。(99)

新たに登場した大衆紙がこの論争に加わり、しばしば「志士」という語やその同義語を、愛国心のために行動した当時の人間を賛美する目的で使用した。(100) 比較的短期間で、志士の神話は、商業目的で使用されるほどの人気が出た。志士の伝記で人気のあるものは、新聞・雑誌に広告が載った。愛国的な作品を専門に扱う大手版元は、一八八五年に「志士必読　日本魂」という広告を出している。[101]それから数十年後の一九二〇年代と一九三〇年代になると、「志士」は陸軍士官学校のカリキュラムに組み入れられている。陸軍予科士官学校の模範生の文集を見ると、「高い志をもつ武士」を、精神を高揚させ、見習うべき手本であると称賛している。ある学生は、志士の犠牲は明治天皇から続く「輝かしい御代」の基礎を築いた、と綴っている。さらにこの学生は、同輩と全日本国民に対し、祖国と天皇のために無私の忠義で行動した志士たちを見習おうではないか、と呼びかけている。[102]政府や軍、そして報道機関が志士の評価を定めたという事実は、彼らの名声を高め、反体制派が、国賊の烙印を押されることなく、志士の行動を真似られるようにした。志士の評価の安定は「擬態《ミメシス》」というプロセスと融合したのだ。不確実な状況下で行動する人間は、過去に成功した「証明済み」のモデルを真似る傾向がある。社会学者のウォルター・パウエルとポール・ディマジオは次のように書いている。「目標が曖昧である場合、あるいは環境条件からして確実な予測が立てられない場合は、組織は別の組織を手本にして行動を律することがある。人間行動の経済性において、模倣的な振る舞いの価値は無視できない。組織が、原因が曖昧な問題や、解決策がはっきりしない問題に直面した場合に（模倣的な振る舞いをすると）、ほとんど犠牲を出さずに有用な解決策を得られることがある[103]」

実際、明治初期の反逆者は、非常に不確実な状況下で行動した。旧幕府体制は消え去ってしまい、再建は不可能だった。新体制は依然として流動的で、真価が不明で、絶えず変化していた。明治初期の反逆者の目標も、曖昧で、不明瞭で、常に賛否両論あった。そのような思想的、政治的、感情的な霧の中では志士運動を、過去に驚くべき成功を収めた合法的で評価の高い反逆運動と考え、そのイデオロギーや組織形態に固執するのは無理のないことだった(104)。

イデオロギー的に言えば、勇敢さ、誠実さ、自己犠牲、政府当局への軽侮、躊躇も打算もなく死に向かっていく姿勢といった理想は、志士の思想的な議論の大部分を占めていた。高杉晋作が、一八六四年から一八六五年にかけての冬に、仲間たちの慎重な意見を無視して無謀にも長州の佐幕派政権に向かっていったにもかかわらず、華々しい勝利を収めなかったら？　結果として、彼の無謀さは功を奏し、模倣するだけの価値があった。次章から、一八六八年から一九三六年までに頻繁に起きた反乱やその他の過激な行動が、いかに無謀で、衝動的で、無計画で、協調性に乏しかったかを見ていこう(105)。これが擬態プロセスの直接的な結果である。

組織的なレベルで、志士はまた、明治初期以降の未来の反逆者たちに対して永遠に魅力的なモデルを提供した。カリスマ性のあるリーダーを中心とした私的ネットワーク、共通の理想によって結ばれた盟友関係、組織構造の流動性――これらはすべて、日本の反逆者集団の変わらない特徴だった(106)。言い換えれば、志士を擬態するということは、本書が扱う全期間で発生した日本の軍人不服従の特徴を形成する最も重要な要素の一つだった。もともとの志士運動は、曖昧性や不確実性、そして弱体化する政治秩序の時代の中で生まれた。それは、明治初期の反逆者たちによる擬態にも言えることだった。だが、元の政治的コンテクストが消滅し、政府が安定し、政治秩序が具体化して曖昧性が薄れたあともずっと擬態が続いたことは非常に重要だ。

最終的に、志士運動は、一八六八年に国を支配する雄藩同盟をつくることによって、近代日本史というストーリーの第一章を形成した。多くの志士は陸軍将校になり、雄藩同盟の指導者は明治政府と近代日本陸軍の創始者になった。この新しい政治秩序とその最終的な崩壊は、その後何年も続く軍人の反逆と抵抗運動を形成する最も重要な契機だった。

第一部

動乱の時代

一八六八〜一八七八

第二章　宮城《きゅうじょう》の玉《ぎょく》——新しい政治秩序

一八六八〜一八七三

孟子曰、為政不難、不得罪於巨室。
孟子いわく、政《まつりごと》をなすことは難からず、罪を巨室に得ざれ。

（簡野道明『孟子通解』より）

一八六八年一月初旬、鳥羽・伏見の戦いに敗北した元将軍徳川慶喜は、大坂城で最後に諸外国の外交官を集めた。イギリス公使のアーネスト・サトウは、決して幕府の味方ではなかったが次のように記している。「この五月には、気位も高く態度も立派だったのに、こんなにも変わり果てたかと思うと、同情の念を禁じ得なかった。眼前の慶喜は、やせ、疲れて、音声も哀調をおびていた」(アーネスト・サトウ著、坂田精一訳『一外交官の見た明治維新』下、岩波文庫)。慶喜は、もはや将軍ではなかったが、京都の新しい指導者たちが、彼なしに存続可能な政権を構築できるとはまったく考えていなかった。サトウは慶喜との問答を書き残している。「京都に樹立された政府の形体に関する質問に対しては、天皇《ミカド》は単に名目上の統治者にすぎず、京都は仲間喧嘩に終始して政治など顧みぬ連中で占められているのだと答えた。しかし慶喜は、自分に何らかの権能があると主張する様子もなく、諸大名が再び自分の味方に集まって来るかどうかの見当もついてはいなかった[1]」

慶喜の意見は的外れではない。それどころか、一八六八年一月の時点で早くも、彼は明治初期を通して続く新政府の脆弱性に気づいていた。幕府の縦割り行政は破壊されたが、それに代わって新たに出現した天皇を中心とするヒエラルキーは、脆弱で混乱しており、すぐに恒久的な統治機関としてまとまることができないでいた。重要な決断は、正式な国のヒエラルキーを介して決められたのではなく、指導者たちが小規模なグループ内で行った討議や口論から導き出された。つまり、垂直的なヒエラルキーであるとみなされていた新政府は、実際は同格の者たち——雄藩同盟の指導者たち——のあいだで権力が分配されている、水平的なつながりだったのである。新政府の中心人物だった岩倉具視は、次のような言葉を残している。「今日は百人百端之議論有之候は当然之勢にて人毎に説き得べからず戸毎に弁ずべからず政府は動かさる事山の如く有之候はゞ政府の実権必被相行可申と存候(2)」。だが、岩倉も彼の仲間も、当時そのような「揺るぎない」権力を生み出す地位にはいなかった。

この不安定な時代に、新体制は、権力の座にある個人と各自の派閥との微妙なバランスの上でなんとか存続していた。雄藩同盟においては、藩のアイデンティティを基に派閥ができることはまったく自然なことだった。新政権で権力を分かち合っていた藩の中で、最も重要な藩は、木戸孝允に率いられた長州藩と、西郷隆盛と大久保利通が代表を務める薩摩藩だった。他に重要な役割をもっていたのは佐賀藩と土佐藩で、政府内にいるこの二つの藩の代表——大隈重信と板垣退助——は、のちに日本のリベラリズムの創始者として名を馳せた。政府のもう一つの重要な構成要素は、三条実美と岩倉具視に率いられた公家のグループだった。しかし、一人ひとりの指導者は藩に従うのではなく、思想的、政治的、個人的な好みに基づいて他者と連携した。そして、この同盟関係は頻繁に入れ替わった。

派閥間のバランスを保とうとする必死な努力が、近代天皇制成立後の数年間で天皇制の特徴を形成した。雄藩同盟は最初から脅威——志士集団の抵抗、農民の反乱、士族の蜂起など——に直面していたので、状況は非常に厳しかった。だが、派閥間のバランスが安定していれば、反乱分子は支持を集めて、勢いづくことができなくなる。そこで、雄藩同盟の指導者たちは、自らの支配を正当化するために大きな決断をした。それは、未熟な君主に真の権力を与えずに、天皇制という権威ある統治体制の背後に自らの権力を「隠す」ということだった。当時の国民で予見できた者はほぼ皆無だったが、この新政府の決定は、その後七〇年にわたって軍人不服従の成長を促進させる統治システム内の「バグ」を生み出した。それは、雄藩同盟が崩壊し、恐るべき軍事的反抗が発生した一八七三年秋に、早くも明らかになった。

宮城の玉——「霞んだ中心」としての天皇

明治維新の結果、新政府は、天皇を統治権の中心として新しいヒエラルキーの頂上に置いた。しかし、実情は大きく異なっていた。一八六八年の時点で、明治天皇はまだ一六歳の少年であり、政治権力に慣れていなかった。さらに悪いことに、明治天皇には、自分だけに忠誠を尽くす家臣が一人もおらず、雄藩同盟の指導者とその仲間からの報告以外に、各地から情報を得るすべをもっていなかった。大久保自身が認めたように京都から大坂への遷都を建議し、その後（一八六八年九月）、首都を東京へと移したのは、何よりもまず天皇を、京都の閉鎖的な聖域から引き離す意図があった。同時に、岩倉、木戸、大久保は宮中を改革し、「女らしく」、過剰で、時代遅れの要素を一掃した。(3)

学者たちがすでに指摘しているように、こうした措置は天皇の男性化を意図していた。女性的で保守的だった天皇のイメージは、当世風で男性的な近代君主のイメージに置き換わった。(4)だが、天皇が真の権力を蓄えていく可能性を減少させるという副作用もあった。宮城の見直し、全面的な人事異動、首都の移転――こうした一連の新政府の改革は、宮城における天皇の既存の人間関係を根本から変え、天皇が忠臣を利用して独自の情報ネットワークを構築することをできなくさせた。(5)有力な支配者は、私的な「望遠鏡」――独自の情報収集・伝達手段――をもっているものだ。(6)だが、明治天皇はそのような手段をもっていなかった。そのため、彼は周囲の指導者に全面的に従うようになったのである。

天皇は政府の指導者たちによって保管されている「玉《ぎょく》」のようだ、と木戸は語っている。つまり、尊崇の対象だが、実権が欠如していた。(7)学者たちが指摘しているように、明治初期のきわめて重要な数年間の天皇の存在感が、「天皇制」という「霞んだ中心」をもつ統治システムを形成した。(8)天皇の理論上の権威は――誰からも疑問視されなかったが――天皇の周囲に存在するあらゆる他の権力要素を引き寄せつづけた。それはあたかも恒星の周りを回る惑星のようであった。こうして、天皇は広く一般に認められた権力の中心となり、新政府は分裂の危機を免れた。しかし、天皇の正確な役割や、さらに重要なことに、天皇の意向がしばしば隠蔽され、議論と解釈の余地を残したという意味で、この政治的中心は霞んでいた。(9)

こうして、新政権の主要な「バグ」――軍人の不服従を増長させ、一八七〇年代初頭から一九三〇年代までの政治的低迷を引き起こす原因になった構造上の問題の一つ――が出現した。政府関係者はみな、天皇の「意向」を推察しなければならなかったが、その「意向」は通常、助言者たちによって策定された勅語で表現されていたため、非主流派はいつでも天皇は周囲の人間に「操られている」と主張することができた。「天下万人御尤与奉存候而こそ　勅命ト可申候得共非義　勅命ハ　勅命ニ有ら者候故不可奉所以ニ御坐候」と大久保は一八六五年に西郷に宛てた手紙で書き、幕府が得た勅令への不服従を正当化しようとした。[10]注目すべきは、大久保が「勅命ハ　勅命ニ有ら者候故不可奉所以ニ御坐候」と言っただけでなく、勅令としての性質そのものを否定したことだ。なぜなら天皇の意向は、当然のことながら、不正であってはならなかったからだ。実際、天皇の真意を「推測」しようとすることは、明治初期から一九三〇年代までの反乱と抵抗の大部分で確認できる構成要素になった。

より強く、より支配的な人物が、真の権力を備えて天皇の地位に就いていたら、巨大な象徴資本を利用して私的な情報ネットワークを構築し、うるさい助言者たちを排除して、独自の権力構造を築き上げていたかもしれない。だが、明治天皇の年齢、性格、育ち、そして身の回りの環境を考えると、そのような結果は望むべくもなかった。アーネスト・サトウが述べているように、明治天皇の父である孝明天皇が三五歳の若さで崩御することがなかったら、状況はかなり違っていたかもしれない。[11]強情で、保守的で、極度の外国人嫌いだった孝明天皇は、常に不満を口にし、協力を渋り、幕府にさえ平然と逆らった。[12]孝明天皇は、一八六八年以降の国を統治する資質に欠けていたが、寡黙で従順な権力の象徴として、新政府の指導者たちに利用される身に甘んじていたとはとうてい思えない。したがって、孝明天皇の不慮の死と明治天皇の即位は、明治の統治システム――霞んだ中心である天皇、弱い国家ヒエラルキー、脆弱な雄藩同盟という三者の相互作用――にとって不可欠な条件だったのだ。

綱渡り――連立政権と明治の改革

明治政府は一連の重要な改革によって成立したが、いずれの改革も二つの大きな柱――「霞んだ中心」である天皇の象徴的権威と、雄藩同盟の指導者たちの統一見解――に支えられていた。まず一八六九年に、藩主たちは版籍《はんせき》（すなわち土地と住民）を天皇に自ら進んで返却し、天皇は意のままに、その土地と住民を分配あるいは保有することができるようになった(13)［版籍奉還《ほうかん》］。続いて一八七一年夏に、明治政府は全大名を解任し、藩を府と県に再編した(14)［廃藩置県《はいはんちけん》］。中央政府は、いまだ力が弱く、不安定であったため、この二つの決定はトップダウンで実現することができず、公家や長州・薩摩などの派閥の指導者の水平的な協力関係によって成し遂げられた(15)。

だが、リーダーたちは、雄藩同盟の派閥の協力関係が続く限りにおいてのみ、自分たちの権力が有効であることを十分承知していた。たしかに、藩は表向き廃止されたが、政治的グループやアイデンティティの強力な源泉として、存続しつづけた。たとえば、土佐出身の高官の谷干城《たてき》は、「余は薩長が互に権力を争ひ大乱を引き起すことを予期して此時期の来るに際し土佐の力を養ひ」と回想している(16)。薩長関係の危機に気づいた大久保は、薩摩の仲間に長州との友好的な関係を維持するよう呼びかけている。「皇国ノ為己ヲ忘レ往時ヲ去リ両藩一藩ノ如親睦ヲ成ス（中略）薩長ハ皇国ノ柱石ナリ」と大久保は公開状［明治二年一二月一八日付「帰藩の際同志に頒ちし意見書」］に書いている(17)。彼は、「瞑目沈思シテ深慮熟考スルニ天下ノ大勢何《いず》レニ帰着スルヤ否ヲ知ラズ誠ニ一朝ニシテ水泡画餅ト成リ（中略）両藩ノ和不和ニ依テ皇国ノ安危ヲ成スノ大事ナルヤ果シテ確執ヲ生ズル位ナラバ実ニ両藩ノ勤王何ノ為ナルヤ」と書き、そのような事態を回避するために、私利私欲を捨てて薩長関係を重視するよう仲間に訴えている。[18]

一方で、雄藩同盟は、緊迫していたものの、かなりの成果を上げた。この時期は、息もつけないほどの改革の連続で世の中が沸き立っていた。武士という身分は一八六九年八月二日に廃止され、「士族」に改められた。[19] 政府は、一八七〇年にすべての平民に公の場での苗字の使用を許可し［平民苗字許可令］、それに続いて学制や徴兵制などの改革を打ち出した。しかし、指導者たちは、綱渡りのように国家運営を行っていることを自覚していた。[20] こうした改革は、連立政権の派閥間の協調を基にしていた。大久保が仲間たちに警告したように、派閥間の不和はこれらの労苦をすべて無駄にしかねなかった。一八七〇年代初頭に天皇の地位を後ろ盾として結成された明治政府は、この恐ろしい結末を回避するため、派閥間のバランスを維持するように設計されていたのである。

政府、軍隊、薩長の対立

明治新体制（一八七一年八月にようやく安定した）において、天皇は公式に国家元首となり、「天皇の統治」は太政大臣《だじょうだいじん》に率いられた太政官によって補佐されることになった。[21] 太政大臣には、志士運動に協力した公家の三条実美が就任した。理論的には、太政大臣の権力は当時の西洋の首相と似ていた。だが、三条は体が弱く、決断力に欠ける面があったため、重要な権限が与えられなかった。実際の決定は、右大臣の岩倉具視や参議の称号をもつ雄藩同盟の指導者によって下された。参議は、三条・岩倉とともに、太政官を構成した。[22] 行政機関の長が太政官のメンバーではなく、卿《きょう》という高官で占められていたため、統治システムはより複雑になった[23]。卿は、参議を兼務しない限り、新政権の中心的な執行機関である太政官の役職を務めなかった。

太政官制度が安定してまもない一八七一年秋、右大臣岩倉具視を中心とした政府関係者が欧米に旅立った。有名な「岩倉使節団」である。大勢の指導者がおよそ一年半を海外で過ごし、アメリカ、イギリス、フランス、オーストリア＝ハンガリー、ロシアなどを歴訪した[24]。一八七一年末から一八七三年秋までのあいだ、傑出した指導者がほとんどいなくなった日本は、留守政府の管理下に置かれた。岩倉の不在により、太政大臣の三条実美は、不安定さを増す支配層のトップに一人留まることになった。体が弱く、決断力に欠ける三条では、政府内のさまざまな勢力のバランスを取りつづけることは難しかった。留守政府の実権は、参議の西郷隆盛が握った。だが、人望の厚いこの薩摩の指導者でさえ、各方面からの圧力で心身の健康を崩し、統治体制のバランスを維持するのがやっとだった[25]。

雄藩同盟の不和と対立は隠しようもなかった。何より、明治初期の陸軍が成立するまでの苦難の過程でそれが顕著だった。帝国陸軍の設立計画は、当初から維新の立役者となった藩同士の協調だけでなく、それ以外の藩との協調も前提としており、それによって統一国家への道が開かれたことは、まったく逆説的だった。その一方で、将校と旧藩の代表者は陸軍をめぐってしばしば対立した。

高杉晋作が創設した奇兵隊の幹部だった長州の山県有朋は、一八七一年二月に、中央政府に軍事力の後ろ盾がない限り、維新は「名ばかり」であると西郷に言った。山県は経済を比喩に用い、政府は「借金で博打をしている」ようなものだと繰り返した。西郷は山県の意見に同意し、御親兵《ごしんぺい》という軍隊を設立することにした。御親兵は長州・薩摩・土佐の部隊で構成されていた[26]。しかし山県は、長州以外の指導者と交渉を重ねる中で、新しい軍隊は藩ではなく、中央政府だけに属するべきだという考えを強めていった。兵士は命令次第では自分の藩主と戦うこともあるのだ、と彼は主張した。(27)一八七二年四月一六日、御親兵は近衛《このえ》兵と名前を変え、天皇直属の軍隊になった。一八七一年夏に兵部大輔《ひょうぶたいふ》に昇進した山県は、兵部卿である有栖川宮熾仁《ありすがわのみやたるひと》親王に代わって省内の実権を握った。(28)

しかし、近衛兵は非常に扱いにくい軍隊だった。近衛兵は士族を主体として構成されており、その多くは、頑固で、反抗的で、信頼できないことで定評のある薩摩と土佐の元武士たちだった。困ったことに、彼らの一部は外国人の襲撃にも関与しており、日本と西洋諸国の微妙な関係を脅かす原因になった。(29)木戸が懸念したように、藩ごとに独自の伝統、習慣、アイデンティティ、なまりがあったため、出身藩が異なる兵士同士が協力関係を築くことは容易ではなかった。(30)日本史学者のチェン・シェンティンによると、軍隊には「旧藩への忠誠心が色濃く染みこんでいた。彼らは自らを日本という国家の兵士ではなく、薩摩や長州、あるいは土佐の兵士であると考えていた」(31)。近衛兵は、表向きは山県と陸軍省の配下にあったが、実際は維新戦争で彼らを率いた参議に従っていた。(32)こうした状況に対処するため、山県は陸軍省専属の鎮台《ちんだい》という別の軍隊の創設を進めた。鎮台は日本各地に設置され、一八七三年一月一〇日の徴兵令によって増強された。(33)

反抗的な近衛将校をなだめるために、政府は西郷隆盛の影響力と信望を利用しなければならなかった。一八七二年八月、西郷は太政官により、筆頭参議、近衛都督《ととく》、陸軍元帥に任命された。当時この地位に就いたのは西郷をおいて他にいなかった。(34)こうした状況の中で、軍隊の分裂が次第にあらわになっていった。山県と長州閥は全国の鎮台の大部分を支配したのに対し、西郷は近衛兵と国家警察を管理した。(35)

かくして、薩摩と長州は再び独自の軍隊を保有し、帝国陸軍の創設者たちが回避しようとした状況がまさに再現されたのである。

崩壊——朝鮮と雄藩同盟の終焉

岩倉と大久保は一八七三年九月にようやくヨーロッパから帰国した。二人が目にしたのは、藩閥のバランスが大きく崩れ、分裂状態にあった新政府だった。しかし、彼らが真っ先に取り組まなければならなかったのは、国内の改革ではなく、外交問題だった。この外交問題が、新政府が発足当初から懸念していた重大な政治危機の原因になり、雄藩同盟の最終的な崩壊と陸軍の激しい不服従を招くこととなった。

朝鮮の無礼で攻撃的な姿勢（と日本の政府関係者は考えていた）にいかに対処するかという問題は、以前から太政官の議題になっていた。日本が西洋型の改革に乗り出して以来、朝鮮人は日本を「非合法の国家」とみなし、日本の貿易商や外交官に対する嫌がらせは日増しに強くなっていった。これを受けて、外務省の高官は、護衛付きの代表団を朝鮮に派遣し、朝鮮王朝に方針転換を迫ることを提案した。[36] 討議の結果、太政官は西郷隆盛が提案した折衷案を採択した。それは、西郷が自ら大使として朝鮮に行き、朝鮮人の非行を抗議する、というものであった。西郷は、自分が朝鮮で殺されて、日本に報復戦争の口実ができることが真の目的だ、と手紙に書いている（この有名な手紙はその後ずっと議論の的になった[37]）。

西郷が本当に戦争をしたがっていたのかどうかは議論の余地があるが、朝鮮問題の対応で薩摩と土佐の支持者たちから非常に大きな圧力をかけられていたことは間違いない。[38] 両藩の反抗的な士族は軍事行動を期待していた。いずれにしても、極限まで追い詰められていた西郷は、支持者たちをなだめる方法を探そうとしていた。彼の提案は太政官に承認されたので、時が経つにつれ、西郷はますます出港への思いを募らせていった。

岩倉が九月中旬にようやく日本に戻ってきたとき、西郷は朝鮮行きを即決してくれるものと期待していた。だが、彼がのちに文章で失望を吐露しているように、右大臣岩倉は急がなかった。[39]岩倉にとっては、ロシアの脅威と国内問題のほうがはるかに具体的で重要だった。それでも西郷が主張をやめなかったので、岩倉はこの構想全体に強い懸念を抱くようになった。岩倉、大久保利通、木戸孝允、伊藤博文の四人は、一時的に「帰国組」を結成し、西洋での経験をもとにして、外交問題に対しては慎重な姿勢で臨むべきだとする考えを表明した。そして何よりも、四人は朝鮮への軍事遠征に異議を唱えた。[40]

大久保は、七項目からなる有名な反対意見の中で、日本は軍備が乏しく、外交的立場が弱いため、朝鮮遠征は無謀であるということを参議たちに納得させようとした。[41]だが、この試みは成功しなかった。太政官は、「帰国組」の結成でその権力バランスが崩れていたものの、依然として、薩摩、佐賀、土佐出身の西郷の支持者によって支配されていたからだ。大久保は正式に辞表を提出した。だが、彼は政敵を出し抜くことを水面下で画策した。大久保はすぐに、伊藤と岩倉、そして宮内卿を兼務していた侍従長（天皇の側近）の徳大寺実則《さねつね》と協力して、西郷の朝鮮行きを延期する勅令を手に入れた。これが彼の「秘策」だった。[42]

大久保は、危ういバランスの上に成立していた雄藩同盟を一撃で打倒した。彼は、絶大な権限を有する行政府だと思われていた太政官を当てにせず、閣議決定を覆したのだ。また彼は、省や旧藩の後押しを得たわけでもなかった(43)。政府の他の権力者全員を出し抜くために、大久保は天皇を利用し、明治維新を実現した一八六八年の宮廷革命と似たような策略で勅令を獲得したのである。この行動で、他のすべての政府関係者は、天皇が支配するこの国では、いかなる慎重な計画も、天皇の不意の干渉で無効になる可能性があることを思い知らされた。権力と影響力を同僚と奪い合った政府高官の大久保は、たしかに反逆者ではなかった。だが、彼のあとに出現する反逆者たちは、政治で我を通すために天皇の曖昧性を利用することになった。そして、その結果は常に悲惨だった。

大久保の「秘策」により、政府はガタガタになった。怒りと屈辱でさらに体調が悪化した西郷は、俸給と報酬、そして陸軍元帥以外の肩書きを政府に返上して下野した［征韓論政変。または明治六年政変ともいう］。彼はただちに鹿児島市（旧薩摩藩の藩庁）に向け出発した。政府関係者はみな、彼の帰郷を怒りによる政界引退だと受け止めた。太政官や省にいた西郷の支持者たちは、大久保の行動に激怒し、同じく辞任した(44)。「征韓」論争が非常に破滅的だったのは、一方が、すなわち大久保側が、完全勝利し、他方の面目をつぶしたことが主な原因だった。近衛の老練兵だけではなく、東京鎮台や国家警察の薩摩や土佐の将校も、西郷隆盛とともに東京を去った。その大部分は東京に戻ってこなかった(45)。薩摩はまだ反乱を起こしていなかったが、「大西郷」がいなくなり、東京と鹿児島の連携は非常に困難になった。体制はかつてないほど不安定になった。だが、最悪の事態がまだこの先に待ち受けていた。

一方、西郷隆盛の弟である従道《つぐみち》は鹿児島に戻らなかった。従道は山県のもとに留まり、二人は陸軍省を支配しつづけた(46)。薩摩人の大久保に対する不信は、「秘策」後に決定的になった(47)。したがって、政府と薩摩の関係は「小西郷」の従道にかかっていた。ところが、政府が不安定な状態にあった一八七三年の終わりに、にわかに注目を集めるようになった西郷従道は、近代日本の最初の大規模な軍人不服従の直接的なきっかけになった。一八七四年春の非承認の台湾出兵である。軍事的反乱の波は、雄藩同盟の崩壊の結果だったが、台湾問題に関する従道の不服従は、崩壊した雄藩同盟のピースを一つにまとめようとする絶望的な試みから発生することになったのである。

第三章

止まることなく——軍人不服従と台湾出兵

一八七四

卿ガ従道ヲ留ムルハ固ヨリ卿ガ職分ナリ従道ノ留マラザルハ従道ガ職分ナリ

（陸軍中将西郷従道の言、『岩倉公実記』下より）

一八七一年一〇月、琉球の二隻の船が、台湾南部の海岸に漂着した。台湾では、過去にヨーロッパ人の侵入者により大虐殺が行われたと言われている。そのような経緯もあり、琉球人船員は、台湾に上陸した他のすべての外国人船員と同じ待遇を原住民から受けた。すなわち、彼らは殺害されたのだ[1]。一握りの船員が、この島の清国の支配地域に逃げ込んで、清国本土を経由して琉球に戻ることができた[2]。

琉球は、日本の政府関係者から、大日本帝国の属領であると考えられていたため、この事件に関して、日本が自ら台湾に攻め込むか、それとも清国に犯人の処罰を委ねるかで二年半ものあいだ議論が行われた[3]。一八七三年の大部分は、朝鮮問題が切迫していたこともあり、この議論は下火になっていた。だが、大久保利通は、一〇月下旬に政府の実権を掌握したあと、この厄介な台湾問題に取り組まなければならなかった。一八七四年後半に最高潮に達する一連の錯綜した出来事が、近代日本における軍人不服従の最初の重要な実例になった。台湾遠征軍の司令官である陸軍中将の西郷従道は、政府の明確な命令（彼は十分に承知していた）に背いて台湾侵攻を断行した。[4] 従道は協調性のある将官として知られていた。この彼らしくない国策への抵抗は、日本における軍人不服従の発展の重要な諸問題を秘めていた。[5]

「怒りの感情を鎮める」——琉球と薩摩ロビー

西郷従道の命令違反を理解する前提として、薩摩の有力者たちが、琉球人船員の殺害について、なぜこんなにも強い反応を示したのかを理解しておく必要がある。琉球は、一六〇九年に薩摩の侵攻を受け、一八七〇年代まで薩摩と清の両方に従属する国家だった。徳川幕府には、どんな場合でも、外国貿易のルートを一握りの藩に集中させたがる傾向があった。薩摩が琉球支配を継続できたのはそのためだった。実は、薩摩は琉球を介して清国と取引し、荒稼ぎしていた。幕府や清国がこの収入源を妨害してくるのではないかと気が気でなかった薩摩の大名は、琉球国王に対し両者の「特別な関係」を秘密にしておくように命じ、歴代の国王にその取り決めを守らせた。[6]

一八七一年末ごろ、琉球は日清両国の懸案事項になった。その年の八月、薩摩藩が廃止されて鹿児島県に置き換わると、琉球は大日本帝国の属国になった。新政府の指導者たちは——この新しい獲物をどう扱うのが適切かでもめていたが——［一八七二年一〇月］琉球に「藩」という奇妙な地位を与えた（琉球藩は廃藩置県後の唯一の藩だった）。それでも琉球は、清国との朝貢関係を断ち切らなかった。[7] 翌年の五月中旬、清国を訪れた日本の公使が琉球人船員の殺害事件［一八七一年］を知り、日本政府に報告した。

この時点で、琉球の三つの保護者——日本政府、清政府、あるいは旧薩摩藩——のどれが責任を負うべきかはっきりしていなかった。(8) 結局、最初に動いたのは薩摩だった。

一八七二年夏、琉球人船員の凄惨な最期についてのうわさが鹿児島県一帯に広まった。当時の鹿児島県は非常に不穏な空気に包まれていた。鹿児島県の大参事兼県令であった大山綱良《つなよし》は、県は急速に手に負えない状況になりつつある、と訴えている。地元士族（かつての武士）の中央政府に対する敵意はますます強くなり、大山のような政府の代表者は、いつの間にか窮地に陥っていた。(9) そのような状況下で発生した台湾問題は、大山とその仲間たちにとってまさに天からの恵みだった。薩摩の士族の意見を一つにできる出来事がついに発生した。琉球はいまや中央政府直轄の藩で、もはや薩摩の属国ではない。だが、いまでも暫定的に鹿児島県に所属している。(10) 「我々の」従属民の殺害事件に対して即座に反応することで、新政府の支配下にある琉球に対する薩摩の優位性を強固にし、旧薩摩藩士の危険なエネルギーを外国への軍事的冒険に向かわせることができる。そう考えた大山は躊躇しなかった。(11) 一八七二年八月三一日までに、大山は次のような手紙を東京の政府に急送している。「軍艦ヲ借リ直《ただち》ニ彼ガ巣窟ヲ指シ其渠魁《きよかい》ヲ殲《ほろぼ》シ上ハ皇威ヲ海外ニ張リ下ハ島民ノ怨魂ヲ慰セント欲ス伏シテ其乞ヲ許サレン事ヲ願フ」(12)

薩摩ロビーの圧力は、大山のような高位の者たちに限ったことではなかった。琉球人船員の仇討ちは、すぐに薩摩活動家たちの総意になった。だが、県内の秩序が混乱状態にあったため、誰がこの栄誉を授かるのかについてははっきりしなかった。その結果、関係者全員が過激化し、県当局者は、誰が中央政府に対して激しく台湾出兵を迫れるかで競い合った。おそらく、最初に議題を提起した者が、この遠征の栄光ある司令部の最有力候補であると思い込まれていたのだろう。その結果、大山や東京に向かう使者は、すぐに旧薩摩藩の熱心なロビイストから協力を得た[13]。

これに対して、中央政府の反応は慎重だった。右大臣の岩倉具視をはじめ、大蔵省、陸軍省、海軍省などの要人は、軍事遠征の案に反対した[14]。政府内で最も格上の薩摩人だった西郷隆盛も、台湾出兵にあまり乗り気ではなかった（最終的に西郷は説得されて賛成に回った）。しかし、一八七三年三月に、小田県（現在の岡山県西部）の船が台湾に漂着し、船員が原住民に略奪・虐待される事件が起きた。いまや、天皇の臣民たる日本人が危機にさらされており、出兵賛成派の声はますます強くなった[15]。

出兵の前兆――副島種臣の清国派遣

政府は一八七二年末になっても台湾問題に対して結論が出せないでいた[16]。政府関係者の多くは、岩倉使節団の一員として海外に旅立ってしまっており、彼らの不在中に重要な決定を下すことは難しかったのだ。そのため、出兵賛成派と慎重派のあいだに妥協が成立した。それは、賛成派の一人である外務卿の副島種臣《そえじまたねおみ》を外交使節として清国に派遣し、清国政府に台湾事件を問いただすというものであった。副島は、清国が台湾の原住民区域に対する管轄権を有しているかどうかを、清国政府に確認するよう命じられた。もし清国が管轄権を有しているのであれば、副島は彼らの責任を追及し、原住民の適切な処罰と琉球人船員の遺族に対する賠償を要求すればいいし、清国が管轄権を有していない場合は、副島は日本が台湾南部に懲罰隊を派遣することに対して異議があるかどうかを彼らに確認すればいいのだ[17]。

副島と彼の側近たちは、一八七三年の三月から七月の約四カ月間、清国に滞在した。大部分の時間は、台湾とは無関係の外交上の問題に費やされた。台湾問題は、六月に行われた副島の側近二名と清国外務省の高官との会談でのみ話題に上った。この会談についての清国側の記録は存在していない。だが、日本の代表団の議事録によると、清国の高官は、台湾は中国の一部か、そうであるならば、清国は加害者を処罰し、賠償金を支払う用意があるか、と質されたという。それに対して清国側は、「文明の境界を越えた」場所にある台湾の「未開」の地域に対して我が国は責任を負わない、と回答した。軽率とは言えないまでも曖昧なこの回答は、清国は台湾の「未開」の地域に対する主権を放棄した、と日本側に「解釈」された。[18] 清国側は台湾問題を深刻に受け止めていなかったので、清国の高官は、自分たちの回答が日本側に付け入る隙を与えることになるとは思いも寄らなかっただろう。[19]

副島が七月二七日に日本に戻ると、台湾出兵の議論が再び活発になった。清国の回答は、台湾南部への侵攻の白紙委任状として解釈されたので、出兵反対派の主要な論点、すなわち清国との戦争に発展する危険性は、以前に比べて説得力に乏しかった。だが、薩摩ロビー、西郷隆盛、副島種臣の関心は台湾から朝鮮半島に移ったので、一八七三年の夏から秋にかけて、台湾問題は脇に押しやられた。[20] その後、十月の征韓論政変（前章参照）で、西郷と副島、そして彼らの支持者たちが下野し、行政の徹底した見直しが行われた。[21]

西郷や副島といった最大の理解者が政府を去ったことで、薩摩ロビーは弱体化した。その一方で、東京に留まることを決意した数人の薩摩幹部は身分不相応な権力を手に入れた。西郷隆盛らの辞職後、薩摩軍は政府に対する怒りで騒然としていたため、東京・鹿児島間の内戦の気運がかつてないほど高まった。[22] その結果、政府と薩摩の両方に顔が利く旧薩摩藩士が、急遽東京で必要とされた。中でも重要だったのが、西郷隆盛の弟で陸軍少将兼陸軍大輔の西郷従道だった。そのため、台湾出兵に賛成する彼の意見は、何にも増して真剣に扱われなければならなかった。[23]

厄介な問題――大久保政権下の台湾問題

そのような状況下、一八七三年から七四年にかけての冬を迎えるまえに、保留中だった台湾問題が再び提起された。大久保が実質的に支配する太政官は、これ以上この問題を無視しつづけるわけにはいかなかった。[24] 薩摩将校たちで構成された陳情団に対する政府指導者たちの反応は速かった。[25] 提出された出兵案は、多くの旧薩摩藩士の切実な願いだった。政府関係者は、薩摩の民意を和らげるためには、しばらくのあいだほんの数人でもいいから台湾に送るのが一番だと考えた。おそらく、政府関係者には、朝鮮問題で破壊された政府・薩摩間の同盟が、この共同事業によって修復されるのを期待する向きもあったのだろう。

一八七四年二月六日に太政官に提出された意見書で、大久保と新大蔵卿の大隈重信は、台湾出兵の概要を提言した。[26] 大隈は「台湾蕃地事務局《たいわんばんちじむきょく》」という太政官の直下に置かれた新しい政府機関の責任者になった。これは、組織の長としての大隈の地位を強固にするための方策だった。[27] 三月中旬、西郷従道が台湾の完全な植民地化をほのめかす別の計画――この意見は薩摩の活動家たちのあいだでめずらしくなかった――を自ら作成した。[28] 西郷は、岩倉と大久保に自分をこの遠征軍の司令官に任命するよう要求し、さらに薩摩の不平士族は併合した台湾に入植すべきであるとまで言った。[29] 大久保が出身藩と微妙な関係にあり、西郷に依存していたことを考えると、薩摩当局者による台湾植民地化の要望が政府に受け入れられたのも不思議ではなかった。[30] これを受けて、大隈は、台湾に植林地を開発するためにヨーロッパ樹木の種子を購入し始めた。これは、長期的な植民地統治を考えていた明らかな証拠だった。こうした計画が秘密裏に進められたのは、まず間違いなく西洋諸国の公使からの抗議を招きたくなかったからだろう。[31]

四月四日、大久保と大隈はついに、西郷従道を台湾出兵の最高司令官に任命することを決定した。任命は太政大臣の三条実美に承認され、最終承認のために天皇に上奏文が提出された。[32] 勅令はただちに下された。西郷は中将に昇格し、「台湾蕃地事務都督《ととく》」という台湾の原住民地域に責任を負う最高司令官に正式に任命された（明治陸軍の短い歴史の中で、このような長い肩書きは前例がなかった）。[33] 海軍少将の赤松則良《のりよし》と陸軍少将の谷干城は、副司令官に任命された。[34] 翌日、西郷はさらに二つの勅令――任務と権限の範囲――を受けた。一つは次のような内容だった。

台湾の野蛮人の処罰に関して、西郷従道を台湾蕃地事務都督に任命する。これにより西郷は、陸軍および海軍の軍事力を用いて以下の行動を実施するための完全な権限が付与される。

一、我が国国民が犠牲になった犯罪の調査と処罰。

二、犯罪行為の償いがなされない場合、西郷は軍事力を用いて（犯人を）処罰することができる。[35]

もう一つには、任務の範囲と西郷の役割がさらに詳しく定義されていた。この命令書には、制限事項と禁止事項が事細かに列挙されており、自立した個人としての西郷の権限を抑制するために特別に策定されたかのようだった。何よりも、西郷は外交に干渉することなく軍事作戦のみに専念するよう指示された。命令書には次のようなことが書かれていた。「仮に清国政府から何らかの抗議があったとしても、（西郷は）その抗議とは無関係である。（そのような抗議には）北京の日本公使が外交交渉を通じて応じなければならない」。さらに、単独の軍事行動が国際関係に深刻な影響を与えることを懸念して、命令書には日清関係に関わるいかなる問題も、（中略）天皇の命令を請わなければならないと明記してあった。(36)

一方西郷は、遠征軍の内部に同様の垂直的な指揮系統を確立しようとした。兵士に対する日付不明の要請文（おそらく四月初旬のものだろう）の中で、西郷は結束と軍紀の重要性を強調している。兵士は、常に司令官の命令に従い、船上では、帝国海軍の規則を順守することが求められた。とりわけ、友好的な地元民との関係を危うくする単独行動を避けるよう留意しなければならなかった。西郷は次のように力説した。「怒りに任せて行動し、軍全体の名誉を傷つけてはならない。各自それを踏まえて行動するように。怒りを覚えたときも耐え忍び、国益を損なうようなことがあってはならない」。西郷はまた、互いに敵愾心《てきがいしん》を抱いたり、口論したりしないよう士族に警告し、「口論ではなく、我が国の現在の動向を克服する」ことに集中せよと諭した。そのように行動してはじめて、「我々は外国人から蔑まれなくなるのだ」と西郷は強調した。大勢の士族で構成されている軍隊内部において、垂直型の指揮系統を確立することは西郷にとって重要だった。なぜなら、その指揮系統は「日本」という抽象的な集合体の利益を代表し、遠征中に絶対的な存在として君臨しなければならなかったからだ。(37)

さらに西郷は、文民当局に従属することに異議を唱えなかった。台湾出兵のアメリカ人顧問に宛てた手紙の中で、西郷は勅令の内容を次のようにわかりやすく言い換えている。軍隊には外交に干渉する任務まで課されておらず、清国当局が反発した場合は、司令官は政府の命令を待たなければならない。(38)これまでのところ、不服従の兆候はまったく見られない。だが、一八七四年四月の出来事で、事態は急変した。

予期せぬ展開——外国公使の干渉

一八七四年四月、遠征軍が長崎で出航の最終命令を待っているあいだに、政府の方針が変更になった。実は、日本が出兵準備を秘密にしようとしているにもかかわらず、横浜の外国人記者が、かなり前からこの話題を報道していたのである。(39) 東京駐在のイギリス公使ハリー・パークスは、外務卿寺島宗則に宛てた四月九日付の手紙の中で、清国政府の反発が予想されるいかなる活動においても、イギリスの国民と船が巻き込まれることに反対する、と書いている。(40) 日本政府はさまざまな理由からイギリスの機嫌を損ねることを恐れていたが、その一つは財政上の問題で間違いないだろう。軍事遠征の資金は、香港の銀行を介して送金されることになっていたからだ。イギリスの制裁で、遠征軍は厳しい財政難に陥りかねなかった。(41)

寺島がパークスの圧力をかわそうとしているときに、突如として別の批判が東京のアメリカ公使館で起こった。アメリカ国務省が新しい公使ジョン・ビンハムに対して、「台湾島《フォルモサ》ノ東部ニ居留ヲ開キ随《したがつ》テ永世爰《ここ》ヲ領略」することに、アメリカの国民や船を絶対に関わらせてはならないと命じたことは、日本政府にとって不運だった。この命令を受けたビンハムは、寺島に宛てた手紙で、「貴政府ヨリ清国政府或ハ官員或ハ其国民中何部分ヲ論ゼズ之ニ敵対スル為メ陸海征討ニ我国船或ハ国民ヲ使役スル事ヲ拙者我政府ノ名目ヲ以テ公然拒ム者ハ拙者ノ職務ト相考候蓋《けだ》シ如此《かくのごとき》使役ハ我国法ニ因テ禁制致ス所ニ候」

と通告している。ドイツ公使のマックス・フォン・ブラントも、日本側を説得して出兵をやめさせようとした。彼は他の数名の西洋の外交官とともに、台湾出兵は多くの命が犠牲になり、失敗するだろうと寺島に警告した[42]。

「前日の従道にあらず」——不服従の決断

外国使節による圧力は効果があったようだ[43]。四月一九日、太政官の一部のメンバーは会議を開いた。太政官の事実上のトップである大久保は、東京を離れていて欠席だった[44]。会議の出席者は——太政大臣の三条実美が議長だった——出兵の延期に賛成した。大久保は長崎にいたが、電報を受け取るとすぐに東京に戻り、会議に姿を見せた。その後、四月二九日に、大久保は西郷従道と話すために長崎へと急いだ[45]。権少内史《ごんのしょうないし》の金井之恭《ゆきやす》が、伝言を直接届けるために長崎に特使として派遣され、金井は県令に大久保の到着まで軍艦の出航を遅らせるよう命じた[46]。

右大臣の岩倉具視は、日記に以後の出来事を記している。

> 二十五日之恭長崎港ニ抵《いた》ル重信ハ実美ノ手書ヲ接受シテ之ヲ読ミ始テ各国公使ノ異議ヲ立ツルヲ知ル乃《すなわ》チ従道ヲ招キ之ヲ告ク従道曰ク陸海ノ軍気奮躍ス何ゾ之ヲ遏《とど》ムルヲ得ンヤ翌日昧爽《まいそう》重信ハ従道ノ営ニ赴キ姑《しばら》ク後命ヲ待タンコトヲ説ク[47]。

西郷は激しく怒り、政府の命令を即座に拒絶した、と岩倉は日記に書いている。後日、大隈が三条に説明しているように、「陸軍は士気が満ちあふれ、鎮める術が見つからなかった」(48)。岩倉は次のように語っている。

従道聴カズシテ曰ク前キニ都督ノ命ヲ拝スルノ時ニ於テ或ハ廟議ノ中途ニ変改センコトヲ惧《おそ》レ之ヲ内閣諸公ニ質ス是レ卿亦已《すで》ニ知ル所ナリ今ヤ従道大命ヲ受ケテ節鉞《せつえつ》ノ任ヲ辱《はずかし》ウス師出デ、途ニ在リ未《いま》ダ数日ナラズシテ輙《たやす》ク大命ヲ閣《かく》スベケンヤ且本港ニ淹留スルコト猶ホ十余日ヲ経ルニ至ラバ恐ラクハ軍気ヲ沮《はば》マン何ゾ後命ヲ待ツコトヲ為《なさ》ン(49)。

ここからが、非常に重要な部分だ。西郷従道は、政府が確立したルートを迂回して、天皇の隠れた権力を利用したのである。とはいえ、彼の主張は現実的な考えと結びついていた。岩倉の日記に以下のように見える。

従道ハ既ニ御璽《ぎょじ》ヲ鈐スルノ勅書ヲ奉ズ復《ま》タ前日ノ従道ニ非ズ今日ニ在テハ太政大臣自ラ来リ諭命ヲ伝フト雖《いえども》敢テ之ヲ奉ゼズ抑内閣ノ政令ヲ発スルヤ朝暮ニ変改シ天下人心ヲシテ疑惧ヲ懐カシム是レ創業ノ日尚浅クシテ有司未ダ事ヲ処スルニ熟セザルニ原由ス今ヤ陸兵ハ各地ニ屯営スト雖気脈ハ自ラ貫通ス駕馭《がぎょ》一タビ其術ヲ誤ラバ潰裂四出復タ収拾ス可カラズ従道ガ統率スル所ノ兵ハ之ヲ慰撫スル甚《はなは》ダ難キニ非ズト雖一時ノ姑息ニ出デ、何ノ益カアラン鬱屈ノ気一旦ニシテ発セバ其禍恐ラクハ佐賀ノ乱ノ下ニ在ラズ是レ従道ノ深ク寒心スル所ナリ(50)。

だが、岩倉によると、従道も現実的な解決策を提示した。

卿ガ従道ヲ留ムルハ固ヨリ卿ガ職分ナリ従道ノ留マラザルハ従道ガ職分ナリ卿若《も》シ強テ従道ヲ留メバ従道ハ御璽ヲ鈐スルノ勅書ヲ首ニ繋《か》ケ進テ生蕃ノ巣窟ヲ衝キ死シテ後ニ止マン事若シ清国政府ニ牽連《けんれん》シ葛藤ヲ生ズルコト有ラバ我ガ致府（引用者注、政府か）ハ従道ニ負ハシムルニ脱艦逸賊ノ名ヲ以テシ清国政府ノ口ヲ塞グ可キノミ。(51)

四月二六日、台湾出兵の最初の船である有功丸《ゆうこうまる》が、長崎港から寄港先の廈門《アモイ》に向けて出港した。五月三日に廈門に到着すると、西郷の使者は清国総督に公式書簡を手渡した。事実上、政府の命令に背いた出発だったが、従道自身は大久保が長崎に到着するまで出発を延期していた。(52)とはいえ、政府の実力者である大久保でさえも、事態を変更できるとも、変更しようとも思っていなかった。五月四日の夜、大久保はついに西郷と会い、事後的に出兵を承認した。(53)大久保、大隈、そして西郷は合意書に署名し、大久保はこの出兵の最大の責任を負うことに同意した。(54)およそ二週間後の五月一六日、太政大臣三条実美は政府命令によって遡及的に既成事実を承認した。政府の首脳陣は、軍艦が台湾に向かっており、公式書簡が清国側に渡ってしまったいまとなっては、出兵を取り消しても大日本帝国の体面を汚すだけだということで意見が一致した。(55)

西郷の不服従――大隈に容認され、大久保と三条に事後的に承認された――を理解するには、大隈、大久保、三条の三人が西郷の大義を共有したと解釈されなければならない[56]。この三人の政治家と軍事指導者は、台湾侵攻が望ましいことであるという点で一致していた。彼らはみな、この出兵が日本にとって正当かつ有益なものであると信じていた。大久保と大隈は、もともと台湾の併合を考えておらず、薩摩のロビー活動があったからこそこのような極端な結論に至ったわけだが、彼らでさえ、台湾の「野蛮人」を懲らしめることにまったく疑問をもっていなかった[57]。結局、彼らはみな、大義の公正さという点で西郷と同意見だったので、誰も西郷を制止するだけの深い動機をもっていなかったのである。ドイツの軍隊用語で言うならば、西郷は「前線へ逃亡」した。明治体制内の第二のバグ――領土拡張への欲求――を利用することで、西郷はその目標に邁進しながら、政府の命令に背いた。だからこそ、政府は西郷を制止したり、罰したりすることが難しかった。実のところ、ドイツ公使マックス・フォン・ブラントをはじめとする数人の消息筋は、西郷の不服従を無視した[58]。西郷は政府首脳陣から期待されたことをしただけなのに、いったいなぜ彼の態度は反抗的とみなされたのだろうか?

いずれにせよ、政府は西郷を制止しようとした。大隈は西郷に出兵を延期するよう命令した。数日後、同様の命令が勅使から直々に西郷に出された。四月一九日、三条がまたしても大隈に、しつこく、あからさまな言い方で、西郷軍を止めるよう指示を出した。三条は、外国人を出し抜いて、彼らの鼻先に遠征軍を送ることなどできるわけがない、と強い調子で手紙に書いている[59]。台湾出兵の熱烈な支持者であった大隈でさえ、当初は命令に従うよう西郷に嘆願した。それに加えて、三条と岩倉は四月末の出来事――西郷の不服従と外国使節の反応――を自分たちの政策の失敗であると考え、辞任を申し出たが、土壇場で引き留められた[60]。

したがって、外国公使の圧力は、一時的にしても政府首脳陣に出兵を思いとどまらせるだけの強さがあった。しかし、薩摩の代表である西郷従道の対抗圧力はいっそう強力だった。征韓論政変以降に生じた指導部内の深刻な権力の不均衡が、薩摩の反乱という悪夢と結びついた結果、従道は薩摩と政府の仲介役としての役割を期待され、彼は国内で最も影響力がある人物になった。従道以外に、誰も政府と薩摩のあいだを取りもつことができず、かつての雄藩同盟の関係を維持することもできなかったのだ[61]。

しかし、西郷は政府関係者を恐喝したわけでもなければ、自ら進んで反逆者になりたかったわけでもなかった。前述したように、西郷は機能的な指揮系統の構築に真剣に取り組んでいたし、すべての外交問題は文民政権に任せよと部下に命令さえしていた。それだけでなく、西郷は、清国高官から交渉を打診されたとき、自ら話し合いで問題を解決することを拒否し、文民の外交官と交渉するよう勧告した[62]。また彼は、一八七四年四月以降の政府命令に背いたわけでもなかった。とはいえ、西郷は薩摩の義勇兵から圧力を受け、非常に困難な立場にあった。いかなる方針転換も臆病と受け取られ、薩摩における彼の信用を台無しにしかねなかった。さらに悪いことに、兵士集めを支援してくれた兄の西郷隆盛の前で面目を失いかねなかった。軍の暴動の可能性に関する従道の懸念は、おそらく本心だったろう。『ジャパン・デイリー・ヘラルド』の社説が論評しているように、「兵士や軍艦は、鋭利な刃物のように、扱いに細心の注意を必要とする危険物」なのだ。薩摩や土佐の士族が遠征軍に参加するために続々と集まり、さらに薩摩出身の元警察の集団がすでに長崎に来ている事実を勘案すると、出兵延期の決断が、政府ばかりか従道個人の脅威になりかねないことは、誰でも予想できた[63]。ある意味、従道は自分に対する圧力を政府に転嫁したのである。
最終的に、政府命令に対する抵抗を正当化するため、従道は天皇——明治政府の中心部に存在する秘密の権威——の力を利用した。彼に課された台湾原住民の懲罰は、もともと勅令であって、政府命令ではなかった。そのような神聖なる文書の取り消しは、単なる政府命令では無理であり、太政大臣でさえも不可能だった。したがって、政府命令に反対し、「勅書ヲ首ニ繋ケ」てでも台湾出兵を断行するという従道の脅しは非常に象徴的だった。勅令は従道に権限を与え、抵抗のための護符になった。後年の多くの軍人不服従において、反抗的な将校たちは、隠れた天皇の意向を、政府の命令や方針に抵抗する口実として「再解釈」するようになる。一八七四年の時点では、政府は出兵延期の勅令を獲得しなかったので、そのような動きは不要だった。従道が勅令という形の命令を受け、それによって単なる政府命令を無効にしたという事実は、彼が自分の目的のために天皇の権威を利用することができたということを意味していた。

台湾の西郷従道と軍隊——不服従の拡散?

大久保との問題に片をつけた西郷従道は、五月一七日に台湾に向けて出港し、五日後に到着した(64)。彼は「石門《せきもん》の戦い」という大規模な会戦に間に合った。この戦闘で遠征軍は、琉球船員の殺害に関与した武装原住民を撃破した。別の大規模な戦闘が終結した六月四日には、原住民制圧を宣言してもいい状態だった。首領とその息子、三五人の戦士が死んだ。そのうちの何人かは、負傷後に虐殺された。彼らの頭や腕は、勝者である日本人に切断され、さらされた。他の部族の長たちは慌てて従道に降伏した。従道は慈悲深い征服者の役柄に満足している様子だった[65]。

規律に関して言えば、西郷は、部下たちに略奪することを禁じ、「無実の原住民」を強姦したり、危害を加えたりするな、と何度となく注意した。実際、この最高司令部は、のちに実施された中国や台湾における日本の軍事作戦の最高司令部よりも、兵士の残虐行為の防止にはるかに力を入れていた。一八七四年の日本軍の蛮行は、日清戦争（一八九四～九五年）の残酷さとも、当然ながら一九三〇年代の残虐行為とも比較にならなかった。しかし、二人の副司令官、陸軍少将の谷と海軍少将の赤松が軍隊に注意したことを考えると、西郷の命令は必ずしも守られていたわけではなかった。回覧文書の中で、二人は民間人（特に台湾人労働者《クーリー》）の酷使、「女性との不義」、乱闘騒ぎ、命令違反を激しく批判した。こうした振る舞いはどれも、鎮台兵と好戦的な薩摩の義勇兵で構成される混成部隊においては驚くべきことではなかった[66]。

さらに遠征軍は、別のより危険な不服従——下士官もいれば下級将校もいた——に悩まされていた。アメリカ人軍事顧問のダグラス・カッセルとジェームズ・ワッソンは、下級将校と下士官の両方がしばしば結束を乱し、命令に背いて敵を攻撃しているのを見逃さなかった。ワッソンは大隈に宛てた報告書で「軍隊内の秩序が失われている」とこぼし、「遠征軍は、初めは野営地で礼儀正しくまとまっていたが、すぐに結束が乱れた。兵士たちは川を渡ると、隊列を立て直さずに真っ先に前へ飛び出していった。進軍はもはや、誰が一番先に戦場に到着するかを決める単なる競争でしかなかった」と述べている[67]。

この状況をより総合的な視点で捉えていたカッセルは、問題の根源が軍隊の反抗性にあるのではなく、下級将校がそのような不服従を承認したことにあると理解した。しばしば彼らは、将官の命令に背く独自の軍事作戦を許可し、自ら指揮を執ることさえあった。こうした事態は、台湾原住民の部族との難しい交渉を破綻させる恐れがあった。軍事顧問の報告書には次のような記述がある。

然《しか》ルニコ、ニ一害アリテ之ヲ防グノ術ヲ知ラズ是ハ別事ニアラズ士官兵卒免許ナクシテ小群ヲナシテ内地ニ進ム事ナリ但シコ、ニ免許ナシト云フト雖ドモ其進入多クハ指揮スル士官ノ命ヲ受ケテ然ル後ニ行フニ必セリ予ガ始メテ聞キタルハ士官六名同行シテ国ノ南部ニ進入シ南湾マデモ到リ（中略）予ガ恐ル、所ハモシ南方ニ於ケル土人ト相触ル、事アラバ「ヱシユツク」「トケトツク」其外凡《すべ》テ近ゴロ和親スル人民トノ交際ニ大害アリト思フタルニ因リ是ニ於テ此ノ如キ所業ハ以後為スベカラズト余厳シク告テ置キケレドモ諸士官等其隊ノ者ヲ制セザルト見ヘテ余ノ言絶ヘテ其甲斐ナク(68)（以下略）。

こうした襲撃が「許可」されていたのかどうかに関するカッセルの困惑は、この問題の核心に触れている。すなわち、下級将校は上官よりも、軍隊に強い影響力をもっていたのである。多くの野心的な将校は、身勝手で協調性のない軍事行動に乗り出し、原住民との交渉を破綻させ、人命を無駄にした。原住民の族長たちの代表団を威圧してはならない、という重大な命令が強制されたことを、カッセルは「奇跡」と評している。(69)彼の記述によると、石門での決戦さえ、日本兵の集団が、退却命令が下されたあとに敵を攻撃したことから始まったものだった。より多くの敵をわなに引きずり込もうと考えていたカッセルは、石門での無断行動が自分の計画を失敗させたと思い、海軍少将の赤松に激しく抗議した。驚いた赤松は、「兵士たちはこれまで命令なしで行動してきた」と答えた。遠征軍に対するカッセルの不信は強く、彼は即刻攻撃命令を出すよう日本人指揮官に勧告し、「さもなければ、上官の無能さへの不満から、彼らは取り返しのつかない愚行に走るだろう」と警告した。[70]言い換えれば、下級将校たちは、絶えず行動することを必要としていたのだ。兵士たちの身勝手な行動の原因が、上官の無能さにあったことは大いに考えられる。[71]

悩ましいことに、上級将校の中にも下級将校と同様の気持ちの者がいた。政府に送られた記録（おそらく大隈に宛てたものだろう）の中で、陸軍少将の谷干城は、台湾の清国領を攻撃するために原住民たちを突撃隊として使い、彼らを島の中心地に住まわせ、台湾全土を日本領に変えることを提案している。谷は、やがて日本は清国全土に徐々に「反乱を扇動する強盗」を送り込み、現地の勢力と同盟を結ばせ、混乱に乗じて清国領土の大部分を乗っ取るだろう、と述べている。[72]この突飛な空想から——実際に日本が一九三〇年代に同様のことを行うのだが——谷の御し難い気質の一端がわかる。谷が思い描いた台湾とは、組織された植民地ではなく、彼と同類の士族たち（まず間違いなく土佐や薩摩出身の士族のことだろう）が支配する私的領地であった。さらに彼は、中国大陸で私的な襲撃や心躍る冒険が繰り返されることを夢見ていた。遠征軍の幹部の一人がこのような空想を心に抱いていたのだから、下級士官による身勝手で不正な軍事行動が黙認されたことは、驚くに値しなかった。西郷従道は自身の命令で明確にこのような行動を禁じていたが、彼の下級将校に対する影響力は、政府の彼に対する影響力と大差なかった。一八七四年の時点では、明治の陸軍は、上級将校であれ下級将校であれ、反抗的な士族を従順な兵士に変えることができなかったのである。

四月末の西郷の不服従が軍隊内に知れ渡り、将校たちはそれを真似ようとしたのだろうか？　実際、横浜の外国人記者団は四月二五日の出来事に通じており、『ジャパン・デイリー・ヘラルド』の紙面で台湾出兵の指導者たちを略奪者や反逆者と非難していた。だが、一握りの内部関係者を除き、軍隊の大部分の人間が、西郷が政府の命令に逆らったことを知っていたのかどうかまではっきりしない。噂は広まっていたと見るほうが妥当であるが、海軍少将の赤松でさえ、出兵を止めさせようとする政府命令について日記でわずかに言及しているだけで、最高司令官が命令を拒絶したことについて何ら意見を残していない。[73] 西郷の不服従が部下のあいだに拡散したと断定するには、依然として決め手に欠けるものの、下級将校たちは彼と似たような理由から上官の命令に逆らった。西郷と同様に、彼らも直接攻撃、自己の勇敢さ、個人の名誉という伝統とともに生きてきたのである。軍事的資源の不足のため、彼らを別の軍人と取り替えることが難しかったことも、下級将校の影響力を強める要因となった。したがって、上官は下級将校に規律を守らせたいと思っていたとしても、容易に彼らを罰することができなかったのではないかと考えられる。

台湾出兵の最後

季節が変わり夏になった。台湾の蒸し暑さは日本軍にとって大きな負担だった。テントの雨漏りで夜はなかなか寝つけず、野営地はしばしば大雨による洪水に見舞われた。食糧と弾薬の供給は滞りがちで、個々の部隊は飢えに苦しんだ。複数の推計によると、軍隊の七割から八割（西郷自身も含む）が、熱帯病にかかっていた。その主な原因は、腐った食物と汚濁した水の摂取だった。[74] 歴史学者の毛利敏彦が主張しているように、西郷の好戦的な気持ちは夏のあいだに萎えてしまい、彼はただ台湾から完全撤退するためのもっともらしい口実を探していた[75]。このような状況になり、旧薩摩藩士たちが島に定住するという計画は断念せざるをえなかった。

大隈に宛てた西郷と谷の報告書を読むと、二人が不安を募らせていったことがわかる。谷によると、軍隊の士気は時とともに失われていったという。さらに彼は、目的を失った兵士たちは故郷への思いを募らせ、勇気は弱気に変わりつつある、と綴っている。台湾に軍事警察（憲兵）の分遣隊を大至急派遣してほしいという谷の嘆願からも、軍内の規律が悪化していたことがうかがえる[76]。当初、血の気が多く豪胆であると考えられていた薩摩の義勇兵は、日本と清国との交渉がなかなかまとまらないことにうんざりしてしまった。特に、彼らの絶望を大きくしたのが、交代要員の派遣計画が頓挫したことだった[77]。数人の学者が推測しているように、おそらく彼らは、台湾出兵は朝鮮侵攻の準備段階であり、すぐに日本に戻って「本番」に参加できるものと考えていたのだろう。あるいは、鹿児島県の公式史料の編集者たちが書いているように、義勇兵は灼熱の暑さや熱帯病に苦しめられて、ただ「軟化」しただけなのかもしれない。いずれにしても、彼らは帰国を切望し、なぜ自分たちが原住民を降伏させたあとも台湾に留まりつづけなければならないのか理解できなかった[78]。

義勇兵として出兵に参加した青年警察官の安立綱之《つなゆき》は次のように回想している――当時、多くの悪ふざけが先輩（年長の兵士）の思いつきで生まれた。（それは日本への）早期撤退を主張するためのものであった。西郷最高司令官が本陣に姿を見せ、兵士たちに調子はどうかと聞くたびに、（若い兵士たちは）先を争ってバンヤンの木に登り、野営地を見下ろしながら戻ろう！　戻ろう！　と声を振り絞って叫んだ――それでも安立によると、ごく少数ではあるが、台湾に留まることを希望する兵士たちのグループも存在したらしい[79]。

一〇月末、日本と清国は台湾問題でようやく合意に達した。日本は、台湾に対するあらゆる主張を放棄し、台湾島から撤退する見返りとして、清国から大幅な譲歩を引き出すことに成功した。清国は琉球人船員の遺族に賠償金を支払った。これは、琉球諸島に対する日本の排他的統治権を事実上許容するということであった。さらに清国は、日本が台湾原住民に制裁を加える権利があることを公式に認め、日本が台湾南部に建造した橋や軍事施設の費用を弁償した[80]。

ほんの数カ月前の西郷の命令違反が頭にあった大久保は、四月の過ちを繰り返さなかった。彼は、西郷が勝者であり、軍を退却させることは最高司令官として恥ずべき行為ではないことを保証することで、清国との合意に対する西郷の理解を得ようとしたのだ。大久保は真っ先に侍従長の東久世通禧を伴って台湾へ行き、東久世から西郷に軍隊の帰国を命ずる勅令を伝えさせた。天皇の側近である侍従長の承認を得た正式な勅令によって、西郷はもう二度と天皇の権威を利用して命令に背くことができなくなった。また、賢明な大久保は、薩摩の活動家の中でも特に過激な者たちを同行させていた。これは、彼らが故郷に戻ったあとで、タカ派的なロビー活動をできなくさせるための方策だった[81]。横浜港に戻った西郷と部下の将校たち、そして彼の軍隊は、熱狂的な庶民の歓迎を受け、仰々しい賛辞や有り余るほどの贈り物が贈られた。西郷と将校たちは、後日東京で明治天皇に謁見した。台湾に赴いた大久保が驚き、そして安心したことに、西郷軍に対する警戒は必要なかった。西郷は台湾を去ることを希望しており、簡単に撤退命令に従った。病気にかかり意気消沈した兵士たちは、段階的に撤退した。だが、出兵参加者の証言によると、兵士の中には、日本が清国に「降伏した」と考えて、両国合意に失望する者もいたという。[82]

台湾出兵――未来の予兆?

一見すると、西郷従道が政府の命令に背いて台湾出兵を決断したことは、その後の軍人不服従の先例を開いたと主張したくなる。この結論が理に適っているように思えるのは、第二次世界大戦以前の日本には数多くの軍人不服従の実例が存在し、その大部分は台湾問題における西郷の行動と重大な類似点があるからだ。こうした実例の代表的なものを次章以降で述べていく。

しかし、ある実例と別の実例との類似点は、必ずしも両者の因果関係を表しているわけではない。したがって、従道の行動がその後の先例であるという主張を証明することは難しい。私が立証できた限りにおいて、のちの反抗的な将校たちが西郷を自分たちの模範として絶えず言及したり、一八七四年の台湾出兵を倣うべき先例として議論したりした証拠は存在しない。台湾出兵が陸軍におけるその後の不服従の発展を助長したことは確かだが、その影響は間接的だった。この出来事は軍部のエリートの危機感を刺激し、現行の文民と軍人の関係には何か根本的な欠陥があるという気持ちにさせた。山県と数人の腹心は、台湾出兵は愚行であり、薩摩の政治家と私的な陸軍部隊の不正な関係から生じた非公式な行動であると考えた。長州の司令官として頭角を現しつつあった三浦梧楼《ごろう》は、この軍事行動全体を「無法な戦争」であると評した。[83] 四年後の一八七八年に山県が始めた軍制改革は、将校と政治家のすべての関係を断ち切ることによりこの問題を解決することを目的としていた。第五章で取り上げるが、まさにこの軍制改革こそが、その後の軍人不服従の主因になったのである。

だが、台湾出兵それ自体には、軍部のエリートに政軍関係の見直しが急務であると思わせるだけの衝撃がなかったため、一八七四年の山県や三浦の意見は比較的めずらしかった。政府首脳陣に陸軍との関係を見直すよう説得するためには、さらに大きなトラウマが必要だった——それは台湾出兵のあとに徐々に発展していった。本章で見てきたように、西郷従道は明治体制内の第二のバグを利用し、上位者よりも速く効率的に目標を達成しようとすることで、彼らの命令に背いた。富国強兵という国家目標は、次第に多くのエリート軍人によって、外交上の発言力や領土拡張として解釈されていった。政府命令をもってしても、海外への軍事遠征によってこの目標を実現しようとする者を制止することは難しかった。これは、天皇の不明瞭さとともに、西郷従道の時代から一九三〇年代までの軍人たちに不服従をそそのかした明治体制内の重大なバグであった。

しかし、一八七〇年代の政府は、西郷従道ほど傑出した存在ではない将校や政府高官が、「前線へ逃亡」することによって政府命令を無視したとしても、その時々で彼らを制止しようとした。その結果が、次章で取り上げる一連の武装蜂起だった。これらの反乱が、台湾出兵と相まって、一八七八年の軍制改革——のちの軍人不服従が発展する基盤——の実施を早めたのである。

第四章　破滅的な楽観主義——一八七〇年代の反逆者と暗殺者

一八七六〜一八七八

それぞれの人物が、主として、男なり女なりがこの一族に属するという理由で他の者をきらってはいたが、彼らは、一族の者ではないという理由で、いずれもそろってティッグを憎んでいたということは、ここで申しあげておいてもいいことだろう。

（チャールズ・ディケンズ著、北川悌二訳『マーティン・チャズルウィット』上より）

明治維新から約八年が経過した一八七六年一〇月、木戸孝允は、この国は正常に機能していないと感じていた。国内情勢が不透明さを増し、国民は不満を抱え、至る所で反乱の気配がした。

国内の様子を見て思うのは、農民であれ、商人であれ、士族であれ、ありとあらゆる国民が不満を抱えているということだ。しばらくのあいだ、国内では大きな騒ぎが起こっていないが、それは国民が日々の生活に満足していたからではない。国民の中で満ち足りているのは政府関係者だけだ。その結果、国民の心は反乱へと傾いている。(中略)政府は(中略)地方の苦しい生活を考慮せず、また数百年前まで遡る伝統に敬意を払うことなく、傲慢な国家運営を続けている。(1)

木戸の意見は的を射ていた。明治の諸改革は多くの人々の暮らしを危うくし、ときに破壊することさえあったため、政府関係者が国民の抵抗にしばしば遭遇したことは少しも驚くべきことではなかった。農民は、徴兵、義務教育、キリスト教の合法化に反発した。士族は、藩が廃止されて俸給が取り上げられることに黙っていられなかった。また、かつて攘夷運動に勤《いそ》しんでいた元志士は、政府の欧米寄りの政策に失望していた(2)。さらに、実質的な政策決定の伝統を欠いていた明治期の日本のような新興国においては、国内外の諸問題に対して重要な決定を下そうとすると、ほぼ決まって論争になり、感情的な対立を生むことさえあった。政府の方針に不満な者たちは、しばしば反抗的な行為に訴えた。その形態は、台湾出兵直前の西郷従道のような国策への抵抗の場合もあれば、武装蜂起の場合もあった。

西郷従道の不服従は秘密にされ、うやむやにすることができた。だが、もしあの命令違反が公になっていれば、政府は「天皇の権威の独占」という最も微妙な思想的原理を曲げることなく、反逆者たちに寛大さを示すことなどできなかったはずだ。卿や参議の厚い層を通して国民に公表された天皇の意向は、政府やその対抗勢力の解釈合戦を招いた。政府と過激な対抗勢力の両方が天皇の代理であると主張しても、天皇は二つの相反する主張を同時に支持することは不可能であるから、どちらか一方しか正しくないことは明らかだった。このような対立状態の中で、各陣営は自分たちの主張こそが純然たる正義であり、相手の主張は救いようのない悪であると考えるようになった。各派閥は、天皇の代理であると主張し、対抗勢力を国賊と非難した。敵の軍勢は「軍隊」(合法的な軍人)ではなく、「賊党」あるいは「賊兵」(盗賊、反逆者、裏切り者)とみなされた。彼らに対する軍事行動は、「征討」(懲罰的な遠征)であって、「戦争」ではなかった(3)。このようなゼロサムゲームでは、妥協が成立するはずもなく、戦いはほぼ決まって死ぬまで続いた。

反逆者は、明治政権の第一のバグ――天皇の不明瞭さ――により、天皇が本当は何を望んでいるのかを「推測」することによって、自分たちの行動を正当化した。大部分の反逆者は、自ら姿を見せない君主の意向に従う忠実な臣民であると考えていた。彼らは、明治政権の公的なイデオロギーに潜む第二のバグを利用することで「前線へ逃亡」し、政府の命令に背きながら、想像上の天皇の意向に沿う民族主義的で愛国的な目標に向かって突き進んだ。こうした「愛国的な」反乱の起爆剤となったのが特殊な楽観主義であり、この楽観主義の有無が、一九三〇年代までの軍人の反乱と抵抗の主要な決定要素だった。この章では、前線への逃亡、天皇への依存、それらを積極的な反乱へと変質させた楽観主義という三つの形態を理解するために、明治初期に起きた反乱と陰謀について検討する。最後に、明治初期の反乱が失敗に終わったあと、なぜ半世紀以上にわたって追加的な武装蜂起が発生しなかったのかを考察する。しかし、この危機に対する陸軍の反応が、同様に危険な不服従の新形態に道を開いたのである。

土佐の悲観主義、楽観主義、陰謀

朝鮮侵攻をめぐる征韓論政変から間もない一八七三年一二月ごろ、東京の土佐士族の指導者たちは、大規模な集会を開催した。土佐は征韓論政変で薩摩側についていた。土佐の傑出した指導者である板垣退助と後藤象二郎《しょうじろう》は、雄藩同盟が崩壊したあと、多くの支持者とともに下野した。集会に集まった土佐士族は、県（旧土佐藩）に戻り、政府に逆らって仕事をするか、それとも東京で国家のために尽くすかを話し合った。[4] 史料によると、集会は非常に反体制的な雰囲気で、穏健な意見は無視されるか、疎んじられるか、さもなければ突っぱねられた。[5]

土佐の指導者たちは、仲間が不満を募らせていることをよくわかっていた。[6] 穏健派を支持していた板垣と後藤は、自分たちの影響力を行使して大規模な暴動を阻止したが、末端士族の管理が不十分であったため、小規模な暴力沙汰は避けられなかった。土佐士族は、集会主催者の家だけでなく、板垣や後藤の家でも、親睦を深め、ときには他の小藩出身の士族も加わることがあった。[7] 江戸時代末期に倒幕運動に転じた剣術塾生たちのように、土佐士族の社会的絆の中には、次第に反政府組織に「変質」するものがあった。[8]

この変質は、決して必然的でも普遍的でもなく、大規模でさえなかった。実際、この変質が土佐ネットワーク内の驚くほど小さな部分で発生したのは、板垣と後藤、さらに彼らの協力者たちが、士族の暴力的なエネルギーの大部分を、平和的な目的——学校の設立や政治結社などの組織の結成——に利用したことが大きかった。[9] だが、陳情や政治活動では満足できなかった一部の士族は、より過激な方法で政府から離脱することを選択した。[10] こうした状況は、二つの異なる暴力集団を生じさせた。どちらの集団もほぼ土佐士族で構成されており、彼らは、日本政治の病弊は暴力によって矯正されなければならないという点で一致していた。どちらの集団も、反逆を決意するきっかけになったのは、征韓論政変と雄藩同盟の崩壊だった。

国内情勢に通じた国家的指導者の指示がなかったこともあり、これらの集団のメンバーは、主として噂に左右された。決断はそのような不確実な状況で下されなければならなかったので、反逆者の「直感」が楽観的か悲観的かという問題は大きな意味をもっていた。ここで言う楽観的あるいは悲観的とは、暴力を伴う直接行動による社会変革の実現可能性に対する見解の相違を表している。悲観的な反逆者は象徴的な標的に対する攻撃を優先し、楽観的な反逆者は政府要人の暗殺に訴えることが多かった。

悲観的な反逆者たち——宮崎、戸田、千屋

宮崎岬《みさき》、戸田九思郎《きゆうじろう》、千屋孝郷《せんやきよさと》という三人の若い士族は、板垣退助や他の集会主催者たちの夕食の席で知り合った。宮崎と千屋は土佐出身で、彼らの仲間である戸田は新潟出身だった。史料によると、千屋はカリスマ性があり、三人の中でリーダー的存在だったらしい(11)。宮崎は一時期大蔵省と開拓使《かいたくし》に勤めていたが、征韓論政変後に辞職した。住む場所がない宮崎は、仲間の士族の家を転々とした。宮崎と懇意な間柄であった千屋と戸田も似た境遇で、板垣をはじめとする土佐の指導者たちの慈悲にすがるしかなかった(12)。他の多くの士族と同様に、千屋たちも征韓論政変と政府が朝鮮侵攻を中止したことに憤っていたが、彼らにとって、この一連の出来事は、世の中に蔓延している道徳的、精神的、宗教的堕落の氷山の一角でしかなかった。政府は、キリスト教や仏教を排除せず、日本の土着の神々に対する純粋で正統な信仰をないがしろにしている、と彼らは思い込んでいた。

一九世紀半ばから、支配層の多くは、神道——土着の民俗信仰を基盤に成立した宗教——を「正統な」日本の宗教として主張し始めた(この動きは一八六八年以降本格化した)。祭務を司る国家機関の神《じん》祇《ぎ》官《かん》によって組織されたこれらの団体は、仏教を悪名高い徳川幕府と結びついた外来の宗教であると非難した。彼らがさらに問題視したのが神仏習合だった。「正統な」日本の宗教が仏教に汚染されている

ことが許せなかったのだ。仏教と神道との融合は、一八六八年以前の日本においてまさに現実であったので、明治の神道信者の中には、仏教の撲滅運動を行う者や、そこまで極端でなくても、神道から仏教を引き離そうとする者が現れた。政府は彼らの企てを熱心に支援することはなく、むしろ大教院《たいきょういん》という神仏分離の布教を目的とした機関を設立した。一時期、外国人の目には、仏教が「日本から一掃」されようとしているかのように映った(13)。しかし政府は、反仏教運動と次第に袂《たもと》を分かつようになった。一八七二年四月、神祇省は廃止され、教部省《きょうぶしょう》に組み入れられた(14)。その数カ月後、政府は大教院を増上寺《ぞうじょうじ》（徳川家の菩提寺）に移すことを決定した(15)。

　政府が自ら公言したイデオロギーから後退するのを見た戸田、宮崎、千屋の三人は、「前線へ逃亡」する――政府関係者よりもうまく、速く、大胆に国策を追求する――メンタリティを獲得した。彼らは、支配層自らが公言した宗教浄化の方向へ、独自に進むことを決断したのだ(16)。朝鮮侵攻の中止と仏教への寛大さは結合して一つの宗教的不安になり、その不安を払拭するには勇敢な武士の直接行動が必要だった。三人の活動家の困窮は、日本の宗教的堕落に対する絶望と結びつき、彼らの過激な計画に重大な影響を与えることになる深い悲観的な世界観の元になった。何よりもまず、彼らは政府首脳を順番に暗殺するという作戦を否定した。人間一人殺しても何も変わらない、朝、草を一本刈ったとしても、夕方には別の草が伸びるのだと千屋は仲間に語っている。政府の人間は邪悪で腐敗しているだけではなく、すっかり地歩を固めてしまった。一人を殺しても、別の人間が後を継ぐことになる。日本復活の残された道は、指導グループ全員を一度に抹殺できるかどうかにかかっていた。そこで、千屋と宮崎は赤坂仮御所付近に放火することを提案した。彼らは、火災現場を調査するために集まったすべての大臣や参議が一斉に殺される光景を思い描いた[17]。

だが、悲観主義者の三人にとって、政府首脳の皆殺しは最優先事項ではなかった。彼らを抹殺したところで、日本の宗教的堕落が回復するわけではないからだ。優先すべきは、日本の神々に対する不敬の除去だった。そこで三人は、仮御所に放火する前に、別のより重要な標的を燃やすことにした。最初の破壊目標は、「不浄な仏教寺院」の内部に存在する、この上なく醜悪な大教院でなければならなかった[18]。彼らは、大教院の次の攻撃目標として、仏教の象徴である浅草寺《せんそうじ》の観音像を選んだ。戸田に言わせれば、浅草寺は「堕落の根源であり、日本人の愛国心と神道の神々への信仰心を蝕んでいる場所」だった[19]。この宗教的堕落を取り除いてはじめて、彼らは政府首脳を抹殺するために赤坂仮御所付近に放火できるようになるのだ[20]。

千屋たちの計画は途方もなく複雑で、彼らの限界を超えていた。他のグループの協力を得ることができなかった三人は、三つの場所を一度に放火するだけの人手が足りず、一つずつ破壊しなければならなかった[21]。一八七四年一月一日の午前一時、宮崎と千屋は増上寺に忍び込み、大教院に火を放った。本殿は瞬く間に炎に呑み込まれた[22]。警察は当初、夜警員を疑っていたが、やがて不平士族が犯行に関与していることに気づき、捜索を開始した[23]。懲りない宮崎、千屋、戸田は一週間後の一月八日に次の犯行に及んだ。今度の標的は浅草寺の観音像だった。だが、この計画は巡回中の警備員に見つかり阻止された[24]。不運な三人は、警察の手が迫っていることを知り、政府首脳を皆殺しにするという非現実的な計画を断念した。

武市熊吉一派――楽観的な反逆者たち

犯行前と犯行中に、千屋たちは、元将校で外務省に出仕していた武市《たけち》熊吉《くまきち》が率いる別の陰謀グループ［武市喜久馬《きくま》・中西茂樹・山崎則雄・島崎直方・下村義明《よしあき》・岩田正彦《まさひこ》・中山泰道・澤田悦彌太］とも連絡を取り合っていた(25)。戊辰戦争で名を馳せた武市は、一時期満州に派遣され、将来の朝鮮遠征に備えて偵察活動に従事していた。征韓論政変以降、武市と彼の弟の喜久馬は、政府の朝鮮侵攻中止の決定に対して強い不満を抱いていた。二人は東京で七人の土佐士族のグループと接触した。そのうちの四人［山崎則雄・下村義明・岩田正彦・中山泰道］は近衛師団の同じ砲兵部隊出身、一人は書生［島崎直方］、一人は海軍警吏《けいり》［中西茂樹］、そして残りの一人は軍司令部の下級職員［澤田悦彌太］だった。彼らの大部分は征韓論政変後に、残りはその数カ月前に辞職していた(26)。千屋、宮崎、戸田と異なり、彼らは誰も宿無しの放浪者ではなく、金にも困っていない様子だった。現存する史料によると、九人は遊郭の居酒屋や女郎屋に足繁く通っていたらしい。彼らの大半は以前から交流があった(27)。

武市は文書の中で、明治政府の指導者たちのことを、日本国民を虐げ、土佐をはじめとする旧藩の権利を侵害しているが、外国政府の脅しに屈して朝鮮侵攻を中止する腰抜けである、と非難している(28)。武市自身スパイとして、朝鮮侵略のために命がけで政府に尽くしていた。帰国した彼は、出兵が中止になったことを知って愕然とし、自ら前線へ逃亡して国家を正しい方向に押し戻すことを決意した。武市一派の岩田正彦によれば、それは、勇敢な武士の直接行動によってのみ成し遂げられるのだ(29)。私的な暗殺集団が堕落した政治家から大勢の国民を救う唯一の方法であるという信念は、江戸末期の志士の伝統からほぼ「そのままの形」で借用された。

こうしたイデオロギー上の諸要素――中央集権化した専制政治への抵抗、旧土佐藩への忠誠、ナショナリズム――は渾然一体となり強烈な楽観的世界観が生まれた。武市は次のように推測した。日本の問題は、社会に蔓延している不安感ではなく、支配層の圧政である。さらに言えば、この圧政は、太政官のメンバー全員が行っているのではない。悪事を是認しているのはただ一人、右大臣の岩倉具視だ。つまり、国家の堕落の象徴とも言える岩倉は、危険極まりない存在なのだ。「姦の姦たる者は岩倉なり」と武市は仲間の一人に憤然として言った。岩田正彦は、岩倉は「利己的な動機から」朝鮮侵略を阻止したのだ、と両親に宛てた手紙に記している。岩倉のせいで、天皇の威光が海の向こうまで届かず、日本は世界に恥をさらしたのだ、と同じく武市一派の下村義明は嘆いた。[30]

さらに武市は、岩倉が死ねば他の指導者たちは屈服するはずだ、と仲間に断言した。他の連中は扱いやすい。悪の首領である岩倉が消えれば、彼らは西郷や板垣と和解して、二人を政府に呼び戻さなければならなくなる。おそらく朝鮮侵略計画は再開するだろう。そうなって、ようやく俺は安心して死ねるのだ、と彼は言った。仲間の証言によると、武市は「有頂天」になるほど楽観的だったらしい。[31] 実際、このような楽観的な思考の反逆者たちは、特定の個人を狙って暗殺をする傾向が非常に強かった。[32]「岩倉が罪を償わない限り、日本の行く末を語ることなどとうていできない」と武市は弟に言った。[33] 上層部にいる邪悪な人間は、日本の輝かしい未来に対する唯一の障害だった。だからこそ、排除されなければならなかったのだ。

武市自身の暗殺計画は、一八六〇年代の志士と同様に、天皇を拠り所とすることで正当化された。その思想的な動きは、部分的には武市の日本人としてのナショナリズムと土佐人としてのアイデンティティとの緊張関係の産物だった。天皇が存在するからこそ、土佐は国家的事業や日本の他の地域と結びついていた。しかし同時に、天皇は実体がないかのようでなければならなかった。さもなければ、天皇は中央集権的な専制政治を正当化するために政府首脳陣に利用されてしまう恐れがあった。この微妙なバランスは、岩倉暗殺後に奴の首を手にもって宮城に一礼をしよう、という武市が仲間に向かって言った言葉に表れていた。(34)このおぞましい供物は、天皇が神道の神——崇敬の対象ではあるが、実体がない存在——とほぼ同一視されていたことを物語っていた。

一八七四年一月前半、武市たちは数日かけて岩倉の日課、中でも自宅から官邸までの移動ルートについての情報を集めた。(35)一月一四日（千屋たちの浅草寺放火計画の失敗から六日後）、武市たちは赤坂喰違坂《くいちがいざか》のそばで岩倉の馬車を待ち伏せした。午後八時ごろ、馬車が近づいてくると、彼らは「国賊！」と叫びながら飛びかかった。数名が馬を抑え、一人が刀を馬車に突き刺した。負傷した岩倉は堀に飛び込んだ。暗闇の中、犯行グループは付近を捜索したが、岩倉を見つけることができなかった。彼らが捜索を諦めて逃走したあとに、岩倉は通行人に救われて一命を取り留めた。その夜のうちに、犯行グループは刀を板垣邸の庭に埋め、吉報を期待した。だが翌日、彼らは東京日日新聞で岩倉が軽傷だったことを知って落胆した。計画は無に帰したのだ(36)［赤坂喰違の変］。

内務卿の大久保が改革した国家警察は、暗殺者の捜索に並々ならぬ労力を費やし、三日後の一七日に武市と彼の仲間のうちの五人を逮捕した。うかつにも、リーダーの武市は犯行現場に下駄と手拭いを置き忘れており、これが捜査の重要な手がかりとなった。残りの三人が見つかったのは、さらに二日後のことだった。[37] 九人は尋問と拷問を受け、自白する意思を見せたため、一月一八日に開かれた臨時裁判に出廷させられた。[38] 自白を聞いた六人の裁判官は、国事犯《こくじはん》（政治的犯罪者）の容疑で被告に死刑を宣告した。九人は士族の身分を剝奪され、打ち首に処された。[39] 一八七四年夏、戸田、宮崎、千屋も逮捕された。武市一派と同じく、彼らも士族の身分を剝奪され、死刑に処された。[40]

この二つの暗殺集団の大失敗により、政府の現状を変えるには、志士のやり方を模した個人的なテロ行為では不十分であることがわかった。二つのグループは互いに距離を置き、メンバーの個性が強すぎたため連携して行動することができなかった。どちらも互いのグループの大まかな目標に通じていたが、計画には関心がなかった。また彼らは不平士族の力を結集させることもできなかった。大規模な反乱を誘発するためには、大勢に多量の楽観主義を注入しなければならなかったが、それは知名度の高い指導者だけができることだった。武市や千屋、そして彼らの仲間には、そのような人物を口説き落とす意思もなく、能力もなかった。しかし、ほぼ同時期に発生した佐賀県の反乱では、反逆者たちが重要人物の擁立に成功したのである。

佐賀の乱――集団的な楽観主義と前線への逃亡

明治維新を実現した四つの藩のうちの一つである佐賀藩を母体とする佐賀県は、一八七三年夏以降反体制色を強めていった。実のところ、この地域の問題はいまに始まったことではなかった。内政は長年にわたり無秩序で効率が悪く、階級を問わずすべての役人が頻繁に配置換えになり、欠勤者も多かった。一八七三年夏、地元農民は横暴な首長を相手にすることに加え、干ばつや台風に襲われ、さらに議論を呼んだ地租改正に翻弄された。その結果、農業不安が県全域に蔓延した(41)。旧土佐藩出身の新県令岩村通俊《みちとし》は、その年の七月に、県行政の合理化と一元化、農民負担の軽減、強力な警察隊の創設という諸改革を熱心に進めようとした。彼の改革は実施されたが、新政策によって既得権を侵害された地元士族の抵抗にあった(42)。

征韓論政変と雄藩同盟の崩壊後、米価の急騰や俸給への課税、さらには岩村の「専制的な」支配にひどく苦しめられていた佐賀士族は、地元の混乱の一因になっていた。貧しく仕事がない佐賀士族は、朝鮮出兵で臨時収入が入り、武士としての真価を発揮できるチャンスであると期待していた。出兵が無期延期になったときに、なぜ彼らが落胆したのかを理解するのは難しくない。それに加えて、佐賀士族は「自分たちの」佐賀県出身閣僚が政府の役職を辞職したことに腹を立てていた。士族は県の役人だけに支配されることに慣れていたため、彼らの郷土愛は、岩村と彼の代理者の森長義《ながよし》という二人の「よそ者」が県の最上位職に任命されたことで傷つけられた(43)。

岩倉暗殺未遂事件から二日しか経っていない一月一六日の晩、一三人の士族が参事（副県令）の森の邸宅に押し入った。驚きを隠せない森に向かって、彼らは県の公会堂で「征韓」会議の招集を強く要求した。森が拒絶すると、「訪問者たち」は口々に彼を罵った。翌日、さらに多くの請願者が押しかけ、同じ要求をやはりぞんざいな口調で突きつけた。森は身の危険を感じたが要求を拒みつづけ、罵詈雑言を浴びせる者たちに警察への出頭を命じた。当初彼らは謝罪文を提出したが、意見聴取の際にまたしても激しい口調で政府を糾弾し、朝鮮侵略を妨害する陰謀を企てた岩倉や大久保たちを非難した(44)。愛国者であれば朝鮮出兵を支持して当然だ、と彼らは主張した(45)。

大蔵卿の大隈重信に宛てた手紙の中で、参事の森は、佐賀の情勢は収拾がつかなくなりつつあることを認めている。県全域に「征韓」会議開催の禁止令を出したが、命令を無視して会議が開かれようとしている、と彼は述べている。[46] のちに、会議の参加者の一人は、自分や仲間たちが県庁を通過するときに、被っていた大きな帽子で顔を隠しながら歩いたことを誇らしげに回想している（彼らは帽子《ぼうし》隊《たい》と呼ばれた[47]）。自分の権限の弱さを嫌というほど思い知った森は、地元士族の暴動がいつ起こってもおかしくないことを政府に訴えている。[48] 大久保と木戸の二人は、地元士族が県庁から大金を盗んだ、と佐賀の騒動のことを二月四日の日記に書いている。それでも、この局地的な暴動は全面的な反乱に至らなかった。[49]

県内の他の御しがたい士族と同じように、参事の森を侮辱した請願者たちも「前線へ逃亡」するメンタリティを見せた。彼らは自分たちのことを反逆者ではなく愛国者であると考えていた。彼らは、自らの義務を果たすため、朝鮮討伐の大義——つい先日まで政府が唱導していた——を貫こうとしているだけだった。[50] 征韓論政変後に東京から戻った仲間の強い勧めで、地元士族は武器、弾薬、糧食の備蓄を始めた。表向きの理由は朝鮮出兵の準備だった。一二月二三日、およそ一〇〇〇人の士族活動家が集まり、征韓党《せいかんとう》を発足させた。彼らは政府に請願書を送り、朝鮮侵略計画が再燃したあかつきには、前衛を務めることを伝えた。[51] 征韓党のメンバーを調べた研究によると、大部分は若い士族で、多くは地元の役人だった。経済史学者の長野暹《すすむ》は、一月までに征韓党は県の行政組織を乗っ取ったことを示唆している。そのときまでは、いまだ反乱軍ではなく、政府を「正しい方向」に「押し出す」準備をした私的なネットワークだった。[52]

だが、佐賀県のすべての士族が征韓党の世界観を共有していたわけではなかった。その他の士族——

大部分は年配だった――は、旧藩の要職から退いており、支藩に暮らす者たちは依然として非常に保守的で、国際情勢よりも国内事情を気にかけていた[53]。彼らは、俸給への課税、身分制度の廃止、そして徴兵令によって名誉と生計の両方を奪われていたので、政府の方針に不満を抱くだけの十分な理由があった。薩摩の保守派が陳情を行ったことに刺激を受け、彼らは政府に対して、徴兵令の無効、キリスト教の再厳罰化、洋装の禁止を訴えた。それに加えて、大名の復位と士族の俸給の回復を要求した。こうした保守派によって結成された組織が、憂国党《ゆうこくとう》だった[54]。

征韓党と同じく、憂国党のメンバーも自らを反逆者と考えていなかった。政府に宛てた請願書の中で、彼らは国中に社会不安が蔓延していることを認めながらも、政府側に立っていることを強調した。憂国党の綱領には、問題を根絶することによって生じる社会的混乱から天皇を保護することが定められていた。帝国のために、そして旧藩のために（中略）どうして我々は怒りで自らの心を満たさずにいられようか？　と彼らは修辞を用いて問うている[55]。彼らは次のように主張した。将来、日本は朝鮮だけではなく清やロシアにも攻め込むだろう。しかし、国内の多くの士族が不満を抱いている現状に鑑みれば、海外出兵は「時期尚早」と言わざるをえない[56]。征韓党と同様に、憂国党も武器や弾薬を備蓄していた。彼らの言い分は、天皇と旧大名の「保護」だった[57]。

征韓党と憂国党には、政策的な違いにもかかわらず、ある重要な類似点があった。どちらの団体も天皇の存在を意識していた。だが、天皇の役割に対する解釈は異なっていた。征韓党にとっての天皇は、国威、武勇、海外遠征の強力なシンボルだった。一方、憂国党にとっての天皇は、佐賀をはじめとする全国の府県が緩い封建体制を確立する上で欠かせない日本の伝統のシンボルだった[58]。こうした解釈の違いがあるにもかかわらず、天皇に対する最大級の敬意が、なおもこの二つの団体を「日本」という大きな集合体につなぎ止めていた。そのため、誰も佐賀の独立を要求することまではしなかったのである。この二つの団体は、美辞麗句を用いて天皇支持の立場を打ち出していたものの、支持母体の地方色の強さが災いし、他県の士族と有機的な協力関係を築くことができなかった[59]。協調行動は佐賀県内においても困難だった。佐賀県の士族は、政治的、世代的、そして派閥的なラインで分断されていたからだ[60]。その結果、一部の反対派勢力は、立場の違いを克服するには、県内外から尊敬される国家的指導者が必要であることを理解した。そのような指導者がいなければ、佐賀の局地的な動乱が、県全域に及ぶ組織化された反対勢力に発展することは決してなかっただろう。

一八七四年の一月初め、征韓党内では前司法卿の江藤新平こそ指導者にふさわしいとの声が強まっていた[61]。征韓論政変で西郷隆盛とともに下野した江藤は、政府の腐敗と朝鮮侵略の中止の両方に反感を抱いていた[62]。すぐに前司法卿の苛立ちに気づいた征韓党の代表者たちは、江藤を説得して佐賀に戻らせようとした[63]。県内は不満が充満している。「先輩」がいなくては運動を拡大させることができない、と彼らは江藤に言った。面目を失い、挫折感を抱いていた江藤にとって、故郷の団体の指導者になってほしいという要請は無視できないぐらい魅力的だったのだろう[64]。国家的指導者に率いられた反乱の危険性を十分認識していた太政大臣の三条は、江藤を東京に留まらせようとしたが、江藤は三条の説得を拒んだ[65]。故郷の士族たちに乗せられ、過度に楽観的な心境になっていた江藤は、大久保たちは俺が佐賀へ帰郷することを考えただけで怖気づくだろう、と思うようになった[66]。一月一三日、江藤はついに太政官の事前承認を得ずに帰郷することを決意した。政府首脳陣は当惑し不安になった。江藤新平が密かに佐賀に向かった、意図は不明、と司法大輔の佐々木高行《たかゆき》は日記に書いている。[67]

明快な証言がないため、東京を去った江藤に反乱を指揮する意図があったかどうかはいまだはっきりしない。[68]だが、江藤自身が具体的な計画をもっていなかった可能性は非常に高い。数名の論者が指摘しているように、江藤が政府に激怒し、自らの政治力で政府に挑戦しようとしていたことは間違いない。[69]次第に彼は強大な軍隊を率いるという考えに夢中になっていった。江藤は、政府の基準で違法であったとしても、新しい力を行使して朝鮮出兵を押し進め、「前線へ逃亡」することを望んでいたかもしれない。江藤は政府（彼は新しい幕府と考えていた）に対して反乱を行う可能性を否定しなかったが、真剣に計画を練ることもしなかった。[70]

しかし、江藤の帰郷だけで県全体が反乱に傾いたわけではなかった。局地的な社会不安だったにもかかわらず、征韓党と憂国党の政策の違いがいまだに深刻であったため、二つの団体が連携して軍事行動を行うことができなかったのである。江藤の権威は征韓党で重んじられていた。だが、憂国党はメンバーをまとめられる指導者を欠いていた。それに加えて、どちらの集団も総力戦に乗り気ではなかった。国家目標に邁進することで前線へ逃亡しようと考えていた自称愛国者たちは、一線を越えるために、政府の挑発を必要としていた。そのような挑発があってこそ、彼らは自分たちの行為を反乱ではなく正当防衛であると思い込むことができたのである。[71]

しかし、政府首脳陣は、一連の政策決定でついに佐賀に一線を越えさせた。参事の森が県における自分の立場を守ろうとしているあいだに、太政大臣の三条は平和的な方針に転換した。三条は佐賀出身で元秋田県権令の島義勇《よしたけ》を故郷に派遣し、不平士族の怒りを和らげようとした。島は非常に保守的な男で、しかも彼の弟は憂国党の著名な活動家だった。三条は、島ならば憂国党メンバーの共感を得られると期待していた。だが、三条はうかつにも憂国党に待望の指導者を与えてしまうことになった。

一方、内務卿の大久保は佐賀の規律違反に対して強硬な姿勢で臨もうとしていた。だが、この計画は佐賀士族に反乱のための格好の理由を与えることになった。[72] 一月二八日、大久保は佐賀県の県令を岩村通俊から弟の岩村高俊《たかとし》に替えた。高俊は短気な性格と妥協しない姿勢で有名な旧土佐藩士だった。実のところ、高俊は数週間前にこの役目を自ら申し出ており、大久保に対して、自分を佐賀に派遣すれば刀で不平士族を制圧して指導者たちを処刑してみせる、と豪語していた。高俊は、すぐに行動を起こさなければ、隣接する県に反乱が広がる恐れがある、と警告した。[73] 五日後の二月四日、大久保をはじめとする政府首脳部は、佐賀士族征伐の任を帯びた新県令を支援するため、鎮台兵の派遣を決定した。[74] この厳しい対応は、岩倉暗殺未遂事件後の政府内に蔓延していた神経質な空気に影響を受けた結果だったのかもしれない。[75] 大久保たちは、この陰謀がさらなる暗殺事件の前兆にすぎず、武装蜂起にまで発展するかもしれないことを恐れていた。次のターゲットは木戸孝允になるのではないかという噂があったため、数人の忠実な長州士族を木戸邸の警護に当たらせた。[76] 佐賀の不穏な情勢に対して「柔軟な」姿勢で臨むべき時期でないことは確かだった。佐賀県の軍備に関する情報が隣接地域から流れつづけていたので、反乱の連鎖反応に対する恐怖は本物だったのである。[77]

後になってわかったことだが、新佐賀県令の岩村高俊は、三条が憂国党に派遣した島義勇と同じ船に乗った。旅の途中、島は岩村が佐賀士族に対して示した侮蔑に激怒した。彼はまた、岩村が「長州軍」

を使って佐賀への「侵略」を計画していることを知った。長崎に到着すると、島はすぐに憂国党の役員会に参加した。二月一一日、島と江藤は長崎近郊の村で顔を合わせた。二人は互いの団体を再編成して、佐賀を「侵略」から守ることで合意した。地元の政府支持派の指導者が県令の岩村に会談内容を伝え、佐賀に入るべきではないことをほのめかした――江藤と島が反乱を起こすとしたら、それは鎮台兵から団体を守ろうとするときだけだ。彼らを刺激しなければ、佐賀の治安は維持される。だが、相変わらず頑固な岩村は、佐賀入りを強引に決めてしまった。こうして両者の武力衝突は不可避になった。(78)

反乱軍には一人ではなく二人の司令官――江藤と島――がいた。彼らはほとんどの場合、二つの部隊を分けておいた。反乱軍は指揮がまずく、規律の維持がきわめて困難だった。実のところ、二月一八日以降に発表された軍隊規則の第一条と第二条で、江藤と島が、靴を脱ぎ捨てて、家に逃げ帰ってはならない、事前通告なしに姿をくらましてはならない、と兵士たちに強調しなければならない有様だった。(79)さらに、反乱軍には政府支持派グループが紛れ込んでいたが排除されなかった。中立党《ちゅうりつとう》という紛らわしい名前のこの集団は、岩村のスパイとして彼の軍に貴重な現地情報を与えた。(80)

政治的な準備は、軍事的な準備と同じぐらい不十分だった。江藤は雄藩同盟の復活に乗り出したが、時機を逸した生半可な試みであったため、薩摩や土佐の軍事的支援を得ることができなかった。林有造《ゆうぞう》(板垣の側近の土佐士族〔岩村通俊の弟で高俊の兄〕)は、佐賀と他の二つの旧藩とのあいだを取りもとうとして、一月初旬に江藤を訪ねた。だが、林は江藤の横柄な態度と覚悟のなさに唖然とし、この軍事の素人は士族活動家たちに操られているのではないかと強い疑いを抱いた。江藤は、佐賀が反乱を起こせば薩摩があとに続くはずだと自信たっぷりに語ったが、以前鹿児島で西郷隆盛に会っていた林は、西郷が動くことはないと警告しなければならなかった。西郷は一人になりたがっていた。林は故郷土佐からの支援を約束することもできなかった。そのため、彼は反乱を延期するよう江藤を説得したが、江藤は聞く耳をもたなかった。会談後、林は、佐賀が単独で政府と戦わなければならないことをようやく理解した。[81]

江藤と島の政治的な準備は佐賀県内でもお粗末だった。彼らは佐賀への郷土愛をもとに共通の利害を見出していたが、県全体におけるこのイデオロギーの威力に関して大変な見込み違いをしていた。多くの地元士族は、何よりもまず自分たちの地域に関心があり、状況に応じて反逆者側か政府側のどちらかを支援するつもりだった。その典型的な例が武雄《たけお》――佐賀と長崎の政府の主要港を結ぶ道が通る戦略上重要な都市――だった。島は武雄の戦略上の重要性を理解していたので、地元の指導者に金になる司令部の職をもちかけた。この指導者は代理人を通じてしばらく交渉したが、政府軍の戦力に気づくと政府側に加わった。[82]憂国党の本拠地であった旧小城藩《おぎ》（旧佐賀藩の支藩）の士族でさえ、自分たちの領域外の戦いに乗り気ではなかった。[83]

こうした準備不足は重大な責任拡散を引き起こした。兵士たちは指導者に希望を託し、指導者――土壇場になって反乱に加わった者たち――は、兵士たちが前もって戦闘準備を済ませていると思い込んでいたが、結果として、誰も十分な準備を済ませていなかった。[84]江藤は、二月一一日に島に会ったときに、反乱の準備は征韓党のメンバーが済ませていると断言したが、これは単なる江藤の思い込みで、事実はまったく異なっていた。[85]実際は、準備とも呼べない粗雑なやっつけ仕事が行われていただけだった。

しかし、江藤と島は急いで準備に取りかかり、二月一六日までにおよそ一万二〇〇〇人の男たち――

士族と平民の志願兵――をかき集めることができた。反乱が開始されたのは、同日、岩村が数百人の鎮台兵を率いて佐賀城に入り、江藤と島の拘束を宣言してからだった。二人の指導者はまず、佐賀城区域内の県庁を襲撃することにした[86]。反乱を確信した大久保は、岩村や他の将官に頼るのをやめ、二月一四日に自ら佐賀に向けて出発し、佐賀県から政治・司法・軍事の権能を取り上げた[87]。のちに、陸軍卿の山県も直接軍隊を指揮するために九州に向かった。小松宮彰仁《こまつのみやあきひと》親王が名目上の総督に任命された[88]。

およそ五四〇〇人の兵（鎮台、士族義勇兵、近衛師団）からなる政府軍は、北方から陸路で佐賀に向かって前進した[89]。同時に、追加部隊が海軍の支援のもと、長崎にいる反逆者の背後に上陸し、挟み撃ちにした[90]。これは、中央政府軍と地方士族軍との初期の対決の一例だ。試行錯誤の結果誕生した一元的な新陸軍は、驚くべき兵力と道義心を見せた。たとえば、鎮台兵の中には、同郷の仲間や親類と戦わなければならない佐賀出身者がいた[91]。命令違反がまったくなかったわけではないが、政府軍の大部分の佐賀県兵士は、武力による故郷の征服に参加した。一八七一年に山県有朋や西郷兄弟たちによって立案された軍隊の中央集権化計画は、間違いなく成功の兆しを見せていたのである。

反乱軍の崩壊は周辺部で始まった――見捨てられた兵士もいれば、敗走する兵士もいた。反乱軍は二月二二日の朝日山《あさひやま》の決戦で敗北し、これによって北から佐賀へ攻め込む道が開けた。同時に、武雄が政府側についたため、帝国陸軍は南からも攻撃できるようになった[92]。敗北を悟った江藤は、反乱軍を解散して、「第一次長州征伐の高杉晋作のように」県内に身を隠すか、薩摩に逃げ込めと命じた。江藤自身ははじめに薩摩に、次に土佐に助けを求めることにした。まず江藤は鹿児島に向かったが、西郷隆盛は彼に手を差し伸べるのを拒んだ。次に彼は高知に向かったが、土佐の反体制派の指導者たちからも何ら支援を受けられなかった。ついに、彼は自殺するために東京に戻ることを決心したが、三月二九日、船を探しているところを捕縛された[93]。

指導部を失った二つの集団は、佐賀城陥落後の三月二日、ついに降伏した。木戸孝允の日記によると、一五〇〇人から一六〇〇人の兵士が降伏前に投降していた[94]。当初、彼らの代表者は「帝国」陸軍と戦ったという事実を認めようとしなかった[95]。彼らは天皇を敬い、崇めていたからだ。私も仲間たちも徹頭徹尾帝国の兵士である、と憂国党の使者は言った。その上で、彼は大久保個人に降伏することを望んだ[96]。その意味するところは明らかだ――佐賀の戦いは「反乱」ではなく、天皇に忠誠を誓う二つの派閥の闘争だった。佐賀の派閥は負け、敵の派閥の指導者に対し、いつでも敗北を受け入れる状態にあった。天皇は日本の政策を結びつけるシンボルとして存在していたが、佐賀の反逆者たちから見れば、天皇はまるで存在していないかのように漠然としていた。これは、武市熊吉の精神的なシンボルとしての天皇観――崇敬の対象であって、服従の対象ではない――と同様のものであった。

もちろん、政府はこの見解を受け入れることができず、捕虜を唯一の合法的な権威に抗った反逆者として扱った。すなわち、政府は憂国党の他の要求とともに、この文書も拒絶した。憂国党の代表者は、政府軍の野営地に足を踏み入れることも、大久保個人に降伏することも許されず、城門の外で謝罪文を提出しなければならなかった。それに加えて、彼らは謝罪文の書き直しを要求され、合法的な敵軍ではなく、反逆者と賊党であることを認めなければならなかった[97]。大久保と彼が任命した裁判官の河野《こうの》敏鎌《とがま》の指示で、逮捕された反逆者は四つのカテゴリー――首魁《しゅかい》、上級戦犯、中級戦犯、下級戦犯――に分類されることになった。首魁に分類された江藤と島は、さらし台にかけられることになり、上級戦犯に分類された副官は、「単に」処刑されることになった。中級戦犯は死刑こそ免れたものの、終身刑を宣告された。下級戦犯は三年から一〇年の懲役刑が科されただけだった。士族の反逆者は全員身分を剝奪された。反逆者陣営に加担した平民は寛大に扱われた(98)。

四月一三日、明治刑法の立案者であった江藤新平は、ついに刑場に連れていかれた。江藤は、「裁判長、私は」とかつての部下であり子分でもあった河野に自分の動機を説明しようとしたが、強引に止められた。大久保は、処刑の日の江藤は醜く滑稽であった、と日記に書いている。刑が執行される前に、江藤は私の心を知るのは皇天后土《こうてんこうど》（天の神と地の神）だけだ、と三度叫んだ(99)。「皇天」という「天の神」と「天皇」の両方の意味に解釈できる言葉を使うことで、江藤は精神的・宗教的象徴としての天皇に対し、改めて忠誠を公言したかったのかもしれない。この自分の忠誠心が誤解されているという思いは、「前線へ逃亡」するメンタリティをもつ日本の反逆者の特徴だった。政府は、江藤たちの意図――天皇を保護し、政府自らが打ち立てた国家目標に向かって邁進すること――に思い至らなかった。結局そのことが、政府が佐賀の軍と戦うことになった原因だった。

江藤の首は東京で三日間さらされた。そのおぞましい様子を写した写真は、何カ月ものあいだ政府の部局に飾られ、新聞にも載った(100)。だが、こうした見せしめにもかかわらず、江藤の反政府行動を称える声が世間に広まっていった。一八七四年八月、外務卿の寺島は、江藤の墓には毎日新鮮な花が供えられている、とドイツ公使に話した。「これは陛下や政府に対する批判の気持ちを表しているわけではありません」と彼は言った。「人々は突飛な行動をした江藤に対して、ある種の尊敬の念を抱いているのです(101)」。死んだ反逆者に対する敬意――多くの人々から死んだ英雄のように扱われた――は、これから起こることの前兆だった。

革命的楽観主義の終焉――西郷隆盛と薩摩の反乱

佐賀の乱から二年半後、一八七六年一〇月の二四日から二八日にかけて、西日本一帯で再び士族の暴動が勃発した。第一に挙兵したのは、神風連《しんぷうれん》という西洋文化に反対する神道系の集団だった。神風連のメンバーは、易断で挙兵すべきかどうかを決めていた。佐賀の乱のあいだ、易断の結果は「凶」だった。しかし、一八七六年になって、帯刀が禁止され、天皇の外国訪問が取りざたされると、神風連のメンバーは、もはや手をこまぬいていられなくなった。彼らにとって、これらの政策は日本の最も神聖な伝統に対する冒瀆だった。神風連の指導者たちは、再度神々に反乱を行うべきか否かを尋ねた。すると、易断の結果は「吉」だった(102)。

千屋、宮崎、戸田と同様に、神風連も非常に悲観的な世界観――彼らは自分たちのことを西洋文化という毒の海に浮かぶ小島であると考えていた――をもっていた。そのため彼らは、遠く離れた東京の指導者の暗殺ではなく、熊本鎮台に狙いを定めた。熊本鎮台は身近にある格好のターゲットだ。悲観的な反逆者の御多分に漏れず、神風連のこの攻撃も、当座の政治的な目標を達成するためのものではなかった。彼らの狙いは、暴力という言語を用いて宗教的な声明を大々的に発表することにあった(103)。神風連は、同じ志をもつ秋月(福岡県の一部〔現・朝倉市〕)の士族集団や、元兵部大輔の前原一誠《いっせい》が率いる長州の士族集団とつながりがあった。この三つの集団は、西洋文化に抵抗し、武士道に心酔し、天皇を崇敬していた。それでも、彼らの連携が限定的で、大規模な反乱軍を組織することができなかったのは、傑出した指導者に恵まれなかったからであった。加えて、神風連が電信を西洋起源の技術であるとして使用を拒んだことも、関係強化を阻害する一因だった。

一〇月二四日、まず神風連が熊本鎮台と県庁本部を襲撃し、兵士と役人を虐殺した。この二〇〇名の小部隊は翌日に排除されたが、秋月の同志たちがあとに続いた。秋月の反乱も七日後に鎮圧された（山に逃げ込んだ残党の捜索は翌月まで続いた）[104]。一〇月二八日、最後に前原一誠が長州で反乱を宣言した。だが、萩《はぎ》の乱と呼ばれるこの反乱も計画性に乏しく、短命に終わった。他の団体の指導者とは異なり、前原には国政の経験があった。そんなこともあり、前原は、東京に戻って、天皇に直訴することを考えるほど状況を楽観視していた。この滑稽な東京行きが失敗したあと、二〇〇名の長州士族からなる小部隊は山口県に退却し、最後には萩城下町付近で鎮圧された[105]。

これらの小規模な士族の反乱が完全な失敗に終わったことで、大規模な反乱を起こすには、第一級の国家的指導者に率いられた組織的な軍事行動が不可欠であることが改めて証明された。一八七六年一〇月の反乱を指揮した指導者の中で、国政の舞台にいたことがあるのは前原一誠だけだった。彼の部下さえも、江藤新平のような本物の有力政治家の部下には及ばなかった。その結果、前原がもたらした楽観主義は、熱狂的な小集団に限定され、真に大規模な軍事行動を生じさせることができなかったのである。

だが、一八七六年一〇月末になるころには、政府関係者の疑いの目は、かつてないほど薩摩に注がれていた。前章で述べたように、この強力で好戦的な南部の領地が反乱を起こすことは、一八七〇年代の明治政府の指導者にとって悪夢だった。その恐怖は、多くの面で彼らの行動を左右した。台湾出兵の際の西郷従道の不服従が大目に見られたのも、その一例だった。この緊張した空気の中で、皆が意識せざるをえなかったのが、従道の兄で、絶大な人気を誇る西郷隆盛の存在だった。当時、西郷隆盛の言葉は九州全体の、ことによると国中の不平士族を奮い立たせると広く信じられていた[106]。

一八七六年の秋が冬に変わるころには、薩摩はさまざまな点で、もはや独立王国と言っていい状態だった[107]。多くの政府命令――廃刀令や太陽暦の導入など――は、鹿児島では鼻であしらわれた。県令の大山綱良は、士族の俸給改革と旧弊な土地所有規定の見直しを実施しようとしたが、彼の生半可な取り組みは各方面から批判された。こうした改革には、政府が望むような慌ただしさはなかったが、地元士族の怒りを買うには十分な刺激だった[108]。垂直的・中央集権的な政治体制の必要性を強く唱道していた木戸孝允は、当然ながら鹿児島の危険性を認識していた。だからこそ彼は、この反抗的な県に対する政府の優遇措置に苛立ちを覚えていた。薩摩との衝突はいずれ起こるだろう。だが、薩摩の独立国であるかのような振る舞いを黙認することは、明治政権の核心である垂直的な政治体制の原則に反する、と彼は考えた。「我々は常に公平性の原則を遵守しなければならない」と木戸は仲間に語った。「たとえ江戸城以外の城が取り壊されたとしても後悔はない[109]」

二つの対立する団体からなっていた佐賀の反乱軍とは異なり、薩摩の不平士族は西郷隆盛のもとで一致団結していた。一八七四年六月より、彼らは西郷の許可を得て、私学校という教育機関を隠れ蓑に新たな軍隊の結成を急いでいた。この学校網は一種の国家内国家だった。それは、政府が深刻な対外危機に直面して弱体化した際に、すぐに国家運営を引き継ぎ、国民生活の安定を図る準備を整えていたからだ。私学校が明言した行動規範は、義務に対する献身、道徳、そして特に日本が「国家的危機」に直面した場合の天皇の臣民の保護だった。本校や鹿児島県一帯にある数多くの分校では、軍事科目を中心に教えていたが、中国古典、外国語、倫理などの科目もあった[110]。生徒は西郷と私学校に対する揺るぎない忠誠心が求められ、一八七六年には東京で仕事や学校を探すことが禁止された。市長や警察官の多くは私学校から選ばれたため、鹿児島県官僚の大部分は私学校の影響力から逃れられなかった[111]。

政府と事実上の独立国であった薩摩との緊張が増して、両者の大規模な衝突の可能性が高まったが、回避できないと決まったわけではなかった。たしかに、政府は鹿児島県を他の府県と協調させようとしたが（大久保は、この点をはっきりさせるために、一八七六年九月に県令の大山を東京に呼んでいる）、政府首脳陣は薩摩を刺激することを恐れてもいた[112]。太政大臣の三条実美は、西郷の平和的な反体制派を佐賀の武装蜂起と対比して、西郷が鹿児島に戻ってから、県はすっかり平和になった、と他県の県令たちに手紙を書いている[113]。

県規模の反乱は西郷隆盛の協力なしには起こりえなかったが、当の西郷はその危険な道を通ることに非常に慎重だった。日本史研究者のマーク・ラビナが述べているように、史料をかなり強引に解釈すれば、西郷が反乱を計画していたと考えられる年は、一八七四年か一八七七年のどちらかだろう[114]。だが実際は、西郷の大半の時間は趣味——耕作、釣り、草履作り、温泉、子供たちの相手、愛犬を連れての狩猟——に費やされていた[115]。一八七六年九月、西郷は前外務卿の副島種臣に、政治への関心が薄れ、今では相談役の役目に満足している、と語った[116]。いやそれどころか、義妹の岩山トクの証言によると、西郷は政治に関することで助言を得ようとやってきた者になかなか会いたがらなかったらしい[117]。西郷の行動は、将来反乱軍を率いる男としてまったく相応しくなかった。私学校の指導者の中にはたしかに好戦的な者がいたが、彼らでさえ「時期尚早」な行動——西郷の賛成がない勝手な行動——を慎んでいた。このような理由から、私学校は一八七六年一〇月に神風連の使者と協力することを拒んだのである。[118]

だが、反乱を起こさざるをえなくなった場合の勝算を、西郷は非常に楽観視していたようだ。彼は鹿児島に戻るとすぐに、「一度《ひとたび》相動き候わば、天下驚くべきの事をなし候わん」と思った。さらに言えば、西郷のその後の行動は、自分が一声発すれば、勝利が約束された反乱が全国で起こるだろう、と彼が考えていたことを示していた。[119] しかし、朝鮮占領に関する論争のときと同じで、もっともな理由がないまま戦争を始める覚悟は西郷にはなく、政府もいまだそのような理由を彼に与えていなかった。いずれにしても、西郷は私学校の軍隊に「国家的危機」（おそらく日本と他国との戦争のことだろう）に対する準備を命じた。[120] 仮にそのような事態が発生すれば、西郷は「前線へ逃亡」し、独立軍を率いて国を助け、政府軍と一戦を交えることなく政権交代を成し遂げられるはずだった。

消極的な西郷に反乱の陣頭指揮を執らせるには、過激な挑発が必要だった。不幸なことに、そのような出来事は一八七七年二月に起きた。その張本人は大久保でも西郷でもなく、政府に仕えていた旧薩摩藩士だった。当然のことながら、彼らは鹿児島の士族から売国奴とみなされていた。[121] 警視庁大警視の川《かわ》路利良《じとしよし》に率いられたこれらの人間は、急成長している明治の国内治安機関の内部に自分たちの根城をもっていた。征韓論政変で多数の警官や巡査が辞職したあと、大久保と川路は、中央集権化されたフランス国家警察を参考に、日本の警察を内務省のもとで再編成した。[122] 警察は、岩倉暗殺未遂事件と佐賀の乱のあとに、さらなる武装蜂起や暗殺計画の発生を防ぐために増強された。その旨が三条から各地の県令に通知されたとき、暗闇に身を潜ませている暗殺者がまだ他にもいるのかどうかを把握することは困難だった。そのため、警察隊の大量配備は全国で必要だった。[123]

一八七六年一二月、川路は私学校の脅威に対して行動を起こすことを決意した。大久保と岩倉に相談したあと、川路は、中原尚雄《なおお》をリーダーとする一〇名の旧薩摩藩士の警察官を鹿児島県に派遣した。中原たちには二つの大きな任務――「私学校の『真の目的』を確認すること」と「できる限り多くの生徒を退学させること」――が課せられていた。だが中原は、故郷の鹿児島に到着すると、無謀にも数人の旧友に計画を漏らしてしまった。そのうちの二人が中原の帰郷の目的を私学校に報告した。中原は、旧友の一人との会話で、必要とあらば西郷と差し違えることも辞さない、と豪語したようだ。[124]

一八七七年二月三日から七日にかけて、私学校の士族は中原たち警察官を捕縛した。拷問を受けた中原は、川路から受けた「真の命令」は西郷の暗殺であったことを自白した。[125] 翌日投降した政府の別の使者は、大久保こそが真の黒幕だ、と証言した。[126] 当時鹿児島にいたイギリス外交官のアーネスト・サトウは、西郷暗殺後に陸海軍が鹿児島に進軍し、西郷の子分を皆殺しにするという噂を書き留めている。[127] この「自白書」は大量に刷られ、私学校に配布され、すぐに西郷に気づかれた。これで、西郷や彼の腹心たちには、すべてがはっきりした。東京に残った薩摩の「裏切り者たち」が、西郷を殺そうと計画していたのだ。[128]

中原拘束の数日前、政府は軍艦を派遣して、鹿児島の軍需工場にある兵器を他所《よそ》に搬出しようとした。この計画を知った私学校の生徒は激怒し、兵器を奪い返した。市内全域で反乱の気運が高まっていた。[129] 西郷は支持者たちが臨戦態勢を強めているのを目撃していた。のちに西郷は、教え子たちの早まった行動の結果、彼らに合流せざるをえなくなったことを県令の大山に語っている。自分があの場所にいれば、私学校の生徒が火薬を奪い返すのをやめさせただろう、だが、もう後戻りできない、と西郷は言った。[130]

しかし通説とは異なり、西郷はただ生徒の既成事実に「引きずられて」戦争に突入したのではなかった。[131] 二月五日と六日の二日間、西郷は私学校の指導者たちとの話し合いの場をもった。このきわめて重要な会議の主要議題は、私学校生徒が軍需工場を襲撃したことではなく、中原の暗殺計画に対するしかるべき対応だった。中原たちの計画で、大久保と川路の思惑が完全にあらわになった、と西郷は大山に言った。[132] 政府の手先によって殺されかけたと信じたからこそ、西郷は、子分たちと東京に対して行動を起こす運命を受け入れたのである。[133]

しかし、明治初期の他の反逆者と同様に、西郷も自分自身を反逆者ではなく、天皇の忠臣であると考えていた。のちに西郷は、海軍大輔の川村純義《すみよし》に宛てて、政府の指導者たちのほうこそ、天皇の意向を曲解した国賊であり反逆者である、と書いている。[134] 二月五日と六日に開かれた会議で、私学校の指導部は西郷を東京に派遣することを決定した。この東京行きの目的は、中原の暗殺計画について天皇に正式の訴状を提出することと、「政府に問いただす」ことだった。[135] 側近の一人は、西郷が単身上京することを提案したが、西郷はこれを拒絶した――彼は軍隊を連れて東京に向かおうとした。西郷は、陸軍大将として、全国で兵士を募る法的権利を有していると主張した。[136] 現存している会議の証拠によると、私学校は入念な軍事訓練をしていたにもかかわらず、反乱の戦略を事前に練っていなかったことがわかる。これも責任拡散の一例だった。作戦は西郷がいなくては立てられない。だが、当の西郷が反乱への参加を決意したのは土壇場になってからだった。[137]

さらに、採用された戦略の杜撰さも、西郷の準備不足を暗示していた。政府の組織構成や意図についての機密情報を集めず、戦略司令官を真剣に説得して味方に引き入れようともせず、西郷と彼の側近たちは、すべての地域が自分たちを大歓迎してくれるものと思い込んでいた。また、大部分の海軍将校は「西郷の同志」であるという見方が優勢だった。西郷の慢心は、私学校の関係者以外の同行を許さなかったことにも表れていた。[138] 要するに、薩摩の指導者たちは、自分たちのことを完全に合法的な調査団であるとみなしていた。だからこそ、鹿児島県令の大山綱良は、中原たち「犯罪者」の自白書まで添えて、全府県と全鎮台に対し西郷を通過させるよう要請していたのである。[139] 大山との話し合いの中で、西郷は、三月には仲間たちと大阪に着いているだろうと語った。まるで、この遠征が諸国漫遊にすぎないかのようだった。[140]

西郷は国内の反政府勢力との連携も不十分だった。彼は一八七四年一月に、反政府勢力を結集しようとした土佐の林有造につれない態度で応対した。西郷は林との面会に同意するまでに「時間をかけ」、立場を明らかにせず、土佐の軍隊が熊本鎮台に向かって進撃できるかどうかを尋ねただけだった。林は西郷の横柄な態度と他藩の利益に対する無関心を非難した。会談は何らの成果もないまま終了した。西郷は、佐賀反乱軍からの支援の要請を拒否し、三年後の熊本、秋月、萩の武装蜂起に対しても何もしなかった。一八七七年に西郷が自ら挙兵したとき、熊本やその他の地域で、小規模で散発的な反乱がいくつか起こったことを除き、彼の元に駆けつける士族がほとんどいなかったことは当然だったのだ。[141]

当初、大久保ら政府首脳陣は、武装蜂起に対処するため九州に鎮台兵を派遣していたものの、西郷が自ら反乱軍を率いているのかどうかはっきりとはわからなかった。[142] 西郷という存在は畏怖の念を抱かせ、彼の能力は過大評価されていた。そのため、彼らは西郷が反乱軍を直接指揮していることを信じるまでに数日を要した。ようやく真実が明らかになると、彼らはショックを受け狼狽した。「疑惑が明らかになった。彼（西郷）は一時の激情のために命を捨て、名声を台無しにしたのだ」と木戸は日記に書いている。「何と無念なことか。我が人生においてこれほどまでに嘆かわしいことはない」[143]。だが、薩摩軍が鹿児島県を出て、熊本県を北上中であることを知ると、大久保はもう我慢の限界だった。二月一九日に政府は、西郷軍を「賊軍」であると宣言した［鹿児島県逆徒征討の詔］。その結果、西郷は宮廷によりすべての官位を剝奪され、他県の鹿児島県使節はただちに捕えられた[144]。その瞬間、東京の国家ヒエラルキーと西郷の私的ネットワークは、ゼロサムゲームへと再配置された。そのような状態では、西郷に対するいかなる譲歩も、政府による天皇の独占――合法的な国家支配の根拠――を揺るがすことになった[145]。

西郷隆盛の最初の狙いは熊本城の攻略だった[146]。熊本城の守備に当たっていた熊本鎮台――指揮官は陸軍少将の谷干城だった――は、川路傘下の警察官六〇〇名と小倉の兵士八〇〇名で増強されていた[147]。台湾出兵と佐賀の乱鎮圧の戦闘経験があった谷は、最後まで西郷軍に抵抗しつづけた。彼らは過酷な状況で七週間の包囲攻撃に耐えなければならなかった[148]。西郷は東京まで速やかに進軍できるものと考えていたが、谷たちの予想外の抵抗で計画の変更を余儀なくされた。西郷と部下の将校は次の行動で対立し、結局、軍を分割するという最悪の手段に出た。西郷軍の大半は熊本城の攻撃を続け、残りの部隊は南下してくる政府軍を迎え撃とうとした[149]。

西郷は鹿児島の本拠地を守る海軍力をもたず、市内に予備軍を残しておかなかった。これもまた、彼の計画性のなさと過信の表れだった。三月七日、旧薩摩藩士で陸軍中将の黒田清隆に率いられた政府軍は、海路から鹿児島を襲撃した。黒田は県令の大山を拘束し、すべての弾薬を押収し、銃を使用不能にした[150]。三月二〇日、薩摩軍はこの戦争の分水嶺となった田原坂《たばるざか》の戦いで敗れ、戦略上の要地から撤退した。黒田と海軍は長崎に向かい、反乱軍の南部後方を抑えようとした。反乱軍は北上する黒田部隊と南下する政府主力部隊の挟撃を受ける事態に陥った。反乱軍は勢いを増す政府軍との交戦で弾薬と糧食を切らし、四月一九日に熊本城の包囲を断念せざるをえなくなった。最後の数カ月間、西郷と残存勢力は、政府軍に追撃を受けながら、県内を移動した。九月二四日、彼らは城山《しろやま》で最後の抵抗を行った。西郷は銃弾を受けて負傷し、側近の別府《べっぷ》晋介《しんすけ》の介錯で命を絶った。(151) 西南戦争は西郷の死をもって終わった。

見当違いの楽観主義——士族の反乱と失敗

西郷隆盛と薩摩軍の敗北は、いくつかの重要な影響をもたらした。そのうちの一つは、新たに大規模な武装蜂起を起こすのに必要な楽観主義を、潜在的な反逆者から奪ったことだった。「大西郷」が敗れたのなら、他の誰が反乱に成功するのだろう？(152) 本章を通して例証してきたように、軍事力で政府に挑戦する決断は、代々の反逆者集団が抱く楽観主義の度合いと密接に関係していた。千屋、宮崎、戸田などの孤立した活動家や神風連の指導者たちは悲観主義に染まっており、彼らは絶望感を原動力にして象徴的あるいは便宜的なターゲットを攻撃した。他の孤立した反逆者たち、たとえば武市熊吉などは、変化をもたらす自身の能力に関して楽観的だったが、戦場で公然と政府に挑戦するほどの仲間を集めることができなかった。その結果、彼らは政府要人の暗殺を選択した。江藤新平や西郷隆盛などの国家的指導者だけが、大勢の士族を動員して大規模な武装蜂起を起こすほどの楽観主義を生み出すことができた。しかし、こうした楽観主義は、すべての場合において反逆者を誤った方向に導いた。

だが、当時はそのように思われず、多くの反逆者は、成功へのまたとないチャンスであると信じていた。結局のところ、一八六〇年代後半に江戸幕府を打倒した名高い志士たちも、単独で奇襲攻撃を行う武士だったからだ。この近い前例は、明治初期の反逆者たちのあいだで有名で、中には倒幕運動の経験者もいた。たとえば、江藤新平は大久保が実権を握る政府を徳川幕府になぞらえて、敗北した佐賀の反乱軍に対し、一八六四年の高杉晋作と奇兵隊のように、まずは身を隠すことに全力を挙げ、その後に改めて政府軍と対決しよう、と提案した。だが、一八七〇年代の反逆者たちが非常に不幸だったのは、志士の成功を助長した前提条件が存在しないにもかかわらず、無謀さや計画性のなさといった志士の流儀を受け入れたことであった。一八六六年、長州と薩摩という二つの雄藩は、互いの違いを克服し、ようやく倒幕のための同盟を締結した。この同盟が実現した大きな要因は、各地の志士が連携して、藩同士の特定の利益を媒介しようと努めたことだった。だが、一八七四年ころには、このネットワークはすでに崩壊しており、かつての志士の多くは政府を支持していた。旧土佐藩士の林有造は、反逆者集団のあいだを取りもとうとしたが、西郷が「他藩に無関心」で、鹿児島だけの利害にとらわれていることに失望した。[153] 薩摩と佐賀は互いに助け合わなかった。単独で戦い、そして敗れたのである。

さらに言えば、一八六六年から一八六八年にかけて志士が勝利できた最も重要な理由の一つとして、彼らが天皇――政治的正当性の最も重要なシンボル――に対して影響力を増していったことが挙げられる。彼らは、一八六八年一月に天皇を完全に支配下に置き、ようやく国内の大部分を編成し直すことができるようになった。志士の影響力の増大は、京都という幕府の力が完全に及ばなかった場所に天皇がいたからこそ可能だった。しかし、一八七〇年代、天皇は東京で帝国陸軍に守られており、反乱を起こした指導者たちの地盤から遠く離れていた。

そうした状況で、明確な計画をもたずに、志士の無謀さを真似て政府と戦おうとすることは、破滅を意味した。数名の学者の主張とは反対に、佐賀や薩摩の革命運動は、あまり階層性が強くなく、指導者による厳格な統制が行われていなかった。[154] 江藤と島の軍隊支配は非常に不安定で、すぐに崩壊した。西郷は信望が篤く、はるかにしっかりした指揮系統をもっていたが、戦略に対する影響力はほぼ皆無で、ほとんどの場合部下の決定に応じるだけであった。これは、我々が本章を通して見てきた「前線への逃亡」という原動力の結果だった。反乱への具体的な計画をもたなかった指導者たちは、佐賀の乱の場合のように、政府を正しい方向に「押し動かす」ことか、西郷たちが試みたように、天皇に依存して政府を懲らしめることのどちらかを当初の目標に据えていた。同時に、支持者たちは自らの楽観主義のみでは反乱を起こすことができず、指導者が腰を上げるのを待って貴重な時間を費やした。その結果、指導者と支持者のあいだで責任が拡散し、制御不能な状態に陥った。

明治初期の反逆者にとって状況をより困難にしたのは、一八七〇年代の政府は、徳川幕府よりもかなり有利な立場にあったということだった。まず、一八七一年から一八七三年にかけて全国で電信網の整備が行われ、政府は、地方で発生した反乱が勢いを増すまえに迅速に対応できるようになった。[155] それに加えて、明治政府は幕府と異なり、日和見的で半ば独立状態にあった大名に依存もしていなかった（大名は近代的な銃と大砲を装備した独自の軍隊を保有していた）。[156] またきわめて重要なことに、明治政府はかつてないほど海路を掌握していた。一八六〇年代の志士の指導者たちは、ただちに海軍を組織し、幕府と海軍補給路の確保を争うことが可能だった。しかし一八七〇年代になると、どんな反政府グループも——西郷隆盛に率いられた強力な反乱軍でさえも——独自の海軍を組織することができなかった。海軍がないことは致命的だった。佐賀と薩摩の二つの反乱で、政府は反乱軍の背後に部隊を上陸させることができたが、反乱軍は一度も政府軍の補給ラインや東京を脅かすことができなかった。[157]

一八六八年以降、江藤新平から西郷隆盛までの士族の反逆者たちは、政府がどの程度軍事力を増強させていたのか、不幸なことに理解していなかった。彼らは仲間とともに下野し、故郷に引きこもった。国家の中枢にスパイを潜入させたり、行政機関を自分の部下で満たしたりして、政府の軍事力を崩壊させることなど考えもしなかった。たとえば、西郷の前進は熊本鎮台に阻まれた。熊本鎮台はほんの数年前まで西郷の支持者たちによってほぼ完璧に支配されていた。だが、西郷支持派の将校が全員下野すると、この重要な要塞は政府の最も有効な防衛線になった。一八七一年の時点で、政府の軍事力が旧藩の私的ネットワークよりも弱かったにしても、一八七七年ころには、情勢は政府有利に傾いていた。そのときまでに、有効な抵抗運動は、もはやかつての封建領地から生まれなくなっていた。一八七〇年代の反乱軍の指導者は、自分の地位の無力さに対して根本的な誤解をしていた。結局、彼らは、楽観主義によって自身の時代錯誤に気づくことができなかったのだ。

旧藩の私的ネットワークの敗北で、大部分の国民は、一八七八年ころには、政府が支配力を独占していることを理解するようになった。[158]この点をさらに強調するため、政府は、降伏した反逆者一人ひとりに「謝罪文」を書くよう命じた。謝罪文の中で、反逆者たちは、唯一の合法的な権威である天皇に歯向かった罪を認めなければならなかった。[159]謝罪文は、反逆者たちに政府の国家支配を認めさせ、天皇に対する一切の要求を放棄させることを目的とした重要なイデオロギー上のツールだった。時間はかかった。だが一八七八年以降、志士のメンタリティに感化された旧藩の私的ネットワークは、政治的暴力を独占した政府に取って代わられた。反対派からの政治的挑戦が完全になくなったわけではなく、その後も抵抗やテロ行為は続いた――大久保も怒った士族によって一八七八年五月に暗殺された。だが、楽観主義の反逆者が、再び組織的な武装蜂起で政府に挑戦するのは、およそ五〇年後のことになる。

日本の軍人不服従の歴史はここで一度幕を下ろした。だが、すぐに新たな幕が上がることになった。西南戦争終結から約一年後の一八七八年、陸軍の指導者たちは、一八七〇年代の悪弊である政治家と軍隊のあいだの横のつながりを断ち切るために軍改革を決断した。この軍改革は、同様に危険な軍人不服従の新形態に通じる秘密の扉を開いた。だが、それが明らかになるのはずっと先のことだった。

第二部

軍部独立の時代

一八七八〜一九一三

第五章

一八七八

黄金を喰らう怪物

——軍部独立と統帥権

私見によれば、確かに将軍の位をもつお偉方の多くには、「皇帝陛下にお仕えした身で……」などといった滑稽な言い方をする習慣がある。となると、彼らには、まるでわたしたち一般の庶民とは異なる、自分たちだけの特別な皇帝陛下がいるようではないか。

（フョードル・ドストエフスキー著、亀山郁夫訳『悪霊』一より）

西南戦争から一年少し経った一八七八年一二月五日、当時最先端とされたプロシアの軍制をモデルとした重大な改革が日本軍で行われた。陸軍卿山県有朋とその腹心である桂太郎中佐は、まったく新たな形で権力をもつ参謀本部という機関を創設し、天皇の直隷下に置いた。機関のトップである参謀本部長には山県自身が就いた。(1) 参謀本部の役割は作戦立案と戦時指揮であった。それに伴って陸軍省は作戦計画に関わらなくなったが、軍の運営と動員、予算管理、士官の昇進・異動・罷免など重要な役割を担った。一二月一三日には第三の重要機関である監軍本部が設立され、軍隊教育を管轄した。(2) 参謀本部、陸軍省、監軍本部という三組織はそれぞれ数年のあいだに大きな改革を経験することになるが、これらの機関が一九四五年まで軍の中枢であることに変わりはなかった。この新たな制度には、プロシアの「Kommandogewalt（コマンドゲヴァルト）」を模範とした軍の最高指揮権、のちに「統帥権」と呼ばれるものが取り入れられ、軍は天皇の大権以外いかなる文民の統制も受けなかった。

戦後、統帥権は明治初期から太平洋戦争終結にかけて起きたあらゆる悲劇の元凶だと非難された。著名な作家の司馬遼太郎は、有名なエッセイ『この国のかたち』で統帥権を何年にもわたって受け継がれる遺伝性疾患になぞらえ、急速に影響力を増す不気味な勢力だとした。また司馬は、大日本帝国陸軍の兵士が自分たちの「統帥国家」に生き、野蛮で残忍な行動に及ぶ姿を中国の伝説上の怪物貔貅《ひきゅう》にたとえた。明治維新後にはこの怪物を鎮めるべくあらゆる方策が取られたが、獣は逆に獰《どう》猛《もう》さを増し、やがて政治すべてを呑み込んだ(3)。また、軍事費拡大を求めつづけた日本軍は、まさに黄金を好んで喰らう貔貅そのものだった。

細部にいくらか意見の相違はあるが、多くの歴史家は貔貅のたとえをもっともだとしている(4)。菊田均は、明治維新後に起こった政軍関係の変化はほぼすべて統帥権の拡大、すなわち軍による日本支配への歩みだと述べる。菊田によると、この過程のピークは東条英機陸軍大将が政権を握った(首相在任一九四一～一九四四)軍国主義的な戦時体制である。軍が「国家のなかの国家」なら、参謀総長は全能で畏れ多い「奥の院」であった(5)。

本書を読み進めれば繰り返し明らかになるが、陸軍が統帥権を名目にして政府に反抗し、国策に逆らったことは間違いない。だが、何人かの学者が指摘するように、一八七八年当時の改革創始者たちにそのような意図はまったくなかった(6)。山県など明治時代の指導者は、一九一三年の大正政変、一九二八年および一九三一年に行われた中国への勝手な攻撃、一九三六年のクーデター未遂に見られるように、軍が政府を脅かすことになろうとは思いもしなかった。とはいえ、組織とは創設者の本来の意図に沿って発展するほうがめずらしいものだ。[7] さらに、のちに統帥権と呼ばれるイデオロギーはやがて単なる反乱と反抗の手段ではなくなり、問題が起きたときに適宜対応するための術として発展し、さまざまな出来事や状況を経て創始者には想像しえなかった力をもつことになる。

一八七八年の軍制改革

プロシアのKommandogewaltは、ドイツの軍事機関に留学していた役人たちが日本に持ち帰った概念である。そんな役人の中でも特に影響力をもっていたのは、ドイツ帝国が動乱期にあった一八七〇年代のほとんどをその国で過ごした長州藩出身の桂太郎だった。[8] 一八七〇年八月、彼は軍事学を学ぶために自費でフランスに渡ったが、普仏戦争で包囲戦中のパリに入ることはできなかったため、代わりにベルリンで勉強を始めた。一八七三年後半に帰国し、一八七四年のあいだは再編されたばかりの陸軍参謀局（参謀本部の前身）の組織編成に携わった。一八七五年には駐独公使館付武官に任命され、[9] 一八七八年七月に帰国するとすぐにドイツ式の大規模な軍隊改革を提唱した。当然ながら、それによって当時取り入れられていたフランス式の軍隊モデルからは少なくとも徐々に離れることになるため、保守的な考えの将校たちからは抵抗を受けた。[10] だが、そのような将校も、天皇に直属する参謀本部を設置するという改革の要には反対しなかった。改革実行には軍の主要人物からの承認が必須条件だったが、西南戦争が終わるまでに桂は陸軍卿山県有朋とその代理を務める西郷従道などの支持を得た。[11]

陸軍省の上司に対する桂の提案は主に、軍事活動の二つの局面、すなわち軍政と軍令をプロシア流に分離することだった。[12] 軍事用語で言えば、彼はフランス軍から採用した「一元主義型」の制度を放棄し、ドイツの「二元主義型」制度を導入することを提唱した[13]。これらの用語はやや混乱を招く。おそらく浮かぶであろうイメージとは異なり、単一の軍事機関による統制（一元主義）と二つの軍事機関による統制（二元主義）との対比を意味するわけではなく、実際には軍政と軍令という二つの領域の関係性の違いを指す。「二元主義的な」フランス体制では陸軍省のもとで二つが統一されていたが、プロシア王国とのちのドイツ帝国は軍政と軍令のあいだに境界線を引いた[14]。

桂帰国後の一八七八年八月から、改革は急ピッチで進められた。陸軍省は一〇月上旬に正式な提案書を内閣に提出し、二カ月後の一二月五日に承認された。決定の内容は、桂の提案に基づき、参謀本部、陸軍省、監軍本部の三組織からなるプロシア型の軍制を確立することだった[15]。ドイツ帝国の制度に倣い、各機関は天皇に直属した。参謀本部条例は右大臣の岩倉具視による署名のもと一八七八年一二月五日に発せられ、組織の基盤をなす文書となった。その中でも次に示す第一、第二、第四条は最も重要であった。

第一条
参謀本部ハ之ヲ東京ニ置キ出師国防作戦ノ計画ヲ掌《つかさ》ドリ及ビ陸軍参謀将校ヲ統轄シ其教育ヲ監督シ陸軍大学校陸地測量部ヲ管轄ス
第二条
陸軍大将若《も》シクハ陸軍中将一人ヲ帝国全軍ノ参謀総長ニ任ジ　天皇ニ直隷シ帷幄《いあく》ノ軍務ニ参ジ参謀本部ノ事務ヲ管理セシム

第四条
凡《およ》ソ戦略上事ノ軍令ニ関スルモノハ専ラ参謀総長ノ管知スル所ニシテ之ガ参画ヲナシ親裁ノ後平時ニ在テハ直ニ之ヲ陸軍大臣ニ下シ戦時ニ在テハ参謀総長之ヲ師団長若クハ特命司令官ニ伝宣シテ之ヲ施行セシム(16)

第二条には参謀総長が天皇に直属する権利についても記されており、天皇の大権である統帥権を執行する根拠となった(17)。その内容は、条例制定から二日後の一二月七日に陸軍卿から内閣に送られた書簡にも示されている。書簡の冒頭には、陸軍省と参謀本部はいずれも天皇に直隷する、と記された(18)。一一年後の一八八九年に発布された明治憲法には、第一一条および第一二条に天皇が陸海軍を統帥すると記され、さらに平時の組織構造も管理するとされた。憲法制定直前の会議で大山巌《いわお》陸軍大臣がはじめて天皇の軍隊最高指揮権を「統帥の権」と呼び、それはドイツ語のKommandogewaltをほぼ直訳したものだった(19)。のちにこの言葉が「統帥権」に縮められ、文民統制の欠如を示す悪名高いキーワードとして、日本の軍事、政治、憲法にまつわる議論で用いられるようになった。

桂と山県は、軍隊内の昇進や任命に天皇が決定的な権力をもつプロシアの「軍事内局」は採用しなかった(20)。そのため、軍の人事には陸軍省が大きな権限を握りつづけた。陸軍省は、参謀本部の幹部を除いた軍人を任命・昇進・罷免する権利をもった(21)。一八八八年以後は陸軍大臣も天皇の直属となった(22)。

一八七八年一二月、陸軍省は監軍本部条例を発布した。一八八七年には、ドイツ人軍事顧問ヤーコプ・メッケルの助言に基づき、軍隊訓練と教育を担う監軍本部は一人の指揮官のもとで統制されることになった。大きな権力をもつ監軍部のトップは教育総監と呼ばれ、陸軍大臣や参謀総長と同格とみなされた。教育総監もまた、天皇に直属する権利をもった。教育総監の前身である監軍の初代に山県有朋が任命されたことでこの役職の権威はいっそう高まったが、それには新たな軍制におけるこの重要機関を確実に統制するという目的もあったのだろう。参謀総長と陸軍大臣に加え、教育総監も日本陸軍を支える三本柱の一つとなり、この体制は変化を経ながら一九四五年まで続いた。[23]

タブーの問題――改革の説明と抵抗の排除

皮肉にもやがて日本軍を文民統制の枠から徐々に外れさせることになる一八七八年の改革は、ほとんど抵抗を受けずに進められた。だが、明治天皇の伝記である『明治天皇紀』によれば、天皇でさえ懸念を示していた。将来もし陸軍省と参謀本部が衝突すればどうなるのか、と。だが、天皇はあっさりと屈した。側近である岩倉右大臣がこの改革を支持していたことに加え、天皇は自身の生活上の問題でさえ上級顧問にはほぼ反論できなかったため、軍事組織に関する専門的な提案に異を唱えるなどとうてい不可能だった。[24]『明治天皇紀』をはじめとした記録を参照すると、その提案を受けたときの天皇は、悪天候と劣悪な道路状況に苦しめられながら、息もつけない過密スケジュールの中、西日本へ移動している最中だったとわかる。[25]このような状況下では、より頑健な支配者であっても軍事機関に関する複雑で深刻な議論に身を入れることは難しかっただろう。

また、陸軍が組織全体として提案を支持したことも改革を後押しした。一八七〇年代後半から八〇年代にかけては軍隊内部で激しい議論が何度も巻き起こっていたことを考えると、そのような事態は比較的まれだった。山県のライバルであり、「四将軍」とも呼ばれた三浦梧楼、谷干城、曽我祐準《すけのり》、鳥尾小弥太《こやた》でさえ、一八七八年一〇月の提案には反対しなかった。(26) もともと四将軍とその追従者たちはフランス式の訓練法と軍隊編成の保持に努め、小規模で守備力の高い軍隊を理想として拡大路線に抵抗し、一八八〇年代に山県が行った提案にはほぼ必ず反対していったが、それでも参謀本部の設立は例外だった。事実、山県は天敵の鳥尾小弥太将軍に対してまさに懇願する形で、多大なる努力を払い、休暇(実際には怒りの辞職だった)先から東京に戻って改革に参加するよう求めた。(27) また、同じく山県と対立関係にあった谷干城中将も緊急に東京に呼ばれた。(28) 彼らが初めから改革に反対していなければ、山県がこれほど熱心に東京に集めた理由がつかない。

入手可能な記録によれば、政府の最高権力者たちも山県の提案に反対しなかった。大久保利通の後を継いで内務卿となり、政府内で最も大きな影響力をもっていた伊藤博文は、特に熱心な支持者だった。彼は仲間の一人に宛てた手紙の中で、この改革が将来的に我々の国の軍事力を高めるだろうと記し、軍の考えに同意を示した。事実、伊藤は提案が正式に承認される二カ月前から改革計画については認識しており、必要資金を調達するための非公式な交渉を大蔵省と行っていた。当時大蔵卿であった大隈重信は、酒税の増税で特別歳出を賄うことに同意した。(29)

主要な政府指導者たちによるこのような対応は、一八七八年八月の近衛師団による反乱(竹橋事件として知られるこの事件については後述する)によって政府がパニック状態にあり、軍内部の反乱を一刻も早く抑え込む解決策を求めていたことを示唆している。大久保が暗殺され、民権運動が激化していたことも、この混乱状態に拍車をかけていた。反乱がはびこる軍隊には改革が求められたため、軍と天皇のあいだに直接のつながりをつくって規律を強化することは理にかなっていた。改革の長期的な影響はほとんど考慮されず、特に日々山積みの仕事に追われる指導者たちの頭には思い描かれなかった。特に伊藤は改革を軍独自の問題とみなし、政府とほぼ関係をもたない軍を統制するための時宜を得た措置だと考えた[30]。こうして、天皇が一一月上旬にようやく東京に戻ったときには、政府と軍におけるすべての指導者が見解を一にしていた。この状況下では天皇が異論を呈することはできなかった[31]。

一八七八年冬に急いで採択された新たな軍制は、伊藤博文と法律顧問ロエスレルによって明治憲法の起草が進められる一八八〇年代には確立し拘束力をもっていた。何人かの学者が示唆するように、天皇のもとでの軍の独立はすでに複数の条例で規定されていたため、憲法の起草者たちは当然のものと考えた[32]。初期段階の草案が一八八〇年に提出された時点で、法制部顧問の井上毅《こわし》は、すべての政治および軍事は天皇が支配すべきと提案していた。その後の草案では「天皇は自ら陸海軍を指揮する」とはっきり記された。井上は、ローレンツ・フォン・シュタインが憲法と軍について述べた論文の日本語訳に対する論評で、統帥権を正当化するシュタインの解釈に評価を与えた。その解釈は、軍政とは異なり軍令には絶対服従が求められ、通常の法律によって制限されるものではないというものである。したがって、これら軍事の両面をまとめられるのは国家君主個人のみとなる。この解釈は統帥権を正当化するだけでなく、軍は政府から独立して運営されるべきだという考えにもつながった[33]。

それでも、軍による政治介入の拡大に抵抗しようとする試みは一八八〇年代に何度か見られた。一八八五年一二月、それまでの政府組織が廃止されて西洋型の内閣制度が取り入れられた。立場の弱かった太政大臣は内閣総理大臣としていくらか権力を増し、「国家問題」に関して天皇に助言する資格をもった。左・右大臣、各省卿、参議の職は廃止され、内閣は各大臣によって組織された。初代総理大臣には、大久保が暗殺されて以来国の指導者として地位を高めてきた伊藤博文が就任した。[34]

政府幹部たちはこの機会を利用して、内務卿と参謀本部長という政治と軍事における最高の要職に就く山県の影響力を抑え込んだ。正式な内閣発足から四カ月前の八月、山県は参謀総長辞任を余儀なくされた。軍事と政治は分離される必要があり、軍の司令官は内務大臣になれないからだ。この動きの提案者は伊藤か三条実美であったと考えられる。[35]だがそれは、参謀本部を内閣が管理することで一八七八年以前の状態まで時計の針を戻そうとする試みではなく、この制度改変を字義どおり解釈すれば軍人の権力が制限されるということにすぎない。つまり、政治家が軍事に介入しないなら、軍人も政治に介入してはならないというわけだ。

だが、結局山県は政治と軍事の職を行き来し、大きな権力を保ったまま両方の問題に関与しつづけた。[36]総理大臣は内閣の一員である陸軍大臣に対していくらかの支配力はもったが、一八八九年に憲法が発布された時点では、監軍本部と参謀本部という残り二つの主要軍事機関に対して実質的な権限は握っていなかった。事実、内閣規則は参謀総長が天皇に直隷する権利を正式に認めていた。[37]

大日本帝国憲法の制定も、転機をもたらすどころか、むしろ軍部独立への足がかりになった。[38]第一一条には「天皇は陸海軍を統帥す」と記され、第一二条では天皇に「陸海軍の編制及び常備兵額を定める」権利を与えた。第六七条では、「憲法上の大権に基づく既定の歳出（中略）は、政府の同意なく帝国議会がこれを廃除又は削減することはできない」とし、軍事予算に対する議会の決定力を著しく制限した。伊藤博文は憲法の公式解説書『憲法義解』で、古代から天皇は自ら軍を率いていたことを強調し、

「参謀本部は、天皇が陸海軍を指揮するために設けられた」と述べている。[39]

法学者の中野登美雄は、一九三〇年代の動乱期における軍の独立状態を批判し、あくまでも法律上は、軍は内閣の支配権外で活動することを許されていなかったと解釈する。[40] これはたしかに正しいが、実際にその規定はあまり意味をなしていなかった。中野も認めるように、憲法は軍制の転換点ではなく、一八七八年以来軍が権力を強めていく道筋上での単なる節目にすぎなかった。[41] そう考えると、憲法が軍の立場を支持しているとしばしば解釈されたことは当然とも言える。

たとえば一八九一年には、貴族院議員であった「四将軍」派閥の元軍人たちが、独立状態にある参謀本部そのものを廃止することで統帥権を排除しようとしたが、軍の指導者たちにはそれを阻む力があった。この試みの主唱者である元参謀本部次長の小沢武雄は、憲法に違反する行為だと軍から非難を浴びた。結果、計画は無残に失敗し、小沢は軍における階級と恩給を剝奪されそうになった。[42]

軍事改革の謎

そもそも、なぜ軍の中枢はこのように複雑で厄介な改革を始めたのか？ 主導者たちの動機は何だったのか？ 一般的な見解は、日本の指導者は普仏戦争後にフランス式の軍事モデルをプロシア式のモデルに置き換えることを決定し、その過程の一部として最もプロシアのやり方に近い参謀本部が設立されたというものだ。[43] だが、普仏戦争の終結は一八七一年で、参謀本部設立はそれから七年も経った一八七八年である。そのときまで軍隊はフランスの一元的なモデルに従って運営され、すべての権力は陸軍省に集中していた。山県はプロシアモデルを支持していたと知られるが、当時その考えは軍の中でも少数派であり、彼が一八七八年以前に参謀本部の設立計画を立てている兆候は見られなかった[44]。むしろ西南戦争が起こるまでは、山県は陸軍省の権力を抑えることでなく強めることに全力を注いでいた。一八七一年に参謀本部の前身である参謀局が兵部省の中に設けられたが、一八七八年以前にそれを天皇に直隷させる試みは一度もなかった[45]。桂は一八七五年にはすでにそのような改革を望んでいたかもしれないが、そのころはまだ権力に乏しかった。したがって、西南戦争が一八七八年の改革の主なきっかけであったと考えれば筋が通る。

それでは、西南戦争のいかなる要素が山県に軍事方針を変えさせたのか？　陸軍省と参謀本部の公式記録の他、桂の自伝や山県の覚え書きにも、改革が提案された理由がいくつか読み取れる。山県が起草し西郷従道が署名した政策方針書は、時代が変わったと述べている。つまり、ヨーロッパ諸国の軍隊が「高度化」しているため、日本も参謀本部を設けて最新の軍制を整えなければならないというわけだ[46]。だが、これを含めたいずれの文書においても、参謀本部が政府から独立しなければならない理由について山県は明言していない。

桂太郎も自身の自伝や政策担当者へ送った文書の中で上記の理由を述べたが、さらにもう一つ重要な説明を加えていた。彼によると、西南戦争をきっかけに日本の軍令が不十分で欠陥だらけであることが明らかになったという。つまりこれは、西郷隆盛率いる反乱軍との争いの中で山県と黒田清隆の部隊が互いにうまく協力できなかったことを指すと考えられる。二〇世紀初めに山県の指示のもと作成された陸軍省の公式記録にも、同様の内容が記されている。参謀本部、陸軍省、監軍本部という専門機関に軍事を分割し、それぞれ独自の領域を担当させれば効率は大幅に上がり、予期せぬ事態にもはるかに迅速に対応できるというわけだ[47]。たしかに、西南戦争がもたらした教訓は改革に対する大きな推進力となった。だがこれも、三つの軍事機関が設立された理由にはなっても、これらが政府から独立して天皇に直隷する根拠にはならない[48]。

実際、公式記録には役立つ情報がほとんど載っていないため、一八七八年冬の出来事を追究するにあたっての解釈は歴史家個人の資質に帰する。秦郁彦と黒野耐《たえる》によれば、この改革は山県の尽きることのない権力への渇望を満たすためにほかならないという[49]。だがこの主張は、ほぼすべての歴史家が山県を批判的な目で見ているという例を示すだけで、ほとんど説得力はない。山県はたしかに野心的な人物だったが、権力を得たいだけなら、なぜ自らと側近たちが完全な支配力を握っていた陸軍省の権限を弱めてまで参謀本部を新設したのか？　さらに、参謀本部でさえ軍事すべてを支配したわけではなく、監軍本部の存在によって権限は制限された。また監軍本部には、谷干城や三浦梧楼など、山県の同胞どころか対立関係にある者も属していた[50]。つまり、この改革はある面では山県の権力を強めたが、別の面では弱めた。彼の目的を理解するには、一歩下がった視点から明治初期の政治の力学と一八七八年の改革との関係を考える必要がある。

改革のロジック――権力の集中と分散

梅垣理郎《みちお》は明治維新初期の政治に関する解説で、明治時代の初めの一〇年間、維新政府は一見矛盾する二つの力学のもと動いていたと述べる。一方では、政府を構成する役人の大半は江戸幕府で中央政権を担ったことのない中級から下級の藩士だった。そのため、新しい制度は権力の「分散」という原理に基づいていた。つまり、それまで政権の要職に就いていた者たちが、そのうちの一人による圧政が行われることを恐れ、国家を動かす権力への門戸を広く開いて新たに多くの人材を招き入れたのである。だが現実には、政府内で新たな役人たちに権力はほとんど分け与えられなかったため、結局は少数の者に権力が「集中」した。梅垣によると、この矛盾する分散と集中の力学は維新政府の発足当初から存在したという。(51)

事実、明治初期には歴史的な出来事が起きるたびに権限の分散と集中のバランスを再考する複雑な議論が行われた。権力を奪われる者もいれば力を増す者もいて、一度政府から排除されても再び舞い戻り大きな権力を握る派閥もあった。山県による一八七八年の軍事改革は、当時の軍制が抱える重大な欠陥を改善するため、軍におけるこの力学の矛盾を解消することが目的だったのである。

前述のように、改革に関する山県と桂の公式な説明は曖昧かつ不完全で、率直さに欠け、少なくとも納得のいく内容ではない。なぜ彼らは軍の指揮権を三つの機関に分割し、それぞれを独立した形で天皇に直隷させたのか? まず容易に考えつく手がかりは、改革の主な成果が軍隊幹部への権力の集中だったという点である。梅垣が述べたように、統帥権の原則を設けることで山県と軍事顧問たちは少数の人間に軍の支配権を集中させ、それ以外の政治指導者の手からはできる限り権限を奪った。

西郷兄弟とともに近衛師団を創設して以来、山県は政府による軍事への介入に絶えず悩まされていた。一八七三年春、内閣は軍隊管理の主導権を陸軍省から奪い取って軍を政府の直接支配下に置こうとした。陸軍卿の山県とその代理の西郷従道はこの動きに激しく抵抗した。両者が共同で作成した記録文書には、「文民」に対する深い軽蔑と、軍の能力主義に対する誇りが示されている。(52) だが、政府の指導者たちは文民統制を求めつづけた。山県にとっては非常に不服なことに、佐賀の乱で官軍の総指揮を取ったのは文民である大久保内務卿だった。[53] 山県からすれば、台湾出兵もまるで統率が取れていなかった。その戦略は愚かなもので、政府の文民による素人じみた軍隊指揮が浮き彫りになった。[54] 山県は一八七四年に天皇に進言した際すでに、軍隊の戦略は陸軍卿が指揮すべきだと強調していた。[55]

自由民権運動に押され、政府が将来的に何らかの形の議会開設を検討し始めたことも、山県の懸念をさらに強めた。政党が政治に口出しするようになれば、そういった文民たちが陸軍省を通じて軍事に影響を及ぼしかねないというわけだ。[56] また、この事態を恐れたのが山県だけでなかったことにも留意すべきである。明治初期を代表する知識人であった福沢諭吉（山県の支持者では決してなかった）も、国会は軍事に介入すべきでないと認めていた。さもなくば、政治家は軍隊を利用し、議会が公論の場から文字どおりの戦場に変わりかねない、と福沢は警告した。[57]

また、軍の規律にも問題があった。通常は曖昧に描かれる軍制改革の理由に関して、桂は自伝で一八七八年八月二三日の竹橋事件に短く触れている。彼によると、この事件の原因は十分知られているため詳述の必要はないが、西南戦争と同じく、この事件をきっかけに早急な軍隊改革がいっそう求められることになったという。[58] 竹橋事件では、近衛師団の砲兵隊が給与減額などに抗議し、複数の指揮官を殺害して宮城周辺で暴動を起こし、さらには大蔵卿の大隈公邸に砲撃を加えた。

「あれほど深刻な事件が起ころうとは夢にも思わなかった」と、山県は驚きを隠さなかった。近衛師団に不満がくすぶっていることは認識し、何らかのトラブルが起きることも予想していたが、その規模に面食らったのだろう。[59] だが、暴動はその日のうちに制圧された。反乱部隊は自由民権運動に触発されたと政府は考えたが、反乱兵の証言を詳細に読めば、そのような影響はあったとしてもごくわずかだったとわかる。[60]

山県にとっては、この事件によって一八七三年以来彼が行ってきた警告の妥当性が改めて証明された。征韓論政変の前でさえ、彼は近衛師団を管理できていなかった。兵士たちは正式な指揮官よりも、同じ藩出身の政治家に忠誠を示していたからだ。[61] 反抗的な行動は軍内で横行しており、佐賀の乱と西南戦争と同様、その原因はもっぱら政治家と軍隊とのあいだの不適切な関係にあった。西南戦争が収束した直後の一八七八年一月にも、山県は軍の規律を改善しなければならないと警告していた。[62] そして竹橋事件が起こると、こうした規律の問題が起こるのは軍に対して人民が扇動的な政治的影響を及ぼしているからだと考えるようになった。軍に対して政治が介入すれば必ず混沌と反乱を生むとして、軍隊幹部はいつ次の蜂起が勃発するかと恐れた。[63]

こうして山県は、どうにかして軍を政治から隔離し、文民に軍事へ口出しさせないようにしなければならないという考えに至った。竹橋事件の直前、伊藤博文に送った手紙で、改革が行われなければ、軍隊の規律を守るという将来の目標は決して達成されないのではないかと強く懸念していると述べている。[64] 軍権力を集中させる目的は次の二つだった。軍隊指揮の最高権威を設けることと、将来の議会において政治家をはじめとした文民を軍事上の意思決定から除外することである。[65] この目的は明らかな意図のもと山県の公式な政策方針書には記されなかったが、陸海軍の軍人に下される勅諭が常に太政大臣を通るという慣例を廃止すべきだとした彼の要求にも表れている。それは天皇から軍に直接伝えられなければならない。つまり、どれほど地位のある文民政治家でも軍事に干渉することは許されないということだ。[66]

一八八一年にも、軍事を政治から分離させるため山県が急進的なアプローチを取るきっかけとなる出来事があった。政府が北海道の土地を薩摩の商人たちに安値で払い下げたとして、山県の宿敵である「四将軍」がその不正取引に対して厳しい意見書を提出した。[67] この事件が発端となった明治一四年の政変では、最終的に参議の大隈重信が失脚した。山県とその同志たちは、そのときの政治論争で大隈の肩をもったとして「四将軍」の谷干城、三浦梧楼、曽我祐準、鳥尾小弥太を非難した。この出来事も、軍幹部に軍事の権力を集中させる一方で彼らによる政治への介入を禁ずる（山県とその側近は別として）新たな動機となった。[68] 自意識の強い三浦は自伝の中で、山県の行動は「自分を黙らせる」ことだけが目的だったと述べている。[69] だが、それはもちろん誇張である。三浦と三人の仲間たちは山県にとって鬱陶しく厄介な存在だったかもしれないが、彼にはそれよりも大きな懸念事項があった。軍の内外で起きていた反抗的な活動が政治家とのつながりから生じたものであることには疑いがなく、山県はそれを排除しようとしていたのである。[70]

山県の意図は条例や規制から伝わってくるだけでなく、一八七八年と一八八二年に軍に向けて発布された二つの文書にもはっきりと表れており、そこに示されるイデオロギーは大きな影響をもたらした。一つめの「軍人訓誡」は、山県と近しい関係にあった西周《あまね》と内務大書記官の井上毅が竹橋事件を機に作成したものである。その訓誡は、軍はいまだ成長の初期段階にあると戒める。肉体的な強さはたしかに増しているが、規律上の問題がはびこっているわけは精神が未熟であるからだ。しかるべき軍隊精神なくしては、肉体は空の容器にすぎない。ただちに求められるのは、多くの平民出身の兵士に、忠誠、勇気、服従という古くからの侍の価値観を浸透させることだった。服従は無条件でなければならず、理不尽な命令さえ受け入れなければならない。これは、民権運動や文民による政治に扇動される俗世と軍隊とを完全に分離しなければ実現不可能である。兵士が集団で政府に申し立てをしたり、徒党や派閥を組んだりすることは一切禁じられた。この訓誡においてきわめて重要なのは、軍が「政治の上」に位置し天皇に直隷していた輝かしい過去を兵士たちに思い起こさせた点である。この文書は、いかなる文民政治家も、おそらく政府の最高指導者たちさえも、天皇の軍隊に指示を下す権利はないと暗に主張していた。[71]

西周が起草して井上毅と山県が修正を加えた二つめの文書、「軍人勅諭」でも同じメッセージがさらに明確に伝えられている。その大部分は「軍人訓誡」の内容を繰り返しており、「訓誡」が十分な効果をもたらさなかったことがうかがえる。だが、「訓誡」の様式化された表現とは異なり、「勅諭」はすべての兵士が理解できるように（あるいはそれを目指して）平易な言葉でわかりやすく書かれた。その結果、「勅諭」は陸海軍軍人にとっての必読文書となり、特に一九二〇年代半ば以降は誰もがその内容を隅々まで知ることが求められた。[72]「勅諭」は、明治維新の歴史を一段落で短くまとめたのち、「軍隊は天皇に属し、天皇の支配下のみに置かれる」という核心に触れる。廉直、名誉、義務、喧嘩の禁止、政治の忌避など、そこで述べられる内容は大元帥であり最高司令官である天皇と強く結びついていた。このメッセージは勅諭発布の場でも伝えられた。公式には、天皇が特別な式典でこの文書を大山巌陸軍卿に授けたとされる。[73]その内容は次のように、天皇が軍人たちに直接語りかける形になっている。

（前略）朕は汝等軍人の大元帥なるぞ。されば朕は汝等を股肱《ここう》と頼み、汝等は朕を頭首と仰ぎてぞ、其親は特に深るべき。（中略）軍人は忠節を尽すを本分とすべし。（中略）其隊伍も整ひ節制も正《ただし》くとも、忠節を存ぜざる軍隊は、事に臨みて烏合の衆に同《おなじ》かるべし。抑《そもそも》国家を保護し国権を維持するは兵力に在れば、兵力の消長は是国運の盛衰なることを弁へ、世論に惑はず政治に拘らず、只々一途に己が本分の忠節を守り、義は山岳よりも重く、死は鴻毛よりも軽しと覚悟せよ。其操を破りて不覚を取り、汚名を受くるなかれ。（中略）由なき勇を好みて猛威を振ひたらば、果は世人も忌嫌ひて、豺狼《さいろう》などの如く思ひなむ。心すべきことにこそ。(74)

山県の取り組みはイデオロギーの面で広く影響を及ぼした。規律はあるが忠誠心に欠ける軍隊に対する戒めは、反抗的な政治家とつながりをもって入隊した者たちに向けられたものだろう。そうした不適切な関係がなければ、規律をもちながら忠誠しないという状態が生まれるはずがない。(75)

だが重要なのは、山県の目的が軍の指揮権を集中させることであって、軍を孤立させることではなかった点である。一八七六年に桂が木戸孝允宛ての手紙に記したように、軍事と政治は互いに絡み合っていた。(76)木戸とは異なり、山県と桂が軍人による政治への関与に反対したことはなかった（ただし、軍隊幹部によるものに限る）。(77)彼ら自身も、政治家による軍事干渉を阻んでいるときでさえ繰り返し政治に介入していた。事実、一八八〇年代には、山県、西郷、大山、桂が軍の任務をこなしながら政治の職に就くことも多かった。その中でも山県と大山は元老として、一八九〇年代を中心に一九二〇年代まで総理大臣の任命に決定的な影響力をもった。(78)

だが、その後数十年にわたって軍が独自の外交政策を立てたり勝手に他国を攻撃したりしたことを、山県が予想していたわけでも望んだわけでもない。おそらく、軍の権力を集中させる最大の目的は、彼自身と側近に対する政治の介入を制限することだったのかもしれない。他の将校たちは政府に逆らって勝手な行動に出ないよう指示されていた。実際、一八八一年制定の陸軍刑法と海軍刑法で厳格な禁止事項を定めることで、山県はそうした危険を阻もうとしていた。陸軍刑法の第一一〇条によれば、兵士も将校も政治の場での発言や政府への意見書提出は禁じられていた。(79) また、「擅権《せんけん》」と題された章には、「司令官講和ノ告示若クハ停戦ノ命令ヲ受ケ仍《な》ホ戦闘ノ所為ヲ止メザル者ハ死刑ニ処ス」(太政官布告第六九号「陸軍刑法」)、「司令官が権限の事に於いてやむことを得ざる理由なくしてほしいままに軍隊を進退したるときは死刑に処す」(太政官布告第七〇号「海軍刑法」)と記されている。(80)

ただ、不服従を含めた軍人による犯罪の処罰は軍の独占管轄下にあり、一般の法廷で裁かれることはないとされた。これは、兵士や将校が殺人など軍とは関係のないところで犯罪を犯した場合も同様である。(81) つまり、軍幹部は「擅権」を含む軍人の非行を隠蔽する力をもった。そのため、山県による規制の力が真に試されるのは上級指揮官がそれに違反したときということになるが、そのような事態はおよそ一〇年間起こらなかった。(82)

したがってこの集権は、大久保、伊藤、江藤新平などの政府幹部を含めた文民政治家を軍事から排除し、軍人も政治に介入しないようにするための試みだった。しかし、これはほとんどの歴史家が見落としている点だが、一八七八年に山県と桂が行った改革によって逆に権力が分散した点もあった。(83) 明治時代初めの一〇年間にも似たような動きが何度もあったが、一八七八年の改革は一部の人々を権力の枠から外す一方で、枠内に残った人々には権力を平等に分配した。参謀本部、陸軍省、監軍本部はそれぞれ独立し、つまり各機関のトップは互いを任命したり解雇したりする権限をもたなかったが、それが将来的に繰り返される派閥争いのもとになった。[84] 山県は権力を自分一人で握るのでなく、少数のもとに集中させてその範囲内で分散させた。この複雑な制度は彼にしか管理できないもので、むしろ彼でさえも完璧にはコントロールできていなかった。[85] 大日本帝国陸軍全体に対する権力を掌握する者は存在しなかった。

輸入できなかったもの――失敗点はどこにあったのか

戦前日本の政治構造にドイツが多大なる影響を及ぼしたことは、近代日本史学者のあいだではほぼ議論の余地がない。ベルンド・マルティンをはじめ、ドイツの「間違った」モデルを選んだことによって日本は軍国主義、侵略、そして国家崩壊の道を辿ったと考える学者もいる。[86] だが、そのような主張は明らかな極言である。日本は他の西欧諸国、特にフランスが中心だが、他にイギリスやアメリカからも絶えず影響を受けていた。[87] 日本の失敗をすべてドイツからの影響が原因だとすることは理屈に合わない。改革後の日本軍と同じ組織体制にあったプロシア軍が、日本軍のようには暴虐で反抗的な傾向を強く示さなかった点に注目すると、さまざまな理由が見えてくる。そもそも日本軍は、一部の歴史家が主張するほどプロシアモデルを「広範にわたって、深い部分まで、忠実に」模したわけではなかった。[88] 翻って考えれば、ドイツ帝国を模範とすることが破滅的な決定であった理由は、ベルンド・マルティンが言うようにそれが「間違ったモデル」だったからではなく、日本に取り入れる過程で重要な要素のいくつかが失われたからである。[89] 明治初期の日本警察に対するフランスの影響について述べたエレノア・ウェストニーの表現を借りるなら、プロシア型軍制モデルに対する日本陸軍の理解も「不完全な情報、つまり非公式な情報を除いた公式の情報のみ」に基づいていたと言えるかもしれない[90]。

桂は一八七五年八月にはすでにプロシアモデルの採用を日本政府に提唱していたが、その内容は一部の側面のみに焦点を当て、他の面は無視していた。彼自身ものちに認めることだが、権力者たちのあいだで余計な議論が起こらないように提案書は意図的に簡潔に作成された。彼の主張の要点は、プロシア型の二元的制度がもたらすメリット、つまり軍政と軍令の分離であった。ドイツにいたころ、桂は主にプロシア第三監軍部と陸軍省に所属していた。これらの機関はいずれも自国の参謀本部と日々やりとりをしていたため、桂が参謀部、省、監軍という三機関による軍制に関心をもったのも当然である[91]。前述のとおり、日本陸軍はこの体制をそのまま取り入れた。ドイツでも日本と同様、監軍部長、参謀総長、陸軍大臣は皇帝に直隷する権利（Immediatstellung／Immediatrecht）をもっていた。皇帝は軍隊の最高指揮権（Kommandogewalt）を有し、この構造から日本の統帥権が生まれた[92]。

だが、ドイツと日本のあいだには、桂をはじめとした改革者たちが気づかなかったかもしれない重大な違いがいくつかあった。第一に、プロシアのKommandogewaltと日本の統帥権は、文化・軍事・政治の基本的な違いを前提とする、異なる歴史的条件下で生まれた。Kommandogewaltの概念は、プロシア王国首相のオットー・フォン・ビスマルク（一八七一年以後はドイツ帝国首相）と参謀総長のヘルムート・グラーフ・フォン・モルトケが交わした討論の中で生まれた。両者とも、プロシアの他の権力者と同様、政府は可能な限り軍事に関わるべきでないと考えていた[93]。だが、実際の作戦に政府が関与するとなれば、その権限の問題は複雑だった[94]。一八六六年の普墺戦争でモルトケはウィーン占領を提唱し、一八七〇年七月一九日～七一年一月二八日の普仏戦争ではフランス南部への侵攻を強く勧めた。いずれの場合も、彼の目標は敵の戦力を徹底的に撃滅することだった。だがビスマルクは、他国が介入したりこれまでの外交努力が無駄になったりすることを恐れ、これらの計画に断固反対した。いずれの戦争でも二人のあいだで激しい議論が続いたが、結局はビスマルクが勝った。[95]失望したモルトケ参謀総長は皇帝に次の書簡を送った。「これまで私は、特に戦時下では、参謀本部と連邦首相は互いに独立した二機関として、陛下に平等に直隷するものだと考えていた[96]」

ここでは、「特に戦時下では」という言葉が重要である。モルトケは平時の文民統制に抵抗してはいなかった。むしろ彼は政治的目標を軍に課すことが政府の特権であることにも異議を唱えておらず、首相に対する唯一の要求は軍事作戦中の「専門的な」問題に干渉しないことだった。対照的にビスマルクは、望まない政治的影響をもたらしうる作戦を却下する権利が首相の自分にはあると考えていた。だが、軍と政府は別々の領域で活動すべきだという前提は両者に共通しており、主な議論はどこにその境界を引くかだった。[97]

そう考えると、ドイツと日本における第一の決定的な違いは社会的要因だ。プロシアでは、政府と軍の指導者はいずれも貴族出身であることが多かったが、生活上の経験や学歴の点ではまったく別の集団だった。政治家は州立大学で法と経済を学び、軍人は特殊な軍隊教育環境で育った。このように経歴が異なるため、別々の領域で活動にあたることは理にかなっていた。少なくとも第一次世界大戦までは、彼らのあいだで行われた議論は両者間での適切な分業をめぐってのものにとどまっていた。

一方、明治初期の日本においてこの境界は明確でなく、第一世代の政治指導者はほぼすべて維新を先導した仲間たちとその側近だった。山県参謀総長、内務卿の大久保と伊藤、反主流派を率いた板垣退助でさえ、そのキャリアは官僚と軍事指導者の両方として始まった。そのため、大久保と伊藤を「文民」と定義して外交政策の決定権を与え、山県を軍事作戦に関してのみ権限をもつ「軍人」とするのはなじみのない考え方だった。一八六四年には伊藤と山県はともに高杉晋作のもとで部隊指揮官を務めており、どちらがより「兵士らしい」か決めることなど不可能だった。[98] したがって、この制度をドイツから日本にそのまま輸入しても、基盤が弱かったためにたやすく欠陥が生じてしまった。

一八七八年以前は、軍と政府の境界は両側から侵されていた。大久保は軍隊指揮に介入し、山県も政治に干渉していた。だが参謀本部設立に伴う改革後、軍は確立された制度のもと文民の影響を効果的に排除した。一方で軍幹部は、自分たちには依然として国務に関与する権利があると感じていた。山県がこの制度を利用して軍独自の外交方針を立てたことはなかったが、彼ほど慎重でなかった次世代の軍事指導者たちにとって軍主導の外交は目先の目標だった。

第二に、これは重要な問題だが、ドイツの皇帝と日本の天皇では立場や政治的な役割が大きく異なっていた。プロシアのモデルは、見識をもった君主が教養ある官僚に権限を委譲するという考えに基づいていた。[99] 皇帝に直隷する精鋭組織としてヘルムート・グラーフ・フォン・モルトケたちが完成させた参謀本部も、専門的な助言に基づいて皇帝が能動的に独立した決定を下すことを前提としていた。また、軍隊人事を管轄する軍事内局が皇帝の直轄機関の一部であることによっても皇帝の権力は強まった。軍事内局の指令は、陸軍大臣による副署がなくても拘束力をもった。軍事内局は政府からも参謀本部からも独立した存在だった。[100] 山県と桂が皇室内に権力ある軍事内局を設けて軍隊経験のある貴族をトップに就かせていれば、天皇は軍に対してもっと大きな権限を得ていたかもしれない。だが、彼らはそれをしなかった。プロシア滞在中に桂がドイツ帝室とやりとりすることはできなかったため、軍事内局の日常的な活動はわからなかった。そのため、当然ながら彼が日本に送った報告書にこの機関についての記載は少なかった[101]。

独立した皇室機関としての軍事内局による支配制度のない日本で、平時における天皇の権威はドイツの皇帝ほど強く、明確で、能動的ではなかった。控えめなヴィルヘルム一世でも、皇帝として事実上の支配者だった。彼の意見は絶対であり、ビスマルクでさえ彼を説得するためにかなり努力することもあった[102]。対照的に日本の天皇は、一九四五年まで国家の中心で霞のような存在だった。井上毅は機密の政策方針書で、天皇は、国民を支配しているが、個人として政府を管理してはいない、と述べている。おそらく井上は、威信を損なわせかねない政治的議論に天皇を関与させないよう明治の指導者たちに訴えていたのだろう[103]。福沢諭吉も、天皇は国家に君臨するが支配しないとして、国が天皇を政治に直接関与させることには不利益がある、と述べた[104]。また、秦郁彦が指摘するように、統帥権に関する議論において、天皇の意見や解釈が言及された例はない[105]。

天皇が受動的な立場にあることで参謀本部は自律したが、同時に内部分裂も起きた。複数の独立した軍事機関に任務を与える強力な君主の存在が欠けていたためである[106]。権力をめぐる派閥争いはドイツにもあったが、日本では最終的な仲裁者であるはずの君主がほぼ関与しなかったため、明治時代ではお決まりのやり方だが、水平的な話し合いで解決しなければならなかった。その結果、参謀本部内では主に山県の「長州閥」（地理的というより人脈上の徒党であった）と対立派閥が代々争う形で、常にいさかいが絶えなかった。一九二〇年代に長州閥が徐々に衰退したあとも、その流れを継ぐ派閥が他と争いつづけた。国家の中心としての天皇の立場が弱いことで、派閥主義は一九四五年まで日本軍を蝕みつづけた。

長期的な影響

一八七八年に確立した統帥権制度は、多くの欠点はあるにしても、突発的に生まれたわけではなく、むしろそれまでの一〇年間の問題に対する合理的かつ効果的な解決策だった。やがて、江藤新平などの文民政治家が軍隊をまとめることは事実上不可能になった。また、西郷隆盛など一人の将校が軍制全体を覆すほどの力をもつ可能性も低くなった。政治家と陸軍部隊とのあいだの不適切な関係がもたらした一八七八年以前の特殊な不服従状態は長らく収まった。事実、再び反乱集団が激しい軍事行動によって政府を打倒しようとしたのは、それから五〇年ほど経ってからである。

したがって、一八七四年の台湾出兵時に西郷従道が政府の中止命令に背いたことと、将来的に統帥権独立に基づいて軍が国家に反抗したことを直接結びつけるのは間違いだろう。たしかに、西郷やその後の反乱を率いた者たちは天皇の立場が弱いことを利用していたため、統帥権と関連づけたくはなる。だが一八七四年には、西郷従道は軍が天皇と特別な関係にあるとも、政府には軍に命令を出す権利がないとも主張していなかった。彼の訴えは単に、そもそも出兵命令は勅令の形で与えられたため、その撤回も勅令によってのみ行われなければならず、政府の命令では効力がないというものだった。だが結局は、薩摩閥と不平士族の圧力もあって反抗的な行動に出ることになった。これこそ、一八七八年に山県が排除を試みた（そして大成功を収めた）不適切な関係である。

短期的には、統帥権というイデオロギーが感情を強力に抑制したことで不服従精神が静まったように思える。指揮官は部下に対して、自分たちは天皇に属する兵士なのだと繰り返し思い起こさせた。上官の命令はすべて天皇が個人として直接下したものであるとされたため、「いかなる場合にも」異議を唱えることはできなかった。命令が違法であったとしても兵士は従わなければならず、実行してから不満を漏らすことしか許されなかった[107]。日常的な式辞にさえ天皇の威光が感じられた。たとえば士官の異動が行われるときには、「天皇の命令に従って」新たな職務を担うことが発表された。証言記録を見ると、そうした式辞は将校や兵士に長期にわたって強い精神的影響を与えていたことがわかる[108]。

しかし山県が取った解決策には予期せぬ副作用があり、時が経つにつれて軍制は不安定になり制御が難しくなっていった。彼ら第一世代の指導者が現場を離れると、全体を調整できるほどの人脈をもつ者はいなくなった[109]。山県と桂たちが定めた権力の分散と集中における特殊な方程式は、プロシアモデルへの理解が不十分であったために、将来的な軍隊の反抗を生む基盤となってしまった。文民の関与を最大限排除する形で軍事の権力は集中し、その一方で軍人が政治に介入する力は保たれた[110]。それが将来的に、軍の指導者が制度を盾にして政府に逆らうことを可能にした。

また、これはまだあまり知られていないが、参謀本部内で権力が分散した原因は、改革者たちが縦の階級をはっきりさせなかったことにもある。直属の上官は天皇を代表した存在であり従わなければならないが、幹部同士に明確な上下関係はなかった。将来的にこの欠陥は、将校間での対立を引き起こすことになった。対立する派閥の指揮官にはどうしても反対したくなることがあったからだ[111]。各派閥は自分たちのみが曖昧な国家君主の意思を理解していると主張でき、彼らの仲裁をしたりまとめたりする明確な権力者はいなかった。こうして確立された軍制は、その後数十年間にわたって証明されるように、派閥主義、反乱、そして最終的には暗殺とテロの温床となった。

一八九五

第六章

煙草三服

——三浦梧楼と閔妃暗殺

これは煙草三服喫《の》む間に決した事で、(中略)我輩の行為は是か非か、ただ天が照臨ましますであろう。

(三浦梧楼『観樹将軍回顧録』より)

一八九五年一〇月八日夜明けごろ、漢城《かんじょう》［日韓併合後、京城と改称］の王宮は朝鮮王后である閔妃《びんひ》とその一族から権力を奪おうとする日本人と朝鮮人の武装集団に囲まれていた。彼らは高齢の大院《たいいん》君《くん》を王宮の敷地内に導き、事が済むまでそこで待たせた。そして王宮を完全に包囲すると、日本の軍隊、警察官、民間人壮士が突入し、閔妃と宮女たちを斬り殺して死体を焼き払った。宮内大臣も殺害され、王太子妃の閔氏は殴打された。この一部始終は、呆然とする朝鮮国王の目の前で起こった。

この残忍なクーデターを計画したのは、駐朝鮮日本公使の三浦梧楼中将と他の外交官、および朝鮮に拠点を置く日本語新聞社社長だった。三浦はこれほど大きな作戦の実行許可を日本政府から得なかったどころか、領事にさえ知らせず完全に秘密裏に事を進めた。事件後も、外交官である自身の関与をできる限り長いあいだ隠した。政府へのはなはだしい反逆を行った三浦と襲撃部隊のメンバーたちは日本に呼び戻され、殺人およびその共謀の疑いで予審にかけられた。だが広島地方裁判所は、正式な公判手続きを始めるには「証拠不十分」であるとの決定を下した。

明治時代全体を見れば、日本が起こした事件のうち閔妃殺害より残虐なものはいくつもある。直前の日清戦争では、大山巌大将率いる第二軍が清の旅順で数千人の民間人を虐殺した。[1] だが、無名の犠牲者たちとは異なり、閔は有名な王妃だった。彼女と宮女たちが残忍に殺された事件は、おそらく「悲劇の女王」といったイメージも相まって、当時もその後も西洋で大きな反響を呼んだ。ここ数十年では、韓国の大衆文化で閔妃が殉死者として描かれることが増えており、小説、映画、テレビドラマ、さらにはミュージカルのテーマとして取り上げられてきた。[2]

だが、一八九五年一〇月八日の暗殺事件がもつ歴史的重要性は、その衝撃性をはるかに超えている。あの秋の朝、国策に対する反抗に向けて軍隊が突き進んでいた二つの道が合流して破滅的な結果を生んだ。その一つは統帥権を掲げた上層部から伸びる道である。統帥権の概念を朝鮮に持ち込んだ三浦梧楼元将軍は、多くの面において独自の外交政策を貫いた。政府指導者たちによる方針に一貫して反対していた三浦は、統帥権の概念に反乱の要素を加えた。彼の思想を形作ったのは志士や暗殺者が抱く反抗精神だった。彼らは楽観的な政治観のもと、政治問題は権力ある個人を排除すれば解決可能であり、そのように解決されるべきだと信じていた。

「上」から示される統帥権を盾にした反抗と、志士もどきによる「下」からの反抗が結びつき、「前線への逃亡」作戦が行われるようになった。その目的は、天皇を称えながら、優柔不断な政府よりも効率的に国策の目標を達成することだった。[3] こうして軍隊と大衆の暴徒たちとの境界が曖昧になったことで、素性の疑わしい一般人にも軍事力が委ねられ、未来に暗雲が立ち込めた。

反乱の基盤——軽視されていた朝鮮君主

一八九五年一〇月一〇日の流れは、それまでの歴史と政治状況を踏まえて理解する必要がある。朝鮮は一八六四年に即位した高宗国王が三〇年以上にわたって君臨していた。王位継承時の彼は一二歳の少年だったため、そのときの国務は実父である興宣大院君が行った。一〇年後に二二歳になると、高宗は正式に王として統治権を握った。

形の上では、朝鮮王朝は絶対君主制だった。清の属国ではあったが、何世紀にもわたって李一族が支配し国家としての伝統が確立されていたため、日常の国務に清はほぼ関与せず、国王の判断に委ねられていた。だが高宗は即位時から軟弱な人物だと認識されており、伊藤博文は彼を「影の薄い存在」だと表現した[4]。摂政の大院君から実権を受け継いだ高宗は国の「支配者」となったが、実際には王室の各派閥、権力ある大臣、妃である閔妃（明成皇后）とその一族の言いなりだった。イギリスの旅行家イザベラ・バードによると、「国家としては不幸なことに、国王は最後に意見を聞いた相手を信じてしまう人物だった」という[5]。一八七六年に朝鮮が日本によって開国させられると、日本、清、ロシア、アメリカがその覇権をめぐって争った。

この朝鮮開国をきっかけに諸外国の椅子取りゲームが始まり、代わる代わる王朝を支配した。一八八〇年代初めから徐々に足場を築いていた日本は、一八八四年に清によって追放されかけるが「甲申事変」、一〇年後には日清戦争（一八九四〜一八九五年）に勝利して再び権力を握った。しかしそのころにはロシア帝国も国力を高めており、朝鮮の支配権をめぐって日本と争った。だが清の統治下にあった一〇年間も、当然ながらその後も、一国が朝鮮全土を完全支配することはなかった。各行政機関や軍隊は、異なる意図をもった複数の国によって常にばらばらに管理されていた。

さらに、朝鮮の統治権をめぐる争いは国外だけでなく国内でも起きていた。海外の大国はほぼいずれも朝鮮国内の派閥と提携し、その同盟関係は絶えず変化した。国王の力が弱いことは外交だけでなく国内政治にも影響した。そのときに王朝を支配している派閥に対して王が反対できることはほとんどなかった。そうして、王室で力を握る者こそが国家の支配者となった。一八八二年には大院君率いる事大党が王宮を襲撃し、対立する独立党を次々と殺害した[6]［壬午軍乱］。その後、一八八四年には開化派が日本公使館と慶應義塾の学生らの支援を得て守旧派を同じように惨殺した[7]。これらの事件で、王は自らの側近、大臣、近しい顧問が王宮敷地内で処刑されるのを目の当たりにした[8]。

君主の立場が弱いことで台頭した朝鮮の派閥主義は、日本のケースよりもさらに国家の毒となった。明確な階級制度も、全能の君主という象徴的な存在さえもなく、国家をまとめ上げる要素が欠けていたため、朝鮮後期の派閥争いでは「勝者がすべてを手にする」というのが原則だった[9]。朝鮮王朝に造詣が深いアメリカ人宣教師のホーマー・ハルバートによると、各派閥の野心が向かうところは「政府の保護のもとでまず敵に復讐したのち、次にその富を奪える地位に就く」ことだった[10]。これは守旧派も開化派も同様で、その中での細かい所属や思想にかかわらず、程度の差はあれほぼすべての派閥に当てはまった。

そうした状況下でも、国王が軽視されていることで逆に閔妃は常に優位な立場にいた。存在感が薄くとも王が国家の中心であることには変わりなかったからだ。常に国王と強い結びつきがあるという事実が閔妃に力を与えた。他の派閥が政治の実権を握っているときも、実際に王宮を牛耳るのは彼女だった[11]。大臣としては最も大きな権力をもち、国王の実父である大院君でさえ、国内外に何度も追放された。一方王妃は、庶民の地位に没落しない限り王と長期にわたって引き離されることはなく、高宗国王に妃の地位を奪うよう説得するのは困難だった[12]。

　人々は閔妃に対してさまざまな感情を抱いたが、個人としてのカリスマ性を疑う者はいなかった。「彼女は賢く、エネルギーにあふれていた」と、ロシア帝国外交官のカール・ヴェーバーは述べた[13]。閔妃の死の数カ月前に会った旅行家のイザベラ・バードは、「彼女の目は冷たく鋭いけれど、全体の印象としては突出した知性を感じた」と思い返した[14]。その狡猾さと求心力を活かして閔妃は常に中心人物たちとつながり、政治的影響力をもちつづけた。その力は決して絶対的なものではなく、状況によって変化したが、それでも重みを失わなかった[15]。

　一八九四年の朝鮮には多数の政治派閥があり、同盟関係や対立関係を変化させながらきわめて複雑な抗争図を描いていた。派閥は絶えず分裂し、個人は所属する派閥を次々と変え、各派閥は状況ごとに異なる外国と連携した。当時は王妃とその一族を中心とした派閥が支配的だった。彼らは清と緊密に連携し、のちにはロシアにも近づいた[16]。日本を発展のモデルとみなしていた開化派は一八八四年のクーデター失敗以来力を失っており、首謀者の朴泳孝《ぼくえいこう》は追放されたまま政治亡命者として日本にいた。超保守主義派閥を率いていた高齢の大院君は政治から遠ざけられ、郊外の孔徳里に建つ別邸で蟄居《ちっきょ》状態にあった。かつては日本をひどく憎んでいた大院君だが、一八九五年の彼は権力を取り戻すためなら誰とでも手を結ぶ構えだった[17]。

迫りくる危機——朝鮮に対する日本のジレンマ

日本は経済面で朝鮮に確固たる足場を築いていたが、援助したクーデターが一八八四年に失敗すると政治の中心からは外された。一八八五年四月には天津条約によって朝鮮の「独立」が約束され、清と日本は朝鮮に出兵する際には互いに照会することで合意した。だが清はこの条約を尊重せず、その後一〇年間朝鮮の政治を支配しつづけた。[18]この状況に日本は不満を募らせていたが、朝鮮半島で清と対峙することには尻込みしていた。だが一八九四年、排外的な東学教徒を中心とした農民の反乱［甲午農民戦争］が勃発すると、朝鮮覇権争いの構図が大きく変わった。東学党は多くの日本人壮士の支援を受けたが、本質的には強い反日感情をもつ集団だった。そのため、彼らが朝鮮政府軍を次々と破っていくと日本政府は危機感を覚え、侵攻状況を確認するために軍隊を派遣した。そして、これを機に清から半島の支配権を奪おうという陸奥宗光外相の危険な試みが、のちの両国間の戦争につながる。[19]

陸海で清国軍を破りつづけた日本は一八九五年春に戦争に勝利するが、清が退いた朝鮮における日本の政策にはジレンマが生まれた。上流階級のあいだでは朝鮮併合を支持する声が高まっていたが、政府にその計画はなかったと考えられる。[20]山県有朋などの切れ者は朝鮮を「日本の心臓に突きつけられた刃」として、安全保障上の脅威とみなし、その考え方は軍全体に浸透していた。そのため、日本は政治的にも軍事的にも中国やロシアなどの大国に朝鮮を支配させたくなかった。朝鮮の政情が不安定になればそれら諸外国の介入を招きかねないと考えた日本は、大規模改革によって朝鮮を「独立」させるほかなかった。ただ、ピーター・ドウスが指摘するように、この場合の「独立」とは朝鮮が日本以外の外国から介入されないことを意味した(21)。

日清戦争前の一八九四年夏、朝鮮公使の大鳥圭介は清寄りの閔妃派閥が支配する朝鮮政府を転覆させる計画を立てた。大院君と取引し、日本軍の支援を与えて王宮を占拠させた。それまでも日本は強硬な対外方針を取っていたため、この襲撃はめずらしくも意外でもなかった。そもそも、王宮はそれまでにもさまざまな派閥に占拠されていた。大鳥の作戦において国王と王妃に危害は加えられず、作戦に参加した公使館一等書記官の杉村濬《ふかし》は大院君による閔妃派殺害の要求を拒否した(22)。だが、超保守派の大院君がその後の日本の改革要求に応えなかったため、閔妃はすぐに影響力を取り戻した。計画が挫折した大鳥に代わって朝鮮公使に就いたのが、明治政権創始者の一人であり、多大なる信望を集める経験豊富な元外務相、井上馨《かおる》である(23)。

井上は大鳥とはまったく違う戦略を試みた。彼は就任後すぐ、閔妃と大院君の両者を国王の手で政界から排除させると宣言した(24)。だが鋭敏な井上は、大院君はともかく王妃を国王から遠ざけることはできないと気づいて方針転換をした。閔妃の排除を諦めた彼は彼女を自らの計画に引き入れ、彼女の派閥と他の政治派閥とのあいだに巧妙なバランスを築こうとした(25)。一方では和解の象徴として閔妃に多額の寄付をし、彼女が危険を感じたときにはいつでも日本がその身を保護すると約束した。そのおかげで、他の男性外交官とは異なり、ほぼ人目に触れない王妃との対面が井上には許された(26)。だが一方では、閔妃の権力を相殺するため、日本に亡命していた開化派の元指導者である朴泳孝を連れ戻して内部大臣職に就かせ、のちには総理大臣に就任させた。全体として見れば、井上は先代の公使たちと同じ目標に向かっていた。つまり、将来の反乱を未然に防ぐために朝鮮を改革し、日本を除くすべての大国からの「独立」を確保することである[27]。

しかし一八九五年春、井上の政策は困難に突き当たった。はじめのうちは順調だった。日本は清に完全勝利し、一八九五年四月一七日に調印した下関条約のもと、ついに朝鮮から清の影響力を排除した。だがその六日後にはロシア、フランス、ドイツの「三国干渉」に屈し、日清戦争の主な戦果である遼東半島を手放すこととなった[28]。日本勝利の印象を薄めた三国干渉の影響で、閔妃はロシアの支援に頼るようになり、日本に抵抗すべきだとする同国の助言に耳を貸し始めた[29]。それに伴って朝鮮のあらゆる行政機関における日本人顧問の発言力はたちまち低下し、その意見はほとんど取り合われなくなった。彼らはどうにかして自分たちの立場を改善するよう公使館に訴えた[30]。

一方、朝鮮国内の治安はいっそう悪化していった。絶え間ない暴動、洪水、コレラなどが襲う農村部の管理が非常に困難だっただけでなく、朝鮮軍そのものもうわべですら団結していなかった[31]。各部隊はそれぞれ異なる派閥に従うどころか、それぞれ異なる外国人顧問にも従った。二つの大隊で構成される訓練隊は日本が所有し教育を行っていたが、親衛隊と警察は閔妃派に忠実で、訓練隊とは張りつめた関係だった。一八九五年夏には警察と訓練隊の衝突がたびたび起こった[32]。

計画の始まり——相反する期待

一八九五年夏に在朝鮮日本公使館の一等書記官として使節の役目を果たしていた杉村濬は、一八八〇年代前半から公使館では中心的な存在だった。台湾出兵にも参加した彼は、朝鮮問題について経験豊かな人物として徐々に名を上げ、外交関係者のあいだでは広く知られていた。漢城に長くとどまっていたことが彼の地位を築いた[33]。そのため、彼が宥和方針に反対すると井上の朝鮮での地位は危ぶまれた[34]。井上と異なり、杉村は閔妃派に対する容赦ない反乱を常に支持していた。閔妃派こそが朝鮮におけるすべての悪、腐敗、暴政の元凶だとし、閔妃を打ち倒すためならかつて日本の敵だった保守派の大院君と手を結ぶ覚悟もあった[35]。

また、一〇月の暗殺事件には朝鮮の王室と各行政機関の日本人顧問たちも深く関わっていた。自国の公使館から比較的独立した立場にあったドイツやアメリカなどの外国人顧問と異なり、日本人顧問は公使館との結びつきが強く、外交団の一員とみなされていた[36]。中でも最も影響力をもっていたのは岡本柳之助《りゅうのすけ》だった。彼は一八七七年の西南戦争で官軍の参謀を務めたが、竹橋事件では反乱軍に参加して政府を揺るがした。暴動が挫折すると自殺を試みるが、それも失敗に終わった[37]。処刑は免れたものの、軍事や政治に再び関与することは禁じられた。だが一八九五年、彼は朝鮮王室の顧問としてまったく異なる職に就いていた[38]。のちに三浦から「大院君の専門家」と呼ばれた彼は、信頼の薄い大院君と公使館の連結役として、常に両者のやりとりを仲介した。三浦によると、岡本がいなければ大院君に対して何もできないことは誰もが知っていた[39]。しかし井上が公使である限り、大院君と手を組むよう公使館を説得することは岡本にもできなかった。そのため、彼は井上の方針に大きな不満を抱いていた。井上の心変わりを待つのは得策でなかった、と彼はのちに語る[40]。

事件までの経過を一気に加速させたのが、一八九五年夏の出来事である。七月に井上が協議のため東京に戻ると、すでに難局にあった政策は彼の不在の中、たちまち崩壊した。親日で改革派の朴泳孝総理大臣が、杉村が言うところの「火山の噴火口に座っている」ような心境で、閔妃派への対抗を独自に決断したのである。[41] だがその陰謀は暴かれ、クーデター計画は挫折する。その後、彼は国王によって追放され日本に亡命した。[42] 井上は急いで朝鮮に戻って王妃との関係を回復させようとしたが、彼には期限が迫っていた。岡本が密かに日本政府に書簡を送り、井上の代わりに谷干城中将や三浦梧楼中将を公使にするよう依頼していたからである。[43] 保守的な反主流派であるこの二人は、明治の寡頭政治における井上などの少数権力者とは対立関係にあった。何度かの議論の末に政府は岡本の要望を受け入れ、井上を公使から外して代わりに三浦を就かせた。

三浦梧楼が朝鮮公使に任命された具体的な理由については、歴史家のあいだで大きな議論の的となっている。前任者の井上が彼を温かく迎え入れたことは、井上も閔妃殺害計画に加わっていた証拠だとする者もいるが、この仮説は立証できない。[44] 結局は失敗に終わったものの九月上旬には早くも三浦公使を操ろうとしたことから、裏で糸を引きやすいように経験の浅い人物を求めていたのかもしれない。[45] 陸奥外務大臣はこの選任に強く反対したが、他の閣僚は支持した。最終的には同じく反主流派の谷からの推薦に基づき、伊藤総理大臣は彼の任命を決定した。[46]

だが、谷が三浦を推薦したことは悲しい皮肉である。台湾出兵や西南戦争で英雄的な活躍をした谷は、一八七四年には台湾と清南部の占領を訴えていた。だがその後は堅固な反帝国主義者となり、軍隊幹部のうち領土拡大に反対しつづける唯一の人物だった。[47] 谷は伊藤首相に送った書簡で、三浦の朝鮮問題干渉を阻むべき、朝鮮農村部にのさばって政治活動を行う日本人壮士を制圧すべき、朝鮮を日本の属国のように扱うのをやめるべきだと訴えていた。さらに三浦には、作家でありジャーナリストでもあるハーバード大学卒の柴四朗［東海散士］を顧問として伴わせるべきだと主張した。[48]

こうして、九月に漢城に到着した三浦には互いに相反する期待がかけられていた。非主流派仲間である谷は、彼が井上より穏健な立場を取ることを望んだ。ただこの場合の穏健とは朝鮮に対してであり、朝鮮国内で好き勝手する日本人たちには厳しい態度を取るよう願っていた。(49) 一方、岡本は彼が井上よりも強引な断固たる姿勢で臨むことを期待した。三浦がどちらの方針を取るかは、彼の顧問として朝鮮に赴く柴にかかっていた。

羅針盤なき航行――漢城での三浦梧楼

もともと長州の陪臣だった三浦梧楼は、木戸孝允の弟子として政界に入った。長州藩を率いた木戸は、心身ともに憔悴すると若き腹心に未来を託した。「三浦は寡黙だが誠実な男で、私の真の友である」と、西南戦争での彼の活躍を喜んだ木戸は一八七七年の日記に記し、さらにこう続けた。「彼は私を兄のように敬う。巧みなごますりが功を奏する政界で彼の能力が埋もれてしまっていることは、かねてから嘆かわしく思っていた」。また木戸は、自らの派閥の「厳しい規律」を維持できる指揮官が三浦だけであったことにとりわけ感心していた。(50) 木戸の日記は、そこに描かれる三浦が晩年の彼のイメージとは真逆であるという点で興味深い。やがては誰もが、三浦は荒削りで直接的なやり方を取る人物とみなすようになる。すべての政策をあらゆる形で非難された山県も、彼を「規律正しい」人物とは考えなかったのではないだろうか。おそらく三浦は、師である木戸の前では巧みに自分を抑え、その後に本性を表したのだろう。

主に閔妃暗殺事件への関与で知られる三浦は、強硬な軍拡主義者という印象が強い。だが実際はそうでなかった。一八八〇年代、彼は政府の軍拡政策に激しく反対し、軍隊は小規模で自衛的な集団であるべきだと訴えていた[51]。四将軍の仲間や他の反主流保守派の者たちと同様、彼は自由民権運動と藩閥政治のいずれにも強く反発し、特に後者への批判は激しかったようだ。彼は亡き恩師の木戸孝允が遺した教えを薩長閥根絶への誓いととらえ、政治家は派閥の利害に関係なく一丸となって国に尽くすべきだと考えた。三浦が政権に対して暴動を起こしたり反主流派としての限度を超えたりすることは一度もなかったが、彼にとって権力ある政治家はみな邪悪で利己的な各藩閥の黒幕でしかなかった。加えて、率直な物言いをする彼は軍人時代にも常にあけすけな意見を述べた。こうした理由から、山県は天皇の力を借りて、三浦を参謀総長にしようとする保守派の計画を阻止していた[52]。

そのような男が、軽蔑し忌み嫌う政府幹部からの命令に従順でなかったのは当然である。のちに彼は回顧録で閔妃の暗殺について、「これは煙草三服喫む間に決した事で、ついに思い切って断行したのである。それで政府に対しては案外平気だ。（中略）我輩の行為は是か非か、ただ天が照臨ましますであろう」と述べている[53]。国のために尽くすときでさえ三浦は常に反抗心を抱き、自らは天と天皇に従属するのであって政府には支配されないと考えた。これが朝鮮での彼の行動を理解する鍵になる。

しかしなぜ、外交スキルなどほぼもたないだろう彼のような人物が、およそ無理のある条件下で朝鮮への使節に選ばれたのか[54]。三浦自身、乗り越えられそうにない困難の存在と、自分にはそれを解決する力がないことを認識していた。以前にもフランスへの派遣を断っていた彼は、今回も在朝鮮公使就任まで三度拒否していた[55]。彼は上司に対して、自分は世界の政治動向をまったく知らず、外交能力が十分でなく、国の方針を明示されない限り一人では何も成し遂げられないと訴えた。結局外務省は就任後も三浦に政策指針を何も示さないのだが、おそらくそれは幹部も自分たちの目標がどこにあるのかわからなかったからだろう。外務省の不干渉を予測していたかのように、三浦は朝鮮に送られることを、月も星もない夜に羅針盤なしで海を渡らされるようなものだとこぼした。[56]

朝鮮に到着した三浦は、早速閔妃との関係について考えなければならなかった。のちの回顧録では閔妃について、「実にめずらしい才のある」人物であり、夫でなく彼女こそが「実質上の朝鮮国王」だったと語っている。はじめて王に謁見した際、三浦は王妃が玉座の奥の部屋から王に指示を出していることに気づいた。[57] 謁見の場で三浦は、国王夫妻に呼び出されない限りは公使館で静かに写経をしたり、朝鮮の自然の美を慈しんだりするつもりだと宣言した。[58] このように感じよく振る舞った三浦だが、実際には王妃は自分を学のない兵士だと見下し、いずれ弱みにつけ込んで訓練隊を解散させようとしているはずだと考えていた。[59] だがその見方が正しければ、公使館を仏教の修行の場にするという宣言は学がないという印象をいっそう強めたことだろう。また、言うまでもなく、井上とは異なり三浦に一人で王妃に直接交渉する機会はなかった。彼女が権力を握っているとわかっていても近づくことはできないため、なすすべがなく行き詰まった。[60] 解決策として、女性の交渉役を派遣することと井上馨を三浦の外交指導役に就かせることが挙がったが、いずれも実行されなかった。女性を採用する策は三浦によると「上が却下」し、井上は結局日本に帰された。プライドの高い三浦には他人から指導されることを受け入れられなかったのである。[61]

そのため、一八九五年九月の朝鮮で日本の立場は弱かった。公使館のトップには経験も知識もない。有能なリーダーが欠ける状態で、外交専門家や顧問は悪化しつづける状況改善の糸口を見出せずにいた。

岡本にいたっては、遅かれ早かれ暴力によって決着するだろうと感じていた[62]。王妃にも王室自体にも近づけず、朝鮮国内に仲間が少ないうえにロシアには押されっぱなしという状況下で、彼らは最後の砦である訓練隊が解散させられて影響力を完全に失うことを恐れた[63]。その結果、迫り来る危機を防ぐために閔妃派に対する強硬措置を求めた。もともと攻撃的な三浦はその考えに同意した。ただ、いかなる措置を取るにしても朝鮮人の仲間が必要だが、その数は十分でなかった。

志を同じくする者——三浦と大院君

三浦にも、他の外交官や朝鮮政府の日本人顧問たちにとっても、少なくとも一つの朝鮮人派閥を味方につけなければ国内で何も手出しできないことは明らかだった。仲間としての第一候補は訓練隊の兵士たちだった。その軍隊教育は日本が行っており、彼らの生活は日本との緊密な協力関係に依存していた。諸外国からも親日の軍隊であるとみなされ、日本なくして存続できないことは明らかだった[64]。第二大隊隊長の禹《う》範善《はんぜん》大佐は、特に信頼できる親日家であった[65]。だが、軍の総司令官である洪啓薫《こうけいうん》大佐はあまり信用できなかった。彼は王妃の側近だったからだ[66]。

だが、訓練隊の士官を味方にすれば有利にはなるものの、彼らに朝鮮政府を支配するまでの力はなかった。結局そのためには朝鮮の大物政治家と手を組む必要があった。そうして新任の朴泳孝総理大臣を含む一部の閣僚を味方につけるに至ったが、それでも不十分に思えた。彼らが実際に何か行動を起こせるのか疑問だったからだ[67]。やはり最終的には王室に対して強い影響力をもつ者を仲間に引き入れなければならず、そのような人物は大院君しかいなかった。大院君も新たな仲間を強く求めており、彼とのやりとりは岡本や副領事などを通せば可能だった。副領事は、伝統的な教育を受けた大院君と漢文で随筆や詩のやりとりをしていた(68)。

自らの証言によると、初め三浦は大院君と協力することにはまったく気が進まず、手を結ぶまでには周りからかなり説得されたという(69)。とはいえ、朝鮮についてほぼ何も知らない彼が公使館の総意に従って決定を下すことになるのは当然だった。そもそも、杉村や他の外交官と同じく三浦も事態の切迫性を感じていた。真剣に身を入れなければ、訓練隊や大院君が独自に反乱を起こして日本は傍観するしかできなくなってしまうかもしれない。三浦の主張によると、大院君は金銭面でも苦しんでいたため歩み寄るにはいいタイミングだったという(70)。

だが実際、この同盟が結ばれた理由として筋が通るのは、朝鮮で立場の弱い日本が変革の気配に焦る中、説得力ある岡本が大院君をよく知っていたということだけである。そもそも大院君は味方としてはまったく信用ならない人物だった。わずか一年前にも日本は彼と手を組もうとして無残に失敗していた。彼が約束を破って裏で清と協力していたからである。この裏切りを理由に、井上は狡猾な嘘をついた大院君と手を切った。杉村は三浦に、かつて日本は大院君から痛い目に遭わされている、と注意を促した。しかし三浦も杉村も他の外交官たちも、もはや他に選択肢がないと感じていた。同盟は窮余の策だった(71)。また、杉村がある日本人顧問に言ったように、「断固たる行動」を取る必要があった(72)。形だけの同盟では意味がない。朝鮮総理大臣や訓練隊幹部などの親日家たちが大院君の権力復活への協力に同意したため、材料はほぼ出そろった(73)。大院君との交渉にはしばらく時間がかかり、最終的な合意点については今も諸説ある。金文子《キムムンジャ》や角田房子の主張どおり、大院君と書面による正式な合意は一度も行われておらず、三浦の私的書類に残っている合意文書は本物ではないのかもしれない。三浦らにとって、大院君を支援しただけだとして自分たちの行動を正当化するには、彼の関与を誇張すれば都合がいい[74]。だが実際、大院君も王妃暗殺によるクーデターから利益を得ようと意気込んでいたため、三浦たちのみの計画とも言えない。大院君は日本から無理やり協力させられたわけでなく、ある種の同盟関係はたしかに築いていた。その内容は曖昧で、おそらく文書にも残されていないが、同盟は同盟である。いずれにしても、日本は一〇月五日にようやく大院君を味方に引き入れた。そのときにはすでに、王妃殺害の決定は下されていた[75]。

キツネ狩り——日本人壮士と閔妃暗殺決定

杉村や岡本などの「朝鮮専門家」が立てた計画では、王妃の殺害は作戦の必須要素ではなかった。一年前と同じく、ほぼ血を流すことなく大院君を王室に復活させることもできた。閔妃殺害を持ち出したのは日本公使館ではなく、天佑俠という国家主義集団と結びつきのある日本人浪人の寄せ集めと、漢城に拠点を置く日本語の新聞社だった[76]。一八九五年一〇月の事件は、下から持ち上がってきたこの考えが三浦たち上層部の計画と組み合わさった結果だった。

閔妃殺害を決行した者たちは、かねてから日本人外交官などのあいだでもともと「男らしい戦士」を意味する「壮士」と呼ばれていた。だが一八八〇年代には、「壮士」は主に暴力的な手段によって「民権拡大という大義に向かう、政治に熱心な若者たち」を表す言葉となった[77]。現代では、ぼろぼろの服を着て長い髪を振り乱す汚れた顔の青年として描かれる壮士だが、彼らの思想の源流は一八六〇年代の志士や、西郷隆盛が率いた薩摩軍などの一八七〇代年の反乱軍である。だが、志士と異なり壮士という言葉は、「悪党」に近い否定的な意味合いで使われることも多かった。[78] 七〇年代の志士反乱後、やがて政権全体に対する大規模反乱に関心を失った壮士は、民権運動で政治家と手を組み、規制されながらも集会を行い、情報を収集し、あらゆる政敵に対して暴力を行使した。政治的立場においては、民権運動が掲げる二つの主な要求（より広い層の国民による国政参加と強硬的な外交政策）を支持していた。彼らの多くは自らを「勇士」や、反体制的なニュアンスの強い「民間志士」と称することを好んだ。[79] 明確な目標も手段も定まっていない壮士集団が、思想面でも組織体制の面でも志士を真似たのは当然とも言える。彼らもまた乱暴で、楽観主義で、緻密な計画策定を見下し、酒と放浪を愛した。

一八八〇年代、朝鮮の日系法律事務所の支援のもと何人かの壮士が朝鮮に移住し、その事務所を拠点に国家主義を掲げて暴動を繰り広げた。朝鮮において彼らと他の日本人移民との社会的格差はさほど大きくなく、むしろ物騒な地で強い態度に出ていたことで壮士は威信を得た。また、在朝鮮の日本人には治外法権が認められていたため、朝鮮の法律には縛られなかった。壮士たちは朝鮮の農村部にのさばり、反政府勢力の味方につき、たびたび喧嘩沙汰を起こしては地元の村人をぞんざいに扱うことも多かった。朝鮮農村部はどこも無法地帯で、地元の警察には壮士を逮捕したり裁判にかけたりする権利がなかった。日本の公使館と軍隊幹部が彼らをある種の諜報員として利用できると考えるようになると、日本警察も彼らの行動に目をつぶるようになった。日本人所有の鉱山から壮士が爆発物を奪ったときも、公使館は彼らを盗賊だと非難したが、何も具体的な措置を取らなかった。[80]

壮士の多くは、薬剤師、僧、教師、弁護士、武術家、作家など、武士出身の知識人だった。その他は単なる無職の放浪者や、自由党内院外団「無声館」の無法者だった[81]。また、かなりの人数が漢城で日韓二カ国語のプロパガンダ新聞に記事を書き、日本公使館の協力のもとその新聞社を経営したのはジャーナリストの安達謙蔵だった[82]。社長の安達と主筆の国友重章を中心とした漢城新報社の記者と編集者は、天佑俠のメンバーとつながりをもっていた。

壮士のほとんどが朝鮮と玄界灘を隔てた熊本の出身だったことも重要だ。県内で帝国主義の影響を強く受けた熊本壮士は、国家主義の熊本国権党と手を結んだ狂信的な軍拡支持者として知られていた[83]。安達率いる無法者たちは日本でも繰り返し暴力沙汰を起こした。彼らははじめ条約の不平等性を訴える反政府運動に加わっていたが、一八九二年に立場を翻し、内務省を支持して反主流派に暴力を行使した。日清戦争では、安達と彼の社の従軍記者たちも清の商人虐殺に関わったと伝えられる[84]。こうして漢城新報は暴力行為の拠点となった。ハーバード大学卒で三浦の顧問である柴四朗もそこの記者として加わった。柴は谷干城が期待したように壮士を制圧しなかったどころか、最後には自身も壮士になってしまったのである[85]。

かねてから強硬的な政策を訴えていた壮士らは、井上の宥和外交にはまったく反対だった[86]。志士の楽観的な政治観を受け継ぐ彼らにとって、外交専門家たちの複雑な戦略はあまりにもまわりくどかった。彼らからすれば朝鮮は効果的な法律のない腐敗した社会で、かつての気高さから堕落したその国にはびこる暴力と汚職は力によって強制排除すべきだと思えた。一方、朝鮮は日本に似た文明をもつ姉妹国であり、復興させなければならないとも考えた[87]。一八七四年の岩倉襲撃犯たちと同様、自分たちが悪と決めつけた人物を始末すれば根本的な変革をもたらせると信じていた。そして漢城新報の記者を含む彼ら

壮士にとっては、閔妃こそが悪だった。(88)

政治的懸念と女性蔑視の感情が混ざり合ったことで、権力ある閔妃は朝鮮をロシアに「売り渡そうと」している政敵というだけでなく、浮世離れした悪魔のような存在とみなされた。(89)漢城新報の社長であり、当時の壮士を率いていた安達謙蔵は、閔妃について、あの魔性の美女は、狡猾に、ときには裏切りを交えながら、世代を超えてあらゆる場で偉大な男たちを操ってきた、と回顧録で記している。(90)壮士の菊池謙譲も同じ調子で彼女を表現し、排除すべき「王側の間者」だとした。(91)天佑俠と密接に結びつき、当時の壮士の考え方を最もよく体現している国家主義団体の黒竜会は、回顧録の中で閔妃を「妖婦」や「狡猾で嫉妬深く、冷酷な策士」と表している。この回顧録は閔妃を、東アジアではまれに見る勇敢で強い女だとも認めているが、その権力は利己的で破壊的、さらに最も悪い意味で女性的だとする。漢城新報記者の小早川秀雄も同様の表現をし、閔妃を、我々の世代で最も偉大な女性であり「勇敢な」大院君よりも強いと認めながら、裏で糸を引いて朝鮮全土を操る「諸悪の根源」だとした。(92)閔妃を超自然的な存在として称賛しつつ憎悪する特殊な感情は、菊池謙譲による奇妙な表現に最もよく表れている。彼によると、王妃が死ぬとその血は地面に染み込み、花々は木から落ち、悲哀からか歓喜からか、風は松の枝を吹き抜けながら泣いていた、という。(93)

一八九五年夏にはすでに、岡本との会合で壮士たちは閔妃に「恨みを晴らす」べきだと訴えていた。むしろもっとあからさまな言葉も使っていた。岡本の証言によれば、日本人壮士は、××を始末しなければならないと主張した。この報告書で被害者の名前は伏せられているが、それまでの「恨みを晴らす」という文脈を考えればそれが誰を示すのか知ることはたやすい。(94)この証言は岡本が自らの罪を壮士に押しつけているようにも解釈できるが、壮士たちも次のようにほぼ変わりない表現をしていた。「朝鮮を救うには閔妃を葬り去るほかない。閔妃を殺害せよ！　閔妃を葬れ！」(95)。また、その思考は日本の政治体制における第二のバグを基盤として「前線への逃亡」という反抗を生んだ。多くの壮士は、「おとなしく臆病で弱腰の」政府が考え出した解決策を自分たちが決行してやればいいと考えていた(96)。井上とさらにその上の者たちが躊躇しているあいだ、菊池と小早川から「英雄」と鼓舞された壮士たちは大院君を熱心に支援した(97)。そして、襲撃のチャンスをいまかいまかと待った。

こうした下からのエネルギーが公使館で生まれた計画と結びついた。三浦は公使就任後すぐに顧問の柴を通じて壮士と関わりをもった。もともと三浦は壮士のあいだでも強い人脈をもつ人物として知られていた(98)。九月一九日前後に三浦が安達謙蔵と会合で出会うと、壮士とのつながりはさらに強化された。両者とも一八八〇年代後半に不平等条約改正に積極的に反対していたことから、安達は三浦をよく知っていた。そのため、井上の失策にうんざりしていた安達は、漢城で三浦に会って非常に勇気づけられた(99)。会合で、三浦は安達に「キツネ狩り」に参加させられる若い男たちがいるかと尋ねた。安達はすぐにその比喩を理解した。日本、清、朝鮮の民話において、キツネが狡猾で邪悪で美しい女王に化けるシーンは共通して見られる。その表現は、安達と壮士たちの女性蔑視的価値観と重なった。彼らが手を組むのはもはや自然の成り行きだった。

安達自身の証言によると、計画について聞いた彼の「心は躍った」。会合の最後に三浦は、この計画は最高機密だと忠告した(100)。安達は三浦に、自社の記者や編集者はみなおとなしい性格なので、熊本からもっと適切な人材を調達したほうがいいかもしれないと提案した。だが三浦はそれを無理な話だと切り捨て、安達に自力で人を集めるよう求めた[101]。そうして安達は自社の全社員を含めた壮士集団を朝鮮で結成した。一般市民で構成されるこの集団に、計画の最も残酷な部分、つまり王妃の殺害が託された。柴は三浦と壮士団の連絡役を果たした[102]。

もともとの楽観主義に王妃の悪魔化が加わったことで、公使館には決して存在しえない血に飢えた熱狂が壮士集団の中に生まれた。計画実行の直前、壮士の平山岩彦は安達の妻に対して、女に生まれたことを残念に思うでしょう、と語った。これから起こる「男らしい」戦闘に参加できないからだ。同じく壮士で漢城新報記者の小早川秀雄は、襲撃には参加せず翌日出す新聞の制作を受け持ってくれと安達から告げられると、今にも泣き出しそうになった。こんな機会を逃せば一生後悔する、と彼は言った。襲撃のあいだも、彼は自分たちを「小説の中の英雄」のようにしか思えなかったという[103]。壮士のあまりの盛り上がりぶりを目にした岡本は、彼らを野放しにすればいずれ手がつけられなくなり、独自に朝鮮政府と対決しようとするのではないかと恐れた[104]。

広島地方裁判所の予審終結決定書によると、閔妃殺害計画が正式に宣言されたのは一〇月三日に日本公使館で行われた三浦、杉村、岡本による会合においてである。「大院君の要求どおり」、三人は彼を擁立するだけでなく閔妃を殺すことを決めた[105]。計画実行にあたっては、日本人兵士、朝鮮の訓練隊、「当時の状況を深く嘆いていた若者たち」こと壮士と、使える人材はすべて使うことにした[106]。三日後、三浦は訓練隊の馬屋原務本大隊長にも作戦を伝えた[107]。

もともと三浦は一〇月中旬の実行を予定していた。だが、閔妃側のほうが攻戦の準備を始めたことで計画が狂った。数日にわたって訓練隊第二大隊司令官の禹範善をはじめとした訓練隊将校が日本公使館を訪れ、王妃が今にも行動を起こしそうだと警告した[108]。七日には朝鮮軍部大臣が公使館にやってきて、ついに王室は訓練隊の解散を決定したと三浦に知らせた。彼によると、国王は訓練隊と警察との絶え間ないいさかいにうんざりしているという。だが王には部隊を解散させる権限がないため、大臣を送って三浦に正式な解散を要請させたというわけだ。短気な三浦は怒りを抑えられず、「愚か者が！　そんなことをしてたまるか！」と怒鳴り、「その男」を部屋から蹴り出した[109]。三浦によると、大臣は一階で彼を待っていた杉村に、閔妃の派閥は親日の政府幹部たちを暗殺して「ロシア側につく」ことも計画していると認めたという。いずれにしても、朝鮮軍部大臣の訪問によって、閔妃殺害計画の参加者たちは予定よりも実行を早めなければならないと確信した[110]。そして王宮への襲撃は、翌日の一〇月八日に決まった[111]。

決行直前、井上馨は惨劇を防ぐために瀬戸際の手段に出ていた。朝鮮で何かが起ころうとしているのを感じた彼は三浦に電報を送り、「王室の暴挙を抑える」ため、つまり訓練隊の解散中止を交渉するために王宮に出向いて国王夫妻に会うよう要請した。だが、杉村と三浦は曖昧な回答をした。彼らは、警告に効果はないだろう、状況はきわめて逼迫しており、いつ事件が発生するか知ることは難しい、と返した[112]。おそらくその返事から井上は、三浦が何か暴力行為を計画していると、王宮の占拠さえ考えているかもしれないと察したが、身の危険が迫れば日本が守ると自らが約束した閔妃を殺すことが真の計画だとは知りえなかった。

暗殺

岡本はそれまでどおり大院君との連絡役をまかされた。岡本、堀口九萬一領事官補、荻原秀次郎警部と部下の警官たちが大院君の住居に向かった。出発前、荻原は部下に私服に着替えるよう、つまり壮士らしい姿になるよう指示した。岡本は、無礼で信頼できないと思っていた壮士に対して、自分が大院君と話し合っているあいだは決して何も行動を起こさないよう警告した。[113]

郊外の孔徳里にある大院君の別邸で、ついに作戦が動き出した。午前二時ごろ到着すると、岡本、荻原、堀口は何人かの朝鮮人の立ち会いのもと大院君と会合をもった。[114]「二、三時間」という長時間を要したが、最終的には大院君を説得した。[115]それから壮士部隊と合流し、合わせて三〇人あまりの日本人壮士と朝鮮市民に加え、訓練隊、日本軍士官たち、領事館警察隊がともに王宮に向かった。それぞれ朝鮮の服、洋服、和服とばらばらの格好をしていた。黒竜会の記録には、その武器は、棒、刀、銃とさまざまだった、一見すれば路上強盗のようだ、だが、混乱のさなかでも彼らの精神と行動は固く団結していた、とある。王宮近くで領事館守備兵も集団に加わった。[116]

襲撃直前の午前五時ごろ、王宮内の朝鮮人協力者たちが任務に取りかかった。まるでシェイクスピア作品の悪役のごとく、閔妃のお気に入りである農部副大臣が、日本人から危害を与えられることはないと彼女を納得させた。有事には王室の安全を守ると井上が約束していたでしょう、と。だから何かあっても逃げ隠れする必要などないと諭した。[117]さらに、他の協力者は宮廷の親衛隊をうまく無力化した。アメリカ人将軍ウィリアム・マクダイとロシア人のアレクセイ・セレディン＝サバチンという二人の外国人顧問の目と鼻の先で、親衛隊の守備兵には他の任務を与えることで持ち場を離れさせて銃器を取り上げ、一部の将校には抵抗しないよう密かに説き伏せた。そうして、閔妃の居場所へとつながる道に警備者は一人もいなくなった。セレディン＝サバチンやマクダイなどによるのちの証言を見ると、戦力を奪われた当時の混沌状態がよくわかる。[118]

外の様子に気づいた国王はただちに側近をセレディン＝サバチンとダイのもとに送り、彼らの助けを求めた。[119]午前五時ごろ、日本人警官隊が折りたたみ式の梯子を使って城壁を登り、内部に通じる門を開けた。[120]訓練隊司令官の洪啓薫は作戦開始後まもなく殺害された。この計画に関与せず王妃に忠誠を誓っていた彼は、部下たちを止めようとして日本人将校に射殺された。[121]いくらか銃撃戦が展開されたが、応戦した親衛隊の将校たちはすぐに部下を置いて逃げ、指揮官のいなくなった部下たちも命からがら逃げだした。小早川によると、地面には捨てられた帽子、武器、制服が散らばっていた。親衛隊の顧問であったダイ将軍は狭い通路で数十人の兵士を動員しようとしたが、彼らが「あまりにも興奮状態にあった」ため従わせることができなかった。[122]日本人部隊は王宮内でそれぞれの配置につき、各部屋を取り囲んですべての逃げ道を塞いだ。そうして邪魔がなくなると、壮士は閔妃殺害に取りかかった。その中には私服の日本軍将校もいたと考えられる。[123]朝鮮の公式調査書によると、「日本人をリーダーとした三〇人あまりの壮士集団がむき出しの刀を手に王宮に入り、王妃の私室を探し、宮女を次々と捕まえては髪をつかんで引きずり回し、殴打を加えながら王妃の居場所を尋ねた」。[124]壮士の高橋源治〔別名・寺崎泰吉〕によると、自由党と熊本国権党という壮士内の主な二派閥が王妃の発見を競い合い、これが作戦全体の残虐性を強めたことは間違いないという。[125]命の危険を感じたセレディン＝サバチンは日本人に保護を求めて無事助かったが、侵入者たちが宮女を低い窓から押し出し、髪をつかんで地面を引きずっていく様子を目の当たりにした。[126]

壮士たちは文字どおり消去法で王妃を探した。菊池謙譲によると、朝鮮を舞台とした英雄たちは、それまでの長年の辛抱を頭にめぐらせながら王宮で王妃を探し回った[127]。まず二人の宮女が疑いをかけられ、刀で殺害された。身を挺して後宮を守ろうとした宮内大臣は日本人将校によって殺害された[128]。その後、閔妃は部屋にいるところを高橋源治に発見される（日本軍中尉が発見したという説もある）[129]。高橋は王妃に襲いかかり、両足で胸を三回踏みつけ、刀で切りつけた。壮士たちは達成感の中、閔妃の遺体を外に持ち出して芝生に転がし、灯油をかけて焼き払った[130]。

地元の英字新聞社コリアン・リポジトリーの編集者たちが現場に駆けつけると、「巨大な正門の前で日本人部隊が見張りにあたり、内部にもさらなる武装集団が見えた。奥では大勢の朝鮮人が逃げ回り、その中には宮女の姿もあった[131]」。セレディン＝サバチンとともにその様子を目撃したダイ将軍は、「乱れた服の日本人が、恐ろしい顔つきで長刀や仕込み刀を手に」駆け回っていたと語る[132]。日本の関与を隠すようにという杉村の切なる要求は無駄だった。壮士は自分たちの行動があまりにも誇らしかった[133]。

殺戮の中、訓練隊と日本人部隊に擁立された大院君は王室の支配権を握った。三浦によると、襲撃直後に会った大院君は「歓喜に満ちていた」という[134]。国家独立委員会の署名を得た二つの声明で、大院君は、陛下の助けとなり、悪党を追放し、（中略）国家を救って平和をもたらすことを誓った[135]。彼の行動で冷酷だったのは、殺害された閔妃を国王の手によって平民に降格させようとしたことである。イギリス公使館が推測したように、その目的は彼女の息子が王座に就く道を絶ち、自身の孫をいずれ国王にすることだったのだろう。だが高宗国王は父親である大院君に、それまでにない勇敢な態度で、たとえ指を切り落とされようと、あなたの声明には署名しない、と告げた。大院君はその布告を国王の認可なしに、新たな親日政府の閣僚による承認のみで出すしかなかった。各国の在朝鮮外交官のほとんどはそれを王室の決定として認めなかった[136]。

事件後、三浦と共犯者たちは自分たちの行為がもたらした結果にひどく焦っていたように思える。初めのうちは国王でさえ三浦に疑いをかけず、ロシア公使館の報告書によれば、閔妃殺害は岡本などの日本人顧問が首謀したものと考えていた。公使館による関与の痕跡があるにもかかわらず、三浦は他国の使節に嘘をついて自分が絡んでいることをできる限り隠そうとした[137]。だが、彼の隠蔽工作はまったく無駄だった。多くの朝鮮人や西洋人が王宮で日本軍と壮士を目撃していたことに加え、三浦と杉村は自身の関与を自ら露呈してしまっていた。朝鮮王室の使者が三浦を呼びに公使館に駆けつけたとき、彼と杉村はきちんとした服装で椅子かごさえ準備して入り口の前に立っていた。まるで何かが起きていると知っているかのように[138]。他にも、その朝に彼らが取ったあらゆる行動に関与の影が感じられた。

事件当日の午後に開かれた外交官の緊急会議で、三浦は他国の、特にロシアとアメリカの公使から非難を浴びた。ロシア公使のカール・ヴェーバーが鞘を払った刀をもつ日本人を現場で見たと主張したとき、三浦は朝鮮人が日本の服を着て日本刀を使っていたのだろうと苦しい返答をした[139]。翌日、三浦は新たに設置された朝鮮政府を利用して隠蔽を試みた。事件では朝鮮人の暴徒が和服を着ており、現場に日本人は一人もいなかったと新任の軍部大臣に証言させた。そうして三人の朝鮮人が身代わりとして処刑されることになった[140]。

三浦が朝鮮人や他国の使節だけでなく自国政府にも見え透いた嘘をついたことから、日本政府が明確にも暗黙のうちにも計画を指示していなかったとわかる[141]。事件当日の午前八時、三浦は早くも外務大臣臨時代理の西園寺公望《きんもち》に電報を送り、騒動はすべて朝鮮人同士の争いだと伝えた。王妃の無事はまだ確認できていない、と彼は強調した。[142] 外交官として国家のために働く三浦が、他国使節についたのと同じ嘘をつくほど自国政府を軽く見ていたのは驚きである。漢城における日本の最高法治責任者である内田定槌《さだつち》領事が憤って記録したところによると、他国の外交官であろうと自国政府の仲間であろうと関係なく、三浦は共謀者以外の誰しもをよそ者として扱ったという。[143]

西園寺は不正を疑い、閔妃殺害に日本人が関与していないかと三浦に尋ねた。[144] それに対して三浦は、王妃が殺害された「可能性はある」が、日本人の関与の疑いについてはまだ「調査中」だと答えた。夕方には一歩譲り、日本人も計画の一部に関わったかもしれないが、「暴力行為には及んでいない」と西園寺に伝えた。さらに、王妃の悪影響がいまだ朝鮮全土に残っているとし、訓練隊が解散されて朝鮮での日本の実権が完全排除されるのをどうにかして防がなければならないと訴えた。その後も三浦は事件を調査しているふりをし、首謀者であることを隠して数時間おきに大臣に報告を行った。少しずつ事実を認めながらも一貫して公使館の無実を訴えつづけた彼のやり方は、少年が非行を白状するまでの時間を引き延ばすために次々とうまい言葉を並べるのにも似ている。[145]

組織内部の罪人をめったに罰しようとしない日本政府でさえ、三浦の関与を示す証拠を見過ごすことはできなかった。内田定槌は計画に関わっていなかったため、日本人が加担していたと知って愕然とした。[146] さらに、部下である領事館警察が陰で三浦と共謀していたとわかったときには断腸の思いに駆られた。[147] 内田ははじめ、日本政府がまったく関わっていないとは確信できなかったため、事件を隠蔽して政府の面目を保とうと思った。だが、暗殺が三浦個人の計画だと確信し、さらに外務省高官の小村寿太郎が調査のため日本から派遣されると、もはや三浦のために事実を隠すことはできないと感じた。[148]

こうして、組織調査の一般的なやり方どおり、外部から送られた調査員である小村は計画の部外者である内田と自然に協力関係を築いた。小村とともに内田も事件を徹底的に捜査し、一一月一五日には三浦ら外交官と壮士の有罪を示した率直かつ詳細な報告書を日本政府に提出し、適切な処罰を与えるよう強く提言した。[149] 朝鮮から壮士の一部を追放することを決定した内田は、その仲間からの激しい脅しに耐えなければならなかった。彼は駐朝鮮日本人使節のうち日本政府に全面的に従った唯一の人物であったため、密告者とみなされて壮士から大きな恨みを買った。[150] 内田は、自分が属するのは漢城で壮士と外交官と顧問が作り出した不敬なネットワークではなく、外務省の正式な階級構造の中だと感じていた。

非難の的——広島での裁判

他国の駐朝鮮使節たちは日本を厳しく責めようとはしなかったが、明らかな不信を示していた。三浦たちの関与否認を信じる者はおらず、事件が日本公使館の計画であったことはまもなく共通認識となった。[151] 王妃暗殺の数日後、ロシアとアメリカの使節は「国王を保護するため」として、港に停泊中の軍艦から小規模の海兵隊を上陸させて日本を威嚇した。[152] 一八九六年二月一一日に王と皇太子は女性用の椅子かごで密かにロシア公使館へと逃げ込み、ヴェーバー公使の庇護のもと国を「統治」した。[153] ロシアの協力を得て王は王妃を以前の高貴な地位に返らせ、親日政府を打倒し、日本に協力した中心人物たちを裏切り者だと宣言した。[154] その後、親日家の朴泳孝総理大臣とその仲間の一部、さらに民間の日本人も、怒った朝鮮人集団に殺害された。[155] ここからロシアによる短期間の朝鮮支配が始まった。

諸外国を巻き込んだ混乱に慌てた日本政府は、事件に対する責任を全面否定した。事件の二日後、駐日イギリス公使アーネスト・サトウとの会合で西園寺臨時外相は、日本政府は、友好国家主権に対する反逆的陰謀への日本人の関与にこのうえない憤りを感じている、と述べた[156]。さらに西園寺は、三浦や「凶悪な壮士ら」がロシアやアメリカの軍隊と争い始めるのではないかと恐れ、壮士を拘束して日本軍部隊は兵舎内から出さないよう公使館に命じた[157]。同じ理由から、内務大臣はさらなる壮士(「乱暴者」と呼んだ)を朝鮮に渡らせないよう伊藤首相に緊急勅令の発布を提言した[158]。

まもなく漢城の小村と日本政府は三浦による関与の程度を理解し、杉村、岡本、壮士たちとともに日本に呼び戻した[159]。のちの証言によると、彼らの多くは帰国時に功労を認められると思っていたという。大院君を擁立した政府を支えるために東京の壮士を集めることを夢見る者もいた[160]。だが広島に到着した彼らは、殺人と殺人共謀の容疑で逮捕された[161]。そのうち、殺害への関与を認めた壮士の平山岩彦は「謀殺」の罪で起訴され、高橋源治も少なくとも女性一人の殺害を認めた[162]。アメリカでの大陪審にあたる予審は広島地裁で行われ、吉岡美秀判事が担当した。

一月二〇日に公開された広島地裁の決定は興味深い文書である。そこに述べられる日本人壮士による王宮突入までの経緯は驚くほど率直で、二月一一日にロシアの援助を得て設立された朝鮮の調査委員会が事実確認の参考にしたほどだ。日本人判事が事件を完全に隠蔽したければ三浦による無数の釈明を事実として認めることもできたはずだが、それどころか文書には事件の詳細が正確に記され、三浦に明確な殺意を認めた。だが、朝鮮調査委員会が述べたとおり、日本の広島裁判所が公開した文書は、「夜明けごろに集団が王宮敷地内に侵入し、ただちに奥の宮廷まで進み入った」ところにくると事実の詳述を突然やめ、「これらの事実を踏まえても、被告人のいずれについても当初は仲介的な立場で関与したこの犯罪を実行したことを示す十分な証拠はない」とした。

そうして、証拠不十分を理由に被告は全員免訴された[163]。この決定は明治の刑事訴訟法第一六五条に基づくものである。この条文は、事件の証拠が不十分だと考えられればいかなる場合も被告を免責できる権限を裁判官に認めるものだった[164]。明治時代の司法制度では、大きな権限を与えられた判事が、「道理」の原則に基づき、どの証拠が「十分」でどの証拠がそうでないかを判断したのである[165]。裁判所あるいは日本政府によって裁判後に起草された文書は、予審の決定は純粋に法に従ったものだとする。また、被告らが王妃殺害を「決意」して王宮に入ったことは証拠により示されるが、実際に殺害したことは実証されないと述べる。それに加え、この事件に関してはすでに朝鮮の裁判で有罪とされた者が複数いることを指摘した[166]。

「決意」と「行動」と「結果」を分離するこの考え方は控えめに言っても不自然であり、裁判所の主張は理屈が通っていないように思える[167]。決定で言及された事実はたしかに殺害計画の存在を示しており、さらに実際の殺人行為に関しては、少なくとも四人の壮士と二人の警察官に実行の確かな証拠があった[168]。裁判所には、被告の有罪決定を求める内田領事がさらに多くの証拠を送っていた[169]。だが、吉岡判事は外国人の重要証人を招くことも、内田が周到に集めた書面による証言を検討することもしなかった[170]。したがって、吉岡判事がすべての被告をすべての容疑について免責したことは、法的根拠のみでは説明がつかない。

それでは、被告を救うために政府の干渉はあったのだろうか？　ほとんどの研究者はこれを自明だと考える[171]。だがそれを証明する資料はなく、一八九六年の時点で裁判所の決定に対する政府の干渉は世論的にも許されていなかった。五年前の一八九一年、大審院長はロシア皇太子を襲った警官［津田三蔵］に対して、死刑判決を下すようにという政府の圧力を受け入れず終身刑を宣告した。[172] その一年後、政府は不適切な行為（茶室での賭博）を理由に大審院長を解雇した。この流れは激しい議論を呼んで世間の注目を集め、多くの報道が沸き起こった。したがって一八九六年にも裁判所の独立は依然として議論の的であり、侵害すれば世間の大きな怒りを買いかねなかった。[173] もし政府が吉岡判事の決定に干渉したとしても徹底的に秘密裏に行われたはずで、証拠は何も残っていない。さらに、西園寺と部下が交わした文書には、事実が隠蔽されず適切な処罰が下っていれば政府の評価は上がったかもしれないのに、という内容のやりとりが残っている。[174] 政治的な理由から三浦の罪は免除するにしても、日本政府にとって壮士を免責することに大きなメリットはないはずだ。したがって、予審が日本政府によって操作されたという考えは、その可能性は排除できないにしても、大きな疑問が残る。

その他に、吉岡判事が個人の意思で起訴しなかった可能性もある。彼が行った調査は熱心で断固たるものだったため、当初そのような意図がなかったことは確かである。だがのちに、加害者の愛国心と純粋な動機に感心したか、あるいは自らの暗殺を恐れたか、日本と大院君と朝鮮の傀儡政権との関係を崩したくなかったかを理由に、考えを変えたり怖気《おじけ》づいたりしたのかもしれない。[175]

その少し前、広島第五師団の軍法会議でも事件に関わった軍人はみな無罪とされたが、これまでにほとんど伝えられていないこの会議の経緯は、広島裁判所のものとはかなり異なる。一八九五年一〇月の捜査当初、軍内部の調査官は被告の軍人が殺人に関与していないと信じる姿勢が強いようだった。だが、徐々に軍人たちの証言に大きな矛盾を感じるようになり、朝鮮にとどまる彼らを尋問するため調査団の派遣許可を陸軍省に求めた[176]。だが、一一月に入ると変わって被告とその家族に同情し始めた。彼らは上からの命令のもとに行動したのであり、違法な命令に従わない権利や義務が兵士にあるのか、このときに出された戒厳令は明確に定めていなかったからである[177]。

陸軍省との協議の末、被告はいずれも命令を合法だと判断して従ったという理由から、軍法会議は殺人、殺人共謀、規律違反について最終的に無罪の決定を下した。意外にも裁判官は、明らかに違法や不当、あるいは指揮官に下す権限のない命令が与えられれば兵士はそれを拒否する義務があり、従えば刑事責任からは逃れられないと明言した。だが、証拠がそろっているにもかかわらず、被告らは王妃の殺害計画を聞いたこともなければもちろん携わってもおらず、その役割は門前を警備して大院君を無事に王宮に入れることのみだったとした。広島裁判所の決定に政治的意図が絡んでいたとするなら、軍法会議の場合は軍隊の服従精神を強調することで事件の全容をごまかそうとしたと言える。違法行為があったとしても、その責任は軍人でなく三浦にあると示した[178]。

将来への影響——楽観主義の購買力

そもそも閔妃暗殺は成功までに何度も試みられていた。一八八二年と一八八四年にも閔妃殺害を狙うクーデターが起こり、失敗に終わっていた。朝鮮時代末期には数年おきに王宮が占領されて大臣が処刑され、そのうちいくつかには日本人も関わっていた。前述のとおり、事件からわずか一年前の一八九四年には大鳥圭介公使も同じく大院君と協力して王宮襲撃を成功させた。それまで朝鮮人は王妃殺害を目指していたが、日本人は王宮を占拠したときにも王族を傷つけないよう細心の注意を払った。つまり、閔妃殺害事件が前例のないものとなったのは、王族殺しと日本人の関与という個々の要素が合わさったためである[179]。したがって、事件の背後にある根本的な要因とその後の影響を知ればさらに理解が深まるだろう。

そのためのアプローチはいくつかあり、いずれも加害者間の複雑な関係と、犠牲者に対する彼らの態度が関連している。まずは性別の問題があるが、これはほとんどの研究家によって見過ごされている。この「無防備な」女性が狂暴な男性の集団によって殺されたという事実に憤慨する研究者は多いが、この惨劇を当時の一般的なジェンダー意識と関連させて理解する試みはほとんどなされていない[180]。明治日本の政治の根底には明確な男女の区別があった。男は公共の領域に属し、女は家庭に属していた。明治維新後の権力者はみな、天皇は男らしい統治者として自らを「改革」しなければならないと考えていた[181]。その方法は、京都の官女による影響を彼から取り除くことだった。女性の政治への関与は過去への後退であり悪だとみなされた。これは日本の封建時代の中心的な考え方である。

また、朝鮮の王室文化では女性は厳格に隔離された。ある意味でこの伝統は日本よりも厳しく、男性訪問客が官女に会うことはできなかった。それでも、閔妃のような少数の上流階級の女性は陰で政治に関与した。日本人にとって大きな困難をもたらしたのはこの慣習である。三浦たちも全面的に認めたとおり、閔妃は国で最も権力ある政治家の一人だった。しかし彼女は隔離され、日本の使節が彼女と話せる機会はほぼなく、ましてや朝鮮の男性政治家に対するのと同じようにあからさまな圧力をかけることは不可能だった。慎重な外交をすることで井上は王妃に近づけた。三浦にはほとんどできなかったことだ。もちろん、ロシアやアメリカのように、王妃と話をするための女性を派遣することもできた。三浦も回顧録でその可能性に触れているが、「上が却下した」という[182]。当時のジェンダー観から日本は女性を重要な政治的役割に就かせることを許せず、結局それが王妃との交流を妨げた[183]。

こうしたコミュニケーションの失敗にはありがちな結果だが、暗殺事件に関わった日本人の証言にはほぼ必ず見られるように、彼らの中には怒り、恨み、憎しみが募っていた[184]。大院君も少なくとも閔妃と同程度には日本を裏切り、害をもたらしていたが、王妃ほどは忌み嫌われていなかった。むしろ事件後に彼は菊池謙譲などの壮士から「英雄」としてもてはやされ、ナポレオンと比較されたほどだ[185]。安達ら壮士たちが築き上げた女性蔑視的な男同士の兄弟愛精神のもとでは、権力ある女性を「魔性の女」「キツネ」「妖婦」などと見るのは自然だった。「まともな女」は家にいるはずであるため、政治に関わる閔妃は人間離れした怪物だった。そのため、彼女の殺害は殺人でなく悪魔祓いだった。壮士が動物殺しを表す「屠《ほふ》る」という言葉を使ったことにも王妃の非人間化が見られる[186]。この女性蔑視は、加害者の怒りと作戦の残虐性に対する根拠になる[187]。

二つめの重要な点は、これもほとんど見過ごされているが、首謀者である三浦梧楼の独特な経歴だ。裁判所に提出した弁明書で、彼は「軍隊の流儀」が染みついた自分がそのような「不規則放縦の行為」に及ぶと推定されることは理屈に反していると述べた[188]。だが実際、三浦の不規則で放縦な行動はむしろ軍隊の流儀と完全に一致していた。それまでの朝鮮公使とは異なり、彼の思想は統帥権の概念が育んだ不服従の流儀、つまり文民の上官を見下す風潮と将校間の確固たる上下関係の欠如によって形作られた。

事実、三浦は軍の中でも外でも上の者をあまり敬わず、明確な指示を出さない人物のことはとりわけ軽く見ていた[189]。勢力を失いつつあった「四将軍」の一人として軍と政府の幹部を忌み嫌い、彼らを利己的な「派閥指導者」として見下していた。そんな彼だからこそ、内田領事をはじめとする部下に向かって、実行犯は「たとえ法で裁かれても」口を割るようなことはしないと言えたのである。[190]彼だからこそ、決められた外交手続きに逆らって大本営に直接交渉し、暴徒を抑えるために軍隊を動員する権利を自分に与えるよう政府に圧力をかけ、その特権を利用して他国の王妃を殺害できたのである。[191]これはすべて「煙草三服喫む」うちに決定し、そのあいだに自国政府の外交方針が頭をよぎることは一瞬たりともなかった。[192]

だが、三浦が孤立状態で我が道を突き進んだわけではない。ここで重要なのは、国家を代表する政治家であり外交官、そして元将軍の彼が、下層階級の民間人を使って自分の思いどおりに事を進めた点である。こうして「上からの反抗心」と「下からの反抗心」が徐々に交わり、やがて長期にわたる影響をもたらすことになる。[193]いずれの反抗心も元を辿れば幕末までさかのぼる。一八六〇年代には、在野の志士と彼らを率いた政治家はみな共謀者仲間として、その格差はさほど大きくなかった。だがその後一〇年間で謀反の失敗や暗殺未遂が起こるたびに指導者の立場が強まり、志士とのあいだに溝が広がった。一八六〇年代に下級藩士が高杉晋作や木戸孝允などの指導者とやりとりすることは難しくなく、一八七〇年代にその壁は高くなったものの、それでも大久保や西郷と対話することは可能だった。しかし一八九〇年代になると伊藤や山県に近づくことはきわめて困難で、人脈のある少数にしかほぼ許されなかった。こうして、統帥権に基づく上層部の反抗心はいったん一握りの軍司令官の枠内にとどめられた。

政党による寡頭政治が行われる新時代になると、民兵は壮士として生まれ変わり自らの立場を確保した。政党党首の庇護のもと政敵を襲い、好き放題暴れられた。だが、もはや「職業的」政治活動家となった彼らに力づくで制度を大きく変えさせることは不可能で、少数のリーダー格の壮士が徐々に政治的な立場を強めていくことに頼るしかなかった。壮士の活動に影響力はあったものの、その程度は限られていた。警察は暴力行為をある程度容認したが、彼らが暗殺計画を立てたりして「一線を越えれば」罰することもあった。[194] こうして制度は下剋上で変えられるという考え方は消え去った。楽観主義を通貨として考えれば、一八八〇年代後半から一八九〇年代前半にかけてその「購買力」は全国的に大幅に低下したと言えるだろう。

だが、朝鮮の状況はまるで違った。高橋源治が述べるように、その国で彼ら壮士は、罪に問われることも償う必要もなく国のために活動ができた。[195] 前述のとおり、情勢不安定な朝鮮に渡った壮士の権力、影響力、自信はたちまち高まり、治外法権のおかげで罰せられることなく暴力行為に及べた。軍隊にとっては諜報役として役立ったため、彼らを唯一罰せられる日本公使館も寛容な態度を取ってその行いに目をつむり、日本でよりはるかに自由に活動させた。いずれにしても、基本的に法が機能しておらず、各派閥がいがみ合い実際に争うこともある朝鮮において、暴力行為はまったくめずらしくなかった。重要なのは、そうした状況下で朝鮮にも一八七〇年代の日本と同じ思想が生まれたことである。つまり、特定の「悪魔」を暗殺すれば政治の問題は一挙に解決できるという考えだ。言い換えれば、「暴力的楽観主義」の通貨は日本よりも朝鮮ではるかに大きな購買力をもった。

ここからもたらされたのは、政府に属さない民間人集団が国家の一機関のごとく活動する状態であり、これは歴史家プレサンジット・デュアラが定義する「国家の退縮」に近い。国家の退縮とは、権力の委譲を通じて国家と在野集団が協力しつづけることで公共と民間が互いの領域を侵し合い、国家が民間の力に引きずられる現象である。[196] 日本の例で言えば、軍人や三浦などの元軍人が朝鮮や満州で壮士を武装勢力や諜報員として利用しつづけたことで、外交機関、軍隊、民間の国家主義団体に強い結びつきが生じ、将来的に三者のあいだに明確な境界線を引くことがきわめて難しくなった。

閔妃殺害の作戦中に荻原率いる警官隊と日本軍守備隊が制服を脱いで壮士に紛れたことは、まさにこの現象を象徴している。これに関して東北日報は、外交官や軍人が壮士と同じ行いをした事実は国家として深く悔い改めなければならない、と述べ、内田領事も同じ思いを示した。[197] さらに、作戦で壮士部隊を主導した元陸軍士官の岡本柳之助は、他の何よりもこの二元性を体現する存在だ。正式な外交官ではないが朝鮮政府の顧問をしていた彼は、役人のようでいてそうでない立場だった。その後も軍人たちは正式な上官よりも国家主義を掲げる民間の暴徒との個人的なつながりを強めていき、こうして一八八〇年代に山県有朋が排除のため力を尽くした軍と政治家との提携関係が再び構築された。

ただ、この流れの始まりは一八九五年ではなく、失敗に終わった朝鮮でのクーデターで慶應義塾の留学生が参加し日本公使館が手を組んだ一八八四年までさかのぼる。閔妃暗殺事件において重要なのはその後の日本の対応である。これほど異例な事件の発生を受けて日本政府が加害者を厳しく罰していれば、国家の退縮を鈍らせるか、止めるか、回復させることもできたはずだ。だが、自身の判断か政府からの干渉によって吉岡判事がそれをできなかったために、絶好の機会が失われた。そうして退縮の構造は崩れることなく、一九二〇年代後半に爆発する時限爆弾となって潜在しつづけた。その爆発はまず朝鮮を襲い、次は満州を襲った。

第七章　三幕のクーデター——大正政変

一九一二〜一九一三

兵士や軍艦は、鋭利な刃物のように、扱いに細心の注意を必要とする危険物である。
（ジャパン・デイリー・ヘラルド、一八七四年五月七日より）

政治的、軍事的、組織的な力というものは、理論上では十分に確立されていても、何らかの試練を経なければ真の強さは実証されない。たとえば天皇の場合、形の上では軍に対する無制限の指揮権（統帥権）をもっていたが、明治と大正の天皇が軍隊を指揮しなければならない事態は一度も起きなかったため、その実力は不明なままだった。同様に、日本は明治初期からすでに軍事力を高めていたのかもしれないが、日清戦争（一八九四〜一八九五年）と日露戦争（一九〇四〜一九〇五年）で証明されるまで他国から軍事大国とは認識されていなかった。

これは、統帥権を根拠として軍事機関に与えられた独立性にも当てはまる。たしかに司令官が個人的に軍の独立性を利用することはあったが、その頻度と程度はほんのわずかだった。陸軍幹部は一八八〇年代から一八九〇年代にかけて統帥権を守るため「四将軍」派と激しく論争したが、その争いもすべて法の枠内で収まった。日清戦争では司令官が独自の判断で行動することもあったが、それは明らかな不服従というよりも意思疎通の失敗や誤解が原因と考えられる[1]。国際的な反応が大きかった閔妃暗殺も日本にとっては国家の中心問題というわけではなく、そもそも計画したのは組織としての日本軍ではなく一人の将校だった。明治時代に日本軍が組織の独立性を最大限振りかざそうとしたり、自分たちの意のままにならない政府を打ち倒そうとしたりしたことは一度もなかった。当時の軍幹部は慎重で、そうした形で波風を立てることはしなかった[2]。

軍による内閣打倒の動きがはじめて起こったのは、ほぼ犠牲者を出すことのなかった一九一三年のクーデターである。これは「大正政変」として知られる激動の始まりだった。注目すべきは、この混乱を引き起こす原因となった要素が将来にも予期せぬ影響をもたらしたことである。時とともに軍の反抗は下の階級にも広がっていった。明治時代は幹部将校のみが軍を支配していたが、その力は一九一二年には中堅階級の部局長などに移っていた。その後はさらに若い兵士たちが影響力を強めることとなる。この軍人不服従の民主化とも言えるプロセスを経て、軍は秩序を失いますます管理が難しくなっていった。それが後年の悲劇につながる。

枠の取り合い——一九〇〇年代後半の予算争い

日露戦争後、日本の政界では国家の複雑化が恐ろしいほど浮き彫りになった。伊藤博文、山県有朋、井上馨などの元老は徐々にだが確実に表舞台から去り、次世代リーダー台頭の道が開かれた。伊藤が一九〇九年に韓国の国家主義者に暗殺されると、時代とともに山県と井上の権力は少しずつ失われた[3]。山県と伊藤それぞれの薫陶を受けた桂太郎と西園寺公望は次世代指導者の代表であり、二〇世紀初めの一〇年間には交互に政権を握った。彼らにとって、ますます多極化する政府の全体管理はそれまでの首相が抱えた以上に難しい課題だった。

複雑化の原因の中にはさまざまな集団による権力争いがあった。影響力を増していた財閥は政府に対して発言力をもった。陸軍はもはや山県の完全支配下になかったが、力を手放すつもりは決してなかった。長らく陸軍の陰に追いやられていた海軍は日露戦争での活躍から自信をつけ、相応の評価を求めた。アメリカ海軍の戦略研究家アルフレッド・セイヤー・マハンの軍拡思想に影響された海軍は、自分たちを国防の中核にするよう訴え、さらには艦隊を天皇に直隷した独立の軍事力にすることまでもを求めた。[4]また、内閣の各省、とりわけ内務省と大蔵省は強い影響力をもち、政治家たちが逆らうことは難しかった。

さらに、この厄介な権力闘争に政党が加わることでいっそうややこしくなった。一九〇〇年に旧自由党系の立憲政友会が誕生すると、かつての徹底的な反政府路線はなくなった。同年に政友会は元老の中でも穏健派の人物とされていた伊藤博文と提携し、のちには彼の脈を継ぐ西園寺公望を名目上の総裁にした。だが、実際に党を率いたのは幹事長を務めるやり手政治家の原敬《たかし》であった。主流派への妥協路線を掲げつつ、原は元老たちとその派閥から力を奪って政友会の立場を着実に高めようとした。その目的は一つ、政党と衆議院多数派に政府を完全支配させることだった。[5]

元老、実業家、陸海軍将校、官僚、政党政治家など上述した集団はいずれも非公式なネットワークで結びついていたが、こうした横のつながりは江戸時代後期から日本の政界に絶えず存在した。一八七〇年代と比べれば一九一二年の国内階層ははるかに明確だったが、非公式ネットワークによる圧力がその枠を破ることもあった。その代表例が大正政変である。

当時の問題点は、ときに激しく対立するさまざまな集団が根本的に異なる思想、計画、野心を抱えていたことである。天皇は相変わらず姿の見えない霞のような存在だったため、国策に対する考え方の違いを最終的に取りまとめる仲裁者がいなかった。それぞれの理想が部分的に実現することはあっても、完全な共存は不可能だった。まず何より、最大の問題は予算だった。各集団が掲げる計画には莫大な予算が必要だったが、すべてを同時に実行する資金力は日本になかった。[6]

一九〇六年発足の第一次西園寺内閣を裏で動かしていた原敬は、地方の支持を得てネットワークを固めることで政友会の権力基盤をつくろうとし、そのやり方は「我田引鉄」政治と呼ばれた。原は政友会の地方支部と全国各地の有力者との関係を築くため、学校の設立、橋やダムの建設、さらに駅と鉄道の敷設といった「見返り」を約束した。経費がかさむこの「積極政策」は、やがて政友会の中核戦略となる。[7]

一方、軍の要求もコストのかかるものだった。日露戦争後に日本は朝鮮（大韓帝国）の支配権を固めて一九一〇年にはついに併合し、さらに南満州でも幅広い特権を得た。その三年前、参謀本部は政府との協議なしに南満州での「帝国国防方針」を立案し、そのために四個師団の新設を求めた。明治天皇が署名したことにより、軍にとってこの計画書は神聖で永続的なものとなった。一方、艦隊の老朽化を痛感していた海軍は、アメリカとの対立を懸念し、陸軍よりさらに費用のかかる軍拡計画を提案した。[8] 陸軍は一九〇七年に四個中二個師団の設立を実現させたが、第一次西園寺内閣（一九〇六～一九〇八年）とそれに続く第二次桂内閣（一九〇八～一九一一年）は残り二個師団の増設を引き伸ばし、海軍の要求も黙殺した。[9] 陸海軍との完全な対立を避けるため、これらの要求を全面却下することはなかったが、毎年保留しつづけた。[10] 諸藩が同盟を組んだ一八七〇年代前半と同様、明治時代の政治はさまざまな派閥が織りなす微妙なバランスの上に立っていた。そのうちのいずれか、特に陸軍や海軍をあまりにもないがしろにすれば、バランスが崩れて予期せぬ惨事を生みかねなかった。

だが、一九一一年八月に発足した第二次西園寺内閣の期間中、事態はついに行き詰まった。その年、日露戦争後から膨らんでいた日本の対外債務が急増した[11]。西園寺首相と大蔵大臣は緊縮財政が避けられないと判断した。そうして打ち出された新たな政策には、実業界や国民全体の要求を受けて減税も同時に取り入れられた[12]。当然ながらこれによって原の「積極政策」の資金を集めるのは難しくなるため、当時内務大臣として大きな権力を握っていた彼は抵抗した。そして従来どおり、政府が折れた。政府の歳出は抑えられるが、政友会の地方ネットワーク維持に欠かせない鉄道誘致計画は続行されることになった[13]。

だが、こうした譲歩が行われれば必ずどこかに不満が生まれる。たいていは協議の場であまり強い存在感を示せない立場の者だろう。一九一二年、政府は陸軍をその役割に指名した。主な政策立案者である原と西園寺は、かねてから約束していた二個師団増設をまたもや延期した[14]。だが、この決定は当時の状況を踏まえれば妥当にも思える。景気低迷やリベラル系報道の影響を受け、都市部の世論は陸軍による無尽蔵の資金要求に怒りを募らせていた。軍に反発する人々が平和主義者というわけでは決してなかったが、そろそろ帝国の領土拡大を減速させるべきで、これからは軍の強さよりも経済繁栄が重要だと考えていた[15]。地方では都市部に比べればこうした傾向は強くなかったが、戦前日本の歴史全体を見ても、失敗に終わったシベリア出兵末期の一九二一年から一九二二年を除けば、これほど国民が陸軍に対して批判的だったときはないだろう[16]。原はこれを根拠に、一九一二年度の師団増設にはきっぱり反対してもよいと思ったのかもしれない。

さらに一九一二年には西園寺首相がそれまでの内閣とは異なる国防方針を取り、これが災いの種となる。他の首相は陸海軍の要望を同様に受け流していたが、西園寺は陸軍の計画を却下する一方で海軍にかなりの予算を割り当てたのである。[17] この決定もリベラル派メディアの報道に影響されたものだった。そうした報道では日露戦争での海軍の活躍が大きく取り上げられるようになっていた。[18] たとえば雑誌『太陽』の論者は、日本の国防においては海軍力を最優先すべきだと述べ、陸軍による軍備増強の要求には安全保障上の正当な根拠がなく、「侵略者と帝国主義者の空想」のみに基づくものだとした。[19] こうした風潮を受けて政府は陸軍の要求を退け、一方で緊縮財政によって貯まった資金で海軍の要求に少しずつ応えていくと約束した。もともと陸海軍は互いに強いライバル心を抱いていたため、これによって状況はひどく張りつめた。[20]

陸軍にとっては、自分たちの計画が保留されつづけているのに海軍の要求がすべて通るという事実は容認できなかった。[21] 政府が一方の軍を優遇したことでバランスが崩れたため、それまでと同様に予算問題を先延ばしにすることは途端に難しくなった。陸軍、海軍、内閣、そして政友会の意思決定者たちによるパイの取り合いが始まった。[22]

陸軍側の闘争心は、たとえば陸軍省軍務局長として影響力をもった田中義一《ぎいち》少将が残したメモに見られる。そこで田中は、一九一一年の辛亥革命で中国が混乱状態にあるときに日本政府が消極的な態度を取ったことを次のように嘆く。ロシアが満州での権利を主張する中、日本にとってはそれよりも大きな領土を中国から奪う絶好の機会だった。満州とモンゴルにおける日本の特権を強化するのに加え、ロシアに再び争いを挑まれたときに対抗するためには、陸軍は師団を二つ増やす必要がある。[23]

だが、結局こうした専門的な予算請求の根拠は主な問題でなかった。田中らは陸軍の要求が受け入れられないことを、国防政策に関する正当な決定というより、悪意ある狡猾な敵の陰謀だと考えるようになった。[24]それ以外に政府が陸軍に敵意を向けて海軍と政党をひいきする理由があるだろうか、と。宇垣一成《かずしげ》陸軍大佐の訴えでは、内閣と各政党の「反軍国主義者」と陸軍とでは思い描く「後世」の日本の姿に隔たりがあり、政府は文民の利益や実業家の欲望など、「取るに足らない経済問題」で頭がいっぱいだという。[25]その結果、国家の天皇制そのものに致命傷を与える政府からの「攻撃」によって、陸軍の「劣化した要塞」は崩落寸前だと田中は訴えた。[26]だが実際のところ危機に瀕していたのは、文民による統治からの軍の独立、つまり一八七八年以来陸軍の思考の基盤をなしていた統帥権の概念であった。そういったときに取るべき対応は、田中によると、「内閣を総辞職させる」ことだった。[27]政府が軍の敵ならば、徹底的な対抗手段によって打ち負かさなければならない。つまり、何らかの形でクーデターを起こすのである。

こうして起こる陸軍による無血クーデター計画の本質を理解するには、統帥権イデオロギーを基盤に一九〇〇年以来発達した独特の制度について考える必要がある。「現役武官制」と呼ばれたこの制度とそこから生まれた政治手段が、一九一二年秋の予算争いをきっかけに政府を危機に陥れ、最終的に軍によるクーデターを招いたのである。

陸軍が振るう刀——現役武官制

陸軍のクーデター計画の基盤には、一九〇〇年に勅令により定められた軍部大臣現役武官制という制度があった。これは、陸海軍大臣を現役の将校に限定するというものである。[28]この制度は決して画期的だったわけではない。一例を除けば以前から陸海軍の軍部大臣は現役軍人から選ばれており、この慣習が一九〇〇年に法制化されたにすぎない[29]。

　政友会などの政党が内閣で影響力を強める中、現役武官制によって軍は確実に軍部大臣を管理できるだけでなく、友好的でない政府に対して脅しをかけやすくなった。現役武官なら軍幹部が圧力をかければ比較的従わせやすいため、陸海軍が大臣を退任させて新たな大臣の指名を拒否すれば、合法的に内閣を総辞職させられるからだ。一九〇〇年以前であれば、政府は退役武官を任命することでやはり合法的にその脅威に対抗できたが、現役武官制によってそれは不可能になった。それでも一九一二年まで陸海軍が大臣を辞職させて混乱を引き起こすようなことはなかった。だがその年、連続する二つの内閣で各軍がその手段を取り、国家を深刻な政治危機に長らく陥らせた。

　だが、陸海軍はどのようにして実際に現役武官の大臣指名を拒むことができたのか？　この重大な問題についてはのちに詳述するが、ここでも政変直前の陸軍大臣任命プロセスを一度確認しておこう。現役武官制はこの選任手続きを明確に規定しなかったため、誰を指名するかは軍幹部および非公式ネットワーク内の者たちが決定した。第五章で述べたとおり、軍事に関する権力は複数の機関に分散していたため、ただ一人がすべての権限を握ることはなかった。山県など確かな威厳をもつ者もいたが、彼らも上級将校の総意をしかるべく考慮せず決定を下すことはなかった。そうして新しい大臣の選任は、非公式だが影響力の強いネットワーク、つまり長州閥を中心に行われた。

　この集団の名前は誤解を招きがちなので注意が必要だ。かつて存在した長州藩は、封建制下に現代の山口県にあたる土地を領国とした組織で、一八六八年に明治維新を牽引した勢力の一つでもある。一方で長州閥は、将軍、官僚、政治家、ジャーナリストによる非公式なネットワークであり、地理的に結びついた組織ではない。一八七〇年代に西郷隆盛などが率いた各藩閥は旧藩や地域（土佐、薩摩など）の利益を追求していたが、一八八〇年代から力をつけ始めた長州閥に山口県地域の住民との利害関係はほぼなかった。実際のところは、長年にわたって互いを知り、信頼し合う地位ある者の集まりだった。長州閥は省庁にも帝国議会の両院に対しても強い影響力をもった。また、右派系メディア、さらには陸軍省、参謀本部、陸軍上級将校にも、山県有朋参謀総長と桂太郎元首相を中心に仲間の輪を広げていた。[30]

全員でないとはいえ長州閥メンバーの大半は長州出身で、たいていは同じ政治観のもと団結していた。全員が山県を崇拝し、何らかの形によるアジア大陸への領土拡大を支持し、陸軍は政府から独立すべきと考え、政党の軍事介入に反感を抱いた。[31]また、二個師団増設問題については、全員が陸軍は強硬な立場を取るべきだと考えた。長州閥は一九一二年にも依然として軍の方針決定の中心にあったため、彼らの支持なしに陸軍大臣を選ぶことはできなかった。陸軍省軍務局長であり長州閥の中心人物でもあった田中義一少将によると、陸軍大臣は、「軍事観」と「政治観」が調和し、心身ともに健康で、政府との「接近戦」において軍の意見を代表して伝えられる人物でなければならなかった。つまり、田中ら長州閥メンバーが求めるのは、政策の決定と実施に関わる軍のリーダーではなく、すでに軍内でまとまった総意を代弁する人材だった。[32]

一九一二年四月に石本新六陸軍大臣が死去すると、後任の選定について長州閥内で審議が始まった。田中は近しい仲間である寺内正毅《まさたけ》朝鮮総督と新しい大臣にふさわしい資質が何かを話し合い、彼らの意見を踏まえて山県元帥が四人の候補を挙げた。この候補者リストは桂および長谷川好道参謀総長とその代理に提出され、桂もまた他の候補を提案した。そして最終的に、山県が「熟考の末」に薩摩出身の上原勇作中将を選んだ。[33]

西園寺首相の面目を守るため、山県は上原の他にも二人の候補（長岡外史と木越安綱）を選んでいた。だが首相も気を遣って長岡のみを外し、山県に上原と木越という選択肢を残した。これに応じて山県は上原を選任した。[34] 山県の決定を知らされると、首相は上原の陸軍大臣任命について正式に天皇に承認を求めた。[35] ここで留意すべきは、大臣の選定には複数の将校が関与しており、一方的に他の者に指示を下せた者はいなかったことである。この集団的な決定プロセスはその後の政変を理解する上で重要な要素となる。

大正政変──第一幕：西園寺対陸軍

一九一二年七月上旬、原敬内務大臣にとって緊縮財政に対する陸軍の抵抗を無事に乗り切れるだろう根拠は十分にあった。結局のところ政府は増師を完全に却下したわけでなく延期しようとしているだけで、ある程度の歩み寄りは見せている。また、これまでのように陸海両軍の追加予算を否決することも可能だ。[36] そもそも原はこの事態をさほど重くはとらえておらず、当時の彼の日記に目を通すだけでも、初秋までは内務省や政友会での職務など他の課題が増師問題より優先されていたことがわかる。[37] とはいえ、陸軍との不和を無視していたわけではない。七月一日に原は、元首相でありいまだ陸軍にきわめて大きな影響力をもつ桂太郎と会合をもって成果を得た。桂は陸軍の要望が非現実的であると率直に述べ、将校たちにもそう伝えた[38]。こうして原は、長州閥の中心人物である桂の支援があれば陸軍の抵抗は抑えられるだろうと自信をもった。

その五日後、桂は後藤新平、若槻《わかつき》礼次郎らの近しい顧問たちを連れてかねてから計画していたヨーロッパ外遊に出発した[39]。だが、この旅がのちに悲惨な結果を招く。以前から桂はかつて自分を後援した山県と原の政友会とのあいだをうまく立ち回っていたが、山県はそれに対して徐々に怒りを募らせていた[40]。明治天皇が七月三〇日に長年の病によって崩御すると、桂はただちに帰国の途についた[41]。だが八月一一日に東京に到着した彼は、山県が自分を政界の中心から外して内大臣兼侍従長になるよう仕立て上げていたことに驚愕する[42]。この役職には一線から退いた元老などの高官が就くことが慣例となっていたが、桂の政治家としての野望はまさにピークにあり（イギリスのタイムズ紙は同年七月に彼を「次期日本首相」と呼んでいた）、山県の行動は裏切りと思えた[43]。

その影響は予期せぬ範囲まで広がった。宮中へ「追放」された桂は、「私が邪魔なら、なぜはっきりとそう言わなかったのか」とたちまち惨めな気分になり、政友会と長州閥とのあいだを取りもつことは少なくなった。ただその行動の裏には、原が当時推測したように、冷静で合理的な計算もあったかもしれない。深刻な政治危機が起これば、彼が再び政界の前線へ復帰する理由になりうるからである。それが真実であろうとなかろうと、一九一二年秋の桂には原を支援しない完璧な口実があった。自分は皇室で新たな役職に就いたので政治に積極的に関与することはできない、というわけだ[44]。

この状況下で陸軍と内閣の交流経路を築くことは難しかった。本来なら上原陸軍大臣が太い人脈となるはずだが、彼は部下に操られる軟弱な人物と広くみなされており、熟練のサーカス調教師に手なずけられた馬、と呼ぶ者もいた[45]。そんな上原が軍の総意に反対することはできず、しようともしなかったため、西園寺首相は事実上彼の役割を無視していた。高齢とはいえいまだ現役の山県も有力な選択肢だったが、その影響力もかつてよりは落ちていた[46]。それでも山県が全力を尽くせば陸軍に譲歩させることはできたかもしれない。だが問題は、心底嫌う原と政友会のためにそこまでの努力をするよう、彼をどう説得するかだった。

もともと中立的な立場だった山県は（彼と顧問の後藤新平は、少なくとも政変末期までは西園寺内閣の崩壊を望んでいなかった）介入に慎重だった[47]。八月に首相と初の会談を行ったときに山県が提示した解決策は、緊縮財政で貯蓄した資金を二個師団増設に充てることだった。だが、この妥協案は内閣が却下した。寺内陸軍大将は陸海両軍の追加予算要求を保留すれば危機の勃発を一時的に防げるともちかけたが、これも政府の反応は得られなかった[48]。政府側のある者も、海軍への予算割り当て計画を中止すれば増師問題は自然消滅するはずだと首相に訴えた。だが、もはや西園寺と原にとって問題はそこではなかった。彼らが陸軍の要求に屈すれば確実に「面目は失われ」、海軍、政友会、そして国民からの支持が危うくなる[49]。何人かの元老が仲介に出ようともしたが、陸軍への影響力が足りず無駄に終わった。元老の干渉にうんざりした原は、彼らの権力は一斉排除されるべきだと日記にこぼした。とりわけ、彼は個人的に忌み嫌う山県と直接会って交渉するのは避けたかった[50]。

この状況をさらに厄介にしたのが、陸軍内の長州閥における真の中心人物である田中義一少将と彼の直属の部下である宇垣一成大佐が正式な指導者の立場に就いていなかったことである[51]。両者とも陸軍省軍務局に属し、田中はその局長、宇垣はそのうち最も重要な部署である軍事課の課長だった。だがいずれも首相など政府高官と頻繁に会合するほどの地位ではなかった。陸軍の公式の行動を決定づける階級という縦のネットワークと、実際の影響力をもつ長州閥という非公式ネットワークとのあいだには、致命的なずれがあった。政府にとって、直接交渉できる桂、上原、山県は陸軍の総意を変えられないか、あるいは変える意思がなく、軍に影響を与えられる田中と宇垣には近づくことができなかった。[52] こうして政府と陸軍は、それぞれ世論と組織内部の総意ばかりにとらわれ、意思疎通のできないまま必然的な衝突に向かって突き進んだ。交渉による互いの譲歩は、不可能でないとはいえ、ますます難しくなっていった。[53]

前章で朝鮮公使として紹介した井上馨は、危機を脱するためには両集団で真に力をもつ者同士の直接交渉が必要だと理解した唯一の人物だったのかもしれない。すなわち、政友会の原と田中少将による話し合いである。実際、井上は相当な力を尽くして一一月初めに両者の会談を手配した。[54] だが、原が中堅将校との対話を拒否したため、この試みは失敗に終わった。原は怒りを滲ませながら、田中は自分と話ができる立場にないと井上に伝えた。原は、陸軍大臣より下の士官と直接話をさせられるのはおかしいと嘲った。[55] そのため、二度企画された会談で具体的な結果は得られず、その後両者間の交渉の場が設けられることはなかった。

一方、軍の正式な指導者たちのあいだでは和解を受け入れまいとする姿勢が強まっていた。原は上原陸軍大臣が「強硬なやり方に賭けると決めたようだ」と日記に記した。[56] だが、彼が一一月に政府に提出した強い語調の請願書は、実際のところ田中と宇垣が起草したものだった。[57] 桂が原に言ったように、上原は自らの省の局長や課長の「捕虜」となり、すっかり支配権を握られていた。[58]

一一月上旬には西園寺が瀬戸際で山県との妥協を何度か取りつけようとしたが、それも失敗に終わった。残念ながら、山県元帥に歩み寄るつもりはまったくなかった。彼は二個師団増設の必要性を断固として訴え、海軍を優遇する政府のやり方に不満を述べ、増師の延期さえ容認しない姿勢を見せた。国防が第一で、経済成長はその次だ。政府がこのまま海軍の厚遇と陸軍の薄遇を続ければ「深刻な結果」がもたらされ「重大な事態」が発生しかねない。つまり、山県は軍を利用して政府を打倒すると明確な脅しをかけた。八月と比べて彼の立場が強硬化していたのは、田中少将などの影響を受けたのかもしれない。実際、西園寺との会談で田中の意見ははっきりと言及された[59]。

一一月二二日の閣僚会議で上原大臣は、首相が陸軍の要求を受け入れない限り、この問題に関する政府との話し合いや要求の理由説明を拒否すると伝えた。だが圧力を受けると上原はその場で自身の意見を述べ、その内容は原によると、田中よりもさらに無責任だった。おそらくその意見は宇垣らが起草した過激な意見書に基づいていたのだろう。上原は、正面対決が起こると予想しながら、それを避けるために何かをする気はないようだった。原は憤慨し、これは閣僚の態度ではないと日記で嫌悪感をあらわにした[60]。上原はもはや政権の一部でなく敵の総意の代弁者とみなされていた。

さらに、世論が両者の妥協をますます困難にした。陸軍の抵抗を受ける内閣の背中を押したのが、財界の権力者や大手リベラル系メディアである。日本の銀行システムを牽引していた渋沢栄一は陸軍の計画に徹底的に反対し、緊縮財政と減税を支持した[61]。『東京経済雑誌』、大阪毎日新聞、『日本及日本人』など大手の新聞や雑誌は藩閥（特に支配的な長州閥）と軍幹部を非難し、その激しさは九月下旬から一〇月末にかけて高まっていた。一〇日五日に『東京経済雑誌』は、増師問題はゼロサムゲームであり、西園寺首相はただちに決断を下さなければならないと主張した。その記事は陸軍の主張を嘲り、日本が軍備増強によってロシアとの軍事均衡を保とうとすれば軍拡競争が起こって国家破産につながりかねないと警告した[62]。

『日本及日本人』誌は一〇月一五日付のとりわけ露骨な記事で、増師は国家安全上必要でないと非難した。さらに、陸軍を支配する藩閥は自分たちの地位を強固にするために増師要求をしているのであって、それには断固として抗うべきで、「鉄槌」をもって藩閥を打ち砕かなければならないと述べた[63]。その四日後に大阪毎日新聞はアメリカ人評者の言葉を引用し、明治維新によって幕府体制が崩壊したのと同じように、長州閥、山県、桂は排除されなければならないと主張した[64]。ただ、国民新聞など逆に陸軍の立場を支持するメディアもあった[65]。

交渉での解決を求めつづけた井上に対して原はマスコミと同じく政友会も陸軍の要求に屈することには反対だとはっきり伝え、一方で山県は西園寺に対して軍が増師を諦めることはないと告げた。一一月二〇日、原はこの問題による内閣崩壊の可能性を認識した[66]。六日後、西園寺および政友会の双頭である原と松田正久は、たとえ内閣が総辞職しても陸軍には屈さないと決意した[67]。それからこの窮地で原は再び桂に近づいた。原が桂のもとに送った使者の報告によれば、増師の一年延期という最終妥協案の仲介役になることに桂は同意したという。だがその後に桂は改めて介入を拒否し、原の部下が聞き間違いをしたのだと主張した。この行動の裏には何か思惑があるはずだと原は疑いをもち、次のように述べた。

「桂の説も数々変更あり、又誠意を以て時局を収拾するの考もなきこと看破せられ、結局桂等は此問題を以て内閣の倒るゝことを望むものなりと思はれたれば、余は他日互に意外の争をなすに至るべき事を彼に諷示したる次第なり[68]」

さらに、上原に圧力をかける最後の試みも失敗した。一一月二八日、彼は一年間の増師延期という妥協案を一度は受け入れた。だが翌日には再び立場を翻した。この政変研究の第一人者である日本人学者、山本四郎が推測するように、おそらく田中や他の部下からの圧力があったのだろう[69]。一一月三〇日に原は、上原が陸相を辞めて後任が現れなければ内閣総辞職は免れないだろうと認めた[70]。翌日、増師要求の却下が決定したことを西園寺から正式に告げられると、上原は「健康上の問題」を理由に次官を通じて一二月二日に辞表を提出した[71]。

そうして原や西園寺らは次の陸軍大臣を探さなければならなくなったが、それはきわめて手ごわい課題だった。増師問題については陸軍内ですでに総意が固まっていたため、一人の将校が（長州閥に属していなくとも）この総意に逆らって大臣に就くことは非常に難しかった。陸軍の問題点は非公式の権力者たちが政府を倒そうとしていたことだけでなく、組織内部にも欠陥があった。組織内で権力が分散し、それをまとめる人物が一人もいなかったため、将軍たちは仲間から「柔和」に見られてはならないと感じていた。それゆえ、軍の総意は最も急進的な意見に沿って形成された。

それでも内閣は上原の後任を探した。一二月二日から五日までに二人の将校（寺内と神尾光臣）の名が挙がったが、いずれも原によって却下された[72]。一二月二日に原は山県に対して上原の後任を立てるよう訴えたが、成果は得られず、決裂した。そうして、ついに三日後の一二月五日に内閣は総辞職の承認を天皇に求めた[73]。これは軍によるストライキにほかならない、と西園寺側のある人物は怒りをあらわにし、さらに、これまでにも経緯が闇に包まれたまま大臣が代わる例はあったが、これほどまであからさまかつ大胆に、容赦なく実行されたことはない。まるで前門と後門を塞いで、中にいる者の手足を縛り、いままさに建物に火を放とうとするようだ、と述べた。[74] 陸軍の運営を安定させて反乱を防止するために山県が確立させた統帥権は、ここで将軍たちに内閣を打倒する力を与えた。これは日本軍の不服従の歴史における新たな、そして危険な一歩である。

複数の候補を挙げて審議したのち、元老会議は一二月一七日に新たな総理大臣として桂を天皇に推薦し、天皇はそれを承認した。[75] だが桂は就任直後に、前政権を転覆させたものと似た深刻な政治危機に直面する。ただし今回の敵は、海軍であった。

第二幕：桂対海軍

一九一三年一月一七日に西園寺の後任として桂太郎が総理大臣に任命されたとき、彼を「陸軍側の人物」とみなす者も多かった。しかし、陸軍幹部たちが長年求めてきた二個師団増設を桂が叶えてくれると考えたなら、それは大間違いだった。首相に就任した桂は、西園寺内閣の総辞職も防げたであろう、合理的な決定を下した。海軍と陸軍の追加予算を同様に延期した上で、陸海軍の統合防衛戦略を立てるには少なくとも一年必要だと、もっともな理由を添えたのである。[76]

だが、陸軍はもともと桂内閣に抵抗するつもりはなかった。バランスに基づく大正前期の政治体制では、一つの派閥が大勝利を収めればそこには大きな犠牲が伴った。実際、九月にはすでに、現役武官制を利用して倒閣すれば世間のひんしゅくを買うかもしれないと主張する陸軍幹部もいた。当時の匿名のメモによると、ある陸軍高官は、今後、行政機構の再編成、海軍の軍力拡大、減税が失敗すれば、その責任をすべて陸軍に押しつけられ、次期内閣での立場が危うくなるかもしれない、と警告していた。メモの作者はそのような代償を伴ってでも二個師団増設を押し通すべきだとはっきり述べるが、それは世間の怒りを甘く見ていたかもしれない[77]。一九一二年一二月七日に山県が側近から受け取った手紙には次のように記されていた。「西園寺内閣の愚かさを憫笑するのも結構だが、いまや国民全体の非難が陸軍に向けられている[78]」

結果、陸軍は「自分たち側の人間」であるはずの桂に増師を退けられても抵抗できなかった[79]。だが、海軍はまた別の問題だった。薩摩閥の将校、特に日本海軍の父と呼ばれる山本権兵衛大将の影響力は非常に大きく、組織としての海軍全体を薩摩閥が支配していた。陸軍を牛耳る長州閥と同様、薩摩閥も出身地のみで区別した集団ではなく、いまの鹿児島県にあたる地域に利益をもたらすわけでも薩摩出身の軍人全員が属しているわけでもなかった。もともと薩摩藩出身の上原勇作は長州閥のメンバーであり、薩摩閥にも斎藤実《まこと》海軍大将など薩摩出身でない士官が多くいた。わかりやすく考えるなら、薩摩閥は、陸軍で権力を握る山県ら長州閥と対立する軍人および文民の組織であった。一九一二年後半には薩摩閥の関係者は海軍に集中しており、陸軍との結びつきをますます強める長州閥に向かう憎しみは、かねてからの両軍の対立をいっそう深めた[80]。

山県の顧問の中には桂を首相にすることで薩摩派の海軍との溝が埋まると期待する者もいたが、それは単なる希望に終わった[81]。長州閥とは複雑な関係にあった桂だが、それでも結びつきは強かったため、海軍側に彼を受け入れる意向はなかった。海軍大臣の斎藤実大将は、長年温めてきた海軍刷新計画が最後の最後で手から滑り落ちた気分だった[82]。一二月の「勝利」の代償からまだ立ち直らない陸軍とは異なり、海軍は世論の大半を味方につけているだけでなく、原と政友会の強力な支持を得ていた(83)。そうして自信をつけた海軍幹部は、西園寺が約束した予算を与えない場合には自身の内閣に危険が及ぶと桂に警告した。つまり、海軍は陸軍と同じ形でクーデターを起こす計画をしていた。桂が海軍の軍備増強費を出さなければ、海軍大臣を辞職させて後任を選ばず、内閣総辞職を余儀なくさせるというわけだ(84)。

桂に対する海軍の姿勢は、陸軍の行動が穏やかに見えるほど傲慢だった。前述のとおり、陸軍は少なくとも交渉を試みた。だが海軍はいかなる和平交渉にも関心を示さなかった。幹部の行動から判断するに、彼らは政府側の無条件降伏あるいは桂への厳しい制裁を求めていた。山本権兵衛大将が財部彪《たからべたけし》海軍次官に語ったように、それは名誉の問題だった。大臣を辞任させれば、後任を挙げてはならない。なぜなら、「海軍の力はここで問われる」からだ(85)。桂首相は斎藤海相の就任直後に彼を必死に探したが、電報を受けた斎藤は、名古屋近くの一宮市で体調の回復を待っているため会議には参加できないと返事をした。斎藤が一宮に行ったのは本当だが、そのときにはすでに東京に戻っていた。彼は自宅に身を潜め、訪問者に対しては不在だと告げるよう海軍将校たちに指示を出していた(86)。

斎藤の奇妙な行動の原因はいくつか考えられるが、最も可能性が高いのは最も単純な理由だ。つまり、桂にとって決して手の届かない存在になることが彼の目的ではなく、交渉の難しい相手だと印象づけようとしたのである。翌日、桂はついに電報代理店の記録を通して斎藤を見つけ出し、急いで面会を取りつけた。その場で両者はできる限り率直に話し合った。桂は苦悩を打ち明けて斎藤の助けを求めたが、それに対して斎藤は、いかなる妥協も許さない他の海軍将校たちの総意に縛られているのだと話した。海軍のやり方には満足していないが、総意に従うしかないのだと彼は述べた。それでも両者は、その後二年間で二度にわたって海軍に予算を投じるという一時的な合意を築いた。だが翌日には、その合意を撤回しなければならないと斎藤が謝罪した。斎藤の私邸で開かれた会議で財部彪や伊集院五郎軍令部長などの幹部がその妥協案に断固反対したため、斎藤は、次官に話したように、社会的に抹殺されずして、総意に逆らうことはできなかった。とりわけ、海軍で最大の影響力をもつ山本権兵衛大将が反対したとき、斎藤はもはや選択肢がないと感じた。そうして、おなじみの口実である「健康上の問題」を理由に彼は海軍大臣を辞任した[87]。

だが、桂はそれまでの政権にはない速さでその事態に反応した。大正天皇のそばで数カ月過ごした経験をもつ政治家として、彼は自身を天皇の個人教師のように考え、外国人使節との会話で天皇を「お坊ちゃん」や「わが子」と呼ぶほどだった[88]。したがって、海軍に頑なな態度を取られても、「わが子」である天皇の力に頼れる確信があった。

斎藤と最終的に決裂した翌日の一〇月二一日、桂は元老会議を開いて彼らの協力を取りつけた。山県と井上が共同署名し天皇に正式に提出された上奏文は、斎藤を海軍大臣に復帰させる勅令を求めるものだった。さらに桂は念のため、詔勅は宮城内で斎藤に直接手渡されるよう手配した[89]。複雑に分散した軍内の権力関係を熟知する桂は、天皇という切り札は斎藤個人に対して使う必要があるとわかっていた。海相不在の状態で「海軍」そのものに命令を発してもうまくいかなかっただろう。明確なトップがいないのに、誰がその命令を受けるというのか? だが斎藤は個人であり、すべての日本国民と同様、天皇から直接与えられた命令を拒むことも、他の将校がそれを促すこともできない[90]。単刀直入に言えば、桂は政治という戦場で革新的な兵器を使ったのである。

そうして斎藤は海軍大臣の職にとどまり、内閣は総辞職を免れたが、桂が使用した武器は広範囲からの反響を呼んだ。[91] 桂は自らの権力を強化するため、立憲同志会という政党の立ち上げを宣言した。政界での支配的地位を決して失いたくない原と政友会は、これを開戦の合図ととらえた。この瞬間に政友会は桂打倒の戦いに加わる決意をした。

それでも、敵が政友会と海軍だけだったなら、桂は曖昧な国家主権の力をそれまでにない形で利用して切り抜けられたかもしれない。だが、実際の状況は違った。一九一二年には各政党や立憲主義を支持するメディアの声が大きく、強い影響力をもっていた。[92] その主な要求には天皇と政治の分離があったため、八月に桂が内大臣兼侍従長に任命されるとリベラル系メディアに衝撃が走った。桂を通して長州閥が皇室を支配する危険があると恐れただけでなく、その兼任は宮中・府中の別を乱すと考えたからだ。[93] 桂が実際に首相という立場で天皇の権力を利用して海軍を従わせると、まさに恐れていたことが起きたとしてその反響は凄まじく、おそらく桂も予想しなかったほどだった。[94]

こうして、一九一二年一二月下旬から翌年二月にかけて日本全国で集会とデモが相次いだ。その多くは暴力的なもので、裏にはメディアや確固たる基盤をもつ国家組織である政友会が絡んでいた。[95]「憲政擁護運動」と呼ばれたこのエネルギーの噴火を率いた実業家やジャーナリスト、政党政治家の結束は実際には弱かったが、海軍が密かに土台を支えていた。[96] また、最も驚きなのは、この運動で政友会が政敵である国民党と手を組んだことである。[97] この運動の発端は、実業界、報道界、そして政友会につながりをもつ慶應義塾卒業生の社交クラブである交詢社の「炉端談義」だった。[98] 大正前期に政治への強力な影響力を築くためには、コネクションがすべてだった。混乱と暴力に包まれる町で、熱狂状態の群衆は運動の主導者である政友会の尾崎行雄と国民党の犬養毅を「憲政の神様」と崇めた[99]。

激しい批判の波は既得権層のほとんどを襲った。メディアは藩閥（長州閥など）や陸軍を非難し、元老についても権力に飢えた黒幕の老いぼれと罵った。特に山県への非難は激しく、暗殺計画がいまにも実行されそうだという噂もあった（暗殺はたしかに試みられたが、実行犯の若い歯学生は詰めが甘く、山県まで辿り着く前にあっさりと逮捕された）[100]。だが、メディアが最大の標的にしたのは桂だった。もともと彼が西園寺内閣崩壊を裏で操ったとする声が多く、さらに首相としての地位も危ぶまれていたため、大衆にとっては怒りをぶつける格好の的だった[101]。

政友会と国民党の共同集会から護憲運動が正式に始まった一二月一九日は、斎藤海軍大臣に勅令が出される二日前だったが、桂が曖昧な天皇の立場を利用したことが運動に火を点けた。運動の主導者である尾崎行雄は詔勅発布後の議会で演説し、次のように公然と非難した。「（桂らは）常に玉座の蔭に隠れて、政敵を狙撃するが如き挙動を執って居るのである。彼等は玉座を以て胸壁となし、詔勅を以て弾丸に代へて政敵を倒さんとするものではないか[102]」。ある証人によると、首相はこの弾劾に衝撃を受けた様子だったという。なぜならこの発言は、明治の統治制度の核をなす幻想、つまり天皇が実際に国家を支配するという「虚構」を露呈させたからである。「桂の顔は死体のごとく真っ青になった。手足はたしかに震えていた。その表情は死刑判決を受けたかのようだった」と証人は述べる[103]。自らの政権のイデオロギーを揺るがされた桂はひどく焦りを見せた。権力が指のあいだをすり抜けていくのを感じた彼は、自分が利用できる唯一の力、つまり天皇の特権をさらに引き出そうとしてその後もつぎつぎと詔勅を使い、それがますます世間の怒りを買うという悪循環を生んだ[104]。

一九一三年二月一〇日から一二日にかけては日本各地の主要都市で激しい暴動が起こり、政府は大混乱に陥った。[105] それまでの暴動と同様、群衆は交番や御用新聞社など、憎むべき官僚制の象徴を襲撃し破壊した。[106] 暴徒の少なくとも一部は閔妃暗殺に関わった壮士集団から影響を受けていた。[107] このときも頻繁な社会変革によって沸き上がる楽観主義の波が攻撃的な運動家を扇動し、暴力によって真に国を変えられると信じさせた。

はじめ、桂首相は海軍に打ち勝ったように暴動の波にも決して倒されまいとした。山県への書状にも記したとおり、内閣がたびたび総辞職すれば日本の政治の根幹が脅かされると考えた。[108] だが、自分に宣戦布告をしたも同然の議会を解散することはできなかった。結束力があり絶大な人気を誇る政友会に総選挙で勝てそうにないからである。[109]

追い詰められた桂は、海軍を従わせたのと同じ手段に出た。天皇に政友会総裁である西園寺公爵を召喚して内閣不信任決議案の撤回を命じる詔勅を渡すよう説得した。斎藤大将と同様、西園寺と原も天皇の意向には逆らえないと感じたが、桂は今回で一線を越えてしまった。[110] 桂の乱用によって詔勅の威厳が大きく失われていたため、政友会の一般党員たちが党幹部に従わず詔勅を無視する決定を下したのである。明治維新以来の皇室への屈辱的な拒否を突きつけられ、桂はついに降参した。[111] 彼が天皇の曖昧な権力に頼りすぎたため、全能とされる国家主権の立場さえ揺らぎ、天皇制の存続自体が危うくなった。[112]

二月一〇日、好機を嗅ぎつけた海軍指導者の山本権兵衛は桂の自宅に押しかけ、天皇を守るために辞任するようぶしつけに要求した。桂はなすすべなくこれに同意し、首相として山本を後任に薦めた。山本はそれに対して自分は適任でないと答えたが、もしどうしても必要となれば国家のために重責を背負う覚悟はできていた[113]。

政友会は陸軍を敵に回したために国を統治できなかった。桂は海軍に勝利したが、政友会、メディア、世論に打ち倒された。次は政友会が再び支配権獲得を目指す番であり、今度は海軍との緊密な協力のもとそれを試みた[114]。後述するように、それは国家全体に劇的な影響を及ぼすこととなる。大正政変第三幕は、誰も予想しなかったことだが、統帥権の一部崩壊をもたらした。

第三幕：「朝露のごとく」――陸海軍の窮地

一九一三年の年が明けたころ、西園寺内閣を総辞職させて桂内閣崩壊の一因にもなった陸海軍の強引なやり方に、政界およびメディア界は不満を募らせていた。リベラル派の記者や政治家は少なくとも政変が始まって以来大手の新聞や雑誌で現役武官制を批判し、文民を軍部大臣に就かせるよう求めていた[115]。保守派の権力者の中にもこの意見に賛同する者はいた。一月八日には桂首相も貴族院議員［田《でん》健治郎］に対して現役武官制を廃止すべきという考えを打ち明け、相手議員もそれに同意した。今後の陸海軍大臣には文民を就かせるべきだと桂は言った[116]。保守派の政治家でさえ、この制度を根絶しない限り陸海軍は意のままに倒閣ができるため、クーデターが常套手段になりかねないと理解していた。

だが桂は他の問題に手一杯で、現役武官制廃止に向けた具体的な方策は取らなかった。その使命は後任の山本首相と政友会幹部に委ねられた。桂内閣崩壊からまもない三月六日、原は山本との会合で制度廃止への断固とした取り組みを強く促した。そこで原は、退役武官も大臣職に就けるよう陸海軍省の制度を変えることを提案した。さらにこれは政友会全体としての意見であり、世論を静めるための「必須条件」だと強調した。山本は原の意見を支持し実現するよう努めることを約束した。現役武官を大臣にすることにメリットはあるが、法として規定する必要はないと山本は原に語った。海軍の権力を弱めるこの決定を受け入れた山本の真意は定かでない(117)。ただ、彼は政友会の力に依存していたため、こうした重要な問題に関して原に抵抗することはまずできなかった。また、すでに権力を手にした彼の中では国益が優先されたのだろう。一度めは成功、二度めは失敗に終わった軍による倒閣計画の末、識者のあいだでこうした混乱が天皇制の基盤を揺るがしかねないことは明らかだった。

最大の問題は間違いなく、いかにして前月の事態の繰り返しを避けるかという点だった。結局のところ、陸海軍は予算削減への抵抗に現役武官制を利用したのである。まさにその権力の根源が危険にさらされたとき、彼らはどのような行動に出るか？　その場合に限っては、少なくとも形の上では両軍が手を組んで制度を死守しようとするかもしれない。原や山本らにとっての問題は、クーデターにつながる流れをいかに阻止するか、だった。つまり、田中少将などの中心人物が軍の非公式ネットワークを扇動し、その中で反政府的な総意が形成され、彼らが大臣に辞任の圧力をかけ、後任の指名を拒否し、最終的に倒閣を果たす、というようなことがこれ以上あってはならない。

海軍への対処は比較的簡単だった。結局のところ、桂内閣に対するクーデター計画の裏にあった海軍の非公式ネットワークの中心は山本大将である。そして彼は首相になってもその力を失わなかった。前述のとおり、西園寺内閣の崩壊を引き起こした一因には、国が正式に定める階級と陸軍の非公式ネットワークとのあいだのずれがあった。実際に影響力をもつ者たちの地位が高くないために彼らとやりとりすることが難しく、それが交渉での解決を阻んだ。だが少なくとも一九一三年春には、海軍においてはついに公式と非公式の権力構造が一致した。海軍トップである山本大将が正式にも首相という地位に就いたからである[118]。これを可能にしたのは「日本海軍の父」と呼ばれた山本の輝かしい過去だけでなく、彼の類いまれなるカリスマ性もあった。政敵の尾崎行雄はのちに山本を「高慢な人物」だったと思い返す。彼によると、山本には「相手の心臓を縮み上がらせるような威圧感があった。山県のように優れた手腕をもつ者ですら、彼には畏怖の念を抱いていたようだ[119]」。そう考えると、山本があっさりと斎藤実海相の心をつかみ、長年にわたっていかなる場合にも信頼し合ったことは驚きでない[120]。

陸軍への対処も、少なくともはじめのうちは順調に思えた。山本は新たに陸軍大臣となった木越安綱中将に働きかけた。彼が軍の意向に従って辞任しない限りクーデターは成立しない。上原よりも穏健で合理的な木越は現役武官制廃止の中心に立つことをひどく嫌ったが、同時に陸軍の孤立状態と世間の反感も思い知っていた[121]。そうして四月八日に彼は山本に対して、いまの状況を考えれば改正は「避けられない」と語った[122]。だが上原と同じく木越も陸軍の中心人物ではなかったため、あとは長州閥がどう出るかが問題だった[123]。政府にとっては幸いなことに、西園寺内閣クーデターの黒幕である田中少将は、陸軍省の影響力ある職から政治に大きく介入できない旅団長のポストに移っていた[124]。木越に妥協の構えがあり、長州閥は分散し力を失っていたため、陸軍省内部にクーデターを推進する力はほぼなかった。

だが、陸軍の権力は陸軍省の他に参謀本部と監軍本部にも分散されていた。山本は三月一〇日に議会で現役武官制廃止の意思を発表したが、その日のうちに原に対して木越の合意だけでは不十分だと話した。つまり、参謀本部と監軍本部の協力が必要だということだ[125]。陸軍における権力の分散と明確な責任者の不在によって、またしても交渉がややこしくなった。陸軍の複雑な非公式ネットワークの渡り歩き方を誰よりも熟知していた山本は、適宜原に報告しながらも自らの力で慎重に政治の舵を取った。だが四月一七日、彼は問題が起きるかもしれないと原に話した。長谷川参謀総長と次長が現役武官制廃止に強く反対したのである。予備役の武官は軍事機密を政党に漏らすかもしれない、というのが長谷川の主張だった。そして参謀本部は木越陸相に圧力をかけるようになり、軍の歯車がきしみだした。仲間の抵抗と首相による強いプレッシャーの板挟みになった木越は、山県に意見を仰いだ[126]。山県は制度の存続を望んでいたが、控えめな立場にとどまった。陸軍のクーデターによって彼の影響力と世間のイメージはいずれも大きく低下したため、また同じ目に遭うのはどうしても避けたかったのである[127]。

木越が身内から責められていることを十分認識していた山本首相は、彼が辞任して一二月のクーデターが繰り返されることを恐れた。裏で軍の糸を引く者たち、特に宇垣大佐に制度改正の必要性を納得させられなかった山本だが、ここで抜け目なく天皇の権力を利用することにした。それも、桂よりはるかに賢いやり方で[128]。詔勅の乱用がどれほど世間の怒りを買うか知る彼は、皇室を使った工作は秘密裏に行うことにした。木越の従順さを利用し、山本は改革案を天皇に「水面下で報告する」よう彼を説得した[129]。こうして木越の山本への忠誠心は天皇への誓いによってさらに強固な枷《かせ》となり、五月二日に現役武官制廃止案は議会を通過した[130]。

木越の辞任による目的達成はできないと陸軍の黒幕たちが気づくと、前回と同じクーデターへの道は塞がれた。そうして複数の将校は唯一残された手段を検討した。天皇への直訴である。四月中旬、統帥権制度のもと謁見の権利をもつ長谷川参謀総長は、この権利を使って内閣に対抗すると言い放った[131]。翌月には、統帥権と現役武官制のもと築かれる皇室と陸軍との特別な関係の維持を求め、参謀本部および陸軍省の中堅将校たちが起草した熱烈な請願書を長谷川が天皇に提出した。宇垣大佐は今後政令に連署しないとまで宣言し、さらには反政府論を語気鋭く説いた文書をメディアに配布した。だが後者の行動は失敗で、これによって陸軍次官は彼を一時的に地方左遷せざるをえなくなり、軍は最も強力な人物を前線から失った[132]。

山県が陸軍への肩入れを拒んだこの状況下では、機略に優れた首相に天皇の力を借りて対抗できる者はもはやいなかった。山本はこれを盾にして、五月八日に陸軍にとどめの一撃を加えた。大正天皇と面会し、一介の将校が天皇と直接話すことは「秩序に反する」と訴え、陸軍の請願を棚上げするよう強く進言したのである。結局考慮の対象が山本の意見しかなかった天皇は、当然ながら彼に同意した[133]。陸軍省と天皇という影響力行使の経路を塞がれた参謀本部にもはやなすすべはなかった。できることといえば木越大臣個人への復讐ぐらいで、それは実際に行われた。六月二四日に木越は辞任に追いやられ、軍人としてのキャリアを実質的につぶされた[134]。

ここで陸軍は、再び新大臣の選任を拒み、予備役から任命してみろと山本に前代未聞の危険な挑戦を突きつけることもできた。だが、山本はまたしても陸軍のライバルを出し抜いた。彼は薩摩閥の中心である自分の立場を利用し、参謀本部に属する薩摩閥支持派の将校たちと密かにつながりを築いていたのだ。長州閥を嫌う彼らは、これを機に自分たちの中から陸軍大臣を指名した。最終的に山本の同意を得て選ばれたのが、元土佐藩士で閔妃暗殺の共謀者でもある楠瀬幸彦《くすのせさちひこ》中将である[135]。楠瀬が任命されたことで、ついに薩摩閥が陸軍を代表することが決まった。山本首相が勝利し、陸軍の長州閥がとうとう敗北したのである。

陸軍の嘆きは広範囲に及び、多くの者が山県元帥の権力は消えかけてはいないにしても衰えていると感じた。当時朝鮮総督を務めていた寺内陸軍大将は、六月二〇日に山県に宛てた手紙で陸軍の活力と権力の源である統帥権の死を嘆き、次のように記した。「たった一日のあいだに彼らは、あなたと仲間たちが築いたのち数十年にわたって保たれた政治機構を破壊した。（中略）陸軍も長くあなたの指揮下にあったのに、（中略）これも一日で崩れ去った。悲しきかな、数百年の活力源さえ朝露と同然である」(136)

崩壊の淵――大正政変の裏側

客観的に見れば、大正政変においてどうしても避けられない出来事は一つもなかった。政府と軍の争いは質的でなく量的なものだった。つまり、費用と時期の問題であり、本質的な対立ではなかった。陸海軍と西園寺や桂の内閣がそれぞれ却下した妥協案は数多く、危機の発生はさらに先送りすることも可能だったはずだ。(137)ここで答えを出さなければならない二つの疑問は、なぜ政府と軍の双方が立場の違いを乗り越えられなかったのかということと、なぜこのクーデターが一九一二年から一九一三年に起きたのかということである。どちらに対する答えにも直接関連するのが、文民に対する軍の不服従と反抗の精神である。これらの疑問の答えが出れば、大正政変によって国家主権の威信が傷つき、明治からの統治体制が崩壊寸前にまで陥った理由が明らかになる。

最初の疑問は簡単に答えが出る。提案されたすべての解決策が却下されたのは、国家政策に関する議論がやがてイデオロギーに関わる感情のぶつかり合いになってしまったためである。内閣と政友会にとっては軍と妥協すれば藩閥支配と軍の優位性を認めることを意味し、一方で陸軍は不実な政治家と腐敗した実業家が支配する世界において自分たちこそが天皇に対する忠誠の最後の砦と考え、海軍もまた独自の利己的な理由から同じように考えた。さらに政府も軍も「世論」に後押しされ、相手への敵意と急進化の悪循環に陥った[138]。

二つめの疑問は、政変の勃発がなぜ一九一二年で、それ以前には起きなかったのかということだが、こちらの分析ははるかに難しい。一つ可能性のある原因は、強力な国家の象徴として長きにわたり日本を統治した明治天皇の崩御である。明治天皇は国の支配層をつなぐ軸であったため、彼の死によって均衡が崩れ、新しい天皇にはそのバランスを取り戻すほどの威信がなかった[139]。

だが、どれほど偉大な人物であろうと、一個人の死を唯一の原因とすることはできない。経緯を入念に探るとわかるように、天皇の死によって政府と軍の交流経路が機能不全に陥ったことをきっかけに議論は感情的なものになった。政治家の大津淳一郎が述べたとおり、対立する者同士の交流が絶たれていると、双方とも相手が恐ろしい悪巧みをしていると考えがちだ(「心が疑念にとらわれていると周りがすべて敵に思える」と大津は語った[大津淳一郎著『大日本憲政史』])。だが彼は多くの歴史学者と同じく、桂、西園寺、山県という三人の指導者間のコミュニケーションの問題にしか目を向けなかった。しかし実際に欠陥が生じていたのは個人間だけでなく、二つの対立した集団間の交流である。その一つは長州閥を中心とした陸軍で、もう一つは内閣と政友会と海軍が構成する集団である[140]。この機能不全を生んだ根本的な原因は、そもそも両集団のネットワーク構造が異なっていたことにある。大正初期の体制におけるこのずれは、政変の経緯と悲惨な結果、そしてそこから生まれた独特の力関係を理解する鍵となる。

大正政変時の政府と陸軍の組織構造は、どちらも三四年前の一八七八年に統帥権が確立されたときとは大きく異なっていた。一八七八年当時、陸軍と政府は同じ指導者集団の支配下にあった。だがその後、年月を経て両集団の距離は広がり、双方をつなぐ動脈は硬化していった[141]。一九一二年、その硬化がついに政変という心臓発作を引き起こして国家を衰弱させた。前述のとおり、危機の初期段階で最も重要な役割を担っていた原と田中は、それぞれの集団における立場が異なったために本格的な話し合いができなかった。一方は大臣、もう一方は局長という正式な地位の違いが両者間の真剣な議論を妨げた。そこではイメージと現実のあいだに大きな乖離があった。つまり、非公式の権力ネットワークでは両者が同等の力をもっていたが、正式な階級は原が田中よりはるかに高かった。陸軍と政府による建設的な交渉を阻んだこの致命的な隔たりこそが、大正政変の主な原因である。

事実、田中など中堅の将校がその地位に釣り合わない権力を得て政府との意思疎通経路を乱すようになったことは、軍隊不服従の「民主化」とも言える、長期にわたる日本軍の権力構造の変化が生んだ結果である。このプロセスにおいて重要なのは、陸軍内で独自の反抗的な方針を立てる者たちの輪が広がりつづけたことである。この「民主化」では、権力が中央から徐々に外側へと移っていった。つまり、不服従を提唱する者の階級が下がり、軍の指揮中枢から離れていった。

だが、部下が上官に大きな影響を及ぼす現象自体は以前にもあった。一八七四年に西郷従道が主に部下の圧力に押されて政府に反抗した事件、さらに江藤新平と西郷隆盛が起こした反乱についても同じことが言える。とは言え、一八七〇年代に「下の者」ができることは上に圧力をかけるまでにとどまっていた。指導者がその勢いに翻弄されようとも、抵抗の主導権は彼らの手にあった。しかし閔妃暗殺が起こった一八九五年、下の者たちの権力は大幅に拡大した。自らの判断で政府に逆らった首謀者の三浦梧楼は政府の高官だったが、その部下や安達謙蔵などの民間人活動家も意思決定に深く関わった。一九一二年になると権力の中心はさらに階層を下り、田中義一少将や宇垣一成大佐など部局長や課長が影響力をもった。

この経緯は歴史的文献では必ず言及されるが、根本的な原因を深く追究したものは少ない。いわゆる下剋上があったのは確かだが、それはなぜ起きたのか？[142] ありうる原因としては、人脈と情報源の範囲が関係したと考えられる。本書第二章では、天皇の立場が弱い理由を分析しながら、独自の情報源をもつことが指揮権を握るための鍵だと述べた。[143] 一八七〇年代に日本で宮内省、内府や侍従職などの皇室機関の権力が拡大しなかった理由は、単純にそうした情報源をもたなかったからだ。天皇は孤立状態にあり、唯一の情報源である宮中顧問官は天皇が反論できない「助言」を通して彼を自在に操れた。中国史学者によると、これは帝政期中国で権力の弱かった皇帝にも当てはまるという。情報源が少数の顧問に限定されると、途端にその皇帝は力を失った。[144]

こうした現象が日本陸軍でも見られた。山県の権力がピークにあった一八八〇年代に、彼が陸軍の強力な地位を次々と渡り歩いた（数カ月のペースで異動することもあった）ことは単なる偶然ではない。この頻繁な異動により、山県は複雑化が進む軍内でさまざまな人物とつながりを形成して独自の情報チャネルを築き、効果的に支配権を確立した。また、軍人が関わった反逆行為として最も深刻な閔妃暗殺事件が、一八九〇年代に日本政府から離れた漢城で起きたことも偶然ではない。そこでの情報は、政府や軍の幹部に伝わる前に三浦梧楼などの現地指揮官がたやすく遮断できた。

だが、一九一二年にその構造は変わっていた。山県の力が徐々に弱まったのは、この時代の研究でしばしば結論づけられるような年齢だけが理由ではない。[145] むしろ上原大将の表現を借りれば彼は「雲の上」の存在となり、東京内外に構えた邸宅で暮らしていた。[146] 自分からあまり動かなくなった山県は、部下など信頼する訪問客から与えられる情報に頼った。山県に言及する際に、彼が住む土地の名前（目白など）やそこに建つ屋敷の名称、「椿山荘《ちんざんそう》」で呼ぶようになったことからも、彼がもっぱら自宅にこもっていたとわかる。[147]

この状況から恩恵を受けたのは田中少将など局長レベルの人物で、彼らは地位が低いおかげで軍人とも文民とも比較的自由に連絡が取れたため、情報源を増やして支配力を確立していった。たとえば田中は、政府が陸軍を陥れる陰謀を企んでいるとの匿名の回覧書を軍幹部に回してそれを軍の方針の基盤にさせ、一方で山県や井上など特に権力ある者には二個師団増設の必要性を訴えつづけた。内閣総辞職前後の重要な時期に山県と他の上級将校の連絡役を務めたのも田中だった。また彼は、ジャーナリスト、実業家、さらには政友会メンバーとの会合でも増師の実現を訴えていた。[148] 一九一二年には長州閥という曖昧なネットワークが陸軍指揮における主な情報源であり、その中心で最も多くの人脈をもつ中級将校が事態の発展に重大な影響を及ぼした。

海軍でもほぼ同じ現象が起きていた。たとえば財部彪海軍次官の日記によると、斎藤実大臣は将校たちと軍令部長、そして各局長の総意に逆らえなかった。事実、斎藤の辞任前に彼らのあいだで交わされた会話の記録を見ると、部下たちに対して斎藤が大臣職に残らせてほしいと頼み込んでいたことがわかる。これほど情けない訴えをした彼はときおり涙ぐんでさえいたという。[149] 陸海両軍において権力が分散し、さらに下位の軍人が急激に人脈を広げたことで、両軍の大臣は部下と同等か、ときにはそれ以下の立場に甘んじていた。

こう考えると大正政変は、陸海軍における統帥権独立論の高まりと、不服従の民主化という別々の現象がついに交わった瞬間だったと言える。これが破滅的な結果をもたらした。両軍の問題点は、進化と後退が同時に起きたことである。組織としての力は増大したが、その内部は混沌として制御が難しくなり、つまり外側は強固だが内側が柔らかく貧弱な状態だった。不服従の民主化に伴い、軍で最も力をもつ者たちの地位が低いために政府が近づけないという事態が生まれ、前述のとおり各集団のネットワーク構造のずれによって交流が妨げられた。

海軍などにおける真の権力者に近づけず非公式な関係を築けなかった桂は、唯一の拠り所である天皇の力を利用した。だが、いったん勅令を利用したあとはこの手っ取り早い解決策の中毒となり、やがてあらゆる問題に対して乱用するようになった。

これがもたらした結果についてはまだ歴史家のあいだでほとんど検討されていないが、桂自身の破滅につながっただけでなく国家体制全体を大きく揺るがした。桂が統治のツールとして乱用したために、詔勅は教会歴史家のリチャード・サザンが「スピリチュアル・インフレーション」と呼ぶ現象に陥った。サザンはもともと宗教改革以前にカトリック教会が発行した贖宥状《しょくゆうじょう》についてこの表現を使っていたが、のちに経済におけるインフレとの類似点に気づいた。はじめのうちはほとんどの人が、どれほど哀れな罪人でも天国行きを「勝ち取る」ことのできる贖宥状をありがたく思っていた。だが、教会がこの強力なツールを乱発するようになると、政府が紙幣を過剰発行したときに通貨価値が下がるように、その重みは徐々に失われていった。[150]

桂の詔勅乱用はこれと非常に似た結果をもたらした。尾崎行雄が言うところの、桂が「玉座をもって胸壁となし」、天皇の詔勅を「弾丸」として利用していることに政友会が気づくと、桂の威信とともに詔勅の価値は下がり、桂の支持者らでさえこの事態を認識した[151]。一二月二一日に詔勅がはじめて発されたときには、海軍を服従させるほどの力があった。だが二月には、政友会議員に不信任案を取り下げさせることさえできなかった。また、桂は単なる乱用以外の面からも詔勅の価値を低下させた。たとえば、詔勅には彼の新党設立計画を阻む力もあると指摘されると、その場合には詔勅を無視して公爵の称号を捨て、「一庶民の桂太郎として国に奉仕する」と言い放った[152]。

だが、一九一三年二月初め、桂はついに自分が日本の国家体制全体を崩壊寸前の状態にまで陥れたことに気づいた。その危機は深刻だった。なぜなら、天皇の超越性と絶対的な力は明治の国家体制の根幹をなす基本前提だったからだ。一八七〇年代以来、天皇はさまざまな非公式ネットワークを一定の枠に収める強力な接着剤であり、その枠内で争いが起きようともどうにかまとめていた。詔勅があらゆる政治家から一笑に付されるようなものになれば、天皇の神話そのものが崩壊しかねない。そうなれば、何が国家を一つにまとめるのか？　次に危機があれば、政治機能が完全に壊滅するか、少なくとも急進的な改革が起こりかねない。哲学者スラヴォイ・ジジェクの比喩を引用すれば、それは「古典的な漫画のワンシーン」に似ている。「馬車の目の前には崖が迫るが、ついに崖を越えてもそれを無視して進みつづける。それから下を見て何もないことに気づいてはじめて」、本書の場合では天皇制の幻想に気づいてはじめて、「落ちていく[153]」。その危険を冒すよりはと、桂は辞任を選んだ。

タイムリミットの延長――将来への影響

大正政変は、本書全体で分析する出来事のうちで唯一、軍の敗北で終わった。陸軍は、少なくとも当分は切望の増師を実現できなかっただけでなく、政党政治の発展と原の権力追求を止められず、海軍との溝も埋められないことを自らさらけ出してしまった。[154] 一方、原は薩摩閥と山本権兵衛大将を味方にしてその溝にうまくつけこんだ。軍人としてはめずらしく国家に対する大きな責任感と先見の明をもつ政治家であった山本は、原と手を組んで現役武官制を廃止することで陸海両軍から倒閣の力を奪った。

さらに、この動きに対する陸軍の抵抗は騒々しいだけであまり威力はなかった。ここで重要なのは、軍が暴力に訴えることなく敗北を受け入れた点だ。田中などの強硬派を含む陸軍幹部の影響力は組織内部にとどまっており政府を揺るがすまでではなく、一方でさらに急進的な部下を抑え込む支配力は一九一三年夏の時点では十分にあった。無血クーデターはできても、政治的暴力に及ぶことは不可能だった。一八七八年の軍制改革以来、はじめて国の権力バランスにおいて陸軍が不利な立場に立った。一八八〇年代から九〇年代にかけて、四将軍などの文民統制支持派は陸軍の権利拡大を止められなかった。だが一九一三年、山本率いる海軍の協力を得た原がそれを成し遂げた。原と山本はそうして得た力を使い、その後の軍の反抗を芽のうちに摘んだ。たとえば陸軍部隊が政府の命令に反して中国南部で密かに作戦に出ようとしたとき、山本首相は予算削減によって中止を余儀なくさせた。[155] つまり、大正政変は統帥権の抑制と文民統制に向けた第一歩であったと考えられる。

ただ、政治家の勝利はたしかに大きな意味をもったが、その影響は限定的で、いつまでも続くものではなかった。現役武官制廃止はあくまでも制度的なものにとどまり、その後の内閣で陸海軍大臣に退役武官や、ましてや文民や政党政治家が選ばれることは一度もなかった。現役武官以外の者の任命がまったく不可能なわけではなく、統帥権制度確立に携わった桂でさえ文民政治家も軍部大臣になれると認めていた。それでも実現に至らなかった理由は、歴史学者テツオ・ナジタの主張どおり、政治的なものだった。文民が、さらには退役武官さえも、軍隊組織をまとめられるとは期待できなかったからである。[156]

さらに軍幹部は、陸軍省の権限の大半を統帥権独立が確保されている参謀本部へ密かに移した。[157]これによって参謀本部は、ロシアの内戦に干渉しようとしたシベリア出兵（一九一八〜一九二二年）で独自の方針を貫くことが可能になった。それ政策への反抗という点ではグレーゾーンで、ときにその域を越えることもあった。[158]つまり、「黄金を喰らう怪物」は敗北したが、巣の中にまでは追い込まれなかった。陸軍を文民の支配から外れさせる統帥権の基本原則は、歯止めこそかかったものの本質的には保たれた。

さらに、軍を階層の面から改革するために、統帥権がつなぐ非公式な横のネットワークを正式な縦の階級に置き換えようとする者が一人も現れなかった。結果、この致命的なネットワーク構造のずれはその後数十年にわたって軍の反抗の温床となった。条件がそろえばまた反乱勃発の可能性があった。だが、次章で述べるように、そうした条件は日本本土ではそろわなかった。閔妃暗殺と同様にそれは国境の外側で起こり、次に震源地となったのは満州だった。軍の反乱、血みどろの暴力、政治家の暗殺が渦巻く混沌状態に大日本帝国を陥れるこの事件が一九二八年とかなり遅れて遠くの地で発生したのは、大正政変で原が勝利したためと考えられる。だが、そもそもの事件発生の原因は、その勝利の範囲とその後の影響が限られていたことにある。

第三部

暗い谷底へ

一九二八〜一九三六

第八章

満州の王

――河本大作と張作霖暗殺

一九二八

真の泥棒は穴であって、ネズミではない。

（バビロニア・タルムード「キダシン（婚約）」第五六葉第一面より）

一九二八年、閔妃暗殺は三〇年以上も前の出来事となり、日本人将校が外国の要人を殺害したその事件はほぼ忘れ去られていた。だがその年、潜在していた反乱要素が激しく再燃し、軍人が政治的理由から同様の計画に乗り出した。若い日本人将校率いる集団が、満州の軍閥トップであり自らを中華民国の大元帥だと宣言した人物、張作霖を暗殺したのである。

軍閥時代の張は最も畏れ多き存在として知られ、国を統一する有力候補とみなされていた。もともとは単なる盗賊の長だったが、やがて中国最強の陸軍部隊を率いる冷徹な指導者にまで上りつめた。彼は何年にもわたって大日本帝国と手を組んでいたが、一九二〇年代半ば以降その関係は急速に冷え込んだ。そうした中、暗殺首謀者の河本《こうもと》大作大佐は日本の政策方針に完全に逆らって行動を起こした。その作戦はよくできたもので、共謀者たちは悪行が上の者たちに知られないようあらゆる手で痕跡を隠そうとした。

この事件がその後の歴史において重要な意味をもつのは、河本の計画が二つの異なる軍事的概念に基づいていた点である。まず、一九二〇年代に再び台頭した統帥権独立の考えは、陸軍が組織として政府に反抗する動機となった。それと同時に、「独断専行」という別の考え方が生まれ、部下の将校が上官の承認なしに作戦現場で独自の決定を下すようになった。この二つの考えが組み合わさったことで、河本のような佐官級の軍人が政府と軍指導部の両方に逆らい戦略上のイニシアチブを握ろうとした。河本と仲間たちがこの合成を成功させたことで火花が発生し、それがやがて一九三〇年代に軍の暴力行為に火をつける。

新たな統帥権イデオロギー

大正政変以来、原敬などの政党政治家はできる限り統帥権を制限しようとし、陸軍を徐々に文民統制のもとに置こうとする試みは公に行われていた。前章で述べたように、一九一三年に軍部大臣現役武官制が廃止されると軍は自由に倒閣ができなくなった。

費用をかけてロシア内戦に干渉しようとしたが失敗に終わったシベリア出兵（一九一八〜一九二二年）中、首相の原が軍を完全に従わせることはできなかったが、その目的に近づくことはできた。自らも認める漸進主義者である彼は、参謀本部を廃止して統帥権制度に致命傷を与えようという高橋是清大蔵大臣の提案を退けた。その代わりに彼と後継者たちはいくらか協調的な田中義一陸軍大臣および山梨半造陸軍大臣を通して軍の支配権を握り、参謀本部の力を常に抑え込んだ[1]。さらに原は、陸軍の立場を弱める法改定をいくつか行った。たとえば一九一九年には、朝鮮、台湾、満州内関東州における総督のポストを陸軍人に独占させる法律を廃止し、文民も就けるようにした。それに伴って満州の関東都督府は廃され、文民をトップとする関東庁に変わった。一九二一年には民間人の国粋主義者である中岡艮一《こんいち》が原を暗殺するが、この改革を食い止めることはできなかった。(2)

この動きに対して陸軍は、文民の支配に「感染した」機関から統帥権の恩恵が保たれている機関へと執行権を移した。大正政変の終焉以後、多くの権限が陸軍省から参謀本部に移された。参謀総長は自らを統帥権の盾に守られた存在であり、天皇以外の何にも属さないと考えていた。(3)満州でも陸軍の方針は似ていた。その地ではじめて文民である関東庁長官、林権助《ごんすけ》の支配を受けた軍は、満州内の日本領地である遼東半島や旅順を警備する関東軍に現地の全兵士と独立守備隊を所属させた。関東軍の河合操司令官は東京にいる上原勇作参謀総長の直属の部下だった。(4)そのため、関東軍が文民の支配下に置かれることは常に議論の的となった。

また、一九二〇年代前半の自由主義的な空気は大都市を中心に陸軍に対する不信を生み、政治家はそれを利用して公然と軍の特権を抑え込んだ。威信と承認に飢え、貧しいことも多かった青年将校たちは、政府と国民の両方からこれほど軽視されることに愕然とした。彼らの大半は士官学校で専門的な教育を受け、その閉鎖空間はエリート意識、団結心、自分たちの道徳的優越感が強調される環境だった。卒業生は「文民」の役人、政治家、外交官を軽蔑しがちだった。都市部から向けられる反軍感情に対し、各種軍学校は統帥権の概念、すなわち軍は政府とすべての法から独立し天皇個人のみに従属するという解釈を学生に伝えた。(5)こうした気風の中で、文民統制に反対する司令官は軍内で非常に大きな支持を得た。(6)

一九二八年にこうして新たな形で人気を集めた将校の最たる例が、参謀本部第一部（作戦部）部長の荒木貞夫中将である。荒木は古臭い藩閥に縛られない若い指揮官たちを代表する存在だった。彼は多くの人物とつながって藩閥にも似たネットワークを築いていたが、派手な宣伝活動を通して自らを藩閥の天敵と名乗った。荒木の戦術は大衆政治の新時代に合った斬新なものだった。大正政変下の一九一三年、田中義一などの首謀者は陸軍のさまざまな部門の中心人物と直接つながって巨大勢力をつくり上げた。荒木の場合、軍内で配布される冊子や、さらには一般の新聞を通しても自らの意見を広く周知させたことで、個人的に面識のない軍人からも多くの支持を得た。また、荒木が一九一四年に教官、一九二八年に校長を務めた陸軍大学校で彼に師事した軍人も数多かった。荒木ははじめて陸軍人として幅広い支持層を抱えた大衆政略家とも言える。

人気政治家のやり方としてよく見られるように、荒木は批判という形で意見を主張した。彼は長州閥、共産主義、欧米化、政党政治をひとくくりにし、真の軍人がもつ高尚な価値観のもとでは受け入れられない邪悪なものだと激しく非難した。また、軍事力では勝る相手さえも打ち倒すことを可能にしてきた「大和魂」を強調し、不満を抱えた多くの将校や陸軍大学校出身のエリート軍人たちの賛同を得た。さらにイデオロギー面からも扇動するため、荒木は古くからの侍の価値観を称えた。彼の世界は白と黒とに分かれていた。武士の価値観、闘争心、大和魂は良いもので、藩閥、政治家、文民の役人は悪だった。そこからは、あらゆる政治的意図や文民の支配から軍を逃れさせる統帥権に対する強い信念が感じられた。

また、荒木は陸軍省の権威を無視し、政府が軍事作戦を操るためのツールだと公言した。(7) 一九二八年五月上旬に山東省で日本軍と中国軍が激しく衝突した済南《さいなん》事件で、荒木は畑英太郎陸軍次官から政府の指示に従い撤退するよう命じられた。それが統帥権の侵害にあたろうとも陸軍は政府の方針に従わなくてはならない、というのが次官の主張だった。[8] それに対し、荒木は声を荒らげて次のように返した。

なんとばかげたことを言うのか？　軍人として、少なくとも指揮権というものがなんたるかを知るべきだ。皇太子殿下ご臨席のうえ海軍も出席した元帥と軍事参議官の会議における決定が政府の反対でいとも簡単に踏みにじられるのを、どうして突っ立って見ていられようか？　あなたはそれでも軍人か？　そんな行為に及べば憲法を軽視することになり、陸軍の面目は完全に失われる。[9]

荒木が力を発揮したのは、陰謀への参加というより宣伝活動だった。彼が自ら反逆的な計画を立てることはほぼなかったが、そうした行為を広く提唱した。ストレートで勢いのある彼の言葉は多くの陸軍将校の心をつかんだ。一九二八年五月には政府に対して、満州で積極的な政策を始めなければ「どうなるか知らないが、私が作戦部長として責任を取ることはできない」と脅した。[10] 表現は控えめだが、この脅しは爆発的な影響をもたらした。具体的な計画を実行せずして、荒木は文民統制からの完全な軍部独立の訴えだけでなく、軍内部の規律を徹底的に無視する態度さえ広めたのである。そうして軍隊では上官が部下に公然と「独断専行」して独自に作戦を進めるよう促すようになり、「不服従の民主化」が誰の目にも明らかになった。

荒木による不服従精神の布教に勢いをつけたのが、軍内の絶え間ない派閥争いと権力の分散である。一九二八年には、長州閥およびその中心である田中義一と宇垣一成の方針に対して幅広い反発が沸き上がったことで権力分散が浮き彫りになった。宇垣は一九二四年から一九二七年の陸軍大臣在任時に、政府の意向に従い、もともと軍近代化計画のために組まれていた予算を使って師団などを廃止した。多くの青年将校は、政党政治家に屈しただけでなく、部隊を廃止して将校を退役させたことで仲間のプライドと生活を崩壊させたとして、宇垣に激しい怒りを向けた。(11)

一握りのエリート将校たちも軍近代化の必要性を理解していたため、宇垣のやり方には強い反感を抱いた。一九二〇年代前半以後、将来の軍幹部を含むエリート将校は双葉会、木曜会、一夕会《いっせきかい》などの勉強会を東京の料理店で定期開催していた。(12)荒木中将の扇動と支援を受けたこれら団体のメンバーは、理想とする軍事改革の細かい性質に違いはありつつも、主に四つの点で意見を一致させていた。第一に、田中と宇垣が代表する長州閥を敵視していた。第二に、軍隊人事の改革を提唱し、陸軍大学校から長州閥の将校を排除しようとしていた。第三に、彼らの多くは経済統制および戦争への「国家総動員」を提唱していた。第四に、満州での断固たる積極政策を求めていた。こうした反主流派の勉強会に中心メンバーとして参加したのが、のちに張作霖暗殺の首謀者となる河本大作である。(13)他のメンバーと同じく河本も陸軍幹部への憎しみを抱え、それが一九二六年から一九二八年にかけて満州での彼の反逆行動につながる。だが河本の行動を理解するには、彼が自らの計画によって解決しようとしていた「満蒙問題」を詳しく検討する必要がある。

一九二〇年代後半の満蒙問題

満蒙とは「満州と内蒙古地方」の略語であり、満蒙問題は中国北東部のこれら主要地域で日本が抱える政策上のジレンマであった。一九二八年の時点で、日本はそれまでも数十年にわたって満州に干渉していた。日露戦争を終結させた一九〇五年のポーツマス条約で日本はロシアから南満州の権益を奪い、中でも南満州鉄道の経営権と関東州の租借権を得たことは大きかった。同年に清政府は北京での条約でこれらの権益を認め、日本の利権を侵害しないことに同意した(14)。

一九一一年の辛亥革命で清が新たな共和国に生まれ変わっても、満州における日本の権利拡大は止められなかった。欧州が第一次世界大戦下にあった一九一五年一月、大隈重信内閣はその混乱に乗じて中華民国大総統の袁世凱に圧力をかけ、満蒙地方におけるさらなる権益を日本に与えるように仕向けた。その内容は、関東州の租借期限延長、鉱山採掘権および鉄道経営権の拡大、日本人の永住・土地所有・商工業施設の建設を認めることなどだった(15)。一九二〇年代を通して、日本は関東州の境界をはるかに越えて満州内陸部で大きな利権を握りつづけた。満州には二〇万人の日本人と一〇〇万人の朝鮮人が移住し、鉱山や工場の経営などの事業を行った。満州と日本の年間貿易額は四億円に達した(16)［現在の金額に換算］。

ほぼすべての政治家が日本の「生命線」と考えた満州は、欠かせない天然資源の宝庫であり、重要な移民先だった。戦略上の観点では満州は主要防衛線であり、ソ連から朝鮮と日本本土を守る盾であった。そのため、軍は帝国の中枢につながるその入り口で強い存在感を維持しなければならなかった。また、一九二八年に田中義一首相がイギリス大使ジョン・ティリーに説明したように、日本と満州の関係は、日露戦争時に日本がそこで大きな犠牲を払ったことから「過去に苦難を経験した、感傷を呼び起こす地」でもあった(17)。

戦前日本の行政では常のごとく、満州に配置した各機関は互いにまったく協調していなかった。一九一九年以後、関東州は日本政府が指名した文民、林権助の管理下にあった。この管理者は、その地の軍事力であり参謀本部に直属する関東軍としばしば対立した。[18] 関東軍には複数の独立守備隊も所属し、南満州鉄道線路の警備を担当した。ロシアから引き継いだ権利に基づき、独立守備隊は沿線地帯を活動エリアとされたため、関東軍は満州内陸の一部地域にも進出できた。[19] また、関東州で大きな力を握った特殊会社、南満州鉄道株式会社（以下、満鉄）も重要な役割を担った。巨大企業の満鉄は、鉄道関連事業の他、関東州および満州全地域、特に首都奉天を中心にホテル、病院、学校などの施設を経営していた。[20]

満州に住む日本人の多くはよりよい暮らしを求めてその地に渡った貧しい移民だった。日本政府の政治には納得していないものの、周りの中国人にいつ襲われるかとおびえていたため、関東軍を頼りにし、指揮官にさらなる保護を要求することもあった。[21] 彼らの中には、「満州浪人」「支那浪人」「大陸浪人」と呼ばれる集団がいた。そうした者たちは、かつて日本国内外で政治的暴力に及んだ壮士や志士のような無法者や日和見主義者だった。一八九五年の閔妃暗殺で中心的な役割を果たした類の集団である。[22]

一九世紀後半の朝鮮壮士と同じく、彼らも大胆で暴力的で、ひどく貧しかった。また、日本軍とその特務機関、さらには黒竜会などの民間右翼団体と手を組んでいた。中国の言語、習慣、文化をよく知る者も多く、満州をうろついて情報を収集し、現地の親日団体とも協力した。また、関東州の首都大連などの都市で金を稼げるアヘン貿易に手を染める者も多く、アヘンの運搬と売買やアヘン窟の運営をしていた。関東軍幹部、満鉄、日本政府、司法当局、そしてとりわけ軍の特務機関はアヘン商の肩をもち、積極的に手を貸したり見て見ぬふりをしたりする代わりに利益の分け前を得ていた。[23]

このように日本人が満州で存在感を強めていたとはいえ、関東州の外の地域は地元権力者が支配していた。中でも辛亥革命以後に最も力をもったのが、「大元帥」とも呼ばれた元盗賊の張作霖である。日露戦争中、張率いる盗賊団はロシア軍のスパイとして活動した。張は日本軍に捕縛されるが、射殺寸前で参謀の田中義一に救われた。田中は張が将来役に立つかもしれないと考えたのである。その後、一九二七年に田中が首相に就くまで張は日本に忠義を示したが、それでも半独立の姿勢は崩さなかった。[24]

一九一〇年代後半、張は日本に対して、中国人の抗日活動を抑圧し、満州に共産主義者を立ち入らせず、日本との条約を守り、要求に応じて日本の権益を拡大させることを口頭で約束した。[25]その代わりに日本は財政および軍事面での支援を与えた。一九二四年に張が満州の敵対勢力と争った第二次奉直戦争で、関東軍は敵の幹部に多額の賄賂を渡して寝返らせ、張の勝利につなげた。また、満州の法と秩序を維持するという名目のもと、日本軍が張の領地に彼の国内外の敵を入れさせなかったことも重要である。一九二五年に子分の一人、郭松齢が張に反旗を翻したときには、関東軍は戦略上重要な満鉄沿線への立ち入りを郭に禁じて反乱の芽を摘んだ。[26]

だが、一九二六年ごろになると張と日本の関係は悪化し始めた。日本の内通者というイメージのついた張は、多くの中国人居住者から日本の帝国主義的侵略に抵抗するよう圧力をかけられていた。また、張はデモやボイコットなどの激しい抗日運動も憂慮していた。[27]そうした圧力を受け、彼は満州での日本の権益拡大に関する交渉で頑なな態度を取るようになった。特に、日本による新たな鉄道建設や、朝鮮との国境地帯に領事館を設置することは許可しなかった。さらに、アメリカの資本を引き込んで自ら新たな鉄道を敷設して満鉄から市場シェアを奪う計画を立てた。一方、日本の政治家の多くは、張が親日家のふりをしながら自分の領地で抗日デモやボイコットをけしかけているのではないかと疑っていた[28]。

この状況を複雑にしたのが、中国本土の情勢が軍事的にも政治的にも不安定だったことである。一九二七年、北京を占領した張作霖はその地で自らを中華民国大元帥だと宣言し、皇帝即位時のごとく儀式を執り行った。だが、辛亥革命で主要な役割を果たした革命派の中国国民党が彼に戦いを挑んだ。ソ連の支援で軍事力を強化し、ソ連政府が送った有能な軍事顧問団の助言を受けた国民革命軍は、全国統一を目指して「北伐」を開始した。革命軍総司令の蔣介石将軍は、世間の帝国主義と軍閥主義に対する反感を追い風に、軍閥指導者と外国の特権をいずれも排除すると宣言した。蔣は日本との条約は守りつづけるつもりだと示したが、当然ながら日本政府はそれを信用しなかった。そして張作霖の奉天軍が国民革命軍に敗北すると、日本にとって緊急に検討しなければならない問題が浮上した。このまま張作霖を支援しつづけるか、それとも国民党との和解を目指すか？　また、最も重要な問題として、争いが満州の国境地帯にまで広がれば日本はどうすべきか[29]？

一九二七年まで、与党の憲政会と幣原《しではら》喜重郎外相を中心とした日本政府の主な見解は、満州における日本の権益が脅かされない限りは、中国内戦への介入を最小限に抑えて中国の統治権を尊重しようというものだった。協調外交を推す幣原のようなリベラル派さえも、この地の権益はいかなる代償を払っても守るべきだと主張した[30]。幣原をはじめとする多くの者が、そのためには西洋の列強や張作霖を含む中国の権力者との慎重な協力体制が必要だと考えていた。

一九二七年三月二四日、国民革命軍と左翼軍隊が南京の外国領事館と外国人居留地を襲撃し、日本人などの外国人を殺傷した（南京事件）。金融恐慌［三月一四日の片岡蔵相による「東京渡辺銀行破綻」の失言をきっかけに発生した銀行取付騒ぎ」の影響もあって日本国民の怒りは激化し、憲政会内閣は四月一七日に総辞職に追い込まれた。その結果、対立政党である立憲政友会総裁の田中義一が組閣した。かつては長州閥の中心人物として政党の天敵であった田中は、立場を翻して政友会に入党していたのである。世間に広まる国家主義の波に乗って権力を握った田中は、国に秩序を取り戻す「強い指導者」とみなされた。そのため、田中は「積極外交」を通じて中国本土における日本の政策を強硬化すると宣言し、自ら外交を主導した。満州に関する日々の実務を管理したのは外務政務次官の森恪《つとむ》であり、政友会の中心人物である彼はタカ派としても知られていた。ただ問題は、新たな「積極外交」が具体的に何を意味し、日本が満州と中国全土でどのような方策を取るべきか誰も（田中さえも）わかっていなかったことである。[31]

満州での権益を守るためなら戦争も辞さないと宣言した田中首相だが、張作霖に対する協調方針は続けた。[32] 張が妥協しない姿勢を取ろうとも、満州における日本の権利は彼が支配者である限り守られると思われたからだ。したがって田中は、満鉄の社長をはじめとする使節を北京の張のもとに複数送り、日本との協力再開を求めた。さらに田中と使者たちは張に対して、国民党との無益な争いをやめて北京を離れ、日本の軍隊が守る満州の「要塞」に身を寄せるよう説得を試みた。多くの政治家と同様、田中は張と国民党との争いが満州の経済を弱体化させて反乱が起こったり、あるいは日本領地内に影響が及んだりすることを懸念していたのである。[33] だが、張は満州に戻るようにという田中の説得に応じなかった。反共産主義者である張の恐怖心を利用しようとした日本のやり方は失敗で、張は「アカ」である国民党の手によって共産主義の波が国全体を呑み込むのを止められるのは自分だけだと主張した。[34]

この交渉は難しく先が見えないとして、森恪外務政務次官を中心とした日本の政府高官たちは張に対してさらに強硬な方針を取るよう求めた。森は、多くの上級外交官、関東軍、満鉄関係者と同様、張の「恩知らずな」態度は説得だけでは解決できないと考えた。つまり、協力は強制的に取りつけるべきであると。張が同意しないのなら、彼の息子か部下にトップの座を譲らせるなどして彼を排除する必要さえ生じるかもしれない。この時点で森たちに満州を直接支配するつもりはなく、張よりも忠実な別の地元支配者を求めていた[35]。

ここで重要なのは、一九二七年に参謀本部と関東軍の多くの将校が森の立場を支持していたことだ。張の頑なな態度に軍幹部は怒りを募らせ、特に満州駐在の軍人は森に賛同して張に対する厳しい措置を求めるようになった[36]。だが、陸軍でさえもまとまった形の代替案を提示することはできなかった。張の排除を望む者のあいだでもその後継者について意見が分かれていたからだ。ただ、後を継ぐのが息子の張学良だとしても部下の一人だとしても、彼よりは日本の圧力に屈しやすいだろうという考えが多かった。張と対立するさまざまな軍閥指導者の顧問をする日本陸軍の「中国通」たちは、それぞれ自分が担当する指導者を張の代わりとして挙げることが多かった。また、国民党を支持する者もいた。張作霖の顧問は当然ながら彼を支持したが、少数派にとどまった[37]。

一九二七年に田中首相は、陸海軍、関東庁、外務省に属する者のうち満州に関わる全幹部を東京に呼び寄せて六月二七日から七月七日にかけて会議を開き、本格的に満蒙問題に取り組もうとした。だが、この「東方会議」でさえ決定的な結論は出せなかった。何日にもわたる議論の末に田中は「対支政策綱領」を出して会議を終えたが、それまでの政策に代わる具体的な案は示されなかった。会議では穏健と強硬のあいだを取り、張との協調関係をひとまず続けていくとする一方で、彼の排除という選択肢も検討した。ただ、この会議において重要なのは、いかなる代償を払ってでも満州の平和と秩序を守るべきだとしたことである。[38] 一年後の一九二八年五月、済南事件が三日に発生する前に日本政府は、もし多くの予想どおり張が国民党に打ち負かされて奉天軍がリーダーのいない暴徒として満州に戻ったときには、国民革命軍もろとも武装解除すべきだとの決定を下した。[39]

この決定はまもなく政策として形になった。日本政府は敵対し合う軍の司令官である蔣介石と張作霖にそれぞれ警告文を送り、満州の戦争と混乱を防ぐために「適切かつ効果的な措置」を取ると五月一八日に通告した。[40] 日本の使節たちも張との非公式の会話で、ただちに北京から撤退しなければ彼の軍が武装解除されかねないと警告した。[41] 関東軍司令官の村岡長太郎、参謀長の斎藤恒《ひさし》、高級参謀の河本大作は、軍を無力化された張が支配力を保てるはずがないとして、これを満州問題解決のために張を排除する正式な許可とみなした。五月一五日、朝鮮に駐留していた部隊が加わって関東軍の兵力が強化された。関東軍幹部たちは、いまにも張への進撃命令が下るだろうと構えた。[42] 当時の空気を斎藤恒少将は次のように日記に記している。

五月二一日、奉天。正午に勅令が下るだろうと考え、部下たちにその旨を伝えて召集時刻を正午とした。だが、命令は発されなかった。陸軍の統帥権が政策によって乱されているのではないかという気になってくる。朝まで待ったが、結局命令は下らなかった。[43]

実際、関東軍はいまだに政府と参謀本部の統制下にあった。一九日には満鉄の沿線地帯を越えて活動しないよう関東軍に命令が下った。満州への入り口である山海関地方はこの領域外だったため、日本軍がそこで奉天軍を待ち伏せることはできないというわけだ。二日後に参謀本部は政府の監視下でそのような行動には出られないと認め、部分的に文民統制を受け入れた[44]。さらに、田中首相は張作霖との協調を続けることを決定した[45]。斎藤少将はそれに激怒し、田中は諸外国の圧力を受けて迷走しているとした。関東軍の「出動準備は整っており、命令をいまかいまかと待っている。優柔不断な政府への反感は日々強まっている」と斎藤は述べた[46]。

その後、政府は奉天軍の武装解除計画を中止した。永久に満蒙問題が解決されるわけではないにしても、少なくとも一時的な猶予がもたらされそうだったからだ。五月三〇日、争いに敗れた張作霖はついに奉天に戻ることに同意し、中国統一という彼の夢は完全に崩れ去った[47]。満州に戻れば張は日本の軍事力に全面依存することになり、それまでよりも従順になる可能性が高いというわけだ[48]。この瞬間、河本大作大佐率いる関東軍の下級将校たちは、張殺害によって問題を一挙に解決して政府の政策を打ち砕こうと決意した。

満州の王——軍人として、陰謀家としての河本大作

多くの若き国粋主義者と同様、河本大作大佐は西郷隆盛および一八七〇年代を代表する彼の反乱に強い憧れを抱いていた。河本はたびたび次の西郷の言葉を引用した。「命も要らず、名も要らず、官位も金も要らぬ人は、真に始末に困るものなり。この始末に困る人ならでは、艱難を共にし、国家の大業は

成し得られぬなり」[49]

この言葉からは、河本の反抗的な性格、そして過去の暴動がいかに将来の反逆に影響を与えたかが垣間見える。河本の初期の人生についてはほとんど知られておらず、伝記作家のあいだでも彼に対する評価は大きく分かれる。彼を称賛する立場から伝記を著した相良俊輔にとって、彼は勇敢で独創的で愛国心の強い青年将校だった[50]。だが、従軍記者で河本の義弟でもある平野零児［平野嶺夫］によると、河本は浪人さながらの堕落した無礼な男で、妻と娘の面倒も見ずに中国や日本の各地に愛人をもち、貧しい実家から金を巻き上げて自分の放蕩暮らしにあてていたという[51]。

それでも、彼が志士タイプの人間であったことには両者とも意見を一致させる。そのように大胆で、度胸は据わっているが反抗的で、冒険を好み、日常の軍隊生活にあっという間に飽きてしまう性格であったことは、河本自身の証言、手紙、取り調べの記録からも実証される。たとえば、日露戦争中には体を洗うようにという命令を断固拒否し、作戦のあいだ一度も風呂に入らなかったことをよく自慢していたようだ。また別の逸話では、その真偽は定かでないが、士官候補生時代には後輩いじめをする先輩の宿舎を先陣を切って襲撃し、その後将校になってからは果敢にも参謀総長の命令に異論を唱えたという[52]。

懲戒回数の多さと学業成績の悪さから、はじめ河本はその卒業生が軍の最高幹部を占める名門の陸軍大学校に入れず、二度めの挑戦でようやく入学した。遠く武士の血を引く庶民階級出身の彼は、成功を収めて自分の能力を世に示したいという熱望を抱いており、その経歴と相まって、陸軍を支配する長州閥や傲慢なエリート将校たちに深く憤っていた[53]。閔妃暗殺首謀者の三浦梧楼と同じく、彼は極端な国家主義者であるとともに反政府主義者でもあり、日本の敵も国内の権力者も同様に憎しみの対象だった。

満州のような遠い地では、この組み合わせが問題を招くことはもはや必然だった。日本が開拓を進めるその地で、河本は己の願望を最大限まで追い求めることができた。平野によると、河本はいずれ自らが「満州の王」になるのが夢だと語っていたという。[54]

一九一四年に陸軍大学校を卒業した河本は、参謀本部の諜報員として中国に派遣され、情報部門に属して隠密作戦と地元の軍閥指導者たちへの助言を専門に行った。[55]シベリア出兵参加中には中国問題に関する専門知識を大幅に増やすとともに、彼の浪人的な気質もいっそう強まった。[56]一九二三年に情報部門の中国担当将校として日本に戻ると、のちの彼の計画で重要な役割を果たすことになる中国通集団と知り合う。[57]それとは別に彼にとってネットワークづくりの重要な場となったのが、軍事改革を目指すエリート将校の勉強会である双葉会だ。平野の回想によると、河本は美食家として有名で、さらに大変な気前の良さで人気を集めていたという。しょっちゅう仲間に金を貸したり高い酒や食事を奢ったりして、河本は内輪のネットワークを強化していった。[58]一九二六年には関東軍の高級参謀として再び中国に派遣され、それが彼の最後の役職となった。河本は数多くの軍高官とつながりをもっていたにもかかわらず、気性の荒さと度重なる上官との不和のせいで参謀本部から外されていた。そんな彼を満州へ送ることはあらゆる者にとって都合のいい解決策に思えた。[59]

満州は野放図な河本にとって理想的な活動の場で、彼の計画はその地で着々と育まれた。日本の戦略は敵の領地を戦場とする短期決戦を前提としていた。素早くチャンスをつかみたければ、動きの鈍いお役所組織にいちいち判断を仰ぐ必要はない。諜報活動による最新情報が絶えず求められたため、下級諜報員が現場で独自の判断を下す権限をもつようになった。[60]

軍人および文民の評者はこのような行為を「独断専行」と呼ぶことが多く、英語では operational discretion（作戦上の自由裁量）と訳される。これは前述の「前線への逃亡」現象にも似ている。一九二〇年代には名門の陸軍大学校で使われる教科書でも、激動の戦時下で電光石火の決断を下す手段として独断専行が認められていた(61)。鈴木貞一《ていいち》の回顧録によると、「行動に理がある場合は、上官の意見を仰がず実行しなければならない」と多くの将校が考えていた(62)。宇垣大将の日記には、緊急の判断が求められたとき、従順すぎる兵士ならすべてを犠牲にしてしまうが、独断専行をこなせる者は権威さえも無視して正しい行動を貫くと綴られている。「それは究極の自由であり、兵士の精神生活の基盤をなすものである」と宇垣は記す。さらに、そうした場合で兵士に躊躇する猶予はなく、その場の状況に応じて上に服従するか否かを瞬時に決定しなければならないと述べた(63)。

河本にとって、張作霖殺害は切迫した必要性に基づいた正当な独断専行だった。相良による伝記と河本自身の証言によると、その計画は二度の満州一人旅（二度めは一九二八年の年明けごろだった）のあいだに少しずつ具体化していった。河本は中国人の格好で一般人用の列車を使い、流暢な中国語を駆使して「現地調査」をした。そこで、満州の人々が張と日本をほぼ同程度に嫌い、いずれも無慈悲に大衆を抑圧する独裁者とみなしていたことを知って河本は当惑する。だが彼にとって、本質的に正しいことをしている日本への反感の原因は誤解や何らかの悪意にあるはずだった。満州の人々は日露戦争中もそのあとも日本軍の兵士に非常に友好的だったため、もともと反日ではないはずだ。誰かに惑わされているのだ――つまり、張作霖に(64)。張はそんな一般人とは違い、「自分個人の力と自軍の勢力を強め、大衆の犠牲のもとに富を手に入れる」ためだけに日本の正義に抵抗していると河本は考えた(65)。

相良によると、彼がついに決意したのは、大連近くの爾霊山（二百三高地）で娘たちと軍人墓地を歩いているときだった。そこで彼は神秘的な体験をし、日露戦争で失われた英雄たちの魂に出会ったという。彼らが血を流して勝ち取った満州を救うために行動を起こさねばならない、と河本は決心した。[66] 政府の「腰の抜けた」政策を考えると、その唯一の方法は「前線へ逃亡」し、独自の直接行動で張を排除することだった。[67] 暗殺決行前の一九二八年四月一八日、陸軍で中国問題を専門にする共謀者宛ての手紙で、河本は計画の動機をひときわ露骨に説明した。[68] この手紙の重要性はきわめて高いため、長いけれどもそのまま引用する。[69]

小生人事に関し中央部で評判よろしからざる趣（中略）**然《しか》し小人共の悪評や得手勝手な上司の批判には小生も余程経験を有し居るため別段気にかけぬ様になりました、**（中略）いつ迄も恋々として軍職にかじり附く必要なき故思い切って離れ業をやって上司（つまらぬ奴共）の反省の資にもとも存じます（中略）

満州の現状は支那側益々横暴、実情に直面すると黙過し難きもの多し。**而《しか》して其原因は日本軍閥が余りに彼等を増長せしめた慊《うらみ》なきにあらず、**満蒙問題の解決は理窟では迚《とて》も出来ぬ、少し位の恩恵を施す術策も駄目なり　武力の外道なし、唯武力を用うるとするも名義と幟《はた》じるしの選択が肝要なり、今後に於てか少しでも理窟のある時に一大痛棒を喰わせて根本的に彼等の対日観念を変革せしむる要あり。[70]

（太字は引用者）

それから河本は鉄道をめぐる争いと張作霖に対する日本の無駄な報復措置について詳しく述べたのち、独自の解決策を次のように挙げた。

張作霖の一人や二人や　野タレ死にしても差支ないじゃないか　今度と言う今度は是非やるよ、止めてもドーシテモやって見る、満蒙解決のために命を絶たるゝことは最大の希望でもあり名誉だ、（中略）去年も一昨年も大にやるつもりで途中で遁《さ》けられてしまった、此年だけは是非物にしたい　僕は唯々満蒙に血の雨を降らすことのみが希望で　之れが根本解決の基調だと信じて居る。(71)

太字部分に見られるように、河本は国家の方針に逆らうことを恥じるどころか誇りに思っていた。明治初期から不服従の風潮が徐々に日本軍に根を広げていたことは、もはや彼のような男にはあまりにも明らかだった。さらに河本は、軍の「派閥主義者」とその代表例である田中首相を張作霖と結びつけた。国内外の敵はすべて一つの悪として束ねられた。(72)

事件から何年も経って戦犯として中国で収監された際に、河本は中国人兵士に対して当時のことを語った。天皇から詔勅を得るには首相を通さなければならないため、彼と共謀者たちは天皇と直接つながることができなかったという。(73)そうして河本は、自分は自らの意思によってのみ行動するのだと考えた。そのような形で、近代日本の政治に内在した一つめのバグ、すなわち天皇という存在の曖昧さを利用した。また、荒木貞夫の急進的な統帥権解釈に基づき、軍を政府から完全に独立するものとみなし、軍内部の階級も軽視してよいと考えた。(74)ヨシヒサ・マツサカの主張どおり、河本の計画は張だけでなく田中首相に向けられたものでもあり、憎き田中を辱めて権力を取り上げることも目的だった[75]。それは日本の政治構造における二つめのバグの表れだった。「前線への逃亡」、つまり国外の戦場で独自に活動することは、自国政府への反発を表明するすべとして認識されていた。

また、落ち着きを失った関東軍本部の雰囲気が河本の切迫感に拍車をかけたことも確かである。ボイコットなどの形で抗日感情を日々目にしていた河本ら兵士たちは、河本自身の言葉によると、「四面楚歌」だと感じていた[76]。状況は絶えず変わりつづけていた。国民革命軍は南から侵攻して山東省で日本軍と戦っていた。張の奉天軍は満州に逃げ込んで暴徒と化す可能性が高い。そこに地元の抗日勢力が加われば関東軍は奉天での市街戦を強いられることとなり、日本人居留民に危険が及びかねない。この行き詰まりはすぐさま打開しなければならなかった[77]。

古くからの過激で反抗的な楽観主義の考えを受け継ぐ河本は、張作霖という一人の人物を排除すれば状況は日本にとって好転すると信じた。彼にとってはこの「盗賊の長」を殺すことこそが満州問題の唯一の解決法だった[78]。のちに河本はこのときの確信を次のように振り返る。「張作霖一人を倒せば」、彼をリーダーとして団結している、奉天派の将軍たちは四方八方に散るだろう。新しい指導者が現れるまで彼らは「途方に暮れ」、そのあいだは混沌が支配するだろう。やがて、おそらく張よりも日本に友好的な人物がトップに立つはずだ[79]。河本に張殺害後の計画はなく、その目的だけにすべてを賭けていた。ただ問題は、河本が一九二八年の早春に知るように、それを計画していたのが彼一人ではなかったということだ。

二つの別計画

河本は自らの作戦を温めながら、別の二つの計画を中止させるため全力を尽くした。これらの計画の重要度は高い。なぜなら、そこからは関東軍の指揮系統の混乱が見え、不服従がもはや例外ではなく当然のものだったとわかるからだ。張を標的とした陰謀が企てられているという噂が北京に広まり、徐々に安全保障上の脅威とみなされるようになった。一九二八年六月二日、駐北京の日本公使である芳沢謙吉は、日本の軍人が奉天に到着した張を捕える計画を立てているという噂に言及した。計画の首謀者は中国の憲兵隊員だという説もあった。このような陰謀は間違いなく国際的に取りざたされる、と公使は田中首相に警告した。この噂を聞いた関東軍の斎藤参謀長は、自分の部下が関与していないだろうかとも考えたが、おそらく日本人でなく中国人の計画だろうと見込んだ。[80]だが実際、この年の春に関東軍司令官の村岡長太郎中将は北京での張殺害を企てていた。その計画のために村岡は、在ハルビン公使館付陸軍武官である竹下義晴少佐を奉天の関東軍本部に呼んだ。

本部に竹下がいるのを見て異変を察した河本は、彼と個人的に話をして自らの陰謀を明かし、村岡の計画を中止させるよう説得した。北京は中国と諸外国の軍隊が大勢で守っている、と河本は言った。村岡が高級参謀である自分に知らせずこのような暗殺計画を立てていることはまったく結構だが、彼のためを思えば、不幸な目に遭わせないよう計画からは退かせなければならない。自分が張作霖を排除し、すべての責任を負う、と河本は告げた。[81]のちの回想によると、彼は、最高司令官がそうした計画を立てているなら、参謀はそれを実行しなければならない、と考えたという。[82]河本はときに、結果というより興奮、名誉、危険な行動そのものに魅力を感じていたように思える。独自の反逆的な計画はそれ自体が目的になっていた。竹下は北京に渡り、そこでスパイの役割をすることになった。[83] 一方村岡は河本の計画を詳しくは知らなかったが、何かが起きていることは察していたかもしれない。河本の右腕である川越守二大尉は村岡司令官について次のように述べている。広い心をもつ偉大な上官である彼は、知っていながら知らぬふりをして部下の行動を許した、と。[84]

だが、河本が乗っ取った村岡の陰謀の他にも張作霖殺害を狙う計画が存在した。特務機関の二人の将校が独自に計画を企てていると聞いて河本は愕然とした。[85] 当時北京で張の軍事顧問をしていた土肥原賢二課報員と奉天特務機関長の秦真次は、張作霖抹殺を望む他の諜報員や支那浪人と協力して計画を進めていた。[86] そのうち主要な共謀者は、荒木五郎という元日本軍将校の謎多き人物だった。荒木は帝国陸軍を尉官で退役し、その後は中国に渡って悪名高い浪人となり軍事顧問をしていた。当時彼は中国名で奉天軍において将軍の地位に就き、張作霖の息子である張学良の親衛隊長をしていた。土肥原と秦は荒木に対して、親衛隊を率いてクーデターを起こし、張を打倒して可能であれば殺害し、息子を王座に就かせるよう説得した。[87]

だがこの作戦には武器が必要だったため、彼らは河本大作を通して関東軍から調達しようとした。村岡のときと同様、河本は素早くその計画の芽を摘んだ。彼は先に引用した中国通の仲間宛ての手紙で、慎重に扱うべきこのような計画に中国の親衛隊を利用するなど無責任だと、土肥原と秦を激しく非難した。「この問題だけは土肥原の笛で踊れない。よって、荒木ら親衛隊への兵器の引き渡しは中止した。ところが向こうが無理やりに盗もうとしたから、憲兵をつけて止めさせた」と手紙には記されている。[88]

彼は自分以外のあらゆる暗殺者から張を守るため手を尽くした。

河本の陰謀

暗殺計画を練り始めた一九二八年一月、河本は側近の川越守二大尉や北満州の在チチハル特務機関所属の中野洋平をはじめとする一部の仲間に陰謀を明かした。(89) 実務を担当した川越は、他の仲間たちと連絡を取り合い、必要な爆薬を調達した。彼は、たとえこの結果として陸軍から除隊させられるとしても計画を全うするつもりだと河本に告げた。典型的な「前線への逃亡」の考えをもつ川越にとって、「満蒙問題の解決」は長年の国策に沿って天皇に奉仕することにほかならなかった。(90) 一方、中野洋平はまったく異なるタイプの協力者だった。彼は、犯罪者、盗賊、浪人と日本軍との深く複雑な関係性を象徴する存在である。元支那浪人の中野は、そのときには中国人盗賊団の長として関東軍側のスパイをしていた。河本は中野に対し、日本の領地外の地域で子分に線路の一部を爆破させてほしいと頼んだ。ただし、張の支配に対する反発の強さを見せつけるのが目的であるため、列車に被害は与えないでほしいと。中野はすぐに同意し、「私は日本人だ。真の愛国心を示したい」と答えた。この冬には実際にそのような爆破事件が何度か起きている。(91)

満州では川越大尉を中心とした緊密なスパイネットワークが張の動きと所在に関する情報を集め、河本に提供した。北京の状況は竹下少佐および同じく公使館付武官の建川美次《たてかわよしつぐ》少将に頼ることができた。(92) また、移動する奉天軍部隊の数を報告させるため二人の朝鮮人を雇って北京駅を見張らせた。このような生の情報を利用することで張の意図を推測できた。張が北京に多数の軍隊を配置していれば、まだその地にとどまるつもりかもしれない。そうでなければ、河本らが待ち受ける奉天に戻って来るかもしれない。北京から奉天に向かうルートには他の地点にも河本の仲間が配置された。だが、それら共謀者のほとんど、さらには一部の日本人将校にも計画の最終目的は知らされなかった(93)。

さらに、張の乗る列車を爆破するには専門家の助けが必要だった。そのため、河本は高級参謀という地位を利用して朝鮮から第二〇工兵連隊を動員した(94)。計画の内容を知らされた連隊長は支援に同意し、彼と河本の部下の一人が技術面の責任者となった(95)。作戦実行の場所には、奉天城内から北西に約五キロメートルほど離れた皇姑屯《こうことん》という地が選ばれた。中国の鉄道は合法的に奉天軍が守っているだろうが、条約によれば中国の軍が南満州鉄道沿線に近づくことはできなかった。皇姑屯では奉天と北京のあいだを走る京奉線の線路とその上の鉄道橋を走る満鉄の線路が立体交差するため、張にとっては防衛上の弱点だった(96)。

第二〇連隊の工兵がその鉄橋に大量の爆薬を仕掛け、電動スイッチで爆発するようにした(97)。正しいタイミングで点火すれば、爆破された橋が張作霖の頭上に降り注ぐはずだ。皇姑屯地区を管轄する独立守備隊第二大隊の東宮鉄男《とうみやかねお》中隊長もこの計画に参加した。彼が監視していれば中国人兵士も日本人兵士も情報を漏らすことはできず、この重大な作戦に邪魔が入ることもない。万が一爆破による張殺害が失敗した場合は、守備隊に混じって現場で待機する河本の部下の一人が脱線した列車に突入して張を始末する予定だった(98)。

偽装工作――河本と浪人たち

河本は、自分自身と関東軍の不名誉を避けるため、暗殺における日本人の関与を隠そうとした[99]。そこで、日本人石炭商であり支那浪人とのつながりをもつ人物、伊藤謙二郎と手を組んで隠蔽のための作り話を練った。伊藤は愛国的な理由のみで協力したのでなく、満蒙問題にもひどく悩まされていたからだった。彼ら商人は張の経済政策と抗日ボイコットから痛手を被っていた。満州の日本人商人たちのあいだで活発化する張への反対運動参加者の中でも特に過激派だった伊藤は、自ら河本のもとを二度訪れて「満州の癌」である張を排除すべきだと訴えていた[100]。閔妃暗殺における安達謙蔵の立場と同様、伊藤は単なる共犯者でなく計画の中心人物だった。河本の証言によれば、伊藤こそが殺害現場として皇姑屯を挙げた提案者だった[101]。

満州の裏社会につながりをもつ伊藤は知り合いの悪名高い浪人に連絡を取り、「生きる価値のない者を三人」見つけるよう頼んだ。プロの殺し屋であるこの浪人は、諜報組織である特務機関奉天支部と契約してスパイ活動をしていた[102]。依頼からしばらくして彼は、元反乱勢力でいまだ張を憎む中国人売春斡旋業者を通し、三人のアヘン中毒の浮浪者を一人百円で買収した。仲介料を受け取った浪人と斡旋業者は、日本軍の秘密作戦に協力するのだとその三人を納得させた。たしかにそれは間違いでないが、浮浪者たちは真の目的を知る由もなかった[103]。

その後、三人は浴場で体を洗わされて身なりを整えられ、用意した服を着せられてそれぞれ五〇円を渡されたのち、伊藤の隠れ家に連れていかれた。そのうち一人は犯罪の匂いを察知して逃げたが、残りの二人は関東軍本部で川越大尉の審査を受けたのち、皇姑屯の独立守備隊のもとに引き渡された。そこで東宮と部下たちは二人を銃剣で殺した。二人の懐にはいくつかの手榴弾と、張の殺害は国民党の仕業だと記した「自白」の手紙（実際は浪人たちが日本式漢文で書いた）がおさめられた。そのような文章が中国語としてまかりとおり、浮浪者たちが国民党の便衣隊だと思われるだろうとされたことからは、この偽装工作の甘さがわかる。のちに河本は、日本警察がこの事件を真剣に捜査するとは考えていなかったため、偽装にはたいして力を入れなかったと認めている[104]。

作戦決行

一九二八年六月四日の深夜一時ごろ、張を乗せた専用列車は北京出発の準備が整った。駅では張を見に来た群衆の中に竹下少佐と建川少将の姿もあった。列車が発車するのを見届けると、ただちに二人は車で日本公使館に戻り、暗号化した文章で奉天の河本に次の電報を打った。「四日午前一時一五分、特別列車が北京を出発。車体はコバルトブルーで二〇両編成。某（張）は八号車に乗っている[105]」。次の駅の天津でもその地の特務機関支部の司令官が待機し、予定どおりに事が進んでいることを河本に報告した。その駅では張の上級軍事顧問である町野武馬大佐が列車を降り、車内には部下の儀我誠也少佐が残った[106]。河本の計画を知らない儀我は、豪華な貴賓車両で張と黒竜江省督軍の呉俊陞《ごしゅんしょう》とともに奉天へ向かった[107]。

線路の立体交差地点である皇姑屯では、橋から線路の部品を盗む中国人鉄泥棒の侵入を阻むために満鉄社員が鉄道橋に複数の土嚢を置いていた。東宮と部下たちは、東宮の自宅に保管していた爆薬をその土嚢とすり替えた[108]。爆薬入りの土嚢には電線が取りつけられ、独立守備隊の小さな監視所に潜ませた起爆装置につながれた。監視所には二人の工兵が配置され、張の乗る列車の到着を待った。目標を正確にとらえられるよう、事前に設置された電気照明が夜の闇を照らしていた。二人のアヘン中毒者の死体は線路上に横たえられ、その懐には「自白」の手紙がおさめられていた。そのころ、河本と彼の右腕である川越は行きつけの和食料理店で待機し、あらゆる地点に配置した仲間たちと絶えず連絡を取っていた。儀我少佐と町野大佐が同乗していると知っても、河本は作戦の中止を拒んだ。おそらく町野の体はばらばらに吹っ飛ばされるだろう。だが、張を取り巻く日本人将校たちは日本の未来よりも金のことしか考えていない、と河本は川越に言った。儀我はまだ若くたしかに気の毒だが、彼も町野ももはや日本の軍人ではなく「張の寄生虫」にすぎない、と[109]。

張の列車が少しずつ奉天に近づく深夜三時、中国の憲兵隊長が東宮の部下である日本の憲兵隊長のもとを訪ね、もうじき張の列車が皇姑屯を通ると知らせた。それを理由に、中国憲兵隊による満鉄沿線警備の許可を求めた。河本の計画を知っている日本人隊長は、現行の条約に従えば中国人兵士が満鉄沿線地域を警備することはできないはずだと答えた。さらに、そのような行動を取れば「誤解」から事件につながりかねないと告げた。この口実のもとに彼は中国憲兵の要求を退け、現場に邪魔が入ることを防いだ[110]。張の列車の到着が予定より遅れていたため、河本と川越は日の出後（午前四時四二分）での決行も考え始めた。ただ、第三者から目撃される危険がある。川越は皇姑屯を訪れて東宮に相談した。それに対して東宮は、たとえ夜が明けてもやらなければならない。この機を逃せば次はないだろう、と答えた。すでに中国人の犠牲者も出しているのだ、と[111]。こうして計画は続行された。

二時間後の午前五時二〇分ごろ、張の専用列車はついに皇姑屯に着き、満鉄の鉄道橋の下に入った。張は呉俊陞と座り、儀我も同じ車両で彼らと歓談していた。張の乗る車両が通り過ぎたのを確認すると東宮は監視所の工兵に合図を送り、彼らがただちに起爆装置のスイッチを入れた。[112] どの車両に自分が乗っているのか誰の目にも明らかにしてしまったことは、張の防衛の甘さだった。他は一般的な一等車から三等車の車両である一方、彼の貴賓車は豪華で目立っていた。[113] 爆発によって鉄橋は崩落し、がれきを浴びたいくつかの車両はすぐさま炎上した。呉将軍は即死し、張作霖も致命傷を負った。儀我は中国人兵士とともに張を外へ運び出し、奉天の統帥府へ緊急搬送した。五時間後に張は死亡したが、その事実は息子の張学良が後を継ぐまで隠された。儀我は奇跡的に軽傷で済んだ。少なくとも他に三人の乗客が死傷した。[114]

河本は張の死によって彼の軍が奉天で暴動を起こし、日本による満州支配の口実になることを期待した。そうすればもっと忠実な人物をトップに就かせられるはずだと。[115] 暴動に備えて関東軍は警戒態勢を取り、ただちに行動に移れるよう準備を整えた。だが、河本の計画をまったく知らない斎藤参謀長は奉天軍との衝突を防ぐため、すぐに警戒を解除した。[116]

事件から四日後、関東軍司令官の村岡中将は騒ぎに乗じて軍の力を増そうと、奉天の総領事と関東州警察の長官に近づいた。日本は「武士道に基づく高尚な政策をやめ、満蒙問題解決にこの機を活かすべきだ」と村岡は訴えた。だが動き出すのが遅すぎたため、「浪人の陰謀」への加担を拒まれた。[117] 河本と同じく張の抹殺を望んでいた村岡と斎藤が計画に参加していれば、素早く動いて一時的な混乱をうまく利用できたかもしれない。だが、彼らの協力をえない河本の一匹狼的な作戦には限界があった。上官を組み入れないことで計画に落ち度が生じた。彼の楽観主義と自信は、無謀かつ根拠のないものだった。そのため、張作霖の暗殺が関東軍に大きな影響を与えることはなかった。周到に計画された満州事変が起こるのは、それから三年も経った一九三一年九月のことである。

発覚と調査

暗殺からまもなくして河本の偽装工作は崩れ、陰謀に関する情報が数カ所から漏れ始めた。[118]まず逃げた浮浪者が中国当局に身柄を捕えられ、計画について知るわずかな情報を提供した。浴場の所有者は風呂に入った浮浪者たちのあとをつけて現場に着いたところ、彼らの死体を発見し、軍に殺されたのだと理解して日本の司法警察に知らせた。署長はその情報を正式に日本政府に報告した。[119]

さらに、暗殺の日の朝に長春へ向かっていた野党民政党の議員六人は、皇姑屯の爆発の影響により奉天で列車を降りなければならなかった。そのうちの一人、松村謙三が長年の友人である林久治郎奉天総領事に急いで会いに行くと、林は事件に驚き狼狽していた。「これはひどい！　きっと軍のやつらがやったんだろう！」と林は言った。実際にその疑惑はのちの調査で明らかになる。松村が述べたように、これほど質のいい爆薬を使用しているのは日本軍だけだったことに加え、死体の懐に入れられた自白文（これも日本の暗殺の手口としてよく知られていた）は本物の中国語でなく日本式の漢文で書かれていた。松村は東京に戻ると、民政党党首にこの調査結果を伝えた。[120]

だが、林は真実を十分に理解していながらそれを隠蔽しようとした。陸軍省の公式発表と同じく、日本陸軍を糾弾せず、犯人は死亡したアヘン中毒者などの中国人や謎の浪人たちだと主張した。[121]松村との会話から考えれば彼は間違いなく真犯人をわかっていたはずだが、田中首相には知られまいとした。事実、林の指揮のもと行われた日中合同の調査はあまりにも不公正だったため、中国側は報告書への押印を拒んだ。[122] 林が国のトップである田中に嘘をついたのは、真に力をもつ関東軍将校たちの怒りを買うことを恐れたからである。[123] 河本によると、満州の軍と警察の上層部も林と同じ心境で、さらに中国の領土内で起こった今回の事件は自分たちの管轄外であるため徹底した捜査の必要はないと考えたという。[124]

河本など関東軍将校も作成に関わったと思われる林の嘘の報告は大胆なだけでなく、その内容自体非常に興味深く学べることが多い。そこからは満州の政策に関わる日本人が共通してもっていた潜在的な認識が読み取れる。林の報告は次のとおりである。かつて奉天軍で諜報員をしていたリン・インチンという中国人の男が、自身の参謀と結託して張の抹殺を決めた。彼らの目的は清朝時代の元皇太子である溥儀《ふぎ》が統治する新たな満州国家を樹立することだった。日本人浪人と中国人の仲間二人を率いてリンは河本大作に会い、関東軍の協力を求めた。河本は同意したもののリンを完全に信頼できず、元皇太子に計画を先導させるようにと告げた。関東軍の協力を取りつけたリンは張を爆殺するための中国人を二人、つまり線路で死体となって発見されたアヘン中毒者たちを雇ったが、彼らは日本人警備隊に射殺された。[125]

この話において興味深いのは、作り手らが当然視していたある要素だ。つまり、河本が上の誰にも許可を求めずに満州での犯罪計画に共謀した点である。満州に配属された日本人たちのあいだでは陰謀があまりに日常的なものだったため、首相に対する報告でもその事実を隠そうとさえしなかった。

だがその報告とほぼ同時に、田中首相のもとに張作霖の側近だった日本軍退役将軍からも報告が届いた。その将軍が犯行現場を探って証拠を調べた結果、加害者は間違いなく日本の軍人だとわかったという。[126]それを聞いた田中は、「私のやってきたことが台無しだ。畜生！　あいつらは親心がまったくわかっていない」と声を荒らげた。さらに岡田啓介海軍大臣に対して、「陸軍があのようなことをするなら国の計画はいつまで経っても進展しない。大陸で再びこのような事態が起こるのを防ぐために、犯人は厳しく罰されなければならない」と語った。軍の規律は軍法会議で正される必要がある。諸外国に対する日本の威信と国内外における軍の名誉を回復させるためにはそれしかない、というのが田中の考えだった。[127]

怒った田中は最初の措置として、関東軍の軍備増強と満鉄沿線地域外への展開という陸軍の要求を却下した。[128]次に、陸軍、外務省、関東庁の高官をメンバーとした特別調査委員会を設置した。それと同時に憲兵司令官が奉天に送られ、現地で調査を行った。憲兵司令官と委員会はある浪人の書いた手紙を入手し、そこから河本、石炭商の伊藤、アヘン中毒者を調達した支那浪人の不正な関係が明らかになった。その後、浪人の集団全体が関東州警察に尋問を受けた。だが調査結果を得た委員会は、河本の関与を認めたものの、首謀者は伊藤や浪人たちであると発表して陸軍の責任を軽くした。委員会のメンバー、特に森恪外務政務次官は、事件の解明より隠蔽を重視しているようだった。二度めの会議を終えてまもなく委員会は調査中止を決定した。[129]計画に関与した工兵の一人による供述からすべての真実を知った憲兵司令官は、より公正な報告を行い、河本を首謀者として挙げたとされている。[130]

田中は激怒していた。当時すでに唯一の元老で、大正政変では敵だった西園寺公爵は、軍の不服従を永久に根絶するために犯人を厳しく罰するよう田中に訴えた。陸軍の規律を正す力を誰よりももつのは、元軍人であり国を牛耳る政友会の総裁である田中だ、と西園寺は言った。[131]田中もそれに同意した。一二月二四日、西園寺の助言に従い、田中は昭和天皇に張作霖暗殺の犯人は日本陸軍の将校だと報告した。

日本の軍人が外国の指導者に対する暗殺計画を独断で立てたことを処罰なしに済ますわけにはいかない、と。田中は軍法会議で河本を罰することを提案し、そうすれば中国側に日本の真摯な反省を示すこともできるとした。それに対し、天皇は加害者に対する調査と処罰を田中に命じた[132]。天皇の謁見を終えると田中は陸海軍大臣を呼び出し、「陸軍に対する調査と厳しい懲戒処分」を命じた[133]。

だが、軍の既得権層からたちまち抵抗が沸き起こった。田中の天皇謁見直後、白川義則陸軍大臣は軍法会議手続きの開始に強く反対した。彼は田中の幼なじみだったが、「犯人処罰の手続きを取れば、その当時陸軍が隠したいと望んだものが全国民に公開される」として協力を拒んだ。天皇には捜査を約束した白川だが、事件をうまく隠蔽しようとした[134]。鈴木荘六参謀総長、武藤信義教育総監、唯一現役の陸軍元帥である上原勇作などの大物たちも同じ態度を取った。荒木貞夫や双葉会に所属する河本の仲間たちも具体的な調査開始に激しく抵抗し、阿部信行中将など河本のライバルたちさえもその動きに加わった[135]。軍全体が関東軍の考えに共感した。そもそも白川大臣はかつて関東軍の司令官だった。関東軍司令官はみな混沌とした体制を維持することで軍の特異な独立性を確保していたため、秩序や規律をもたらすいかなる措置にも抵抗していたのである。

大正政変下の一九一三年、山本首相にとって政友会は陸軍の拮抗勢力だった。だが、今回はそのような勢力が存在しないと田中は気づいた。彼の党は軍の味方だ[136]。政友会で真に権力をもつ森恪外務政務次官と小川平吉鉄道大臣は河本に共感していた。支那浪人とつながりのあった小川大臣は、河本の行動が危険であり政府の方針に逆らっていることは認めながら、その愛国心と勇気に敬意を払わずにいられなかった。小川の考えでは、親は法からも子供を守らなければならないというのが東洋哲学の教えであり、日本人は互いの罪を隠すことが美徳だった。さらに、軍法会議が開かれて手続きが公になれば日本の対外関係に傷をつけ、日本軍退去を要求する正当な理由を中国に与えてしまうかもしれないと恐れた。また、野党には内閣総辞職を求める口実を与えてしまう。そのような流れが起きれば、過激な活動家が政府高官を反逆者として非難し、暗殺を計画し出すかもしれない。これは軍の規律回復に対しては大きすぎる代償だ。そう考えた小川は、森とともにあらゆる処罰を阻止した[137]。それだけでなく、民政党の政治家たちは野党の立場から意気揚々と田中首相を攻撃し、事件に関する議会審理で田中を困らせる質問をいくつも投げた[138]。

そのような抵抗に加えて、仲間をつくるための田中の努力も不十分だった。宇垣大将が述べたとおり、田中は自身の影響力と権力を過信していた[139]。結局、岡田啓介海軍大臣、ベテラン政治家の西園寺、枢密顧問官の伊東巳代治《みよじ》の支持は取りつけたが、陸軍と政友会の抵抗には敵わなかった[140]。

大正政変時から長きにわたって田中の仲間であった宇垣さえも、まったく支援の手を差し伸べなかった。犯人たちを愚かな危険人物だとは思っていたが、処罰を願う立場ではなかった。自身の日記からもわかるとおり、彼は国内の権力闘争における陸軍の立場を貶めたくなかった。おそらくその後の政治家としてのキャリアで軍の支持を得たかったからだろう。そもそもこのような混乱が起きているのは田中のせいで、これは陸軍を非難するための「汚い罠」だ、と宇垣は考えた。東京の首相官邸に仏像のごとく鎮座している田中を中心とした指導体制を徹底的に見直すほうがむしろよいのではないか、と。そのような目算に基づき、宇垣はかつて受けた田中の恩に一切報いなかった[141]。

そのうえ、田中は国家全体を弱体化させかねない致命的な過ちを犯した。事件の報道を規制するよう望月圭介内相に命じたのである。事件は中国と西洋諸国でも広く論議を呼んでいたが、日本では「満州某重大事件」と言及されるにとどまった。事件は曖昧な表現ながら報道されたが、その内容は情報に乏しかった。首相が将校を罰するには必ず陸軍大臣を通さなければならず、そのためには世論を喚起して後押ししてもらう必要があった。[142] また、政友会ではいまだに多くの党員が陸軍に敵意をもっていたとも考えられる。[143] もし事件の全容が公表されていれば、田中は政友会メンバーから助けを得て、森と小川に頼らずに済んだかもしれない。つまり、事件を隠蔽することで田中は陸軍との決定的な衝突を避けたが、同時に潜在的な支援の源泉を塞いでしまった。

一九二〇年代を通じた権力構造の変化により、田中のかつての力は跡形もなく消え去っていた。軍、閣僚、さらに自身が総裁を務める政友会からの強い抵抗に遭った彼は完全に孤立した。[144] かつては絶大な影響力を誇った長州閥もすっかり形骸化し、若い将校たちにとっての非難の的として存在するにすぎなかった。せいぜいで陸軍内のポストに派閥メンバーを就かせるぐらいの力しかなかった。政友会入党をきっかけに田中は軍への影響力を大幅に失った。だが党内でさえネットワークの中心は彼でなく、真の権力者は森と小川だった。[145] 確固たる人脈をもたない田中には、あらゆる方向から圧力がかかった。

一九二九年春、内閣は森、小川、白川の意向に沿って張作霖暗殺事件の隠蔽を決定した。閣僚の多くは、事件を暴露すれば陸軍の最高指揮官である天皇の尊厳が傷つくと考えた。[146] また、陸軍は日本が事件に関与したという「証拠がない」と主張し始めた。軍がこのような態度では、軍法会議が開かれても河本を有罪とできたか疑問である。事件を一般に公表することについては消極的だった田中は、もはや周囲に従うしかないと感じた。[147] 昭和天皇は調査状況について何度も質問したが回答を得られなかったため、このまま責任を免れることはできないと田中にはっきり伝えた[148]。六月二七日、田中は天皇を訪れ、事件は軍法会議でなく政府の中で処理しなければならないと報告した。天皇はそれに激怒した。「私は田中に厳しくこう言った」と、のちに天皇は振り返る。「それでは前と話が違うではないか。総理を辞任してはいかがか?」。その場を去る田中は涙ぐんでいたという[149]。

その翌日には白川陸相が天皇を訪ねた。白川は河本と村岡が首謀者であることを明らかにしたが、陸軍の名誉と日本の国際的威信を損なうことになるため軍法会議の実施は勧められないと述べた。会議を開けば河本が「すべてを暴露する」可能性があり、日本の立場を貶めかねない。その代わり、軍は犯人に対して行政上の処置を取る、と。天皇は冷ややかな沈黙で白川の話を聞いていたが、最終的に軍法会議という形を取らずに河本らを罰する許可を与えた。のちに天皇は陸軍省のある局長に対して、二度とこのようなことが起こらないようにと警告した。だが、処罰のない警告にほとんど効果はなかった[150]。

かつて長州閥で強大な力を握った田中義一は、孤立し疎外され、ついに総理大臣を辞任した。三カ月後の一九二九年九月下旬には精神的な影響から病気を悪化させて死亡した。事件の首謀者である河本大作が正式に罪に問われることはなかった。だが、強い勧告のもと将校の地位を降りて予備役に入れられ、日本陸軍から去った。彼の上官である村岡と斎藤も静かに退役した[151]。

昭和天皇による張作霖暗殺事件への介入についてはいまだに激しい議論が交わされている。スティーヴン・ラージなど天皇支持派の中には、穏健リベラル主義の国家君主が陸軍を抑え込もうとして失敗した例の一つにすぎないとする声がある[152]。ピーター・ウエッツラーの主張はそれよりも説得力があり、一貫しない田中の報告内容と天皇のイメージが危機にさらされたことによって、天皇と顧問たちは混乱していたのだとする。[153]また、常に昭和天皇に対して批判的な立場を取るハーバート・ビックスは、天皇は実際には関東軍を擁護しており、だからこそ真剣に軍の不服従を根絶しようとした唯一の人物である田中を排除したのだと主張する。[154]

だが、これらの解釈はいずれも不十分である。ラージの主張では天皇の行動の具体的な理由が明らかでない一方、ビックスの説明は証拠として残る記録と一致しない。[155]ウエッツラーに関しては、天皇の複雑な動機をより詳細に説明しており、自らの権威に関して天皇が危機感を抱いていたという読みは鋭い。また、天皇と顧問たちが皇室の力の「インフレ」、つまり政治へ過度に関与することで天皇が軽視され、やがて非難の的となり、ついには排除されるという事態を恐れたのも事実だろう。[156]この主張はたしかに否定しようがなく、天皇の関与が範囲上も性質上も制限されなければならない根拠にもなる。だがウエッツラーの説でも、なぜ天皇が事件の処理に介入し、田中首相を非難して彼の失墜の一因となったのかがわからない。

おそらくこれに対する真の答えは、本書でこれまで繰り返し議論してきたテーマ、つまり天皇の情報経路、指揮権、統治権に関連すると考えられる。たとえ「インフレ」のリスクを負って政治に介入しようとしても、天皇にとってそのためのツールは限られていた。自らの要求は顧問を通して他の指導者たちに伝えることができ、首相や閣僚を宮城に呼び出すこともできた。彼らに説明を求めたり、まれではあるが彼らを叱責して辞職を余儀なくさせたりすることもできた。だが昭和天皇にとって不可能だったのは、独自に行動することや、自らの意向どおり動かない首相や陸軍大臣の役割を代わりに担うことである。

大江志乃夫が述べるとおり、天皇は関東軍の直接指揮権をもつ参謀総長を呼び出して彼に軍法会議開廷を命じることもできたかもしれない。[157]だが、歴史上の人物が必ずしも現代の歴史家ほど賢明なわけではなく、現実的な制約もあり、そのような選択肢は当時ほぼ誰の頭にも浮かばなかったのだろう。昭和天皇は父親よりも剛直な性格だったが、行動は能動的というより受動的だった。たとえば田中についても、自ら呼び出したわけではない。田中の側から天皇に謁見して報告し、命令を受けたのである。こうした状況で、参謀総長を呼び出して具体的な行動を命じるというのは考えつかなかっただろう。もしそうしたとしても、命令の遂行を監視しつづけるのは不可能だった。この状況下では、軍事機関が適切な措置を怠ることや、最悪のケースとして三〇年前の閔妃暗殺犯たちと同様に河本を免責することは非常にたやすかった。

昭和天皇にとって異存を示すすべは、怒りをあらわにして混乱の原因と思われる人物を「処罰」することしかなかった。もちろん、それでは問題解決にはならず関東軍に規律をもたらすこともできない。だが天皇の保護を第一に考える顧問たちにとってはその程度の干渉も行きすぎで、少なくともしばらくはそうした事態が繰り返されないように注意した。[158]言ってみれば天皇の銃には弾丸が一つしか装塡されておらず、最も撃ちやすい田中がその的になったが、残念ながら彼は正しい標的ではなかった。[159]のちに自ら若気の至りだったと認めるこの騒ぎ以後、天皇は政府の決定に反対することを控え、首相とのやりとりは主に侍従を通すようにした。[160]そのあいだも軍の長官たちは統帥権のもと天皇に直接謁見できたため、よりいっそう政治家と比べて軍人の権力が高まることになった。つまり、張作霖暗殺事件の勝者は陸軍と言えよう。

結論――穴とネズミ

一九二八年は日本軍の不服従が進展していく歴史において大きな転換点だった。この年、陸軍高官の荒木貞夫中将は、軍が危機に瀕している際には政府に抗うよう軍人たちに呼びかけた。その数カ月後には河本大作らが他国の指導者である張作霖を殺害し、閔妃暗殺以来はじめて軍人の反抗心が過激な形となって表れた。張作霖暗殺事件は、混沌、騒乱、政治的暴力が渦巻く新たな時代到来の兆しであった。二年後の一九三〇年には、海軍軍縮によって統帥権を犯したとして上級将校たちが首相を「犯罪者」だと非難し、それが間接的に右翼の民間人による首相狙撃を招いた。一九三一年には青年将校たちが内閣そのものを排除する計画を立てたことをきっかけに政治的暴力の波がいっそう高まり、その後五年間は一八七〇年代以来の動乱期となって暗殺とクーデターが相次いだ。

張作霖暗殺事件をすべて河本の責任とするのはたやすい。だが、タルムードのことわざにもあるように、「真の泥棒は穴であって、ネズミではない」。悪事を企む者がいるだけでは犯罪は起きない。むしろ、そのような人物の行動を可能にする組織の抜け穴や制度的な弱点にこそ焦点を当てて分析すべきである。張作霖暗殺とその歴史的影響を理解するには、事件の発生を許したイデオロギー上、政治上、組織上の以下の四つの条件を考慮しなければならない。

まず、このときの「穴」をつくった最大の原因は、日本軍の中で統帥権イデオロギーが激しく再燃したことだ。大正政変で陸軍が敗北してから一五年が経った一九二八年にこのイデオロギーは復活し、現役武官制が廃止された一九一三年以来少しずつ高まっていた軍事力が報復とも言える形で発揮された。

大正デモクラシー期（一九一三〜一九二六年）の内閣は陸軍省を通じて軍への支配力を高めることができた。軍は陸軍省から参謀本部にいくらか権限を移したものの、この文民統制は一九二〇年代半ばまで続いた。だが宇垣大臣による陸軍軍縮が軍の反発を買い、そこに荒木の大衆扇動と反主流派による勉強会の影響が加わった結果、陸軍省の力が大きく損なわれた。それから文民統制はたちまち崩れ出し、一九二八年になると陸軍にとっての統帥権とはつまり政府からの軍の完全独立を意味した[161]。

　田中はこれが一因となって失脚したが、彼自身も火の手を上げた責任は重大だ。軍人時代に統帥権の概念を広めていたことに加え、彼の積極外交によって陸軍は権力を増し、そのぶん文民政治家の力が弱まった。張暗殺の当日、まだ事件を知らない駐日イギリス大使ジョン・ティリーは次のように述べた。「田中大将が日本の権益を守るため積極政策に出ることを決定したならば、外交の中心が外務省から参謀本部あるいは陸軍省に移されるのはどう考えても何の違和感もない[162]」。強気の政策を取るなら陸軍がその中心に立つのは当然だというわけだ。こうして帝国陸軍は力を増し、独自の行動を取る意識がさらに高まった。荒木などの将校はこの状況を利用して統帥権を急進的に解釈し、軍は実質的にあらゆる文民の管理から独立したのだと説き広めた。

　軍が独自に戦略上の決定を下すことを許すこの統帥権の概念に、満州で浸透していた独断専行という二つめの要素が加わって、河本の暗殺計画のイデオロギー的基盤がつくられた。本来統帥権のもとで国の戦略決定に関われるのは軍の指導者階級であり、すべての将校ではなかった。だが独断専行が認められることで、満州を中心に下級将校も作戦現場で独自の決定を下すことができるようになった。この二つが組み合わさり、河本などの下級将校が国の方針に完全に逆らって国家指導者の暗殺といった戦略レべルの決定を下すに至った。統帥権が組織としての軍の力を高める一方、独断専行が内部の階級性を崩壊させた。言い換えれば、これもまた破滅をもたらす権力の集中と分散の併存であった。強固な表面の内側には混沌が広がり、それが日本帝国陸軍の不服従を助長した。

河本の計画実行の土台となった第三の条件は、満州の裏社会が日本軍に侵食していたことである。中野洋平と伊藤謙二郎は、浪人や売春斡旋業者など中国人と日本人の犯罪者が構成する複雑なネットワークを利用して計画に貢献したが、そうした悪人たちは特務機関を介して陸軍とつながっていた。軍と民間右翼と犯罪組織による緊密な連携は一八九五年の閔妃暗殺時にもすでに見られ、さらに伊藤の張作霖殺害への関与が最後ではない。第六章で触れ、次章でも詳述するように、民間右翼の犯罪ネットワークと深く関わったことによる陸軍の「退縮」は一九三〇年代にさらに進行する。

張作霖暗殺事件の「穴」をつくった最後の要素は、関東軍の無秩序な組織体制において公式の地位がほとんど尊重されていなかったことである。関東軍将校の村岡、斎藤、河本は三人とも、非公式なネットワークを利用した陰謀、反抗、作戦実行がまるで当然であるかのように行動した。村岡は自身の張殺害計画を特務機関所属の竹下に明かし、直属の部下である斎藤と河本には伝えなかった。六月三日、斎藤参謀長は関東軍の何者かが張の殺害を企てていると察したが、自分への報告なしにそのような計画が進められていることには一切動じなかった。[163] 川越の役割には、村岡の執務室を見張って河本の会話を聞かれないようにすることもあった。[164] 奉天特務機関長の秦真次は、事件の噂を日本政府に報告した地元警察を激しく責め、そのような報告は「関東軍の中に不審の念を増長させかねない」とした。[165]

そのような陰謀渦巻く雰囲気をさらに強めたのが、関東軍の独特な組織構造である。通常、日本軍部隊の指揮官は他の先進国と同様に参謀長が補佐した。参謀長のもとには一定数の参謀がおり、作戦、諜報、兵站などそれぞれの分野を担当した。彼ら参謀将校の権限は限られていたため、参謀長と指揮官が部隊の活動の全域において責任を負った。一方、関東軍には指揮官と参謀長とは別に「高級参謀」という特異な役職があり、一九二八年には河本が就いていた。高級参謀の河本は斎藤参謀長の部下だったが、実際に日常のあらゆる参謀業務における責任者は河本だった。

そうした状況はいかなる組織にとっても危険である。イギリスのマネジメント理論家ノースコート・パーキンソンが指摘するように、ある上司に部下が一人しかいなければ、上司とまったく同じ業務を行うその部下は、上司にとって実質上の競合相手である。[166] 関東軍では、河本が非公式な参謀長の役割を果たしていた。だが公式の階級は異なるため、活動は上官の管理下にあった。斎藤と村岡は参謀本部から絶えず監視され圧力をかけられる立場だったが、河本はそうでなかったため、計画を企てる隙が十分にあった。[167] 張暗殺後、政府はそのような事件の再発を防ぐために関東軍における参謀の権力を大幅に縮小した。だが高級参謀という役職は残されたため、板垣征四郎と石原莞爾《かんじ》という二人の実力者が後を継ぐとその権限はすぐに復活し、「満州事変」の計画が生まれることとなる。[168] 高級参謀という役割がなくならない限り、誰かがその任務を果たす。どこであろうと穴がある限り、必ずネズミは忍び込むのである。

だが、「穴」――比喩的な意味でも、組織の穴という意味でも――の存在を別としても、河本大作という「ネズミ」と高級参謀の職はそもそも最悪の組み合わせだった。三〇年以上前に閔妃を暗殺した三浦梧楼と同じく、河本はもともと反抗的な性格で、軍高官のことは横暴な支配派閥のメンバーだとしてひどく嫌っていた。東京では一九二三年の時点ですでに上官たちと非常に悪い関係にあり、虐げられのけ者にされていると感じていた。上層とのあいだに溝があるために、河本は通常の手続きを通してさえ国家政策に影響を与えられる立場になかった。また、河本自身も強い不満を訴えていたように、彼など中国問題に詳しい者たちが軍で大きな昇進を見込めることもなかった。[169] だがそうした一方で、河本は陸軍内外の横のつながりを通して陰謀を企てることができた。かつての朝鮮と同じく満州は楽観主義という通貨が高い価値をもった地であり、張作霖の軍事顧問であった町野武馬の言葉を借りれば、浪人や不良軍人は「日本ではできない大きなことができた」[170]。そう考えると、河本にとって張作霖暗殺は「大きなこと」をして歴史に自らの名を残すすべだった。その目的のために彼の立場で唯一取れる手段が、暗殺だったのである。

政府が河本と仲間たちを罰しなかったことで、日本の未来に暗雲が立ち込めた。大江志乃夫が述べるとおり、多くの将校はもはや勅令を待つ必要はないのだと考えるようになった。河本と同じ、天皇にはっきりと禁止されない限りは軍の命令にも文民政府の命令にも逆らってよいという思考だ。[171] さらに、他国の指導者を暗殺した者たちが処罰されないならば、同様の愛国心を理由に日本の指導者にも暴力を行使していいはずだ、と。まもなく日本政府は、軍の反抗はもはや止められず、押しのけることもできなくなってしまったと思い知ることになる。木曜会の中心メンバーである鈴木貞一がのちに振り返るように、政治家は陸軍の考え方を理解していなかった。文民政府の力が強い場合は、外交方針が変われば領地に配属された兵士を強制的に呼び戻せる。だが政府が弱ければ、兵士は軍の方針に沿って活動範囲を無限に広げていく。[172] 一九二八年、政府と天皇は兵士を止められる立場になかった。彼ら、そして国家としての大日本帝国は、やがてその代償を払わされることとなる。

第九章　桜会——反抗から反乱へ

一九三一

ただひっそりと、そしてひそひそと、花びらが散りつづけているばかりでした。

（坂口安吾『桜の森の満開の下』より）

一九六一年二月、ジャーナリストの中野雅夫は驚くべき発掘をした。数カ月にわたって陸軍による反乱の消えかけた痕跡をたどっていた彼は、一九三〇年代初期に暴力の高波を起こした秘密結社、「桜会」のかつての隠れ家を見つけ出した。女性歯科医と他の桜会同調者たちが住んでいたその住居で、中野は廃棄されたと考えられていた文書の写しを発見したのである。その文書とは、近代日本の歴史上最も残酷で大胆とも言える軍人反逆者、橋本欣五郎大佐が残した秘密の回顧録である。極東国際軍事裁判（東京裁判）で戦犯として終身刑を下された橋本は、いっさいの弁解なしに桜会の活動について詳細に記し、五部の複写をつくって四人の側近に渡し、残りの一つを自分の手元に置いていた。彼を支持する歯科医が密かに筆写し保管していたものの他は、すべて事件の末期あるいは直後に焼却された。かつての所有者もみな亡くなっている。[1] この発掘により、日本軍における不服従の歴史を大きく動かした集団の内部活動の全容がついに明かされた。

桜会は複数の面で独特な組織だった。まず何より、おそらく陸軍内で本来対立関係にある各派閥の境界を越えて組まれた最初の集団であった。それまでの組織とは異なり、長州閥のような封建的な関係に基づくものではなく、かといってそうした派閥と争うことを目的とするわけでもなかった。桜会が焦点を当てた問題はすべて、一九三〇年代に日本が国家として抱える課題に関連していた。第二に、桜会は軍閥組織としてはじめて民間右翼団体と平等な提携関係を築いた。最後に、桜会の戦術はそれまでに例がないほど過激で、短い存続期間の末期には空爆で内閣を丸ごと壊滅させる計画を立てていた。一八七〇年代以来はじめて、桜会はそれまでにもよく見られた軍の反抗をついに徹底的な反乱という形にエスカレートさせたのである。

日本政府に対するこれほど極端な暴力行為は、半世紀以上にわたっていっさいの兆候さえなかった。一八七七年の西南戦争終結以来、軍の暴動は日本からほぼ消え去っていた。一九三一年まで軍の不服従は、主に他国の指導者を暗殺したり、許可を得ずに戦略上重要な作戦を実行したりして国家方針に逆らうという形だった。政府はそのような行為に頭を抱えたが、存続自体が脅かされることはなかった。たしかに、数は少なく期間も大きく開いているとはいえ、国内でも暗殺事件はあった。だがその加害者は民間国家主義者であって軍人ではない。一九一三年の大正政変では軍が力ずくで倒閣したが、それは暴力的要素のない無血クーデターだった。一九三〇年一〇月に設立された桜会は、一八七七年以来はじめて軍の暴力という剣先を真正面から政府に突きつけた組織だった。その活動は陸軍を混乱に陥れ、やがて政府と他の各軍閥を巻き込んで激しく争い合うこととなった。

国家改造――標的は日本

一般的に、一九三〇年代には日本政治の秩序が急速に悪化の一途を辿ったとされる。軍および彼らと思想を同じくする仲間たちは、無限の権力を求めて政府と協力したり対立したりしながら常に前進を続けたと描かれることが多い。(2)だが一九三〇年秋、陸軍における権力の中枢には近いが正式な指揮官の地位にない佐官級の将校たちは、自分たちが勝利に向かって突き進んでいるとは考えていなかった。彼らにとってそれまでの経緯は軍による支配への「序章」ではなく、むしろ後退、敗北、挫折の連続だった。一九二八年の張作霖暗殺から目に見える結果は生まれなかった。関東軍はいまだ陸軍高官、外交官、文民政治家の監視下にあった。中国で抗日運動は続いていたが、幣原喜重郎外相や浜口雄幸《おさち》首相などの穏健派はイギリスやアメリカなどの列強を刺激しないよう常に慎重な外交政策を取った。さらに追い打ちをかけるように、内閣は陸軍の予算増額を拒否し、将校の給与を削減するとともに軍の近代化を遅らせた。(3)

さらに、ロンドン海軍軍縮条約も軍にとっては痛手だった。海上保安に関する帷幄上奏権をもつのは海軍最高司令官のみであるはずだとして、この条約は統帥権を露骨に侵害するものだと海軍はとらえた。(4)それでも政府は反対を押し切って調印した。浜口首相は海軍から「統帥権を干犯した」として非難を浴び、一九三〇年一一月には民間右翼の佐郷屋《さごうや》留雄《とめお》に銃撃されて重傷を負い、翌年四月に首相を辞任したのち四カ月後に死亡した。だが、浜口が総裁を務めた立憲民政党は引きつづき政権を握った。さらなる暗殺を防ぐためには民政党を与党の座にとどめておくべきだというのが、唯一存命していた元老である西園寺の主張だった[5]。軍にとっては歯がゆいことに、次に首相の座に就いた若槻礼次郎は浜口の慎重な外交方針を受け継いだ。

このときの国家の全体像に目を向けると、一九二九年の大恐慌の影響を受けて景気が悪化しつづけていた。緊縮財政と金解禁を二本柱とした政策は事態をさらに悪化させた。物価下落に伴い、企業は賃金引き下げと従業員の解雇を余儀なくされ、それがさらに経済を減速させ、世界的な景気後退の影響に対してますます脆弱になった。絹の価格に暮らしを依存していた多くの農民は、アメリカの絹需要減少によって貧窮した[6]。中堅以下の将校は、多くの地方出身の部下たちがひどく苦しんでいることを痛感した[7]。

人権を重んじるさまざまな愛国主義者たちと同様、そうした多くの将校はこの状況の責任がどこにあるのか確信していた。彼らにとって、中国と満州における弱腰の政策と、日本の貧困層を救済しないことは、一枚のコインの裏表だった。収賄事件が次々に取りざたされ、議会議員、天皇側近、財閥の支援を受けた軍高官たちの不正な関係が明らかになるのを軍人たちは目の当たりにした。同時に、自由主義、社会主義、個人主義などの「危険な」思想が東京などの大都市に蔓延し、倹約、自己犠牲、天皇への純粋な信仰など「伝統的」な日本の価値観を濁らせた。ほとんどの将校にとって軍は伝統的価値観を体現したものであったため、軍の要求が呑まれないことはつまり、外国の危ない思想が日本の伝統を侵食している証だと考えた[8]。

多くの軍人が抱える不満の原因には彼ら自身の影響力低下もあった。それまでに軍が行ってきたことのいずれも状況を根本的には変えられていなかったからだ。当時打開策として掲げられた「昭和維新」や「国家改造」というスローガンも具体性に欠けていた。これらは一九二〇年代後半から右翼団体によって広く喧伝された。彼らは、政党政治家、元老、資本主義者、軍閥のあいだの腐敗した関係のせいで長年にわたり効果を失っていた明治維新の再来を夢見ていた(9)。「国家改造」の具体的な内容が示されることはなかったが、政党政治の破壊、軍を中心とする国家政策策定、経済統制による「利己的な資本主義」の排除、自由主義を排した「伝統的価値観」の復活、そして満州、モンゴル、中国北部、さらにはおそらく極東ロシアまでをも視野に入れた領地拡大を含むというのが一般的な考えだった。ロシア帝国がたどった運命をよく理解していた多くの活動家は、共産革命に陥るのを防ぐにはこうした改革しか道がないと考えた(10)。

しかし、改革実現の手段については激しい論争が沸き起こった。法に逆らうべきでないとする軍人たちもいた。一方、抜本的な変革をもたらすには国家への反抗も辞さないと考える者たちのあいだでも取るべき策について意見が分かれた。河本大作および彼を支持する多くの将校は、満州での政策に軍が反抗すれば形勢を一変でき、それを起点に軍が力を得て国家の改革を促せると考えた(11)。だが、この「満州第一」の姿勢に反対する声も軍内で上がり始めた。かつて軍高官や政治家の抵抗によって河本の野望が挫かれたことから、日本を内側から大胆に変えなければ領土拡大を夢見ても無駄だというわけだ(12)。この「日本第一、満州第二」という考え方は桜会創設の基盤となった思想である(13)。

首謀者、橋本欣五郎

東京裁判は、元諜報員でありのちには国家主義者のリーダーとして多大なる影響力をもった橋本欣五郎を、戦前日本における最重要危険人物の一人だとした。ある検察官は内部資料で次のように述べている。「この男はただの民衆扇動家でも、町の裏道で宣伝活動を行う狂信的なタカ派でもない。この男は、一九四〇年までに日本で最も強い影響力を有した二〇人のうちに入る。超国家主義社会の構築と先導、そのための革命を目指した計画について彼が残した記録を見れば、戦前および戦時中の国民を大いに引きつけたであろうことは疑いがない[14]」

橋本の影響力がこの検察官の想像ほどでなかったとしても、彼が一九三〇年代から一九四〇年代にかけて日本の右翼社会における中心人物だったことに間違いはない。河本大作と同じく、橋本も非凡な才能をもっていたが衝動的で扱いづらい志士タイプの性格で、軍のエリートとなったもののどこか居心地の悪さを感じつづけている人物だった。橋本の関心は軍事だけでなく、詩を詠み、美食と酒を好み、居酒屋や遊郭の常連だった。仕事の面では彼はまさに軍事の天才で、数学およびロシア語やフランス語などの外国語にも非常に長けていた。陸軍大学校卒のエリートである彼は砲術と諜報を専門とし、特務機関の諜報員として複数回外地勤務にあたった。一九二七年には公使館付武官としてトルコに派遣された[15]。その使命は、コーカサス地方でのソ連の軍事活動を偵察し、現地の少数民族に反ソ感情を植えつけることだった[16]。トルコの政治を間近で経験した橋本は、オスマン帝国最後の皇帝を追放して政教分離の専制主義共和国を樹立した近代トルコ建国の父、ムスタファ・ケマル・「アタテュルク」のリーダーシップに深く感銘を受けた。感動しやすい橋本はアタテュルクの演説を熱心に読みあさり、さらに新生トルコの首都アンカラで開かれた会食の場では実際に顔を合わせていた[17]。

トルコのアタテュルク、イタリアのムッソリーニ、ソ連のスターリン、ポーランドのピウスツキ、イランのレザー・シャーなど、ヨーロッパやアジアで強い指導者が登場していたことから、橋本はどうにかして彼ら「国家の救世主」の行動に共通項を見つけられるはずだと考えた。各国の複雑な状況や情勢の違いなどを考慮に入れないまま、橋本は独自の分析から一つの答えを導き出した。それは、分裂し崩壊した国家は、強い指導者が愛国的な軍人の助けを得て国民を一つにまとめることによって救われるというものだ。完全に燃え上がった橋本は、軍人の「政治への干渉」を禁じる軍人勅諭をいとも簡単に無視した。彼がのちに述べたところによると、この勅諭が政治活動を禁じるのは当人の任務に反している場合のみであり、兵士はすべての臣民と同様、国家のためであれば政治に介入する義務があるという。実際、国防の観点から言えばそうした介入は兵士にとってきわめて重要な使命である、というのが橋本の主張だ。[18]

一九三〇年、参謀本部に戻るよう命じられた橋本は、母国に向かう長い船旅の道中で「いかに日本を改革するか」と考えをめぐらせた。その結果について彼は次のように述べる。「ある程度具体的な案が浮かんだ。東京の参謀本部に戻ると、実行に向けた計画をいくつか立てた[19]」。このように橋本がのちの手記で「計画」と呼ぶものには、領地拡大への無限の野望と、大衆に対する「国家改造」の呼びかけが混ざり合っていた。腐敗した「自由主義」政権は破壊され、「政治、経済、文化、国防などすべてが天皇というただ一点に集約し」てそれを軍が支えるという専制国家に取って代わられるべきだと橋本は考えた。こうして統一された国家は、「新たな秩序のもとで世界を牽引する手綱を握る」だろうと。[20]このような計画を思い描きながら東京に戻った橋本は、参謀本部情報部門の欧米課ロシア班長に任命された。[21]

他国と同様、参謀本部の情報部門は国外での情報収集と特殊作戦執行を任された。一九二八年には、張作霖暗殺計画への関与という形で軍の反抗に加担した。一九二九年八月に建川美次少将が第二部（情

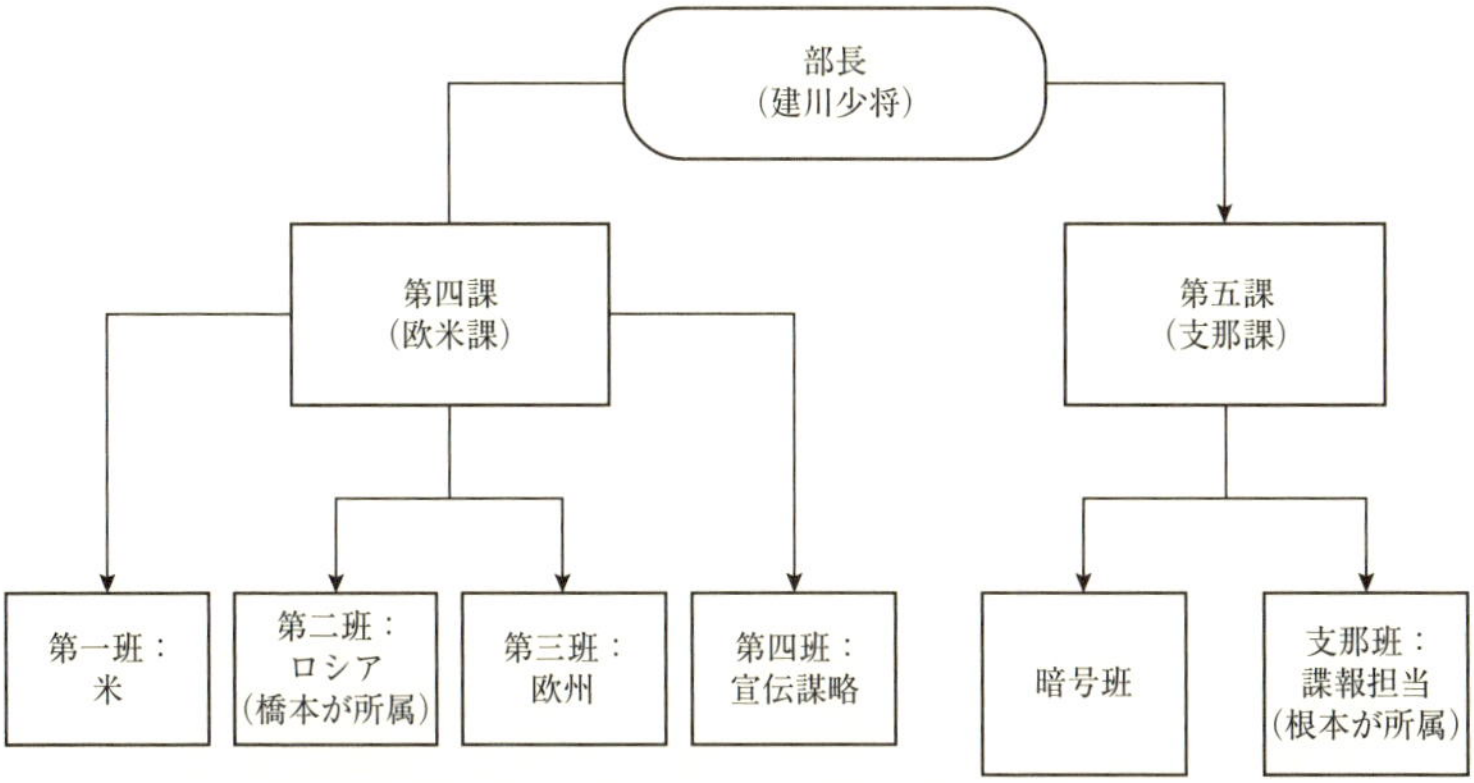

図９－１　参謀本部第二部（情報部）。刈田徹『十月事件（1）』p.316を参考に作成。

報部）部長に就くと、その指揮下で政治にも干渉するようになった。[22] 一九三〇年春、建川部長は橋本と支那課の根本博に国家改造計画の起草を命じた。当時の常識では、それがつまりクーデター計画だと理解するのはたやすいことだっただろう。

のちに橋本が述べたところによると、彼と仲間たちは明治維新期の志士のように行動しなくてはならないと感じたという。[23] これは第一章の終わりに言及した模倣行動である。つまり、橋本のように明確な目標をもたない反逆者は、愛国的かつ成功を収めた者、すなわち志士を唯一のモデルとする傾向があった。政府、大手メディア、数多くの評者は、志士を愛国主義者として称え、彼らの功績について言及し、受難者としてその魂を靖国神社に祀ることで、知らず知らずのうちに何十年にもわたってこの傾向を助長していた。昭和初期には軍隊教育の場で志士の歴史が教えられた。[24]

当然ながら政府は天皇に対する志士の忠誠心を強調したが、極右派や愛国主義者たちは彼らが反抗的で粗暴で酒好きだったことにも憧れた。壮士などの浪人は自分たちを

「民間志士」と呼んでその精神を受け継いだ。[25] そのような浪人と陸軍の協力関係は閔妃暗殺のときから明らかだったが、一九二〇年代後半になるといっそう強固になり、志士の反抗精神が軍の下層にも浸透した。自らを現代の志士と考えた橋本たちにとって、日本政府は徳川幕府と同様に悪しき存在だった。少なくとも原則としては、そうしたものに対する暴力は許されるはずだった。

橋本は政府だけでなく軍幹部も忌み嫌った。彼の考え方は一九二八年当時の河本といくらか似ていた。[26] だが、かねてから反抗的な軍人が目の敵にしてきた長州閥はもはや存在しないも同然だった。そのため橋本は、それぞれの将校を国家改造計画に協力する気があるかどうかで評価した。だがほとんどの上級将校は参加したがらなかったため、橋本は彼らを怠惰で無能だと非難した。仲間とみなされた高官は建川少将などほんの一握りだった。[27] そのため、はじめから橋本と彼の仲間は、純粋な心をもつ英雄的な志士とその支持者である「自分たち」と、現行の体制を支持する「その他」の腐敗した軍人をはっきりと区別した。橋本は、国家改造に命を捧げることを同志と誓い合った。[28]

こうした思考に切迫感が加わった結果、橋本は慎重さや漸進的な考え方をいっさい失った。すでに硬直しきった政界という暗雲を一掃して国家に根を張る悪を排除しなければならない。勇気と決意をもってすれば、これは難なく行うことができる、と橋本は述べた。[29] ここからは、日本の反乱分子を暗殺者に変えた志士の楽観主義と同じものが読み取れる。この思想が一八六〇年代に混成集団を結集させて岩倉暗殺計画を生み、閔妃と張作霖の暗殺を経て、桜会の設立につながった。つまり、どれほど深刻で恐ろしい悪でも、勇気と決意さえあれば一撃で根こそぎ排除できるという信念である。

桜会と民間協力者

一九三〇年一〇月一日に偕行社で開かれた桜会の初会合では、出席した陸軍将校の田中隆吉の証言によると「当時は国内の問題が非常に切迫していたため、満州問題についてはまったく触れられなかった」という。田中によるとその初会合には五、六人の海軍将校（海軍内の類似組織「星洋会」の代表者）を含む五〇人から六〇人の将校が出席したが、その数は数カ月で大幅に増加した。[30] 桜会は独特の規定を設け、参加資格は中佐以下という比較的下の階級の将校であることと、「国家改造に無私の関心があること」とした。[31] 上級将校は正式には参加しなかったが、一部は組織の外から支援を与えた。

実際には設立から数カ月のあいだ、この組織に名前はなかった。一九三一年春になってはじめて橋本は総会で桜会という名称の承認を得た。桜は日本軍のシンボルとして広く知られ、第二次世界大戦時には特攻隊を表した。当時の美意識では、壮麗だが散るのが早い桜の花は若さにあふれた純粋な戦士の命を象徴していた。必要とされればすぐさまその短い命を捧げる覚悟をもちながら、英雄の輝きを放ち、妥協なき清らかな心を保つ兵士そのものであると考えられた。[32] またこの名称には、幕末から明治時代前期にかけて存在した甘美な志士社会を、比喩的にも文化的にも自分たちと結びつけようとした橋本の意図も表れている。[33]

だが、桜会と志士の類似点は名前だけではなかった。幕末に反乱者たちが藩の境界をまたいだ同盟を築いて藩同士の対立を乗り越えたように、桜会幹部は共通の目的のもとにさまざまな領域に属する軍人を団結させた。桜会がきわめて危険な組織だった所以はそこにもある。それまでの反逆者たちも混成集団の寄せ集めとして志士の組織構造の緩さは受け継いでいたが、桜会は、意図的にしても無意識にしても、最終的に倒幕を実現した団結性を模倣した初の組織だった。当時の憲兵司令官であった外山豊造《とやまぶんぞう》中将はこれに気づき、反乱ネットワークにおけるこうした派閥横断的な性質こそ、陸軍の「終わりなき波乱」をつくり出す真の推進力であると述べた(34)。もしも桜会が、たとえば参謀本部など一つの軍事機関の中だけの組織だったとすれば、その目的は陸軍省など他の軍事機関から権力を奪って自機関の地位を高めようとする利己的かつ党派的なものだとみなされたかもしれない。こうした職務領域、派閥、機関の壁を乗り越えてはじめて、真に優れた陰謀ネットワークをつくることが可能だった。

桜会の主な設立者は、参謀本部の橋本欣五郎中佐、陸軍省の坂田義朗中佐、東京警備司令部の樋口季一郎中佐である。橋本率いるロシア班の小原重孝《おはらしげたか》大尉、田中弥《わたる》大尉、天野勇《あまのいさむ》中尉、そして支那班長の根本博も設立に携わり、いずれも階級は低いながら大きな影響力をもった。また、同じく支那課の長勇大尉も中心的役割を果たした(35)。桜会での活動という危険な道を橋本の側近としてともに歩む運命となる長は、橋本と似た性格だった。酒癖と女癖が悪いことで有名な一方、並外れた才能をもち頭の回転も速かったが、性格は衝動的かつ冷酷で、「すぐ笑いすぐ怒る」点は志士にも通じていた(36)。その他の初期メンバーのほとんども陸軍大学校の卒業生、つまりは一握りのエリートだった。多数の「隊付将校」たちを受け入れたのは翌年の三月下旬以降である(37)。

図9―2を見ると、橋本や長など情報部員が中心であったことがはっきりとわかる。彼らが所属する参謀本部からの参加者は最も多く、四〇人だった。次いで陸軍大学校からは一五人、陸軍省からは九人が加わった。教育総監部およびさまざまな部門や連隊からの参加者も、人数は少ないながら非常に重要

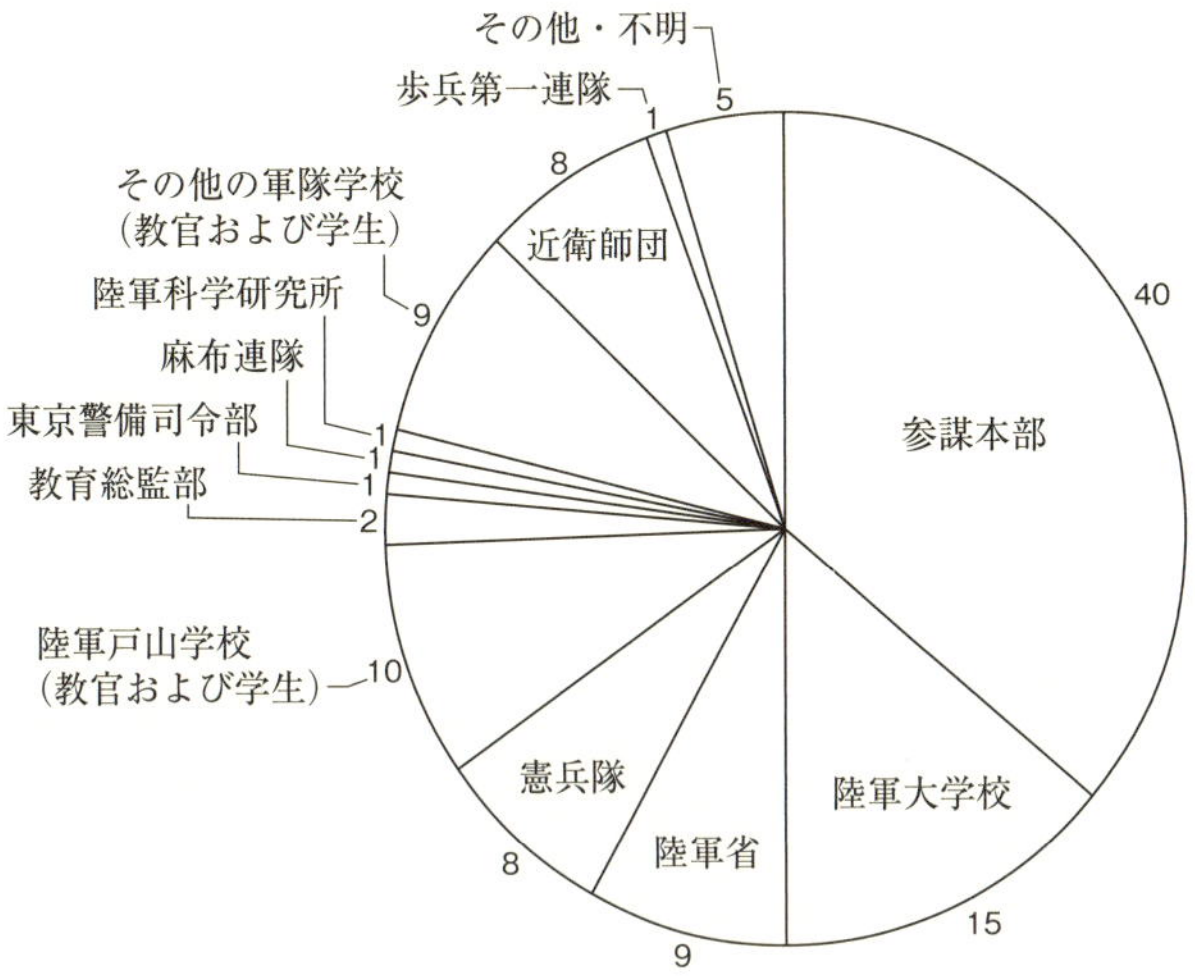

図９－２　所属別の桜会構成員（刈田徹『十月事件（1）』p.327-30 を参考に作成）

な役割を果たした。会員のうち一〇人が所属した陸軍戸山学校は、剣術を専門に教える教育機関であるとともに、国家主義者が集まる重要な拠点だった。

軍隊学校が東京に集中していたことで、幕末の剣術道場で見られたものにも近い反抗的な「塾生文化」が生まれた。いずれの場でも全国各地の精力的な若者が互いに出会い、交流し、国家改造について議論を交わした。こうした状況から小原大尉などの桜会幹部は新たなメンバーを引き入れることが容易になった[38]。他に、本来は反抗的な活動を抑止する立場にあるはずの憲兵からの参加者もいた。おそらく、彼ら「トロイの木馬」が最後まで上官による計画の発覚を防いだのだろう[39]。河本大作と同じく桜会幹部は中堅以下の将校で、そのほとんどは組織トップの直接管理下になかった。だが河本とは異なり、彼らは東京およびその近郊の主要地域で任務にあたっていたため、内閣やその他支配層に対して徹底的な攻撃を目指せる位置にあった。

桜会の対外交流部門は夕食を取りながら時事問題について話し合う勉強会を毎月開き、それは陸軍内でもよく知られていた。[40] だが実際、この「討論クラブ」は都合のいい隠れ蓑にすぎなかった。桜会幹部たちは、それとは別に「一一人委員会」と呼ばれる内部組織を立ち上げていた。この委員会はクーデター実行の手段について話し合うために設立され、橋本と長が率いた。[41]

クーデター計画においては、より上層の軍高官から確固たる支援が期待できた。桜会は、二宮治重《はるしげ》参謀次長、杉山元《はじめ》陸軍次官、建川美次参謀本部第二部（情報部）部長、小磯国昭陸軍省軍務局長などの権力者による後援を受けた。この少数協力者には、古くからの派閥争いの精神がいくらか残っていた。四人とも藩閥には属していなかったが、宇垣一成陸軍大臣を中心とする派閥を築いていた。宇垣の人気低迷を懸念した彼らは、自分たちの影響力を返り咲かせるため宇垣を首相にかつぎ上げる計画を立てていた。この政治的意図が桜会の目的とうまくかみ合い、活動支援につながった。[42]

また、桜会の軍人たちは民間右翼とも密接に結びついていた。閔妃暗殺における三浦と安達のようにその場だけの一時的な同盟ではなく、強固で平等な提携関係だった。その中心となったのは、アジア宗教、東洋哲学、経済学、法学、アジア主義など幅広い分野で執筆活動を行う知識人の大川周明博士だった。彼は南満州鉄道の調査局局長と拓殖大学教授を兼任したほか、長年にわたって猶存社《ゆうぞんしゃ》などの右翼団体をいくつも結成していた。大川の人脈は非常に広く、民間の愛国主義者のみにとどまらず軍の上層にも及んでいた。参謀本部と海軍兵学校で招待講演を行ったこともあった。

桜会と同じく、大川も政党政治の破壊と経済統制という国家改造に関心をもっていた。さらに、日本の自給自足経済実現に向けた重要な一歩としてだけでなく、東アジアから西洋の帝国主義を排除するための基盤として、満州と中国における日本の領地拡大を目指していた。この拡大によっていずれは中国本土全体が日本の支配のもと統一されることを望んだ。[43] このような考えをもつ大川が桜会と協力関係を築いたことに不思議はない。一九三一年に彼は何度か東京の酒場で橋本と会合を開き、実行可能な作戦について話し合った。[44]

当然ながら、クーデター実行のためには資金が必要だった。当初の予定では陸軍省から三〇万円が調達されるはずだったが、その計画の主要人物が怖気づくとまもなく資金の流れは止まった。常に柔軟で動きの素早い大川は、国家主義者仲間で尾張徳川家当主の徳川義親《よしちか》侯爵からさらに多額の五〇万円を得ることに成功した。事態が明るみに出ないよう、徳川は銀行口座から現金を引き出すことも株を売ることもせず、私有の金塊を売却してその利益を大川たちに渡した。[45]

三月事件

桜会の中でも急進派の幹部たち、特に橋本と長は、現行の政治は暴力による直接介入によってのみ変えられると信じた。一九三一年の年初二カ月間、彼らは敵に不意打ちをくらわせるチャンスを虎視眈々と狙っていた。そしてその機会を与えてしまったのが、ほかならぬ彼らの天敵、幣原外相である。二月三日、衆議院予算総会で議論が白熱する中、当時首相代理を務めていた幣原は、天皇が認証したことを理由に挙げてロンドン軍縮条約締結の正当性を訴えた。野党の政友会はこの好機に飛びつき、幣原が大臣としての責任を逃れようとし、さらに天皇を政治の場に引きずり込んで威信を損なわせたとして激しく非難した。

ある評者の述べるとおり、天皇の権威を利用することは「諸刃の剣」であった[46]。一八七三年の大久保と一九一三年の桂のように、それを党派的な目的で利用すればあらゆる方面から非難を浴びかねない。国家主義の政友会の幹部が扇動した結果、帝国議会で民政党と政友会が激突し乱闘騒ぎとなり、議会の機能はおよそ一週間にわたって麻痺した。幣原の失言は政府内のすべての敵にとって攻撃の合図となり、大川もただちにそのチャンスに気づいた。橋本も幣原に激怒し、彼の「恥知らずな」発言によって「議会撲滅」の意思が固まったとのちに語っている[47]。橋本らと何度か話し合った末、大川は実行に向けた計画を具体的に立て始めた[48]。

のちに三月事件と呼ばれるこの陰謀は、大正政変の無血クーデター時代を終わらせ、暴力による軍の反乱という新時代の幕を開けた転換点とみなすべきであろう。大まかに言えばその計画は、一九一三年に桂内閣を倒した大衆による護憲運動の再現を目指すものだった[49]。大川は決行日を三月二〇日と定め、幣原の失言と民政党が提案していた労働組合法に対する右翼の怒りを利用し、まずはかつても民衆の暴動が起きた日比谷公園で大規模デモを発生させ、その後群衆を議会へ押しかけさせようと考えた。デモ隊の数は大胆にも一万人以上と見積もった。さらにいっそうの大混乱を生むため、東京の各地で火災を起こすよう仲間たちに命じた[50]。

このクーデターのクライマックスは大規模な暴動そのものだった。そのために大川は、剣の達人や軍刀で武装した者を含む抜刀隊や決死隊などの特別攻撃隊をデモ隊に加えた。そしてデモ隊には首相官邸および「支配政党」である民政党と政友会の本部を襲撃するよう指示した。ある右翼部隊は議会議事堂に偽爆弾を投げつけることになった。ほかにも複数部隊に警視庁占拠の役目を与えた[51]。この騒ぎから「保護」するという名目のもとに桜会が議会を封鎖することが目的だった。そして首謀者たちが現場で将校たちを先導し、警備を突破して議場に突入する予定だった[52]。

そこでより高位の共謀者が登場することになっていた。名前は伏せられているが、ある中将が他の将校を従えて議事堂に入り、閣僚たちの前に立ちはだかる。そこで行う演説の原稿は首謀者たちが事前に作成した。その内容は次のようなものである。「国民は現在の内閣をまるで信用していない。宇垣大将率いる内閣のみが信頼を得られるだろう。いま、国家は困難に直面している。正しい行動を取っていただけないだろうか」。この短い演説のあと、内閣は総辞職を余儀なくされる。同時に、最後の元老である西園寺は宇垣一成陸相を次の首相として天皇に「推薦」させられる。そうして大川周明の「援助」によって首座に就いた宇垣は、国家主義者の宿敵である幣原外相を排除した新たな内閣を組織する。そうしてつくられた内閣は満州政策を強硬化し、かねてから望まれてきた昭和維新を実行する[53]。

日本における多くの軍人陰謀家と同様、橋本たちは極端に楽観的だった。桜会会員の田中清大尉から見ても、彼らは「興奮に酔いしれており」、適切な警告にも耳を傾けなかった。たとえば田中は、この計画は急ごしらえであるだけでなく内容にも隙があると訴えた。特に、さまざまな部隊が十分に連携できておらず、新政権の見通しも具体的でないと忠告した[54]。田中の言うとおり、この作戦の主な欠点は、もともとの計画者の輪には含まれない多数の人々による信の置けない協調を前提としたことにある[55]。設定した時刻に十分なデモ隊が集まるのだろうか？　攻撃隊が使用する爆弾は軍から調達しなければならないが、果たしてそれは可能だろうか？　さらに最も重要な点として、宇垣がこの計画に協力するだろうか？　この計画は、騒乱を理由に宇垣が新内閣を形成しようとするかどうかにかかっているため、彼の協力は不可欠だった。また、宇垣が首相に就いたとしても、表面的なものにとどまらない政策変更を実施するという保証はなかった。

宇垣に近く、桜会の支援者である建川、小磯、杉山、二宮は、一月から少なくとも一度は彼に「働きかけ」をしていた。彼らの楽観には根拠があった。過去に宇垣は、国民の「政治意識」が十分に高まれば「昭和維新」を支持する意思を控えめながら表していた。だが実際、そこには日和見的考えと強い懸念がないまぜになっていた。公表されなかった宇垣の手記からは、彼が賄賂や貧困、共産主義の脅威など切迫した問題の解決に軍隊の利用を考えていた一方で、その後に起こりうる混乱や分裂を恐れていたことがわかる(56)。

一九三一年一月前半、まだ決意は固まっていないにせよ、宇垣はクーデターを支持するかもしれないという印象を周りの将校に与えていた(57)。一月一三日、宇垣は小磯や二宮および橋本などの桜会幹部を含む将官を呼び出し、「軍による改革」について話し合った。その後、二宮中将は橋本に「国家改造計画を起草」し、それを宇垣に提出するよう命じた(58)。橋本が所属する第二部（情報部）の建川部長は計画を熱く支持し、宇垣にさらに強い圧力をかけるべきだとした。酒浸りで役に立たないと有名だった金谷範三参謀総長を気にする者はいなかったようだ(59)。

上級将校たちの支援はありつつも、大川は宇垣の立場をさらに明確に把握したいと考えた。そうして、おそらく小磯少将が何度も頼み込んだ末、二月一一日に会合が開かれた。ここでの内容については証言が大きく分かれる。大川によれば、宇垣は協力に同意したも同然だったという(60)。だが、宇垣はそれをきっぱりと否定している。数カ月後の非公式の証言で宇垣は大川との会談の内容を詳細に述べ、相手の要求は一つ残らず退けたと強調した。宇垣によると大川の要求は、デモ隊制圧のために軍隊を動員しないこと、爆弾を提供すること、のちの首相就任を受け入れることだったという。これに対して宇垣は、陸軍の任務は公の秩序を守ることであり、自分は現在の内閣と運命をともにしているため首相の座を奪うことはまったく考えていないと返したという。[61]また、民間人に爆弾を渡すこともできないと答えたという。これら二つの証言を考慮すると、大川の話も全体的に間違ってはいないのだろうが、まとまりがないうえに明らかなごまかしが入っているため、信頼性が高いと思えるのは宇垣の言い分である。[62]

だが、いずれの証言においても一つ確かなことがある。遅くとも二月一一日には宇垣は計画について知っていながら、それを止める行為には出なかったということだ。大川の逮捕も命じなかった。このときの暗黙の了解を見過ごすべきではない。陸軍大臣が悪名高い陰謀家と会い、計画の内容を聞きながらその場で身柄を押さえることもしなかったという事実は一九三一年の時点でも明らかで、宇垣もほぼ否定できなかった。

だが、計画者たちにとっては憂慮すべきことに、陸軍省の中に反クーデター主義を掲げる派閥が生まれた。その中心は宇垣の側近だったが、桜会に属する者の一部でさえも橋本と大川を誰かが止めなければならないと考えた。一方、陸軍省内のクーデター支持者たちも改めてその内容について考え直すようになった。たとえば、小磯少将は大川の計画の粗さに懸念を抱いていた。二月下旬に詳細を聞いた彼は、それを「子供じみている」と非難し、中止するよう勧告した。大川は意見を変えやすい陸軍の寝返りを恐れ、軍人たちを激しく責めるようになった。[63]絶望にも近いパニック状態に陥った大川は、三月六日に宇垣に感情をむき出しにした書簡を送り、「才ある偉大な人物」として「混乱を乗り越え正義を守る」ために昭和維新の先頭に立ってほしいとおだてた。だが、宇垣からの反応はなかった(64)。

すでに宇垣を口説き落とせる可能性は低いと感じていた小磯は大川に冷たい態度を取るようになり、宇垣は多忙なのでもう会うのは無理だろうと助言した(65)。さらに、桜会の要求をのらりくらりとかわしながら、約束した爆弾の提供を拒んだ。それに対し、橋本は小磯に頼るのをやめ、張作霖暗殺の首謀者である河本大作に頼んだ。だが、河本にも爆弾の調達はできなかった。依然としてクーデターを支持していた建川少将は、歩兵学校時代のつながりを通して爆弾の調達を試みたが、それも失敗に終わった。最終的にその歩兵学校出身の下級将校が、爆音で混乱を生むためにつくられた偽爆弾を密かに入手したが、結局それ以上は手に入らなかった。三月二日から一三日にかけて橋本ともう一人の将校が多数の偽爆弾を紙袋に入れて新橋駅に運び、大川が集めた右翼集団のリーダーの一人に手渡した(66)。

だが、全面的に宇垣の協力に依存していたことはその後も計画の最大の弱点でありつづけた。過去にも何度か立場を翻したり後援者を裏切ったりしてきたずる賢い軍人政治家である宇垣は、緊急時に頼るべき人物ではないことを、橋本と大川はクーデター実行の数日前に思い知った。宇垣は突然裏表のある態度をやめ、クーデター計画をただちに全面中止するよう小磯少将に明確な言葉で命じたのである。実際、そこには政治的思惑が絡んでいたと考えられる。のちに橋本が述べるとおり、浜口首相が近いうちに辞任しそうで後任には宇垣が天皇から任命される可能性が高いという噂が三月初旬には政府内で流れ始めていた。この状況で宇垣がクーデターに参加する理由はないだろう。すべてお膳立てされた状態で政権を握れるときに、なぜ違法行為の危険を冒す必要があるだろうか。いずれにしても、小磯は大川に対して、軍の支援は期待できないため計画を断念するよう命じた。

はじめ大川は不利を押し切ってでも断行すると宣言したが、その可能性は日に日に薄まっていった。三月一八日、計画していたデモは行われたが、その規模は期待外れに小さかった。[67] 張作霖暗殺の犯人である河本大作でさえ危険を訴えた。河本は金銭面での支援者である徳川義親に大川を止めるよう説得した。徳川もクーデター成功は絶望的で陸軍は大打撃を受けるだろうと考えた。そうして徳川は大川らを訪ね、「涙ながらに」計画中止を求めたという。大川はしばらく抵抗したが、最後には折れざるをえなかった。[68] 橋本によると、桜会内部における宇垣大臣の評価は一日で地に落ちた。[69] 上級将校に頼ったのは判断ミスで、二度と繰り返すべきでないと橋本は考えた。

主に権力者の気移りのせいでクーデターが挫折したという事実に橋本や大川らは激怒し、結果としてその後の彼らの目標と手段がいっそう過激化することになった。その怒りに加え、結局処罰が下されなかったことが彼らをつけあがらせ、次の事件の発生が約束された。

実際、大川は徳川侯爵に「新たな襲撃のために再び人を集める」と決意を伝えた。[70] そうして橋本は春から夏にかけて桜会の宣伝活動を行い、政党政治および政府の弱腰外交を激しく非難した。橋本は名門の陸軍大学校を含む陸軍関連の会場で講演を行い、軍主導の国家改造を成し遂げた模範としてムッソリーニとアタテュルクを賛美した。[71] 陸軍戸山学校などの教育機関では学生が桜会のクーデター計画について密かに話し合うことも多く、さらにさまざまな場所で政治集会も開かれた。桜会の会員数が五〇名程度から数百まで大幅に増加したことは、特に三月の失敗を考えれば驚異的である。だが、若い将校を中心とした新参者はおそらく計画の詳細まで理解していなかったと思われる。いずれにしても若い軍人の中には橋本の過激な思想を支持する者が多く、残りの穏健派を圧倒していた。それが政府にとって不都合なことには間違いなかった。[72]

東京での小競り合い――政府の反応

宇垣陸軍大臣が朝鮮総督の職に移っても陸軍省の二面的なやり方は変わらなかった。四月一四日に陸軍大臣に就任した南次郎大将は、宇垣をそのまま軟弱で愚鈍にしたような人物だとみなされていた。南は宇垣よりもさらに軍人たちの制圧に消極的だった。九月上旬に若槻首相と会談した際には、陸軍の規律を強化することは最優先課題だとしながら、政党政治家や彼らを支持するメディアが挑発するせいで青年将校が行きすぎた行動に出てしまうのだと訴えた。そのため、規律を守るには政府が陸軍の要求に沿って政策を見直すべきだと伝えた。南は以前からそうした主張をしていたが、大臣に就くと態度はさらに大きくなった。省の高官たちとの会話で彼は次のように語った。「先日、首相からクーデターに関して質問を受けたので、ああいうことはいまの政党政治のせいで起こるのであり、今後もありうると脅してやった[73]」

ここで最も興味深いのは、南が青年将校の強硬な姿勢を政治的脅迫に利用しながら、自分が彼らを抑え込めるふりすらしなかったことである。さらに、それは嘘でもなかった。西園寺公爵の私設秘書である原田熊雄が記したとおり、軍高官は若い軍人たちの行動をコントロールできる立場になかった。ただ、彼らはその状況の維持を望んでいた。混乱のさなかにある一九三一年において、陸軍上層部にとっては部下への支配力を放棄することこそが自らの権力を高める手段だった。[74]

一九三一年に軍人の不服従がどれほど露骨で当たり前のことになっていたかは、九月初旬に政府上層部を混乱の渦に陥れた奇妙な事件からもよくわかる。ロンドン軍縮条約をめぐる論争以来、青年将校たちは公然と反政府活動を行うようになり、それを主導するのが桜会、予備役軍人による全国組織〔帝国在郷軍人会〕、大川の右翼団体だった。(75)それに対し、かねてから陸軍に批判的だった尾崎行雄を中心とした数人の議会議員が南大臣に大胆な書簡を送り、軍人による政界へのこれほど厚かましい干渉は陸軍刑法第一〇三条の直接違反であると警告した。もちろん南はこれを相手にしなかったが、若槻首相は放置せず、内務大臣の安達謙蔵に何らかの措置を取るよう指示した。(76)ひどく動揺した安達は、そのような集会を見つけ次第すべて中止させるよう警察に命じた。ただ、彼自身の経歴も法の順守にかけてはかなり怪しいものだった。三六年前の一八九五年、安達は壮士のリーダーとして閔妃暗殺に加担した。だが権限ある地位に就いたいま、彼は政策を公然と攻撃する軍人の不服従を抑え込もうとしていた。

警察への指示が周知されると、陸軍への侮辱だとして西園寺とつながりのある軍人たちがただちに原田熊雄に強い不満を訴えた。小磯などの軍高官は政府からの説明を要求した。これに対して原田、若槻首相、幣原外相は事実を丸ごと否定し、まさかそのような乱暴な措置を考慮するはずがないと事実無根を主張した。情けないことに、安達自身も命令を発した「記憶がない」と述べた。最後には、軍に規律をもたらすことができるのは憲兵だけだと関係者全員が認めた。そして、従来どおり憲兵は何も措置を取らなかったため、桜会の宣伝活動は衰えることなく続いた。公然と軍を非難することを恐れる若槻や閣僚たちに、活動をやめさせることなどとてもできなかった。(77)

この緊迫した状況下で、西園寺は最後の元老である自分がその権威を利用して陸軍に「抗議」すべきかと考えた。ただそれはどこか骨の抜けた考えで、南陸相に「軍の規律維持にもっと注意を払う」よう控えめに警告するというだけのものだった。だがこの考えさえすぐに断念された。安保海相は、海軍は西園寺や政府の味方であり、必要とあれば陸軍にも立ち向かうと約束した。ただ、不必要に陸軍を刺激すべきではなく、緊急時以外に西園寺が介入することは避けるべきだとも告げた。最終的に西園寺はより適切な機会を待つことに同意し、秘書の原田には「陸軍の規律の緩みを強く非難しないのが私にとって最善だろう」と語った。[78] だが、西園寺は自らが想定する最悪の事態よりも状況が深刻化していることにまったく気づいていなかった。橋本と長が処罰も抑止も受けることなく次の計画を温める一方、明治維新以来最大の軍人による反逆行為が満州で起きるのはもうまもなくだった。

満州事変

一九三一年三月から一〇月にかけて、軍の反抗は「日本第一」と「満州第一」という両極のあいだを常に揺れていた。[79] それぞれの方針を支持する派閥は、戦略に関していくらか意見の相違があっても緊密に協力していた。国家主義に基づいた活動への支援を惜しまない大川周明はいずれの派閥も援助し活動の指揮を執った。[80] 三月事件の挫折後、関東軍の若い将校たちは「満州第一」思想をもとに作戦実行を決意した。この計画の立案者は、河本大作の後を継いで高級参謀の職に就いた板垣征四郎と、作戦主任参謀である石原莞爾という二人の佐官だった。桜会を含む右翼団体が満州で起きた複数の日本人死亡事件を世に広めて国民の怒りを煽った影響で、武力行使による解決を支持する世論が高まっていた。[81]

だが、このときに河本大作の一匹狼的な浪人精神は完全に消え去っていた。のちに「満州事変」と呼ばれるこの計画は、板垣と石原によって綿密に練られた部隊規模の軍事作戦だった。「日本第一」方針の支持者である橋本と長も、奉天の軍人仲間を邪魔するどころか全力で支援した。[82] 今回の計画も下層から生まれたものだった。大川は次のように証言している。「これは軍高官による計画ではない。日本陸軍の高官はそう簡単にこのような意見を言わない。作戦は若い参謀たちの会議で決定された」。実際、八月に関東軍司令官に就任した本庄繁は陰謀の存在に気づかなかった。[83]

一九二八年当時とは異なり、奉天など満州地域における軍事作戦はあらかじめ入念に計画されていた。今回の作戦においては、東京からの抑止命令はすべて無視するということで決定した。[84] 石原は、もし明確な中止命令が執拗に繰り返されれば、仲間たちと一時的に日本国籍を捨てて無国籍の浪人として満州を占領することをほのめかした。桜会幹部の長勇は嬉々として参謀本部内にこの噂を広め、上級将校からのあらゆる干渉を阻んだ。[85] この石原の宣言からは、明治時代から軍を蝕んできた「退縮」現象の存在が見てとれる。軍人と浪人は長きにわたって満州で協力関係を築いていたため、軍人が浪人化するという脅しをかけても違和感はなかった。南陸相は石原に「帝国陸軍からの独立や満州の支配を話題に上げることをただちにやめる」よう警告したが、実際に懲戒処分が下されることは一度もなかった。[86]

密告者から関東軍の陰謀について聞いた幣原外相は、実行前に阻止することにした。[87] そして関東軍に計画中止を命じるよう南陸相に求めた。ここで南の使者となったのは、三月事件に関与し、このときには参謀本部第一部（作戦部）部長になっていた建川少将である。[88] だが、ここで奉天の陰謀家たちを止めるために建川を派遣したことにも南の二面性が見られる。のちに「満州独立に対する最も熱心な支持者」と評される建川自身、その計画に絡んでいたからである。

さらに、陸軍幹部の鼻先で桜会は関東軍との秘密の通信経路を立ち上げた。陸軍の正式な指揮系統（陸軍大臣あるいは参謀総長から関東軍司令官へ）がまったく機能していなかった一方で、橋本と関東軍高級参謀の板垣を結ぶその連絡路は完璧に機能した。建川に奉天へ向かう指示が下ると、すぐさま橋本は板垣に次の暗号化メッセージを送った。「計画が発覚した。ただちに行動を」。さらに、「建川が奉天に到着する前に動け」と念を押した。[89]

その後の流れはよく知られている。建川少将は軍用機には乗らず、船と列車でゆっくりと奉天に向かった。九月一八日の夜に彼が到着すると、石原ら関東軍兵士たちは芸者を呼んで夜通し歓迎会を行った。[90]翌朝建川が目を覚ますと、中止させるよう命じられた作戦はすでに開始されていた。[90]

九月一八日夜遅く、石原の仲間によって満鉄線路に設置された爆弾が爆発した。だが、その規模は奉天行きの急行列車が支障なく現場を通過できる程度にとどめてあった。[91]酒と歓喜で顔を赤くした橋本が千鳥足で行きつけの酒場を出て参謀本部に戻り、関東軍に電話をかけ、いかなる命令が出ても「独断専行」を貫くよう促した。[92]実際、板垣と石原は橋本の連絡を待っていたわけでもなかった。事件はただちに中国側の犯行だとされ、報復として関東軍部隊が中国の奉天守備隊に発砲した。部下の陰謀を知らない本庄司令官は、のちにこの違法な報復攻撃の正当性を認めた。[93]勇敢にも関東軍の攻撃を止めようとした外交官の森島守人は刀を突きつけられて脅され、「誰であろうと邪魔者は殺す」と告げられた。[94]

中国軍の主要兵舎と奉天にある飛行場は、陸軍省将校から知識と協力を得て板垣があらかじめ設置した野戦重砲の砲撃を受けた。[95]不意を突かれた中国兵士たちは奉天から撤退した。その後、中国軍のやみくもな抵抗を制圧した日本軍は数カ月のうちに満州全土を占領し、あとはゲリラ戦がときおり起こるのみとなった。戦いのあいだ、満鉄は資金提供や部隊輸送、中国軍の活動妨害などの面から関東軍を支援した。中国指導者の蔣介石は、中国はまだ日本に対抗する準備が整っていないと考え、外交的手段のみで満州占領に抵抗するよう部下に命じた。当時北京で入院中だった満州の軍閥指導者である張学良は、中国政府の指示に従って侵略者に対する非抵抗方針を宣言した。[96]

事態勃発直後の東京では、若槻首相と幣原外相が関東軍兵士による独断計画だと察して呆然とした。[97]板垣と石原らに奉天を手放させることは不可能だと考え、少なくとも「事態不拡大」の方針を決定した。[98]そうして、若槻と幣原は南陸相と金谷参謀総長に朝鮮軍による関東軍増援を禁じるよう命じた。この援軍がなければ、それ以上満州の占領が進むことはないとわかっていたからだ。はじめ南と金谷は抵抗したが、最終的に若槻の圧力に屈した。そして朝鮮軍司令官の林銑十郎中将に関東軍増援を禁じる指示が下った。[99]だが、軍人たちは参謀総長の命令を無視しただけでなく、内部でその効力を握りつぶした。橋本はあらかじめ奉天の板垣に、陸軍の動きを止めようとする参謀本部の命令は、内閣の前で自分たちの面目を守るためのものにすぎない、実際に侵攻中止を望んでいるわけではない[100]、との内容の暗号化メッセージを送っていた。林にも密かに同様の書簡が送られた。参謀本部の公式の命令に逆らうことにはなるが、朝鮮軍は支障なく鴨緑江を渡って満州に入るだろう、と橋本は断言した。[101]

満州の状況において驚きなのは、石原や板垣らが上への不服従をいっさい隠そうとしなかったことである。のちに橋本が誇らしげに語ったところによると、参謀本部は「毎日のように」関東軍に侵攻停止命令を下したが、次のような見くびった返答しか戻ってこなかった。「我々が任務を果たすために部隊を展開するうえで、参謀本部の無計画な指示に従うことはできない[102]」。また、前述のとおり、上級将校は部下に対する支配力を放棄していた。一九三一年九月以来、石原と仲間の将校たちは領土拡大路線を公然と打ち出し、現場で独自の対外方針を取るようになっていた。この点では大日本帝国の真の政権は東京でなく奉天にあったと言え、参謀本部を操るのも参謀総長でなく橋本だった[103]。橋本によると、上層部の権力がこれほど落ちぶれたのは帝国陸軍においてはじめてのことだった[104]、という。将来の満州における政権の姿を議論したのも、最終的に満州王国の再建を決定したのも、石原とその仲間たちだった[105]。

若槻首相、幣原外相、西園寺公爵、そして天皇でさえこの事態を止められなかった。陸軍への資金供給拒否は作戦を中止させる唯一の手段だったが、おそらく陸軍への恐怖心やあからさまな対立を避けたいという思いから政府はその策を取らなかった[106]。いかなる決定や脅しも軍に黙殺された若槻内閣は、勅令下達を待たずに違法に行われた朝鮮軍の満州入りさえ防げなかった。

参謀本部は各国の駐在武官に軍隊の満州侵攻を正式に通知し、その事態はありえないと断言していた外務省は面目をつぶされた。南陸相は次のように述べた。「状況は常に政府の発表より先に進んだが、私は非常に厄介な立場にあった。原則として陸軍大臣は部隊の作戦に関与できないからである。さらに関東軍は、現場の事態が切迫しているため自衛行動はやむをえないと訴えた[107]」。関東軍の不服従は、政府から独立した行動を軍高官に許す統帥権イデオロギーと、上官から独立した行動を下級将校に認める独断専行とが融合して生まれた。その結果として満州全土は日本軍の手に渡り、関東軍が支配する傀儡国家としての満州国が誕生した。

一〇月事件

西園寺の秘書である原田が語るには、満州への軍隊派兵はもはや「クーデターのようなもの」だった。[108]だが、すぐに真のクーデターが起きることとなる。一〇月上旬、原田は石原たちが公然とクーデター計画について話し合っているという噂を聞いた。軟弱な東京の政府はいまだ無用の長物だと思われていた。[109]原田は次のように記している。「酒を飲めば彼らはいつもこんなふうに自慢していたらしい。『満州の計画はずっと前から存在した。あちらがうまくいっているので、次は母国でクーデターを起こして政党政治を排除しよう。それから天皇を中心とした国家社会主義の国を打ち立てる。三井や三菱などの資本主義者を排除し、より公平な富の分配を行う[110]』」

だが、真の危険人物は石原でなく長と橋本だった。石原と異なりそもそも国内の革命を領土拡大よりも優先的に考えていた桜会幹部は、満州で関東軍が功績を上げているいま、自分たちは弱腰の若槻内閣を倒そうと決意していた。のちに長が友人に語ったように、その計画は「新政権を打ち立て、そこで全国民の力を結集させて満州事変の決着をつける」というものだった。民間の陰謀参加者である大川周明博士は、満州占領をばねにしてアジア主義的同盟を築き、西欧列強を大陸から排除するというさらに壮大な計画を描いていた[111]。今回、彼らは腰の重い上級将校たちを計画から外した。そうして、失敗に終わった三月事件よりもさらに大胆で残酷な計画決行が一〇月に予定された。

一〇月上旬、原田は知人から聞いた話をもとに、次の議会が開かれる一二月に陸軍が「行動」を起こすのではないかと考え始めた[112]。直近の戦争に基づいて準備を整える軍人と同様、彼も三月事件の再来を想定していたと考えられる。他の文民政治家たちも軍による暴動の危険を察して変節し始めた。つい二カ月前に警察を使って軍の集会を弾圧しようとした安達内務大臣は、今回は公然と軍を擁護した。原田が皮肉を込めて記したところによると、「それ以来、安達は陸軍から多大なる人気を集めた」[113]。夜間の暗殺決行において貴重な実経験をもつ安達は、陸軍のブラックリストに載って閔妃と同じ形で生涯を終えることは避けたかったのだろう。

だが、橋本や長らに彼を見逃すつもりなどないことを安達は知る由もなかった。のちに橋本が述べるように、政府高官はみな一様に血祭りに上げる計画だった。殺害予定者リストには、全閣僚と政党党首、財界の大物、元老、皇室の侍従と顧問が含まれていた。桜会を支持しない将校も捕縛あるいは排除の対象となった。田中清によると、橋本や長らはクーデターを利用して陸軍内で個人的に対立する相手への恨みも晴らそうとしていた[114]。

桜会は三月の失敗から一つ大きな教訓を得た。大川が証言したとおり、今回は民間人デモ隊に頼らず軍人のみで行うと決定した。大川自身の役割も三月よりはるかに小さく、好意的な報道をさせるために軍人とともに新聞社を占拠し、「錦旗維新本部」と書かれた旗を参謀本部の陸地測量部の屋上に掲げることぐらいだった。何よりも彼に期待されたのは、そのカリスマ性で国家改造への国民の支持を集めることだった。そうして集めた国家主義新宗教「大本教」の信者など全国の愛国主義者たちを動員し、各地で対立派の拠点となりうる場所を占拠させて内戦を防ぐ予定だった[115]。

作戦の中心は陸軍だった。橋本と田中清によると、機関銃、炸裂弾、毒ガスを装備させた近衛師団の歩兵第三連隊を動員して政府幹部を皆殺しにする予定だった。さらに海軍爆撃機で閣議中の議会を襲撃する。爆撃が不可能ならば、閣僚は一人ひとり、なるべく同時に殺害する。[116]

その場合、おそらく最も残虐志向の長勇が若槻首相の殺害を担うことになった。張作霖暗殺にも関わった佐々木到一大佐は南陸相担当の栄誉を与えられた。弱腰外交の象徴である幣原外相と他の外務省職員は下級職員も含めて殺害リストの上位に入り、野田謙吾中佐率いる部隊にまかされた。牧野伸顕内大臣を鎌倉の邸宅で殺害する役割は海軍が引き受けた。また、宮城を占拠しなければならないこともみなわかっていた。国家の中心を手中に収めずして権威獲得は望めない。その役目は田中信男少佐率いる歩兵隊が担った。その使命は、警備兵を制圧し、昭和天皇を隔離して桜会の「皇室顧問」で囲い込むことだった。本質的にこの計画は、六〇年以上前に明治維新の起点となった京都でのクーデターを再現しようとするものであった。他の部隊には東京の主要警察署を占拠する任務が与えられた。[117]

標的の情報収集に関しては、偵察チームが官邸や私邸の所在地、さらには東京や鎌倉に住む愛人の住居まで調べ上げた。決行時刻は一〇月二四日の明け方に定められた。計画を示す暗語は「天皇中心」だった。昭和維新のスローガンを掲げた旗が事前に用意され、本章冒頭で紹介した女性歯科医の内田絹子が預かった。中国や日本の秘密結社の流儀（壮士も取り入れていた）になぞらえ、長勇は計画の中心人物たちを渋谷の酒場に集めて血の誓いを立てた。[118]

今回は無責任な軍高官には頼るまいとしたが、クーデター実行後には改革に加担する者が出ることが望まれた。[119] 橋本らは、モデルとする明治維新指導者たちと同様、自分たちでは正式に新政府を先導するには若すぎるとわかっていた。したがって、日露戦争の英雄である東郷平八郎元帥の圧倒的威信を利用することにした。東郷には、荒木貞夫中将を首相、建川少将を外相、大川周明を蔵相とする新内閣の樹立を天皇に上奏させることになった。桜会幹部については、橋本欣五郎が内務大臣、長勇が警視総監に就くとした。国内の安全保障を担うポストを占めることで、陰で国家を支配する意図があったと考えられる。[120]

だが、権力を奪う以外に日本を統治する具体的な手段についての見通しはなかった。それまでの反政府勢力と同様、彼らの志士精神は緻密さに欠けていた。腐敗した政治家や実業家を撲滅し、外交方針を変え、満州占領を支援することは当然として考えていたが、こうした漠然とした目的への道のりが示されることはなかった。荒木を首相の座に就かせる予定だったが、彼は計画に関わるどころかその存在を知らされてもいなかった。当初から懸念を抱いていた田中清大尉に問われると、橋本と長は主な関心が破壊にあることを認めた。維新政府の構築は大川周明などの民間人国家主義者にまかせると彼らは語った。[121]

だが、三月事件の失敗以来桜会内部で続いていた不和が限界にまで達していたため、計画はスムーズに進まなかった。[122]三月事件の数週間前からすでに穏健派メンバーは暴力的なクーデター決行を躊躇していた。そのうち田中清は、今回の計画も成功の見込みがないだけでなく、陸軍の破滅をもたらして国家改造の夢が消えることになるだろうと確信していた。一〇月、こうした不安が組織の中枢を侵食し幹部にも広がった。桜会創立者の一人である樋口季一郎は計画を中止するよう橋本を説得しようとしたが、激しい言い争いの末失敗に終わった。若い将校たちは暴力による革命を熱烈に支持したが、酒と女にだらしない橋本と仲間たちの自堕落な態度や、ムッソリーニやアタテュルクなど外国人指導者の偶像化、人の意見にまったく耳を貸さない頑固さにはうんざりしていた。[123]数カ月後、長勇は友人に対して「会員たちが二の足を踏み始めたため、無理やり引きずってでも計画を実行させようとした」と悔しげにこぼした。満州事変の首謀者である石原莞爾さえ、東京でのクーデターに反対するようになっていた[124]。最終的に、計画の全容が政府に漏れた[125]。大川周明と長勇は根本中佐が直前に怖気づいて裏切ったのだと考えた。若手将校の中には大川が漏洩者だとする者もいた。一方、橋本が軍高官たちを計画に取り込もうとしてやりすぎたのだという声もあった。彼と仲間たちには守秘意識があまりにも低く、あらゆる酒の席で堂々と陰謀について明かしていた。長が新宿駅の真ん中で計画について得意げに語っていたという証言も二人から出ている。周りの人混みをいっさい気にかけず、「東京の街を血の海にする」と叫びながら刀を振り回す動きをしていたという[126]。したがって、陰謀の情報が複数箇所から漏れたと考えるのも不合理ではない。

噂はついに新政府の首相に指名されていた荒木の耳に届き、荒木がその内容を南陸相に知らせた。二人は話し合い、陰謀家たちのあいだでいまだ人気のある荒木が代表して計画を中止させることにした。その後の流れはあっという間だった。のちに荒木が西園寺の秘書原田に語ったところによると、一〇月一六日、京橋にある行きつけの酒場で飲んでいた橋本や長らのもとに荒木が突然押し掛けた。当時橋本や長たちは酒場で寝泊まりをしながら、計画を立てたり、酒盛りをして芸者と騒いだりしていた。彼らが憧れる明治維新時代の志士を真似ていたのだと、のちに長は誇らしげに語る。橋本は家族をあまりにもないがしろにしたため、妻は離婚を求めていた[127]。常に厳格な軍隊規律を重んじる荒木中将は、彼らの姿に激しい嫌悪感を抱いた。ここで酒盛りをして酔っぱらいながら考えを述べ立てているだけでは何も達成されない、と荒木は橋本らをいさめた。「無分別な暴力行為に及んではならない。日本の陸軍軍人は草薙剣である。草薙剣は磨きつづけなければならないが、むやみに鞘から抜いてはいけない。私が軍服姿で酒盛り中の君たちの前に現れ、こんな説教をしなければならないなどありえないことだ。行動を慎め[128]」

京橋でのやりとりが実際に行われたことは複数の証言から明らかになっているが、上記の言葉は原田に対して荒木本人が語ったのみであるため、正確な発言内容は定かでない[129]。この大仰な言い方からは荒木らしい誇張も感じられる。だが正確な表現が何であれ、原田への彼の報告には陸軍の重要な思考パターンが見られる。このような事後の説明の中にさえ消えない、潜在的な考え方である。つまり、荒木は橋本らを反逆者としてではなく熱狂のあまり道を踏み外した我が子のように扱った。彼は酒盛りというだらしない行為と「無分別に」暴力に訴えようとしていることを叱った。後半の発言からわかるとおり、暴力行為そのものは咎《とが》めていない。戦乱の時代の伝説的忠臣である楠木正成に絡め、陸軍の剣は「磨かれ」なければならないが「むやみに鞘から抜く」べきでないと荒木は言った。つまり彼は大胆にも原田や西園寺をはじめとする政府高官に対して、剣は軍の手中にあり、軍がその気になれば再び抜かれるかもしれないと示唆したのである。

京橋でのやりとりの翌日、夜間に南陸相の私邸で開かれた会議での決定に基づき、陰謀家たちは酒場で憲兵に一斉検挙された。憲兵は記者を連れて警察車両で現場に到着し、店を取り囲んだ。その後、憲兵司令官は逮捕された橋本らを「武士道の精神に従って」扱うと約束した。このもったいぶった宣言はつまり、彼らを快適な環境のもと謹慎させ、求められれば酒や芸者も与えるということだった[130]。橋本は二五日間の謹慎処分となり、他の仲間たちと同様、その後は東京から離れた地方部隊に異動させられた。

若槻首相や閣僚は今回も軍との対立を恐れたため、参謀本部に軍人の反乱計画を隠蔽させた。そもそも一九二一年制定の法律により、陸軍は民事犯罪を犯した軍人をも独占的に裁く権利をもっていたため、橋本らは一般の裁判基準に縛られない立場にあった。[131]陸軍がこの違法行為をどのように処理したかは関係者全員が理解した。何もしなかったのである。こうした行為に死刑を規定する陸軍刑法が橋本らに適用されることはなかった。ある将校が最高裁判所の職員に話したように、本来ならば軍刑法に従って裁かれるべきだが、彼らのほとんどが自らの過ちを悔やみ反省していること、さらにその動機と愛国精神および軍への敬意が考慮され、行政上の措置が取られることになった。[132]ある枢密顧問が南陸相に橋本らを処罰する必要性をそれとなく持ち出したところ、南はその忠告をはねつけて「陸軍にまかせておけ」と言った。顧問はそれ以上口を出すのをやめた。司法省からの質問も回答を得られなかった。[133]陸軍高官は若い将校に恐れをなし、政府は陸軍全体におびえてさらなる暗殺やクーデターの可能性を考えるだけで震え上がった。

処罰が下されなかった理由としてはもう一つ重要なものがあり、それは一八九五年の閔妃暗殺から政治制度を蝕みつづけてきた考え方だった。つまり、事件が公になれば天皇に仕える陸軍の名誉が汚されかねないということだ。そうして誰もが隠蔽に加担した。小磯や建川などの上級将校は、自らの三月事件への関与が露呈しかねない公開裁判の実施を当然ながら防ぎたかった。[134]南と金谷参謀総長も、政府内で知られている事実、つまり自分たちに陸軍を管理する力がないことを世間にも広めるのは避けたかった。政府高官たちに陸軍を抑え込みたいという気持ちはあったが、一八九五年および一九二八年と同様、世界に日本の恥をさらすという代償を払いたくなかった。

その結果、陸軍からひどく忌み嫌われる穏健派政治家で、「排除すべき反逆者」のリストに必ず載っていた幣原外相さえ積極的に隠蔽に協力した。アメリカ人外交官との会談で彼は次のように述べた。「事件は大ごとではなく、危険は何も起きておらず、民間人の訴追を正当化する十分な証拠もない。一方で陸軍には独自の規律があり、私が議論できる問題ではない[135]」。こうした話に基づき、駐日アメリカ大使のW・キャメロン・フォーブスは一一月初旬に次のような報告をした。「拘束された軍人はすでに解放されており、その理由はおそらく事件を公にせずして彼らを罰することができなかったか、あるいは当時の陸軍の考え方ではそうした措置が賢明でないと判断されたのだろう[136]」。政府はまたしても陸軍の規律を正すチャンスを逃し、暴力と混沌にまみれた一九三〇年前半へとつながるドアを自らの手で開けたのである。

橋本欣五郎など桜会幹部は事件からまもなくして軍隊での活動に戻り、のちに極東軍事裁判で有名になった者もいる。橋本は一九三七年にアメリカ船パナイ号沈没事件に関わり、これも一因となって戦後の東京裁判で終身刑を科された。おそらく桜会メンバーのうち最も残忍だった長勇は、一九三七年の南京大虐殺で中心的な役割を果たし、最後は沖縄戦終結時に司令官とともに自決した。彼と親しかった天野勇は、満州で大佐の地位にあった一九四五年にロシアの宣戦布告を受けて民間ソ連人を虐殺し、その後シベリア抑留中に死亡した[137]。

だが、桜会で一番の穏健派だった樋口季一郎はまったく異なる経歴を残す。一九三八年、ハルビン特務機関長であった彼は上の許可を得ずに多くの凍えるユダヤ人難民を満州に受け入れて救済した。その独断専行はナチス政府と日本の外務省から抗議を受けても続行された。満州事変時のごとく、彼は上に対して自らの独断専行に干渉する権利は彼らにないと伝えた。さらに満州は独立国家であってドイツや日本の属国ではなく、独自の決定を下す権利がある、と大胆に述べた。関東軍司令官の植田謙吉とその参謀長である東条英機は反抗した部下を処罰しなかったが、それは他に数多くの不服従が隠蔽されてきたパターンと酷似していた。樋口は満州から他の地に転勤になっただけだった。これは帝国陸軍の不服従文化が人道的な形で表れた特異な例である(138)。

結論——反抗から反乱へ

一九三一年三月と一〇月に桜会が企てた陰謀を起点に、日本軍の不服従の歴史は新たな段階に入った。西南戦争から半世紀が経ち、そこから得られた大きな教訓はついに軍の記憶から消え去った。西郷隆盛の死から五四年、軍人たちは再び政府に反旗を掲げたが、いまや彼らの手には爆弾や軍用機があった。

暴力の再来には複線があった。前述のとおり、暗殺の原動力となったのは楽観的な考え方だった。少数の人間を排除すれば真の変化をもたらせるという信念である。過去の暗殺者もみな楽観的だったが、その範囲は限られていた。三浦梧楼と河本大作は日本の政策を変えさせようとしたが、政府を直接攻撃しようとは考えなかった。むしろ朝鮮と満州で犠牲者を出すことで外縁から攻め込み、その行動が間接的に国の方針を正しい方向に導くことを望んだ。だが、橋本らの楽観主義はまったく新たな高みにまで達していた。彼らには中枢への集中攻撃によって政府を倒せる力が自分たちにあると信じ、そこには十分な根拠があった。彼らが動かしたのは近代日本の歴史上初となる軍閥横断的な陰謀組織であり、さらに軍高官の後援を受け、金銭的な支援もあり、過激な民間団体と緊密に連携していたのだ。このような暴力行為に走るという決断は、それまでの数々の反逆行為が罰されずにきた事実が積み重なって生まれたものだった。「愛国心」という口実のもとに中国指導者の暗殺があれほど簡単に許されたのなら、同様の目的のために日本の指導者を殺すことはほんの小さな一歩にすぎないだろうというわけだ。

歴史的な観点で見ると、桜会の失敗はいくつかの重要な影響を軍にもたらした。一方では、軍が橋本たちを罰しなかったことでその後も集団による陰謀計画が行われた。だが他方では、桜会の敗北に伴う一連の出来事によって反抗的な軍人たちの結束が崩れた。一〇月事件のクーデター失敗は、新たな暴力の波を支持する軍人とそれに反対する軍人とのあいだに溝を生じさせた[139]。一〇月事件のクーデターを未遂に終わらせた荒木の行動、陸軍省職員による政府転覆活動、宇垣の裏表ある態度、そして大川と橋本が裏切って政府側についたという噂は軍人同士の敵対意識を過熱させ、激しくいがみ合う派閥関係が新たに生まれた[140]。

組織全体としての軍はいっそう急進化してますます政府に反抗するようになり、満州と中国北部で反逆行動や許可をえない作戦実行が頻発した。だが同時に、組織内部は崩壊寸前だった。規律はきわめて脆弱で、部下に対する上官の支配力はさらに弱まっていった。

長年にわたり、荒木、宇垣、南などの将官は政府への脅迫手段として部下の頑なな態度を利用していた。ただ、緊急時には政府への対抗手段として兵士を使うこともできるが、無分別に準備なしでは行わない、と宇垣は記し、さらにこう付け加えている。「若い将校たちの性急で見境のない行動を我々が管理しなければならない」。さもなければ大川周明などの民間右翼に操られてしまう、と[141]。だが、宇垣も他の将校も魔物を瓶の中に戻して一度失った支配権を取り戻すことはできなかった。ここでも強さと弱さの併存、つまり強固な外側と内部の混沌が一九三一年の流れとその後に起こる暴動を理解する鍵となる。何よりもこの状況が、その後の出来事をまったく日本政府の手に負えなくさせた。弱体化しても対外的な領土拡大をやめない陸軍は、もはや近寄れない存在だった。首相は陸軍大臣と参謀総長とは関わりをもてたが、下の階級の将校に関しては、彼らが東京にいようと満州にいようと直接交渉ができるはずもなかった。だが、実際に力をもつのは彼らだった。下層に広がりつづける不服従の民主化は、文民と軍人をつなぐ動脈をますます硬化させた。

一九三一年の状況は大正政変の時代よりもはるかに悪化していた。一九一二年に政府が接近できる唯一の軍人であった上原陸相も弱いリーダーだったが、一九三一年の南次郎陸相はほぼ無意味な存在だった。若槻首相は一〇月一〇日の閣僚会議で次のように嘆いた。「事件が起きて陸軍大臣に釘を刺すたびに、彼はただちに現場の部隊に警告すると言う。だが、満州の軍人たちは彼の警告をまったく無視して勝手に行動している[142]」。西園寺の私設秘書である原田熊雄などの文民も南の力不足を責めた。「彼は何の役にも立たない。まるでのれんに腕押しだ」と原田は苛立ちをあらわにした。松井石根《いわね》陸軍中将が原田に語ったように、酒浸りで有名な金谷範三参謀総長も「不適任」だった。桜会指導者の橋本も、金谷は「カカシ」を連想させると手記に記した[143]。また、個々の部隊の指揮官も部下をまったくコントロールできていなかった。橋本によると、石原や板垣たちは関東軍司令官である本庄中将の指示に「当然のごとく」耳を貸さず、そうした不服従が当たり前になっていたという。板垣は同僚にこう語った。「本庄など気にするな。これは石原の戦いだ[144]」。国家政策への軍の反抗はもはや特別なことでなく、それが普通になっていた。

桜会の解体後も状況はなおいっそう悪化した。橋本などの陸大卒エリートを含む中堅将校が政府を倒せなかったことでさらに若い軍人が台頭するようになり、また一段と不服従の民主化が進んだ。彼らは輪をかけて融通が利かず、軍高官と直接のつながりがまったくないため管理もはるかに難しかった。彼らがクーデターを計画すれば、もはや宇垣が立場を翻したり荒木が説教をしたりしたところで止めることはできないだろう。検挙時に桜会幹部が高級料亭で酒を飲みながら芸者をはべらせていたことに若い軍人の多くは反感を覚え、彼らは上に操られているだけだと考えた。

今後は橋本にも誰にも従わず、「天皇陛下のみに従う」と末松太平中尉は語った(145)。末松は暴力による革命を否定したわけでなく、実際に自身もそうした陰謀を計画して実行し、悪名高い反逆者となった。ただ、軍の上官による支配を受け入れず天皇のみに仕えるということだ。だがここで彼が想定していたのは手の届かない昭和天皇個人でなく、霞のような概念としての国家君主だった。権威という概念そのものに身を捧げるという宣言はつまり、自分以外の何者にも従わないということである。若い将校たちは天皇への忠誠という名目のもと、橋本などの急進派を含めあらゆる者からの支配を否定した。

そのころから多くの若い将校は桜会が計画したようなクーデターを「ファシズム」と呼び、その言葉は橋本がムッソリーニとアタテュルクの逸話をくどくどと語っていたような、外国の思想を無批判に模倣する高慢な態度を表すようになった(146)。軍人を上から統一する権力なくしては、当人たちで不和やいさかいを解決する方法は非常に限られていたため、陸軍はあっという間に内部闘争に陥った(147)。

また、一九三一年における変化で注目すべき点には、さらなる国家の退縮もある。前述のとおり、閔妃暗殺事件では駐朝鮮の陸軍と壮士が手を組んだことで軍人と民間人の区別が曖昧になった。一九三一年、田中清が「腐敗しているが崩れることはない結びつき」と表したこの関係がいっそう強固になった。橋本をはじめとする将校たちは軍の上官よりも大川周明などの民間右翼指導者に影響を受けていた。[148]

この点に関して、満州事変後の時期を振り返る橋本の回想は驚くべき内容である。彼の記述からは、政府に対するテロや反乱を煽ったり計画したりすることもある右翼活動家たちが、たびたび参謀本部に招かれて高官から食事やワインでもてなされていたことがわかる。資金も定期的に参謀本部からそのような活動家たちに流れた。民間右翼は軍の兵器を自分たちの財産のように扱ってさえいた。小磯少将は三月事件のために貸し出した爆弾を返すよう大川の仲間に頼み込んだが、何カ月も断られつづけると自腹を切って購入することさえ考えた。彼らに金銭支援をしていた徳川義親にあいだを取りもってもらってようやく取り戻すことができた。[149] 陸軍幹部はこうした活動家と政治、社交、金銭の面で絡み合っていた。志士の放蕩な「愛国社会」文化さえも陸軍内に広まり、長や橋本など桜会の軍人たちの酒と道楽にまみれた暮らしぶりに表れていた。[150]

まるで伝染病のごとく、陸軍と右翼仲間たちの反抗的な態度は政府の他の部分にまで広がり、ある海軍少将が言ったようにやがて「すべてが狂っていった」[151]。枢密顧問官の平沼騏一郎率いる右翼団体である国本社《こくほんしゃ》の会員には検事や司法省職員もいた。国本社のメンバーは右翼活動家と密接なつながりをもち、暗殺者にさえ寛大な判決が下るよう取り計らった。こうした団体や関東軍などが惜しみなく賄賂を与えて民間右翼を買収した。[152] 安達内相などの高官もますます反抗的な軍人の側につくようになった。一〇月中旬に橋本らが憲兵に逮捕されたあとには外務省の若手職員さえも陸軍への共感を強め、現状にまったく危険はないとでもいうような話しぶりだったという。[153]

西園寺の右腕であり、もちろん陸軍支持派ではない原田熊雄でさえ、気づかぬうちに国家の退縮に影響された。情報収集任務の一環として、陸軍内の状況を知るために彼は定期的に軍人と会っていた。だが彼らから伝えられる情報は意図的に偏っていた。軍内の状況を聞くことでたしかに重要な情報は得られたが、軍人たちは情報を操作して内情が外から想定されるより深刻でないと印象づけた。(154) 彼らは原田と、さらに間接的に西園寺を、軍人反逆者に対する厳しい措置を求めないよう丸め込んだ。内大臣の木戸幸一は東京裁判にて、軍人の不服従という我が国を悩ませてきたものは日本に戦争、敗北、他国による占領という不幸をもたらしたと嘆いた。そうだとすれば、木戸、原田、西園寺、そして他の政治家たちは何も行動を起こさなかったことで我が国を悩ませ続けたのである。

第一〇章

一九三六

水のごとく——二・二六事件と不服従の極点

青年将校は純真にして水の如く、水は無心にして坦々、波瀾を起す所以のものは其の因、風に在るのであります。

(「相沢中佐被告事件公判に於ける満井特別弁護人の承認申請」『二・二六事件秘録』より)

一九三六年二月二六日、歩兵第一連隊中隊長の山口一太郎大尉はその週の当直士官だった。午前八時ごろに彼が川島義之陸相の官邸を訪れると、そこは完全な混乱状態にあった。通常なら山口のような尉官級将校が「陸軍三長官」の一人である陸軍大臣と直接話すことはありえなかった。だが、その異常事態の中で川島は山口に意見を求めた。

三時間前、陸軍急進派の大尉と中尉の集団が一四〇〇人の兵士を動員し、吹雪を利用して東京の官庁街一帯を占拠し複数の政府要人を襲撃した。大蔵大臣、教育総監、内大臣が銃殺あるいは斬殺された。前内大臣牧野は九死に一生を得たが、侍従長は重傷を負った。その日の主な標的であった岡田啓介首相は押し入れに身を潜め、その後秘書官たちの助けを得て素早く脱出した。

反乱部隊は陸相である川島義之大将を傷つけることはなかったが、代わりに自分たちの側に引き入れようとした。早朝、自動小銃や機関銃を装備した約二〇〇人の士官と下士官が彼の官邸を囲み、リーダーたちが応接室に入った。その直後に山口大尉に会った川島は、大臣として自分はどうすべきかと尋ねた。直前に反乱軍は川島に要求事項のリストを渡していた。そのうち最も重要なのは、彼らの地位を保全することと、維新を宣言する詔勅を得ることだった。反乱軍の指導者をよく知り、その思想に共感していた山口大尉は、慎重に川島の質問に答えた。この混乱を他国に利用される前に、なるべく兵士や民間人の血を流すことなく事態を素早く解決しなければならないと山口は言った。自らの官邸を囲む兵士たちが「義軍」か「賊軍」かを決められるのは川島だけであると。(1)

川島は誰がどちら側なのかを決定しなければならなかった。明確な形であれ、漠然とした形であれ、その二元的な考えは一八七〇年代以降軍の不服従文化に常につきまとっていた。政府と反政府勢力はどちらも自分たちこそが天皇の忠実な臣下だと考えた。姿の見えない国家主権が両者を正当化することはできなかったため、どちらかが正義でどちらかが悪でなければならなかった。それはまさに権力闘争だった。山口がのちに述べたように、「勝てば官軍、負ければ賊軍」となった。(2)不服従を隠蔽してしまえばその争いも水面下に押し込められるため、陸軍は十月事件のような残虐な計画さえ隠そうと努めた。だが、西南戦争や二・二六事件のように実際の反乱が起これば、断固たる決定が下されなければならなかった。

一九三六年二月二六日、七〇年以上にわたって少しずつ温められつづけた軍の不服従文化がついに本格的な反乱として火を噴いた。その日、「陸軍の名誉を守るために」長らく覆い隠されてきたその文化が、それを支えた思想、政治、軍事的構造とともに白日のもとにさらされた。緻密な計画を立てず衝動的に行動する正義の戦士という志士の神話が、とうとう極点に達した。早い時期にこの事件を研究した歴史家のベン＝アミー・シロニーは次のように記している。「夜に瞬く稲妻のように、反乱軍はそれまで闇に包まれていたものを照らし出した。複雑な人脈ネットワーク、利害対立、イデオロギーの衝突、派閥争いがすべて明るみに出て、調和のとれた帝国陸軍というイメージはたちまち崩れ去った(3)」

二・二六事件は、反抗の主導権がますます下層に移っていった不服従の民主化の終着点と言える。それまでの反逆者はより上級の軍人だったが、桜会幹部など一部の例を除けば、急進的な考え方は、年齢、立場上の責任、政治的な利害関係に影響されていくらか和らぐものだった。一方、二・二六事件の首謀者は大尉や中尉層の熱狂的な若者で、彼らにとって制約は少なかった。だが実際に暴動が起こると、反乱軍の行動はその過激な思想から想定されるよりもはるかに軟弱だった。明治の政治機構における一つめと二つめのバグを原因に、国家とその君主を称える彼らの不服従は天皇の意思に対する独自の解釈に依存していた。この限界が首謀者たちの階級の低さと重なったことで、彼らの戦略は混乱し、意志が挫かれ、反乱そのものに悲惨な結末をもたらした。

二・二六事件は日本軍の不服従の歴史における転換点というだけではない。このときついにその限界が露呈し、反乱の時代が終焉を迎えた。文民と軍人を含めた日本の指導者たちにとって、反乱軍が兵卒を使って政府と陸軍上層部を攻撃したことは越えてはならない一線だった。反乱軍には厳罰が下され、それが暴動の歴史に終止符を打った。だが、同じく不服従を打破して秩序をもたらすため一八七八年に山県が軍部改革を行ったときのように、二・二六事件に対する上層の反応は危険な副作用を生んだ。特に、陸軍が外交政策の意思決定に対して決定的な支配力を得たことは重大である。この軍の優位性がのちに最悪の未来を招くことになる。

志士と特権階級——青年将校の情熱

十月事件のクーデター挫折から数日後、のちに「青年将校運動」と呼ばれる大尉と中尉の小さな集団が、その失敗について議論し結論を導くため民家に集まった。その全員が三月事件と十月事件に周縁的な立場で関わった者たちで、桜会解散後の新たな道を模索していた。そこに参加した香田清貞、村中孝次、磯部浅一、栗原安秀という四人の尉官がのちの二・二六事件の首謀者となる。

香田中尉の証言によると、会合に参加した青年将校たちは橋本など桜会幹部の人格や動機に強い不信感を抱いていた。自分たちが橋本に陰謀を実行させたのは正しかったが、計画は「天の意思」によって妨げられ、天の判断もやはり正しかったと考えた。香田の近しい友人である村中中尉は、橋本と長は自らの自堕落な暮らしのために陸軍の資金を使った詐欺師だと十月事件のあとに述べた。橋本らは薄暗い酒場で会合を開き、「志士の真似ごとをし、大げさな話ばかりをして、哀歌を歌い、酒を飲みながらおしゃべりに興じていた」と村中は記す(4)。だが、若き反乱者たちが嫌悪したのは橋本や長が酒色にふけっていたことだけではない。橋本らが陸軍大学校出身であるなどエリート層だったことが、はじめからすべて仕組まれていたという印象を彼らに与えた。橋本らは利己的な野望のために無知な青年将校を利用し、真の意図を隠してばかにしていたのだと。橋本自身が十月事件の計画を政府に漏らしたと考える者もいた。事件発覚後に彼と長に下された「処罰」が贅沢な環境での謹慎だったこともその印象を大いに強めた(5)。

そうして青年将校運動の創設者たちは、次は自分たちが中心に立って改革を起こそうと決意し、香田によると、そのために「血が流れることは避けられなかった」(6)。栗原中尉はのちに次のように述べた。「あれは維新であった。戦時とは異なり、そこで指揮官が部下に命令を出せば維新の炎が下から上へとのぼっていくのだった(7)」

ここで留意すべきは、この運動に関わったのが陸軍のすべての若い将校でもその大多数でもなかったことである。本書でここから「青年将校」と表す場合には、若い士官全般でなく、二・二六事件を計画した特定の集団を指すものとする。実際、多くの軍人は政治に関心がなく、不満を抱いていた者も違法行為に走ることはなかった(8)。二・二六事件に関与した将校はわずか二四人である。だが、軍幹部も彼らの思想に同調したことで、厳しい罰が下されないまま長期的に活動できた。また、彼らは少尉階級の兵士やさらに下の下士官に広く影響を与え、それを極右傾向が強く扇動されやすい予備兵組織が力強く支えた(9)。

また、陸軍組織内の状況によって、不満を表すために暴力が合理的な手段となった。青年将校のほとんどは名門の陸大を卒業しておらず、これから入学する可能性も低かったため、幹部への昇進の見込みは薄かった(10)。反抗的な傾向をもつ軍人は公の政治活動にも参加できなかった。日本本土に配属されている限り、中国などでの独自作戦に参加して反発を示すことも不可能だった。そもそも、満州事変の首謀者である石原莞爾大佐とは異なり、そこまで大規模な計画を立てるには青年将校の階級は低すぎた。彼らに唯一残された反抗手段は、先人たちと同様に水面下で活動することだった。愛国主義のもとに維新を目指す活動に加わることは刺激的で、単調な軍隊生活からの逃げ道となった。対馬勝雄中尉がのちに述べたように、それは「個人として国体を体験し、実践する」方法であった。そうして彼のように熱心な軍人は、巨大な軍事組織の歯車から国家を動かす主体へと変わり、それは彼らにとって心を浮き立たせ勇気を与える経験だった。(11)

青年将校たちは桜会に敵意を抱いたが、その思想は昭和維新を軸にした、似通ったものだった。彼らも軍備増強や外交方針の強硬化、そして天皇の普遍的崇拝に基づく政治制度を求めた。また、国に広がる貧困には桜会よりもさらに腹を立てていた。より兵卒に近い指揮官として、国の社会問題を身近に感じていた。彼らの多くは、農民の栄養失調、借金による一家崩壊、貧窮しながら働く労働者、都会の売春宿に売られた姉妹などの話を部下から聞いてひどく衝撃を受けた。のちに二・二六事件に関与する将校の大半が配属されていた東京では特に貧富の格差が顕著で、政治家の汚職事件も相次いでいた。(12)青年将校らの考えでは、汚職の主な原因は陸軍の予算増加要求に対して政党政治家が反対していることだった。彼らが最も非難をぶつけたのは、閣僚のうちでも特に陸軍の天敵とされていた高橋是清蔵相だった。満州事変後に高橋が断固として陸軍の予算拡大を拒んだことは、青年将校以外にも多くの軍人が国防への悪意ある攻撃だとみなした。(13)

こうした暗雲のもとで青年将校たちは明治維新期に思いを馳せ、ある者が言うには、その時代に「天皇の御心を遮るものは何もなく、その輝きが全世界を照らしていた」と考えた。(14)国家主義およびロマン主義の文学にも影響された彼らの大半にとって、維新とは混乱と内戦が起こったのちに控えめで実験的な政策が行われる時代でなく、現人神である偉大な天皇が支配する黄金時代だった。したがって、この黄金期に戻ってその後数十年続いた衰退と堕落の時代を否定することですべての問題を解決できると考えた。そうして、嘆かわしい日本の現状を生み出した政府は新たな維新によって壊滅されるべきだという思想に至った。[15]

二・二六事件に関与した青年将校に限らず、多くの下級将校たちは明治維新期の志士に憧れた。取り調べの中で磯部浅一一等主計が語るには、彼は山口県出身としてかねてから長州志士の逸話に心惹かれ、そもそも入隊を決めたのもそれがきっかけだったという。また、磯部やその仲間たちは同じ思想をもつ志士たちの言葉を用いた。[16] 彼らは自らを「同志」と名乗り、その言葉は幕末から志士の同義語として使われていた。また、彼らは志士のスローガン「尊王倒幕」（天皇を崇拝し、幕府を倒す）に修正を加え、「尊王討奸」（天皇を崇拝し、裏切り者を討つ）を掲げた。志士と同じく暴動による維新を起こすことが自分たちの使命だと考えた。そして人を殺したときには、かつての志士も使った「天誅」という表現を用いて正当化した。[17] 池田俊彦少尉は次のように語った。「日本の神道が歪められれば、いつでも天罰の剣が振るわれてきた[18]」

青年将校たちの会話で頻繁に使われた「天誅」という言葉は、一見奇妙に思えるかもしれない。誅、つまり罰とは、一般的には規則に違反した市民や部下などに対して権限ある者が下す制裁措置である。だが、明らかに権力ある立場ではない青年将校は、上の者を罰する権利が自分たちにあると信じていた。彼らは手記、裁判での証言、取り調べでの発言において、自分たちは反逆者どころか法の執行者だと主張した。[19] その根拠として末松太平大尉は、ある若い将校が上官に逆らい、部隊の功績を不当に誇張した戦闘報告書の嘘を暴いた話を挙げた。上官が法を犯したため、彼は反抗したのである。上官が法を守る限り部下は従わなければならないが、法を破った上官に対する不服従は軍人としての義務である、と。[20]

だが、問題は解釈の仕方にある。つまり、上官が法に背いたといかにして知るのか、ということである。末松はわざと単純な例を挙げたのだ。戦闘報告書の改竄《かいざん》は、いかなる階級の者が行おうとも明らかな犯罪である。実際、青年将校たちが通常の軍事における不服従を正当化することはなかった。だが、政治の問題となれば話は別だった。志士から始まり桜会まで続いた不服従の伝統は、日本の政治制度における一つめのバグである国家主権の存在の曖昧さを利用し、自らの政治観に基づいて国の最高法である天皇の意思を「解釈する」ことで引き継がれてきた。先代の反乱者と同様、青年将校は天皇の曖昧な意思を独自に解釈した上で上官よりもその本質を理解していると主張し、したがって自分たちには階級にかかわらずその意思に反する者を「罰する」権利があると考えた。

だが、彼らの解釈は主観的なものだった。年が若く、経験が少なく、政治の中心から離れていたために、彼らは天皇を血の通った人間としてではなく精神的な概念としてとらえた。林八郎少尉は、忠実な軍人が献身と敬意をもって誠実な心で天皇について考えれば、それだけで自らの使命が導き出されるものだと信じた。[21] 磯部は、天皇への裏切りと統帥権の干犯は法律上では許されてしまうため、こうした罪を検知できるのは純粋な愛国者の直観のみであると述べた。[22] こうして、反乱はもはや事実でなく感情に基づいて決定された。

青年将校は他の面においても意識的に志士を模倣した。彼らもまた直感を神聖化し、緻密な計画を立てなかった。[23] 二・二六事件後、栗原中尉は「我々は構築ではなく破壊のみを考えていた」と述べる。[24] 純粋な愛国心という動機があれば、行動の結果はさほど重要でなかった。正義のために戦うことこそがすべてであり、そうすればいずれは善が悪を打ち負かすだろうと考えた。[25] もし自分たちの計画が失敗に終わっても、禁門の変（一八六四年）後の志士のように、そして張作霖の暗殺者たちのように、歴史によって正当化されると信じていた。[26]

ただ、青年将校たちにとっての志士の理想像は、それまでの反乱者とはいくらか異なっていた。まず、まったくの禁欲生活を送ったわけではないものの、彼らは桜会の淫蕩文化を拒絶した。また、個人の英雄化も否定した。[27] 時代の潮流に影響され、彼らはマルクスの決定論的歴史観を取り入れた。そうして自分たちは正義のために戦う集団であるだけでなく、維新という避けられない歴史過程の代表者なのだと考えた。[28] 志士および一九三〇年代までのほぼすべての反乱者が重視してきた個人の英雄化はほとんどなされなかった。個人の人格や階級にかかわらず、誰もが天皇に仕える平等な戦士とみなされた。そのため、青年将校は反乱に少尉級士官と下士官を動員した。彼らにとっての維新は、一握りの英雄軍人だけでなく国家全体が関わる計画だった。[29]

また、彼らは維新の敵を「新たな幕府」や「特権階級」などと軽蔑を込めて総称した。これらは、官僚、政党、ジャーナリスト、重臣および財閥が絡んだ腹黒いネットワークを意味した。青年将校たちは、すべての「特権階級」が利己的な理由で富と権力を独占できる腐敗した政権を維持したいのだと信じていた。維新の火を起こすためには、特権階級の上層部を強烈な一撃で排除しなければならない。彼らの消滅によってのみ精神、社会、政治の再生をもたらすことができる、と。だが実際、この思想には現実とのずれがあった。青年将校の大半は知らなかったが、三井財閥を主とする複数の財閥は民間右翼活動家に多額の金銭を配り、暗殺者リストから自分たちを外させた上で、クーデターの際には自分たちの利益に配慮するよう合意させていたと考えられる。皮肉にもこの金の一部は青年将校たちにも流れ、活動資金となっていた[30]。

河本大作や橋本欣五郎と同じく、青年将校は軍幹部に強い不信感を抱いていた。だが、彼らにとっては橋本など佐官級の反逆者も悪の側だった。佐官たちは特権階級に逆らうどころか、財閥などの既得権層と手を組んでいるのだと考えた。そのせいで、全軍人の天皇への直隷を目的とする統帥権が歪められたと。ドイツ型の思想を利用して厳格な階級制度を重んじることで、軍の上層だけが利己的な目的のために天皇とのつながりを独占して他の兵士を除外できるようにしたのだと。青年将校にとってそのような者はもはや天皇の兵士ではなく「軍閥」にすぎなかった[31]。そうした派閥は名目上規律と統制を強調するとして、青年将校は軽蔑の意を込めて「統制派」と呼び、のちにこの言葉は広く普及した[32]。さらに、こうした思想上の憎しみに個人的な妬みが加わった。他の多くの軍人と同様、青年将校は自分たちにはない昇進の見込みをもつ陸大卒のエリートをひどく嫌っていた[33]。

青年将校たちが尊敬した数少ない上官は、昭和維新の思想を支持し、部下の反抗的な行動に比較的寛容な将官だった。そのうち、一九三二年から三四年にかけて陸相を務めた荒木貞夫大将や、一九三四年から三六年にかけて教育総監を務めた真崎甚三郎大将などの将校は、天皇が率いる軍事社会という夢想的な概念を表す「皇道」という言葉を絶えず使用したため、「皇道派」と呼ばれた。皇道派の指導者たちは青年将校が受け入れる唯一の軍高官だった。だがそれは無条件の服従を捧げる上官としてでなく、政治的な仲間としてであった[34]。

非行を理由に軍の階級降格処分を受けた西田税《みつぎ》を通じ、青年将校の一部は奇抜な思想家であり降霊術師でもある北一輝《いっき》と知り合った。昭和維新計画を起案した北は、慈悲深い天皇の支配下で日本が牽引する理想の世界はクーデターによってもたらされると信じていた。大和魂を追求した彼は、妻を媒介として歴代天皇の霊を呼び出した。青年将校の中には、北の革命思想を熱狂的に支持し、磯部浅一など、「日本改造法案」を自らの「コーラン」とする者もいた。おそらく最も熱心な信徒は磯部浅一だったと言える。一方、他の者たちはわざわざ北の著書を読まなかったか、あるいは読んでも感銘を受けなかった。それでもこの奇妙な思想家は最後まで青年将校の重要な共謀者でありつづけ、民間右翼組織との橋渡し役にもなった。[35]

虎を手なずける——飼いならされた青年将校

過激な思想のわりに、青年将校の現実での行動ははるかにおとなしかった。一九三二年五月の時点で彼らにはまだ抑制の意識があった。主な後援者である荒木貞夫が陸相に任命されたとき、彼らは荒木が合法的に維新への道を開くことを望んだ。一九二〇年代後半から、荒木は若く反抗的な軍人を文民政治家に対抗するための仲間として育てていた。彼にとっての青年将校たちはそれまでの反政府勢力とは異なっていた。桜会幹部は荒木の知らないところで活動していたが、十月事件終結時のように彼が命令を下すことはできた。一方、青年将校はさらに手がつけられないと評判だった。「統制」をひどく嫌う彼らを上から押さえつけようとすれば反撃に遭いかねない。そのため荒木は懐柔策を取り、彼らの暴力性は保ちつつそれをうまく飼いならそうとした。荒木は通常なら陸軍大臣と直接話すことなどありえない大尉や中尉階級の青年将校を個人的な友人として扱った。のちに事件の首謀者となる栗原らを自宅に招いては豪華な食事でもてなし、私設秘書の黒木親慶を通して金を与えていた。その金は他の軍首脳部に知られることなく、非公式な形で渡された。やがて青年将校は、維新を起こすために準備を整えなければならないと考えるようになった。磯部ら青年将校運動の指導者たちは自らを陸軍と維新の「聖剣」とみなした。荒木はそれを引き抜くときに備えて磨き上げ、青年将校たちも戦う心構えはできていた。[36]

だが、荒木陸相の牛歩戦術はやがて効力がなくなる。その理由は、暴力性を爆発させやすい過激派将校の善意に依存していたからだけではない。青年将校たちに荒木などによる維新計画実行を待つつもりはあった。だが、荒木の漠然とした、というよりもはや架空の計画は、ソ連の脅威と「皇道」という言葉を広めるだけのものだった。地方の貧困緩和と軍拡による外交問題の解決を同時に実現させるのは資金の関係上無理があるため、荒木に具体的な構想は何もなかった。[37] つまり、昭和維新とは中身のないスローガンにすぎなかった。だからこそ、村中と磯部は法廷証言において維新の意味を説明できず、神の国としての日本、精神の再生、貧困緩和のための経済統制といった決まり文句に頼るほかなかったのかもしれない。[38]

資本主義、国家社会主義、共産主義すべてを拒絶する村中たちは、どのようにして自分たちの目標を達成すべきかわからなかった。何が起ころうとも結局は満足できず、やがて我慢の限界が来るまで耐えつづけるのみに思えた。だが一九三二年、そのような状況下で他の反乱者が行動を起こした。

五・一五事件

十月事件から四カ月あまりが経った一九三二年三月五日、過激な革命家集団が「特権階級」を襲った。アルコール依存症の仏教僧侶である井上日召率いる血盟団という右翼団体が、三井合名会社理事長の団琢磨と井上準之助前大蔵大臣を暗殺したのである。はじめ、井上と弟子たちの裁判は異例なほど厳しく行われている印象だった。裁判長が被告人たちに、動機について長々と語ることなく事件に関する事実を中心に述べるようにと命じたからである。被告といくつかの新聞はただちに裁判長を非愛国者だと非難した。その結果裁判長は裁判を中止し、勾留中の井上に謝罪したのち辞任した。後任の裁判長ははるかに同情的な姿勢で、井上らに情熱的な愛国心や誠実な動機、エリート層の腐敗について延々と語らせた。志士の称賛者であるその裁判長は、被告に死刑を適用しない決定を下した。(39)

この甘い懲役判決に抑止力は小さかった。一九三二年五月一五日、古賀清志中尉など、血盟団とつながりのある海軍将校たちが、陸軍士官候補生と民間右翼を仲間に加えて暗殺計画を実行した。車で首相官邸に向かい、そこで高齢の犬養毅《いぬかいつよし》を銃殺した。また、青年将校の仲間である西田税予備役少尉は、時期尚早だとして暗殺実行に反対していたために入院中の病室で血盟団員から銃撃を受けたが、一命を取り留めた。青年将校運動の指導者たちは仲間への攻撃をよく思わなかったが、一方で政府に対する大胆な反逆行為に感銘も受けた。(40)

事件の反響はメディアが裁判をセンセーショナルに報道したことで大きく増幅された。富裕層にも庶民層にも不服従の文化が深く染みついていることをよく理解していた被告と弁護人は、血盟団の裁判と同じく公判手続きを利用して自分たちの思想を世に広めた。(41) 世間と同様、荒木陸相は国のために無私に行動した「純粋な愛国者」たちに共感した。大角岑生《おおすみみねお》海相も部下に同情してその処遇を嘆き、海軍省から被告に毎日弁当を与えるほどだった。(42) 弁護団も同じ感情を抱いた。これほど高尚な動機がある場合、裁判所は法律を適用せず、首相の暗殺は運命と歴史における必然だったと考えなければならない、と弁護人の一人は述べた。彼は志士の先例を詳しく挙げ、天皇への純粋な忠誠こそ法の精神であって、これは日本人だけが理解できる神秘的な感情であると語った。被告を厳しく裁けばこの高尚な精神を損ない、日本の国策を支える基盤が崩壊するだろう、と。[43]

一方でこの五・一五事件の裁判では、軍を蝕む不服従を根絶しようとするそれまでにない試みがなされた。東京軍法会議の山本孝治検察官は、被告らだけでなく、その動機を生み出した不服従文化全体を責めた。政治的暴力は動機や愛国心にかかわらず、また加害者が天皇への忠誠をどれほど主張しようとも無慈悲に裁かれるべきだと山本は述べ、海軍およびマスコミと大衆の大半から猛反発を受けた。さらに彼は軍人勅諭と海軍刑法を引き合いに出し、いずれも軍人による政治への介入を禁じていると指摘した。そして最後に、一八七〇年代の反逆者たちに科された処罰をこの事件にも適用するよう裁判長に訴えた。彼は一八七八年まで時計の針を戻し、陸海軍創設者の意図に沿った政軍関係をつくり直そうとした。つまり、軍と政治を完全に分離させようとしたのである。だが、その勇敢な行動の代償は大きかった。世間から激しい非難を浴びた彼は海軍からの退役を余儀なくされ、キャリアを完全に絶たれた。[44]

こうして、軍の不服従文化を抑え込む最後の試みは失敗した。海軍判士は山本の主張を退け、被告の純粋な愛国心について詳細に語った。首謀者らには甘い判決が下され、検察側による死刑および無期懲役の要求に対して懲役一五年が科された。「被告の刑事責任はきわめて重いが、その愛国心の深さは認められなければならない」と裁判長は述べた。陸軍軍法会議はさらに甘い判決を下し、被告人の動機の純粋さに重点を置いていることもはるかに顕著だった。[45] 行為の裏にある動機の純粋さを重視するという幕末に定着した考え方は、陸海軍およびメディアや大衆においてほぼ主流となっていた。そうして

「五・一五事件の志士」の例がつくられ、さらにまたもや国家改造が失敗したことで不満が生まれた結果、次なるクーデターの火がくすぶり始めた。[46] それが燃え立つのはまもなくだった。

陸軍士官学校事件

荒木が陸軍省のトップにいる限り青年将校はある程度制御され、もてなされたり資金を与えられたりしながら、皇道派の後援者によって「鞘に収まった聖剣」として将来の暴動に備えて守られていた。だが、時とともに荒木の立場は不安定になっていった。彼がいつまでも派閥争いに身を投じ、軍隊の近代化に反対し、中身のない「皇道」を掲げ、向こう見ずにソ連との戦争について語っていたことで、あらゆる方面から反感を買った。そうして荒木は敵対する統制派、文民政治家、皇室顧問から圧力を受けつづけた末、一九三四年一月二三日に陸相辞任に追い込まれた。[47]

ほぼ何の功績も上げられなかった荒木は、青年将校から見ても魅力を失っていた。磯部浅一はのちに、荒木にはまったく決定力がなく、「女の委員会」でも率いていればいいだろうと軽蔑を込めて言った。荒木がまだ陸相だった一九三三年にも磯部や栗原たちの頭にはすでにクーデターという考えが浮かんでいたが、具体的な計画は何もなかった。[48] 荒木が辞任すると、彼らにとって事態は悪化した。陸相を継いだ林銑十郎大将と軍務局長の永田鉄山少将は、青年将校の活動に対して容赦がなかった。[49] 青年将校がそれまでどおり時事問題について抗議すると、陸軍省職員はあっさりとそれをあしらった。青年将校運動の会合に参加している将校は本土の外に左遷されるようになり、そうした集会自体も数多く禁止された。青年将校たちは不満を募らせ、「迫害」されているとさえ感じた。[50]

そして一九三四年秋、青年将校と陸軍省の危ういバランスはついに崩れた。一一月はじめの二週間、村中と磯部および仲間の一人が陸軍士官学校生たちと会って蜂起の計画について話し合った。だが、計画は実行に移される前に政府に漏れた。[51] 永田と軍務局課員の片倉衷《ただし》少佐は、村中ら三人を告発した。軍法会議では証拠不十分で不起訴となったが、三人は停職処分にされた。その後の一九三五年八月、磯部と村中は三月事件および十月事件の計画の恥部を暴露する意見書を作成し配ったことで免官となった。[52] のちに二人が語るところによると、これで彼らはついに上官のいない浪人となり、それまでにないほど暴力に近い存在となった。最終的に二人に一線を超えさせたのは、このときの一人の仲間からの後押しだった。

最後の一線

一九三五年秋、政治全体の雰囲気、とりわけ軍の空気は非常に張りつめていた。野党政友会の政治家たちは陸軍将校と手を組み、天皇を神聖な統治主体でなく「国家の機関」であるとする天皇機関説への反対運動を行っていた。青年将校運動の指導者を含む多くの軍人は、この理論が天皇を中心とした政体としての「国体」に対する冒瀆だとみなした。帝国在郷軍人会にも煽られ、多くの軍人がこの激しい運動に熱心に参加した。いまだ皇道派の指導者であった真崎甚三郎大将もこの運動に積極的に加わり、教育総監の立場からこの理論を批判した。陸相と海相は下からの圧力に押され、このような冒瀆の再発を防ぐため国体という観念を明確にするよう政府に求めた。この騒ぎで存続そのものが危ぶまれていた政府は軍に従い、この説を唱えた学者の美濃部達吉は東京帝国大学での教授職を失ったうえに貴族院議員辞職も余儀なくされた。それでも全国的な「国体明徴運動」は止まらなかった。陸軍、とりわけ皇道派の思想を批判する者は総じて反逆者とされた[53]。

これに対する既得権層の反応が二・二六事件の間接的な引き金となった。この運動が続く中、陸軍省を含む多くの政府関係者は皇道派の民衆扇動家たちをきわめて疎ましく思っていた。そしてこれを好機にと、林陸相と永田は皇道派軍人の一掃を開始した。さらに、この左遷計画に反対した真崎も排除することにした。首相からも支持を得た林は、真崎の「党派的陰謀」の存在を名目に、陸相の権限で天皇から詔勅を得て彼を教育総監の座から下ろすことを決定した[54]。

真崎はその決定に激しく反発し、自分を更迭する林と永田は統帥権を干犯していると非難した。陸軍の決定は各々が統帥権を有する「三長官（陸相・参謀総長・教育総監）」の合意のもと行われなければならない、と彼は訴えた。そのうちの一人を一方的に排除すること、ましてや文民政治家の影響を受けてそれを行うことは統帥権および天皇に逆らう犯罪にほかならないとした[55]。真崎は林と永田に対し、自分を更迭すれば青年将校が黙っていないと脅しを匂わせた。青年将校の多くは自分が陸軍士官学校長時代の学生であったため、軍事学および思想の師として仰ぐ自分を守るためなら暴力に及びかねないと示唆した[56]。実際、一二月二四日には二人の青年将校運動の指導者が真崎の話を聞きに自宅を訪れ、そこで真崎は林の統帥権干犯について不満を述べた。二人の青年将校は彼の主張を全面的に受け入れた[57]。青年将校は真崎に続き、林と永田、そして新たに教育総監に就いた渡辺錠太郎大将を統帥権干犯の犯罪者として、暗殺の可能性もほのめかしながら非難した[58]。

一九三五年八月一二日、この騒動がついに事件に発展した。反抗的素行の記録にあふれ、青年将校とも結びつきの強かった剣術教官の相沢三郎中佐は、「天のお告げ」に従ったのだとのちに語る。先代の暗殺者たちの楽観主義を受け継いだ彼は、「諸悪の中枢」である永田少将を殺せば陸軍と国家の問題を一挙に解決できると信じた。[59] 定期異動先の台湾に発つ直前、相沢は永田の事務所に押しかけて刀で殺害した。皮肉なことに、死の数分前に永田は軍の規律を強化する手段について議論していた。この暗殺は相沢にとってごく当然のことであったため、彼はその後も普段どおりの振る舞いをした。逮捕前、彼は永田の部屋に置いてきた軍帽を新たに買ったのちに配属先の台湾に向かおうとしていた。[60]

更迭された真崎は日記で、永田に「天誅」を下した「志士相沢」を称えた。[61] この事件によって陸軍省は混乱に陥った。ある陸軍省高官が日記に記したように、張りつめた空気の隅々まで「陰鬱が満たしていた」。[62] さらに、相沢の公判は事態をいっそう悪化させた。五・一五事件の血盟団員たちの裁判と同様、相沢の特別弁護人である満井佐吉《みついさきち》中佐は裁判をプロパガンダの舞台として利用した。

被告の殺人容疑を法的に否定するすべはないと理解した満井は、それまでの裁判で功を奏していた戦略を取った。相沢の犯罪を国家崩壊という大きな枠組みに当てはめ、この暴力行為は精神の再生につながる道の一地点だったのだと満井は述べた。犯罪そのものではなく、それまでの経緯が重要だというわけだ。満井は上流階級の代表者として政治家および財界の有力者を裁判に呼び出し、永田との関係について反対尋問した。また、相沢は自らの証言中に裁判官に向かって声を荒らげた。彼の弁護団は世間からの支持を示す大量の手紙を提示し、その中には女子高校生が血で書いたものや、切断した指を瓶に入れることで被告の代わりに死ぬ覚悟を示すものもあった。裁判に出席したソ連の外交官は、下級将校が天皇の側近を公然と侮辱していたことに驚愕した。この異常な裁判は心理学者にとって豊富な研究材料を生むだろう、と彼は報告した[63]。事実、日本の政情に不服従文化がどれほど染みついているか外国人評者が理解することは難しかった。

だが、裁判は注目を集めたものの、永田の死によって相沢と彼の支持者が望んだような劇的な変化が起こることはなかった。青年将校は、「悪人」を一人暗殺しただけでは不十分だと判断した。それでも彼らは相沢の「美徳」と「天皇への完全崇拝」に触発された。大げさな性格の磯部は、相沢の写真を前に蜂起の誓いを立てた[64]。さらに、青年将校は自分たちの多くが所属する第一師団の満州への派遣が内定したという知らせを受け、ただちに行動しなければ完全に機を逸すると腹を決めた[65]。

相沢の裁判も終わりに近い一九三六年二月一八日、栗原、磯部、村中、そしてさらなる首謀者である安藤輝三大尉が集まって重要な会議を開いた。第一師団の異動前に行動を起こさねばならないと誰もがわかっていた。栗原によると、安藤を除く全員が昭和維新をもたらすには直接行動しかないと考えた。安藤は時期尚早だと考え、具体的な計画の欠如も懸念して数日の間躊躇したが、最後には多数派の決定を受け入れた[67]。決行時刻は二月二六日未明に定められ、第一師団の歩兵第一および第三連隊、そして近衛歩兵第三連隊を動員することになった。安藤と野中四郎大尉は歩兵第三連隊の中隊長であったため、確立された権限を使って兵士を集められた[68]。

そして、千を超える少尉級士官および下士官を動員する、桜会以来の過激なクーデター実行を決定した[66]。

最も優先度の高い標的は、岡田啓介首相、高橋是清蔵相をはじめとした数人の「君側の奸」だった。さらに一段階優先度の低い第二次目標のリストもあった[69]。そこに挙げられた者のうち唯一東京から遠く離れた地方に住んでいた西園寺公望は、決行直前に対象から外された。その理由は証言によって異なる。

最後の元老である西園寺には岡田の死後に天皇に対して次の首相を推薦させる予定だったため、この決定には戦略上の根拠があったはずである。清原康平《やすひら》少尉が語ったとおり、彼らは唯一存命の明治維新参加者である西園寺を、うまくそそのかすにしても強要するにしても、自分たちが選んだ首相候補を推薦させた上で、昭和維新の承認を得ようとしていたのかもしれない。いずれにしても、西園寺が政治に関われば古くからの秩序がクーデター後の世づくりにおいて重要な役割を果たすと考えたのだろう(70)。

さらに典型的な楽観主義のもと、「奸賊」がいなくなれば軍高官も自分たちの計画に乗るだろうと考えた。ただ、そこにまったく根拠がなかったわけではない。林のあとに陸相に就いた川島義之大将は、真崎の支援のもと青年将校たちと個人的な関係を築いていた。「川島からは、何かが起きても抑圧はしないという印象を受ける」と磯部は記した(71)。

加えて、皇室とのつながりを確保できる望みもあった。本章冒頭で紹介した山口一太郎大尉は青年将校の支持者であるとともに、天皇の侍従武官長である本庄繁大将の義理の息子だった。クーデター後には本庄を通じて天皇に意見を伝えることが期待された。さらに、天皇の弟であり、弘前市の連隊大隊長であった秩父宮雍仁《ちちぶのみややすひと》親王も青年将校の一部と知り合いで、昭和維新の構想に肯定的だった。だが、一部の学者や評者の推定に反し、彼は決して青年将校運動の支持者ではなかった。暴動を容認したことは一度もなく、蜂起が起きてもいっさい手は貸さなかった(72)。

また、それよりも青年将校たちにとって都合がよかったのは、警察の組織体制に欠陥があったことである。政府は遅くとも一月には彼らが何かを計画していると知っていたが、その情報が逮捕につながることはなかった(73)。彼らのことをよく把握していた司法警察には逮捕する権限がなく、それができるのは憲兵だけだった。だが両組織は積極的には情報を共有しておらず、特に憲兵はあらゆる面で無力だった。そのため、永田の暗殺以来憲兵は村中と磯部を監視していたにもかかわらず、それが断固とした行動に移されることはなかった。権力も人員も不足し、組織内に過激派将校も混ざっていた憲兵には、愛国心に基づく軍人の不服従に目をつぶる慣習ができあがっていた。[74]

陸相などの最上層を説得し、クーデターについて説明し、自分たちの思想を幅広く宣伝するため、青年将校たちは短い声明文である「蹶起趣意書」を一五〇部作成した。文書の内容は典型的な「昭和維新」の宣伝だが、興味深いのはその形式である。これは一般兵士や民間人にも配布されたが、他国の革命宣言書のように全国民に宛てたものではなかった。それはシンプルだが正式な文語体で書かれた、上層部および天皇に向けた宣言だった。一八六八年に明治維新を起こした反乱者たちも天皇を行動の規範としたが、声明書は天皇の名のもとに出した。維新前に天皇や幕府高官に宣言することはなかった。一方、一九三六年二月の反乱者は既得権層に逆らう暴動を起こすにもかかわらず、彼らの承認を求めたのである。[75] この違いはその後の流れを知る上での鍵となる。

二・二六事件――天誅

二月二六日午前四時三〇分、歩兵第一および第三連隊と近衛歩兵第三連隊の兵士一四〇〇人あまりが激しい吹雪に紛れて［雪は降っていなかったとする説もある］兵舎を出た。[76] 拳銃、短機関銃、重機関銃、そして大量の弾薬を装備したが、食糧はほとんどもたなかった。決着はその日のうちにつける計画だった。出発前、将校が部隊の前で「蹶起趣意書」を読み上げ、これから新たな維新を起こすと伝えた。士気を上げるため、首謀者たちは正義のための自己犠牲を称えた志士指導者、高杉晋作の有名な句になぞらえて三銭切手を軍帽に縫いつけた。その句は「浮世直《あたい》三銭」（苦と楽を差し引きすれば、浮世の値はわずか三銭である）というものである。(77)

栗原安秀中尉は、「君側の奸」、つまりその存在自体が維新の邪魔となる要人たちの排除を指揮した。これら「君側の奸」のうち最重要なのは間違いなく岡田啓介首相だった。午前五時、栗原の部隊が首相官邸に到着した。栗原はすべての出口に武装した兵士を配置し、部隊とともに建物に突入した。部隊の一部が警備隊と戦っているあいだ、他の兵士たちは岡田を探した。巨大な首相官邸の構造に関する事前情報は得ていなかった。職員が電線を切断すると、暗闇の中で動かなければならなくなった。中庭に寝間着姿の男がいたため銃で撃った。実際その男は岡田の義弟だったが、栗原はその死体を岡田だと誤認し、部隊に官邸を取り囲んで封鎖するよう命じて自分は陸相官邸に向かった。そのあいだ、岡田は使用人の助けで押し入れに隠れ、のちに建物の外に脱出した。(78)

他の部隊も優先度の高い「君側の奸」排除のため動いていた。高橋是清蔵相の殺害は最も簡単だった。近衛歩兵第三連隊の中橋基明中尉は部隊を高橋の私邸近くに集め、高橋の「罪」、とりわけ陸軍の予算拡大要求拒否について伝えた。その後、就寝中の高橋を見つけた。中橋は「天誅」と叫んで高橋を撃ち、別の将校も彼に斬りつけた。(79) そのころ、坂井直《なおし》中尉率いる部隊は、海相と首相を務めた経験もある斎藤実内大臣を殺害した。斎藤の妻は夫の前に立ち、「撃つなら私を撃ちなさい。国はこの人を失ってはいけない」と言った。反乱軍は妻を負傷させて斎藤を殺し、天皇を称える万歳をした。(80) 坂井は待機していた部隊のもとに戻って血まみれの両手を見せ、「見よ！　これが邪悪な反逆者、斎藤の血だ」と言った。(81)

二時間後、斎藤を殺害した部隊が渡辺錠太郎教育総監の私邸に到着した。渡辺の妻が現れ、彼らに日本軍かと尋ねた。それに対して安田優《ゆたか》少尉は「私どもは渡辺閣下の軍隊ではない。天皇陛下の軍隊である」と答えた[82]。この騒ぎに目を覚ました渡辺は、布団に隠れて侵入者を銃で狙った。だが、敵の数が多すぎた。渡辺は拳銃の銃弾二発と機関銃の射撃を受けたのち、最後は慣例どおり軍刀でとどめを刺された[83]。一方、二人の暗殺は失敗した。鈴木貫太郎侍従長は重傷を負い、妻は反乱軍に彼を置いて出ていくよう説得した。死亡したと考え軍人たちはその場を去ったが、のちに鈴木は傷から回復した。前内大臣の牧野伸顕伯爵は、看護師と警官、そして孫娘の助けを借りて裏口から脱出した[84]。

一方、反乱軍が驚くほどの自制を見せた面もあった。主な要人の暗殺が済んだ午前、栗原率いる部隊は陸軍および昭和維新に敵対的だとみなした東京朝日新聞本社を襲撃した。彼らは「非国民」である同社に「天誅」を下すと宣言した。だが社員を殺すことはせず建物から立ち退かせ、二階に上がって印刷に使う活字を散乱させただけだった[85]。野中四郎大尉率いる部隊は警視庁を取り囲み、二人の高官と話をして蹶起趣意書を渡した。このとき反乱軍は銃撃戦を望んでおらず、誰の血も流すことなく占拠した[86]。この点について言えば青年将校は、前章で述べたように外務省などの全職員を虐殺しようとした桜会より残虐性が低かった[87]。このように、自制と過激な暴力行為が奇妙に併存したことが二・二六事件の主な特徴である。

雪中の光——中橋中尉と、宮中へつながる門

反乱軍は曖昧に存在する国家君主の政治的重要性を十分に認識し、中橋基明中尉率いる近衛歩兵第三

連隊が宮城への入り口の一つである坂下門を占拠することにした。彼らが憧れる明治維新の志士もかつて京都御所でクーデターを起こしたことから、こうした行動は許されると考えた。明治の革命家たちは自分たちの手で天皇を動かしてはじめて、正当な理由のもと幕府を倒して維新を起こす力をもったのである、と。

計画では、混乱に乗じて中橋が宮城守衛隊の緊急援軍として坂下門を警備する許可を上から得て、「邪悪な」侍従や皇室顧問の入城を防ぐ予定だった。規定上、要人が宮城に入るには坂下門しか使えないことになっていたため、反乱軍がいると知らなければ必ずこの門に来る。そこを機関銃で迎え撃てばいい（ただし、これは中橋をはじめとする誰もはっきりとは言及していない）[88]。次の段階は、仲間の反乱部隊を呼んで他の門も包囲し、宮城全体を占拠することだった。六二人しかいない中橋の部隊が援軍なしで全守衛隊を圧倒することは不可能であるため、仲間の到着までそこで待機する許可をその場の指揮官から得なければならなかった。幸い、中橋の中隊はその週の当直であったため、彼が門前にいても理由はつけられた[89]。

宮城の周りに部隊を配置しようとする中橋の試みは、はじめはうまくいきそうに思えた。近衛部隊による蔵相暗殺を知っていた宮城守衛隊司令官は、反抗的だという評判と乱れた外見から中橋に疑いをもったものの、坂下門前での部隊配置を許可した。だが結局反乱軍の作戦の効果はなく、木戸幸一など複数の天皇側近が無事に宮中に入った。中橋は計画の次の段階として、濠の向こうわずか九〇〇メートル先の警視庁にいる野中大尉に援軍を求める連絡をすることにした。警視庁の望楼では野中の部下が宮城からの合図を待っていた。合図を受ければ野中が近くで待機する安藤大尉の部隊に援軍を要請する予定だった。なぜ中橋は安藤に直接使者を送らず、わざわざ野中を通すことになっていたのか？　こうした余計なやりとりからも彼らの事前計画の粗さがわかる[90]。

援軍の要請は失敗した。警視庁で待機していた部隊は、雪で視界が悪かったためか、中橋が懐中電灯で送った信号に気づかなかった。中橋は手旗でも合図を送ったが、それも届かなかった。一説には、中橋の使者が警視庁に到着したが、天皇の尊厳を傷つけたくないとして野中が動かなかったとするものもある[91]。

援軍が向かっているだろうと確信していたと思われる中橋は、守衛隊司令官のもとに歩み寄って見せつけるように銃を机に置き、宮城守衛の権限を渡すよう要求した。ついに手の内を見せた中橋は、昭和維新が開始されたこと、仲間の部隊がまもなく宮城に到着することを司令官に伝えた。驚きと怒りに襲われた司令官は中橋を一室に軟禁したが、これは宮城での中橋の行動と同様に無意味だったようだ。午前八時半ごろ、中橋は宮城を出て首相官邸で仲間と合流した。彼の部隊の兵士たちは政府の管理下に戻り、数時間後に兵舎に帰された[92]。

正義か反逆か――陸軍大臣のジレンマ

仲間たちが日本の指導者たちに「天誅」の雨を降らせているあいだ、村中、磯部、香田は、ライフル、自動小銃、機関銃を装備した部隊を連れて東京都心に拠点を構える陸軍中枢部に向かった。部隊の一部は参謀本部と陸軍省の建物をそれぞれ占拠し、村中ら三人は川島陸相の官邸に入った。入り口はすんなりと通された。官邸に入った彼らは比較的冷静な行動を取った。香田がのちに語ったように、彼らは

「無礼のないように」応接室から出てうろつくことはせず、女性たちを起こさないように努めた。[93] ただ、緊急事態について話をするため川島大臣にただちに会わせるようにとは強く求めた。午前六時半、川島が現れて青年将校たちの話を聞いた。磯部と村中、そして首相官邸から駆けつけた栗原を横に、香田が「蹶起趣意書」とともに川島に対する要望事項を読み上げた。その内容は、彼ら占拠部隊の行動を是認すること、対立する将校（統制派の中心人物および関係者、さらに桜会など三月事件と十月事件に関わった者を含む）を逮捕あるいは罷免すること、昭和維新に向けた組閣への足がかりをつくることなどだった。

川島は青年将校に威厳を示せなかった。朝鮮で頭を負傷した際に脳に障害を負った彼の話し方は聞き取りづらく不明瞭だった。だがそれを知らない香田は、恐怖とためらいのせいだととらえた。[94] 川島は将校の逮捕や罷免は拒んだが、彼らの精神を称えて「要求の大部分を天皇に上奏する」と約束した。自ら確固たる決断を下すことはなく、川島は午前九時に官邸を出て宮城に向かった。[95] 川島の出発からまもなくして、彼の官邸の門近くで事件が起こった。神経の逆立っていた磯部が、陸軍士官学校事件で自分の停職処分に関わった片倉少佐を見つけて頭部を撃ったのである。片倉は病院に運ばれて一命を取り留めた。[96]

警視庁を占拠し、憲兵も素早く動かないという状況で、反乱軍にとっての懸念は他の陸軍部隊、特に彼らの連隊のうち二つが所属する第一師団の出動のみだった。[97] 師団長の堀丈夫中将と参謀らは東京警備司令部と相談した。反乱軍と正面衝突する案はすぐに却下された。堀と香椎浩平東京警備司令官は日本軍兵士が互いに撃ち合うのを見たくなかった。また、そのような戦いが起これば街の大部分に被害が及ぶとわかっていたため、東京の中心部が戦場になることを恐れた。そうなればおそらく外国大使館も被害を受け、外交面で大きな問題になる。さらに他の建物も破壊され民間人が犠牲になるだけでなく、宮城に流れ弾が当たる恐れすらある。加えて反乱軍の純粋な動機に共感した二人は、封じ込め戦略を取ることにした[98]。

午前遅く、荒木や真崎など皇道派の有力者を含む軍事参議官たちが非公式の会議を開き、堀と香椎が封じ込め戦略を提案していたことと、青年将校に共感する声が強かったことから、反乱軍に対して比較的好意的な結論が出された。全員の合意のもと、川島陸相名で戒厳を発することに決定した。そして翌日の午前二時五〇分、反乱軍の占領地域のみに戒厳が布かれた。戒厳司令官には香椎中将が任命された[99]。川島が署名した反乱軍宛ての告示文では、参議官らは青年将校の動機が国体の概念に沿うものであることを認め、彼らの要求を天皇に伝えることを約束し、彼らの目標の達成に向けて善処するという曖昧な表現をした[100]。

香椎中将は東京の全部隊に青年将校たちを攻撃しないよう命じた。そして反乱部隊には戦時警備を下令し、配置場所にとどまるよう指示を出した。つまり、一時的に反乱軍を正規の指揮系統下に入れたのである。さらに香椎は、前述の告示の初期案の内容を電話で書き取らせた。初期案はより急進的で、軍参議官らが反乱軍の動機だけでなく行動も支持することを示すものだった。この通話内容は正式な告示として確認されたのち、午後三時二〇分に東京警備司令部が下達した[101]。

陸相に青年将校が「義軍」か「賊軍」か判断させる助言をした山口一太郎中隊長は、上官の指示を受けて青年将校たちのもとを訪れ、よい知らせを届けた。当然ながら青年将校らは安堵し、いくつかの証言によると勝利を宣言して踊り始めたという。山口と同様、彼らは警備司令部の告示によって決着がついたと信じた。天皇の指揮系統に編入された自分たちはつまり、反乱軍ではなく正義の軍だということだ。午後七時、青年将校部隊は歩兵第一連隊長が率いる新編成部隊に統合され、本部から温かい食事も届けられた。[102] ただ、軍は公式に彼らを「義軍」あるいは「賊軍」としては定義せず、「軍人活動家」など曖昧な表現で濁した。[103] 「義軍」か「賊軍」かの決定はあとに持ち越された。それは当然ながら、政治や戦場における力関係によって決まるものだった。

午後九時、七人の軍事参議官が数人の参謀を連れ、クーデターの首謀者に会うため陸相官邸を訪れた。皇道派の将官である荒木と真崎が反乱軍の指導者たちと話した。香田が青年将校を代表し、クーデターに反対した文民および軍人の指導者を逮捕するよう改めて求めた。さらに、統制派の将校を排除し、「強い内閣」をつくり、昭和維新を宣言するよう要求した。荒木の回答は丁寧ながら毅然としたものだった。正当な理由なしに立派な年長者を逮捕するのは不適切だと荒木は言った。また、内閣は天皇の承認により組織されるのであって軍事参議院の権限ではないと指摘した。さらに真崎が、維新に関しても軍事参議院は宣言する立場にないと付け加えた。だが真崎は、自身も他の軍事参議官も青年将校の目的には理解を示していると納得させた。そして、無条件に軍事参議院など上の者を信じ、すべて自分たちにまかせるよう伝えた。また、最終的な決定は天皇に委ねられており、天皇の命令に逆らう者は誰であれ敵とみなされると忠告した。[104]

この会話が行われたとき、先の見えない緊張状態の中で政府は混乱し麻痺していた。天皇に対する新たな首相の推薦を担うことの多かった西園寺は、自らの命を守ろうとして東京に寄りつかなかった。[105] その役割はただちに他の権力者たちが手に入れようとした。二月二六日夜まで、参謀本部の中堅将校は自分たちが主導権を握れるものかどうかと迷っていた。正午までには、軍事課長の村上啓作が河村参郎と岩畔豪雄《いわくろひでお》に「維新大詔」の草案作成を命じた。(106) 夜には、満州事変を首謀した石原莞爾大佐、相沢の弁護人である満井佐吉、桜会を率いた橋本欣五郎が帝国ホテルで維新について話し合った。軍の不服従文化に深く絡んでいるこの三人は、陸軍が維新を先導して新たな首相を任命すべきだという考えで一致した。だが、次の首相候補については意見が分かれた。青年将校に近い思想をもつ満井は、真崎大将が次期首相にふさわしいとした。橋本は、三月事件で自分の後援をした建川中将を推した。一方、石原は親王の地位にある者が就くべきだと考えた。結局その会合で三人が意見の違いを乗り越え、混乱を裏から支配する派閥をつくることはできなかった。(107)

参謀本部の将校が踏み切れなかったために、いまや下層の黒幕の影響力が比較的弱くなったにもかかわらず陸軍を指導する者が決まらなかった。反乱軍が武装し、天皇が宮中に身を潜めている限り、皇道派指導者の荒木と真崎が有利な立場にあった。結局のところ、反乱軍と話ができ、東京の中心部で自らを政治の切り札とできるのは彼らしかいなかったからだ。一方で青年将校の立場は弱かった。軍事参議院と協力することで彼らは軍の指揮系統に再び統合され、その命運は上層の同調者に委ねられることとなった。だが、磯部があらかじめ仲間たちに警告したとおり、この依存関係は非常に危険だった。皇道派の将官さえも信頼はできない、と磯部は言った。(108)

ここには反乱軍の根本的な欠陥が見られる。一八七〇年代の反乱者たちと同様、絶対的なリーダーシップが欠けていたことで権力の分散が起こり、結局誰も決定権をもたない状態になった。(109) しかも、青年将校の戦略は混乱していた。のちに磯部が記したところによると、暗殺の波に対する陸軍の反応を予測できなかったため綿密な計画が立てられなかったという[110]。だが、それこそが問題だった。彼らは二つの異なる戦略のあいだで身動きが取れなくなっていた。一つめの戦略は、五・一五事件に倣い、要人を何人か殺したあとは引き下がって軍指導部に残りの改革をまかせ、荒木の言葉で言えば「その精神が天皇に伝わったことに満足する」というものだった[111]。そのためには大まかな計画だけでよかった。一方で、本格的なクーデターを起こし、武装状態で維新を実行するのがもう一つの戦略だった。だが、そのように複雑な政治的行動に出るには徹底した計画が必要だった。二・二六事件の首謀者たちは、一つめの戦略に従うかのように事前計画を十分に行わず、あまりに多くを陸軍上層部の裁量に委ねていた。それでいながら、二つめの戦略、つまり大規模なクーデターを適切な準備なしに実行した。

その結果、東京警備司令部の高官がのちに記したように、暗殺が済むとすぐに反乱軍の動きは止まった[112]。さらに多くの敵を殺害して恐怖を拡大しようともしなければ、占領地域の近くにあった軍事および民間の通信施設を乗っ取ることもせず、参謀将校に命令させて東京にいる部隊のうち暴動に肯定的な者を召集することもしなかった。さらに、地方の支持者や、東京の軍隊学校、予備役組織、民間右翼団体から事前に人員を集めることもしなかった。また、長引く包囲戦を耐えるに足る食糧もなかった。そもそも十分な物資を用意していたとしても、軍本部が都心の占領を無期限に許すわけがない。自ら軍の指揮系統から外れられなくなったことで反乱軍は不利な立場に立った。それでも、軍指導部が東京都心での衝突を恐れていたため、しばらくは不安定なバランスが保たれた[113]。

霞を払って――昭和天皇の決断

この事件の一部始終を見ていたイギリス人特派員のヒュー・バイアスは、次のように当時を思い返す。東京は「汚れた雪の中、いっさいの人影がなかった。普段目にするものはすべて通りから姿を消した。学校は閉鎖されていた。街に入る列車はなく、路上には車一つ走っていない。東京は最終決戦のために隔離されていた[114]」。

この切羽詰まった状況で、すべての目は霞がかった天皇の存在に集まった。反乱軍が皇室側近を排除したり捕縛したりしなかったことで、天皇の周りは彼らに反感をもつ顧問が囲んでいた[115]。そして何より、天皇自身が青年将校や皇道派の大言壮語と常態的な不服従をひどく嫌っていた[116]。重臣たちを殺されたことに激怒し、さらに経済への悪影響を懸念した天皇は、反乱軍を打ち倒すと心に決めた[117]。川島陸相が謁見して反乱軍の要求を伝えようとしても天皇は耳を貸さず、「彼らの言い分が何であれ、不愉快な事件だ。国家の名を汚すものである」と答えた。そして、反乱軍の逮捕を明確な言葉で川島に命じた。その後は二〇～三〇分おきに本庄繁侍従武官長を呼び出し、暴動鎮圧にどのような措置が取られているか最新情報を求めた[118]。

この天皇の行動は政治上および制度上の観点から理解しなければならない。国家に君臨するが統治はしないという天皇の立場では、詔勅を出して政府高官を自分の意向どおりに動かすことはできても、自ら直接手続きを取る手段はなかった。第八章で述べたように、張作霖暗殺事件後に天皇は命令がどのように実行されているか経過を追うことはできず、結局陸軍は命令どおりに動かなかった[119]。だが今回、天皇はいくらか有利な立場にあったため、前よりも事態の主導権を握ることができた。麻痺状態にある文民および軍の組織が天皇の意思に目を向けたことに加え、皇室顧問の他にも反乱鎮圧に詔勅を利用したいと望む権力者が多くいたからである。そのときの参謀本部は統制派が支配し、海軍は岡田、鈴木、斎藤という三人の退役将官を反乱軍が襲ったことに激怒していた。反乱軍が無力化しなかったこれらの組織は天皇の意思を実行することができた。青年将校が軍の対立勢力を排除しなかったことは、彼らにとって致命的な結果をもたらした[120]。

だが、川島陸相、香椎東京警備司令官兼戒厳司令官、そして皇道派幹部の影響によって、天皇の命令はなかなか実行されなかった[121]。二月二七日の全日および二八日の大半にわたり、青年将校に少しずつ平和的に武装を解かせるよういつまでも説得が試みられた。二の足を踏む高官たちに対して、天皇は介入の量と厳しさを徐々に増すことで即座の行動を訴えた。本庄侍従武官長には、反乱者がただちに制圧されないのであれば、自分が近衛師団を率いて直接鎮圧にあたると繰り返し伝えた。

本庄は軍の不服従文化に深い関わりをもつ人物だった。一九三一年には関東軍司令官として満州事変を指揮した。彼は青年将校の考えにいくらか共感し、義理の息子である山口一太郎大尉を介して個人的なつながりももっていた。天皇に拝謁した際、彼はそれまでどおりの主張を試みた。反乱軍の行いは間違っているが、その動機は愛国的で純粋なものであると本庄は言った。だが、天皇はその弁明をはねのけてこう言った。「私の手足である老臣を殺戮した凶暴な将校たちを許せるはずがない。私が最も頼みとする大臣たちを殺すことは真綿でわが首を締めるに等しい」。さらに、反乱軍との交渉による和解を目指す香椎中将の方針に対するいら立ちをあらわにした。本庄が記したところによると、「陛下は戒厳司令官が慎重すぎるため不必要に措置が先延ばしになっていると感じておられた」[122]。

昭和天皇が頻繁に感情的な介入を行ったことで、徐々にだが確実に制度全体のバランスが変化した。二六日に真崎など軍事参議官らは反乱軍との和解を目指して政治的目標について交渉をしたが、二七日午後に開かれた二度めの話し合いではもはや相手の条件と要求を聞こうとしなかった。真崎は青年将校に対し、平和的に投降してすべてを彼の手に委ねるよう説得し、さもなければ「涙をのんで」彼らを厳しく罰しなければならないと伝えた。いったん青年将校たちは「すべてを真崎に委ねる」ことに同意したものの、のちに立場を変えた。それでも香椎と堀は解決策を探りつづけ、天皇による命令の実行を引き延ばした[123]。

二八日の午前早く、昭和天皇の個人的な介入は再び頻度と激しさを増した。天皇はただちに反乱部隊を撤退させよという奉勅命令を戒厳司令部に下達した。だがこの命令は、香椎、堀、第一師団を経由して反乱軍に伝わったため、青年将校らはその情報がどこかで歪められたのだとして、天皇の意思の「解釈」にしがみつくことができた。中橋は戒厳司令部の使者に対し、昭和維新が開始されない限りは撤退しないと伝えた[124]。その勅令は偽物で、「君側の奸」による策略だと考えたのである[125]。その後数時間のあいだに青年将校の一部は防御を強化し、機関銃部隊に厳戒態勢を取らせて決戦に備えた[126]。

青年将校の天敵の一人である杉山元参謀次長は討伐命令を出そうとしたが、説得によって反乱軍を自決させられると考えた香椎や複数の軍事参議官がそれを止めた。そして何度かの議論の末、反乱指導者の多くがその高潔な解決手段を受け入れた。栗原と香田は泣き出し、涙声で天皇に自分たちの精神を伝えてほしいと頼んだ。それから勅使を派遣してもらい、その者に自決を求められればそのとおりにすると言った[127]。それは自らの名誉を守るためだけでなく、彼らのイデオロギーの基盤である天皇との直接のつながりを保つための必死の訴えだった。そのことをよく理解していた天皇は、怒りを込めてその要求を拒絶した。本庄侍従武官長は次のように記す。「陛下は非常な不快感を示してこう言った。『自殺を望むなら勝手にさせればよい。このような者どもに勅使の派遣など論外だ』」。天皇は激怒し、ただちに反乱を鎮圧しなければ第一師団を他の者に指揮させると荒々しい口調で言った[128]。

二九日早朝、軍上層部は煮え切らない話し合いをついに終わらせた。川島陸相は堀に書簡を送り、法律および軍隊規律の違反者と「議論する余地はない」と述べた[129]。もはや青年将校は「活動家」といった控えめな言葉では定義されなかった。陸相と戒厳司令部が発した命令において、彼らは勅令に逆らう「叛乱部隊」として非難された[130]。磯部が記すには、青年将校らは突如として正義の軍隊から反逆者に変わった[131]。荒木大将も彼らの鎮圧に同意した。それに伴って第一師団からの糧食供給も止まった[132]。

香椎中将は平和に反乱を終結させるための適切な戦略を見出した。青年将校と再び無駄な交渉をしたり、直接攻撃を仕掛けたりすることはせず、彼らに従う少尉以下の兵士に狙いをつけた。その方法は、霞の奥にいる国家君主の存在を示すことだった。その朝、暴動鎮圧の勅命発令がラジオやスピーカー、さらに戦車や飛行機およびアドバルーンを介して兵士たちに知らされた[133]。これよりも直接的な形で昭和天皇が公に呼びかけを行ったのは、一九四五年八月の玉音放送のみである。勅令が出たことで下級兵士たちは次々と原隊に帰り、首謀者たちもついに観念した。ヒュー・バイアスの記録によると、兵士たちは「武器を捨て、トラックに乗り込んで兵舎に駆け戻った[134]」。最後まで投降を拒んだのは山王ホテルに立てこもった安藤輝三大尉だった。自決を試みて失敗した彼は他の仲間とともに逮捕された。正面衝突はもはや必要なくなり、二月二九日午後二時までに杉山と香椎はようやく事態の収束を天皇に報告できた。[135]

裁判と処罰

自殺した二人（青島健吉と天野武輔《たけすけ》）を除き、青年将校らは二月二九日夕方には全員が逮捕された。反乱の規模と激しさ、天皇側近の暗殺、そしてとりわけ下士官の動員は、目に見えない最後の一線を越えた。そうしてこの事件の首謀者らはすべての軍指導者から厳しい言葉で糾弾された。二六日には曖昧な態度ながら反乱軍を奨励していた川島陸相でさえ、彼らのクーデター未遂を「神聖なる昭和時代における拭えない汚点」だとした。すべての首謀者を免官にし、さらに位階と勲章を剝奪するという陸軍の決定にも徹底的な非難の意が見られる。[136] 尋問後、彼らの軍法会議は比較的速やかに非公開で行われ、五・一五事件の反乱者や相沢中佐のように被告が思想を広めて追従者を扇動することのないようにした。[137]

その多くが何年も前から青年将校の行動を促したり黙認したりしてきた軍指導者たちの態度は、反乱軍の対立派から見ても偽善的だった。青年将校の暗殺リストに載っていた宇垣一成朝鮮総督は次のように日記に記している。「彼らが片手にマッチを、もう一方の手にホースをもって火を点けると同時にそれを消すように、純粋な青年将校を扇動して彼らの動機をかばっておきながら、自分たちが暴動を鎮圧したと手柄を主張するのを見ていると気分が悪い[138]」

青年将校たちは獄中ですべての仲間に見捨てられたことを知った。磯部は、真崎や香椎などの皇道派高官が彼や仲間たちの弁護をしてくれることを望んでいた。暴動初日に彼らは味方だったはずではないか。香椎は、東京で発された戒厳令の一環として、反乱軍に警備態勢を取るよう命じたのである。青年将校が反逆者ならば彼らも、そして陸軍全体も同罪ではないか、と磯部は訴えた。[139] また、彼らにとって、天皇への忠誠だけを頭に行動したにもかかわらず反逆者とされたことは非常に辛いものだった。磯部は日記の中で、なぜ愛する君主は最も忠実な臣下を罰するのか、とその思いを吐露した。[140] だが青年将校の多くは、天皇は腹黒い顧問たちに騙されたのだといまだに考えていた。さらに、反乱者たちのプロパガンダは、権力層がありとあらゆる手段でもみ消したため効果をもたなかった。こうして、一九三一年から不服従の暴力という火をかきたててきた世論の盛り上がりが阻まれたのである。青年将校たちは絶望と無力感に包まれた。

残ったのは憎しみだけだった。監房の中で磯部は、君側の奸、「汚らしい佐官たち」、将官、裁判官など、自らを陥れたすべての者に罰が下るよう神道の神々に祈った。陸軍は軍閥の集まりにすぎないと彼は言った。荒木や真崎など皇道派の指導者も他と同様に悪であり、真の維新を行うには愛国主義者がまず陸軍を破壊しなければならない、と磯部は考えた。[141] 反乱に参加した渋川善助の最後の言葉は次のようなもので、おそらくほとんどの青年将校も同じ思いだったのだろう。「ああ、国民よ！　帝国陸軍を信用するな[142]」

彼らに対する刑罰は前例のない重さだった。今回は五・一五事件のときとは異なり、無料の酒や芸者、豪華な宿所は与えられず、甘い懲役期間が設定されることもなかった。磯部の獄中日記によれば、拷問のように暑い監房にいると早く絞首台に行きたくなったという。[143] 実際、長く待つ必要はなかった。栗原、安藤、村中、香田、磯部を含むすべての首謀者は、理論的指導者であった民間人の北一輝や西田税と同じく死刑に処された。また、永田少将を殺害した相沢三郎も銃殺刑となった。山口一太郎大尉など、反乱に直接参加していない支持者のうち数人も無期禁固に処された。かつて「陸軍三長官」の一人だった真崎大将でさえ、最終的には釈放されたものの、軍法会議にかけられて何カ月も拘禁された。

不服従の限界――二・二六事件のその後

二・二六事件をそもそも発生させ、さらにその規模をあそこまで拡大させた原因は、暴動がめずらしいものでなくなり文化として受け入れられてしまった社会背景にある。裁判の証言で、中橋中尉は閣僚の暗殺を軍務の一環だとして次のように話した。「私どもは軍人です。法律を考えておりません。私どもが平素練習していることは人を殺すことであります。(中略)要は真心であります。国法に背くとは考えておりません」[144]。反乱に参加していない将校や兵士たちも、多くがさまざまな度合いで青年将校の思想を支持していた。負傷した反乱部隊の応急処置にあたったが厳密には暴動に加わっていない船山市朗も取り調べに対し、自身も昭和維新の考え、つまり支配階級の排除と軍による独裁を支持すると告白した[145]。もともとクーデター計画の存在を知って反対していた者も多くいたが、仲間意識か恐怖か、あるいは両方の感情から、決して密告はしなかった[146]。

青年将校が自分たちの行動の基盤となるイデオロギーを一から創案したわけではない。何年も前から軍の不服従文化の一部として存在したイデオロギーを利用したのである。一九三〇年代には、志士の模倣および天皇の意思の独自解釈による反抗はすでに常態化していた。一八七八年に軍の反乱を防ぐため山県有朋が生み出した統帥権が、一九三六年になってまさにその反乱を正当化する根拠として使われた。

敵国との戦いで独自の問題解決を兵士に許すため生まれた独断専行は、他国の指導者や、さらには岡田首相などの文民や渡辺大将などの軍人を「国内の敵」とみなして自由に暗殺する権利として再解釈された[147]。統帥権と独断専行を不服従の根拠として利用した将校たちを文民および軍人の支配層が繰り返し許したことで、その考え方はいっそう急進化し、ついには青年将校が自らの上官や政府そのものに対する反乱までをも正当化することになった。

二月二六日のクーデター未遂事件は、日本軍における不服従の民主化という長い歴史の終着点でもあった。前述のとおり、不服従を主導する軍人の階級は時とともに下降しつづけた。三浦梧楼などの上級将校から田中義一などの局長レベルへ、さらに河本大作や橋本欣五郎などの佐官級へ、そして最後には磯部、村中、栗原といった若き大尉や中尉にまで移っていった。これまで本書で触れてきたように、このプロセスによってもたらされたものの一つが思想の急進化である。上級の将校にも蜂起を起こすことはできたが、立場上の責任を考えて大きな波風を立てようとはしなかった。一九一二年の西園寺内閣をひどく憎んでいた田中義一も、大正政変時に暴力の行使は考えもしなかった。桜会でさえ、十月事件の計画発覚直前に徐々に分裂が進んでいた事実からもわかるように、ほとんどの会員は上級将校の支援なしに行動することには消極的だった。だが、青年将校運動の大尉と中尉たちの思想はその中で最も過激だった。彼らは上の者にも相談せず、「敵」とみなしたすべての人間の殺害を神聖化し、彼らの政治観においては軍隊規律という概念そのものが忌むべき対象だった。

階級が低かったために青年将校の思想は最も急進化したが、実行段階では最も脆弱さが露呈した。二月二六日に彼らは政府高官、宮中職員、将軍を殺害したが、軍の階層の枠外で長く活動することはできなかった。軍事参議官と直接交渉したときには年齢と階級の差に圧倒され、軍の指揮系統に戻るようい とも簡単に説得されてしまった。彼らのマニフェストさえも請願書や政府への意見書のように形式化されており、独立した反乱軍による呼びかけらしいものではなかった。[148]

二・二六事件の反乱軍は自分たちを昭和の志士とみなしたかもしれないが、現実にはそうはいかなかった。宮城を隔離して「君側の奸」を排除する当初の計画は、明治維新とはほど遠い結末に至った。明治維新の先導者たちは最終的に御所をその手に収めたが、一九三六年には宮城の一部を封鎖するという限られた計画さえも実現しなかった。その計画の責任者だった中橋基明は宮城の門をくぐった瞬間から優柔不断な行動をした。さらに援軍の呼びかけが失敗すると、上官を前にして怖気づき、部隊を捨ててその場から逃げ出した。

この場面には、明治維新時代の志士と青年将校とのあいだに存在する巨大な実態の差が映し出されている。明治維新の指導者たちは形の上では天皇を称えていたが、事情に通じた幕末の政治家と同様、彼らもわずか一六歳の天皇が主導権を握っているわけではないことを知っており、木戸孝允が表現したところの、手のひらで輝く「玉《ぎょく》」のように考えていた。[149] 一方で青年将校は、天皇を全能の神であり純粋な愛国心の化身とする教育とプロパガンダの産物だった。[150] そのため彼らは、愛国者である自分たちの思想は天皇の秘めたる望みと一致しており、もし本庄大将や真崎大将、秩父宮雍仁親王からクーデターの真意を聞いていたなら天皇は彼らの行動を支持したはずだと信じた。敬愛する君主が強い政治観をもつ人物であり、彼らをひどく嫌っていたとは考えられなかった。天皇の敵意が明らかになったとき、彼らは混乱し、身動きが取れなくなった。[151] 野中は遺書にこう記している。「我々軍人に、政治上層の微妙な事情に対する理解はなかった。我々が愚か者であったのか狂人であったのか、私にはわからない」[152]。一九三六年の日本では、政治の識見も支配層の複雑な関係に対する理解ももたない下級の将校たちは、知識面でも精神面でも権力の階段を上れる状態になかった。皮肉にも、不服従の民主化が政府を救ったのである。

青年将校の計画が失敗して厳罰が下されると、不服従の民主化の勢いは止まり、時計の針が戻り始めた。反乱者を厳しく罰して屈辱を与えることで、ついに軍は暴力による不服従という文化を自ら終結させた。事件後に川島陸相は、これで陸軍は浄化されて「完全に生まれ変わり、真に団結した強力な国軍がつくられる。今後は天皇の望みに従うだろう」と語った。また、教育総監は、軍隊に対する訓誡の中で規律の重要性を強調した。川島の後を継いで陸相に就任した寺内寿一《ひさいち》大将は、軍人にあらゆる政治的介入をやめさせるようにと各師団長に命じた。軍人は直属の上官を通して陸相に意見書を提出することでのみ政治的意見を述べられるものとした[153]。反乱に関与した皇道派は激しい非難を受け、指導者の荒木と真崎は予備役に編入された。真崎はさらに何カ月も投獄された。

結果として、二・二六事件は政治における権力の穴をつくった。天皇はクーデターを止めるため積極的に介入したが、国を直接統治する権力も制度上の手段もなかった。文民の権力層は軍の暴力におびえていた。唯一存命の元老だった西園寺は病を抱えており、その特権を使って影の支配者となる立場にはなかった。事件を受け、軍事参議官および最高位の将官はそのほとんどが予備役編入を強いられた[154]。

軍の権力層のうち二・二六事件の衝撃波に足をすくわれず残ったのは、統制派と結びつきのある中堅の佐官級将校のみだった。複数の皇室顧問が疑ったとおり、この絶好の機会を素早くとらえて上官たちの退役を裏で操ったのは彼らだった[155]。事件前でさえ彼らは陸軍省と参謀本部において大きな権力を握り、上官を動かし支配していた。一九三六年まで彼らを脅かしていたものは若い将校の暴力のみだった。二・二六事件後はこの脅威が消え去ったため、統制派の中堅将校がすべての権力を手にした。陸軍を信頼していなかった天皇さえ、「同じ悲劇の繰り返しを避けるためには、ある程度は軍からの緊急の要求に応える必要がある」と侍従武官に話した[156]。

統制派の佐官たちは、一瞬たりとも油断せず権力を追求した。新首相の広田弘毅《こうき》は「いくらか陸軍と協力」しなければならなくなるだろうとジョセフ・グルー駐日アメリカ大使は予想したが、広田の軍への服従は彼の想定をはるかに上回った[157]。軍は、二・二六事件のような反乱を防ぎたければ政府は自分たちの要求をもっと受け入れるべきだと示唆した[158]。事件直後に広田は現役武官制を復活させ、陸相の退任によって倒閣する権限を軍に与えた。彼の譲歩はそれだけでない。組閣にあたっては「リベラルすぎる」として軍から反対された大臣を内閣に含めず、さらに軍備予算を大幅に引き上げた。

その後、武藤章大佐と諜報のプロである土肥原賢二中将が一九三一年の満州事変を再現した「蒙古独立運動」を先導した[159]。そのときには参謀本部で作戦課長を務めていた満州事変の首謀者、石原莞爾は、その侵略を止めようとした。だが、直属の部下である武藤がめずらしく歴史の皮肉を正確に指摘し、いま私が取っている行動は満州事変時におけるあなたと同じようなものでしょう、あなたからそんな言葉を聞くとは驚きです、と答えた[160]。

本書を通して述べてきた流れのまま、陸軍の強化と弱体化はさらに進んだ。国内で組織としての力はもつ一方、部下の統制はまったく機能していなかった。二・二六事件の厳罰に不服従の暴力を抑制する効果はあったが、作戦現場で軍人が権力に逆らって独自の行動に出る傾向は続いた。

一九三七年、議会で侮辱されたと感じた寺内寿一陸相は首相に議会解散を要求した。広田首相がそれを拒むと、寺内は現役武官制を利用して内閣を総辞職に追い込んだ。大正政変で陸軍が倒閣したときには非常に重要な問題が絡んでいた。一方、今回は一人の大将が侮辱されただけである。大きな敵のいない軍は、国政に対し専横を極めるようになっていった。[161]

ケンブリッジ大学の歴史学者アンドリュー・レビディスは、未発見だった荒木貞夫の手記を含む新たな文書を最近になって見つけ出した。そこからは、政府と参謀本部が日中戦争拡大の決定を下した際に軍からの抵抗に対する恐怖が大きく影響していたことがわかる。一九三七年七月七日の盧溝橋事件をきっかけに中国との戦端が開かれると、政府と参謀本部は、上海前線への増援軍派遣や中国国民政府との和平交渉拒否など、争いを激化させる措置をいくつも取った。レビディスが発見した資料によると、この決定の背景には、中国との戦争が早く終わりすぎれば不満を抱いた皇道派の将校が独断専行で軍隊を北に移してソ連との戦争を始めるのではないか、という統制派の懸念があった。参謀本部は日本がまだソ連と闘える状態にはないと考えたため、それならば中国での争いを拡大するほうがよいというわけだ。[162]

そうして軍の抵抗という恐怖は暗雲となって国の支配層の頭上に立ち込め、対外政策を過激化させた。実際に抵抗がないときにも政治家たちは常にその可能性を考慮しなければならず、まさにそれはソ連への勝手な攻撃を防ぐために日中戦争拡大の決定を下したことに表れている。それまでと同様、政府指導者たちは一度瓶から解き放ってしまった魔物をコントロールすることはできなかった。中国に対して決定的な勝利を得ることができなかったために争いは長期化し、ついに日本はアメリカとの破滅的な世界戦争に突入する。その結果、日本は貧しい被占領国となり、軍は解体され帝国主義は崩壊した。軍と帝国の利益を求めた日本軍の抵抗は、最終的に両者に屈辱的な結果をもたらしたのである。

結論

恐ろしいものと些細なもの

大きな出来事の始まりにおいて、たいていの人間は自分の行動が最終的にどのような事態につながるかまるで知らない、と著者は何度か気づいた。これは、多くの想定とは異なり、人が行動の結果を予測できないということではない。その原因は、ある者の輪郭が別の者と交わったときに、恐ろしいものが些細なものを呑み込んでしまう常軌を逸したプロセスにある。人間同士の利害が対立したとき、そこから生まれる結果は常に予測不能だが、恐怖であることがあまりにも多い。

（スコット・バッカー著 *The Prince of Nothing* より）

本書は、反抗と反乱のイデオロギー的基盤をなす不服従の文化を明治維新以降の日本軍が常に抱えてきたことを明らかにした。幕末の志士文化にその根をもつ不服従は、明治時代にまで枝を伸ばし、一八七〇年代に花を咲かせ、一八七七年には西南戦争という形で爆発した。山県有朋を中心に帝国陸軍の創設者たちが編み出した解決策は短期的にその問題を抑え込んだが、長期的にはいつまでも形を変えながら持続させることとなった。不服従の火は消えなかった。むしろ、山県に鉄槌で打たれるとそれは二つに分裂し、水面下で存在しつづけたのである。

そのうちの一つは国策に対する権力層の反抗であり、統帥権イデオロギーを通して徐々に発展した。もう一つは、朝鮮や満州の浪人や壮士などの民間組織、さらに日本本土の愛国主義団体によって守られた、乱暴者の寄せ集めとしての志士の伝統である。壮士は無秩序な暮らしぶり、直接行動、無責任な暴力、混沌とした組織体制を好んだ。彼らは長らく日本政府に大きな脅威を与えるほどの力を得られずにいたが、舞台が朝鮮であれば別だった。一八九五年の閔妃暗殺時には、三浦中将と朝鮮壮士が手を組んだことで上層の反抗と下層の志士流の反抗が交わった。それ以降、国家退縮の過程を通して志士文化は民間右翼団体から再び軍の中へとゆっくり戻っていった。一九一三年の大正政変はエリート層が不服従の姿勢を示しただけだったが、張作霖暗殺においては河本が支那浪人と協力したことで民間人が大きく関与した。だが皮肉にも、民間右翼と軍人たちが繰り返し模倣した志士の粗い組織体制は、政府にとって安全弁であった。不従順な軍人と民間人が結束力に欠ける志士の組織文化にとらわれつづける限り、計画的なクーデターが起きる可能性は少なかった。

だが一九三一年、桜会はまさにそれを実行しようとした。橋本や長らは、一八六〇年代後半の諸藩同盟に構造の似た陰謀組織を立ち上げた。彼らのクーデターは失敗したが、反抗的な軍人が軍内に大きく広がる組織を形成する悪しき傾向が強まった。その点で見れば、桜会による三月事件と十月事件は転換点であった。一八七七年以来はじめて、国策への反抗が反乱へと拡大したからである。そこから暴力的なクーデターが頻繁に発生するようになり、ついには二・二六事件が起こった。これは深刻な大事件であったが、クーデター失敗によって陸軍の不服従文化の限界が露呈した。青年将校が軍の階級に圧倒されて躊躇したため、自分たちの過激な思想を完全に実現できなかったからだ。ただ、軍事参議官を直接目の前にしてからは弱気な態度になったといえ、下士官を動員して天皇の側近を殺すという行為は最後の一線を越えた。青年将校と仲間の皇道派の多くは、処刑されるか投獄されるか、あるいは軍から追放された。

だが、その後統制派が独占支配するようになった参謀本部はこの事件を利用して陸軍に有利な状況をつくった。[1] 一九一三年に山本首相が廃止した軍部大臣現役武官制を復活させ、軍は再び大臣の選任拒否によって倒閣できる力をもった。さらにこれは制度上のものにとどまらなかった。陸軍指導部はすぐにその権力を行使して広田内閣を総辞職させ、さらに一九二五年の軍縮政策および三月事件での曖昧な態度を原因に軍内で評判の悪い宇垣大将による組閣を阻んだ。宇垣は自らの陸相兼任を許可するか、あるいは陸相に任命された者にそれを受け入れさせる勅令を出すよう天皇に訴えようとしたが、内大臣に阻止された。陸軍の力が強すぎて、将官たちの反感を買ったまま組閣される内閣にははじめから暗い先行きが見えている、と内大臣は言った。こうして宇垣は組閣を断念した。[2] その後も首相が変わるごとに陸軍の力は徐々に増し、かつてと同様に将校たちは文民か軍人かにかかわらず上の者の意向に逆らい、中国で部隊の展開を拡大した。

一九四一年に東条英機大将を首相に就任させたことは、政府との融合によって陸軍を管理しようとした最後の試みだと言えるかもしれない。

東条はそれまでにない形で陸軍を管理したためこの試みはある程度成功したが、それでも軍の反抗は抑えられなかった。[3] 真珠湾攻撃直前には、ルーズベルト・アメリカ大統領が昭和天皇に和平を呼びかけた親電の伝達を二人の陸軍少佐が意図的に遅らせ、上に情報を隠すことで開戦を確実なものにした。この行動に大きな戦略的意義はなかったと考えられるが、一九四一年になっても軍の反抗的姿勢が十分残っていたことがわかる。[4] 東条首相とともに陸海軍は日本を太平洋戦争へと突入させ、それが最終的には一八九五年から築き上げられてきた帝国主義の崩壊につながった。

この悲劇に軍の不服従がどれほどの役割を果たしたかについては、いまもなお議論が続いている。太平洋戦争中、特派員として長年日本に住んだイギリス人ジャーナリストのヒュー・バイアスは*Government by Assassination*を出版して大きな反響を呼んだ。本書で彼が鮮やかな描写を通して主張するところによると、一九三〇年代には軍人暗殺者と民間右翼の仲間たちが日本を支配し、臆病で弱腰の内閣に国内での独裁体制と対外侵略の道を進ませた。「政府が他国との戦争に酔いしれ、さらにその文民指導者たちが暗殺におびえていたことが重なって、陸軍は権力を得た」とバイアスは述べる。(5)一部の日本人学者もこの見解を支持している。たとえば田中梓は、陸軍が計画した複数の事件が昭和時代を牽引し、やがて太平洋戦争に行き着かせたと述べる。(6)

一方、この意見に疑問を呈する学者もいる。国際関係における「現実主義的アプローチ」を代表するジェームズ・クローリーは、反抗的な軍人が国家に与えた影響はきわめて小さいと強く主張する。彼によると、日本の外交政策は暗殺事件に大きく左右されることなく、内閣と他の関係機関が法的手段を通して展開した。彼はこの見解に基づき、一九三〇年代の軍による反乱は国家の指導者ら個人をおびえさせただけで、実際の影響は少なかったと結論づける。(7)

だが、クローリーの主張には一つ大きな盲点がある。外交政策、むしろ政策全般は決して一元的なプロセスを経て決定されるものではないことを彼は見落としている。いかなる場合にも政治家はあらゆる方面からさまざまな圧力を受け、計画変更や妥協を強いられながら複数の選択肢の中で決定を下すものである。他のすべての国と同様、日本も国内外から圧力を受けていた。例として、田中内閣は一九二〇年代後半に満州の海域での漁業に関してイギリスとアメリカからの圧力を懸念していた。もし軍の不服従が存在していなければ、日本の政治家たちは他の圧力にも目を向け、国益に関する各々の認識に基づいて対策を講じることができただろう。

だが残念ながら、軍の不服従問題があることで政府は国外からの圧力にうまく対応する余裕をもてなかった。軍部大臣の退任（現役武官制廃止後もすべての内閣にとって脅威であった）から、独断での反抗的行動、暗殺、クーデターに至るまで、陸軍がもったさまざまな脅しの手段が、西欧諸国や中国への妥協を不可能にした。田中義一首相の場合、政治的手段で張作霖を譲歩させる試みが河本大作の独自行動によって打ち壊されたときにこの教訓を学んだ。幣原と若槻も満州事変を通して同じ経験をし、犬養毅は満州問題に関して中国と何らかの暫定協定を結ぼうとしたことで一九三二年五月に命を落とす結果となった。一九三七年夏には、軍の反抗に対する恐怖が政策上の意思決定を歪めるまでになり、政府と参謀本部はソ連との争いの勃発を避けるために中国との戦争を拡大した(8)。

つまり、軍の反抗と反乱が存在した当時の状況を考えるなら、クローリーのように政治家が実際に行ったことのみを考慮するのでは不十分である。軍の不服従を原因に彼らが実行できなかったこと、そして軍からの圧力のため排除された選択肢にも目を向けなければならない。こう考えると陸軍はまるで羊飼いの犬で、羊の群れの周りを走り回っておびえさせることで一方向のみに進ませたのである。羊は他の場所に行きたかった可能性もあるが、そのためには鋭い歯の恐怖に身をさらさなければならなかった。日本の場合、示された一つの道は中国との激しい争いにつながり、さらにその先に待つのは悲惨な世界大戦だった。

だが、軍の不服従がそのような悲劇につながったのは計画的な陰謀によるものでないことにも留意しなければならない。軍の独立を進めて国家を主客転倒状態に陥らせたのは、政治家、軍幹部、官僚の悪意や愚かさ、過失ではない。国家に破滅への道のりを少しずつ歩ませた政策決定一つひとつは合理的かつ理解可能なものであった。

一八七四年の台湾出兵で西郷従道が政府の命令に逆らう決定を下したのは一時的な圧力を受けたからであり、彼に悪意や反抗の意図があったわけではない。兄の西郷隆盛が一八七七年に起こした反乱は、彼にとってはまったく理にかなっていた。彼は政府が自分を暗殺しようとしたと信じていたからである。山県はそうした反乱の再発を防ぐための合理的な対策として軍部改革を行い、一八八〇年代に統帥権制度が確立した。三浦と仲間たちによる閔妃暗殺はたしかに残虐だが、当時の政情とまるで無関係ではなかった。大正政変はそれぞれの政治主体による決定がもたらした結果であり、自分の利益を守ろうとした各主体のいずれもあの結末を意図していなかった。河本による張作霖暗殺の決定はすでに確立されていた統帥権イデオロギーと独断専行の慣習に基づいており、この二つを根拠に軍内では反抗を正当化する空気ができあがっていた。軍高官が政治に関与でき、下級将校には現場で決定を下すことが許されている状況で、河本にとっては満州における日本の苦境を打破するため独自の戦略的決定を下すことに不合理はなかった。そして、中国指導者に対する暴力によっても難局が解決されないとなれば、桜会および二・二六事件の首謀者たちが考えたように、同じイデオロギーのもと日本の指導者に対する暴力を正当化することはたやすかった。また、参謀本部にとっては、ソ連と争う危険を考えれば中国との戦争拡大を選ぶことは理にかなっていた。もちろん、これらすべての事態に関与していた人々は違う決定を下すこともできただろう。ほぼいずれも避けられないものではなかった。だが、どの時点においてもまったく正気の沙汰と思えないような決定は下されておらず、いずれも当時の現実に即したものだった。

一歩一歩は意味のあるものだったにもかかわらず、それらがすべてつながって一本の道になると、そこを歩み出した者たちには想像もつかなかった悲惨な結果に行き着いたのである。特定の時と場所で行われた決定は、その後の政治的、軍事的、社会的状況の変化、不測の事態、他の主体による予期せぬ意思決定と結びつくと、思いもよらない結果を生み出すことがある。したがって、日本に欠けていたのは合理的な指導者ではなかった。軍人および文民の指導者たちは、いかなる点においても他国に劣ることなく合理的だった。日本に足りなかったものとは、きわめて優れた先見の明をもつ指導者である。直近の未来のさらに先を見据え、妥当で予測可能な事象のみにとらわれず、歴史の行く先を正しくとらえられる指導者がいなかった。ビスマルクのキャッチフレーズを用いれば、歴史の神の動きを視界にとらえ、彼が通りすぎるときにその外套《がいとう》の袖をつかめる者である。ただ、たいていの国と同様、日本でもそのような人物はまれである。

もともと必然だった要素は一つもないが、それでも日本の不服従は一定の方向に動いていた。不服従が途絶えた理由を知るには、この動きのロジックを解読する必要がある。後述するように、このロジックには明治維新時代の日本の政治および思想に組み込まれた三つの「バグ」が深く関連している。これらのバグがすべて重なったことで、帝国陸軍の反抗と反乱の文化が育ち、繁栄し、時とともに急進化したのである。

第一のバグ——曖昧な正当性

政治の正当性とは、政権が強制的な手段に頼ることなく大半の時期において大半の人々を従わせる能力と定義できる。それは根底において主に資源の問題である。世界中のいかなる政権にも全国民を絶えず抑圧するほどの力はない。銀行のように、政権は暴力という通貨を一部の人々に「支払う」ことができる。だが、あまりに多くの人々が「支払い」を受けなければならなくなると、銀行と同様に国家も破綻する。この観点から見ると、政治の正当性を支えるものは恐怖とイデオロギーという二つの柱である。(9) 政権を嫌う者でも制裁に対する恐怖はあるため、抑圧せずとも通常は政府に従うだろう。だがこれは、特に近代の政権においては、必要条件ではあっても十分条件ではない。たいていの政府は、メディア、国の公式発表、親政府系団体、そして何よりも教育制度を通じて、国民が自らの意思で従うように促す。ほとんどすべての近代国家において、大日本帝国も例外なく、政治の正当性は恐怖とイデオロギーの二つが土台となっている。

一八六八年の維新後に樹立された明治政権は、以前の徳川政権における秩序が崩壊したため、政治の正当性を根本から再構築しなければならなかった。新たな指導者たちは権力を握るとただちに恐怖とイデオロギーを利用して新制度を正当化するため尽力し、理論どおりそれはうまくいった。西南戦争終結時における政権の軍事力に疑いの余地はなかった。さらに、イデオロギー構築の面でも政府は大きな成果を上げた。遅くとも二〇世紀になるころには国民の大多数が国家の中心としての天皇の権威、強い軍と経済および世界の列強と完全同等の関係をもつ必要性を受け入れ、ときには熱心に支持した。多くの国民、とりわけ陸軍軍人にとって、軍事力は中国大陸における領土拡大の範囲で示された。ただ、反体制派を別にしても日本が一枚岩の社会だったということはなく、むしろ国民はさまざまな意見をもっていた。それでも、大陸での権力行使を重んじる愛国主義はほとんどの日本国民が受け入れていた。(10) この意味で、明治政権のイデオロギー構築は大きな成功を収めた。

だが、完璧なように思えるこのイデオロギーには一つ根本的なバグが存在した。かつての藩閥の壁を越えて手を組み、明治政府において憲法の枠を越える権限をもった少数支配者たちは、自らの権力をイデオロギー面で正当化することはできなかった。むしろある意味では、正当化しようとさえしなかった。そうすれば天皇の絶対的権威を損なってしまうからである。一八七八年以後、彼らは恐怖を与えるとともに賢く政策上の妥協をすることで統治力を固めたが、その支配は確固たる正当性をもたなかった。長年の伝統もなく、洗練されたイデオロギーによる正当化もなされなかったため、天皇を除くほとんどの政府関係者はあらゆる場面で反抗的な者たちの挑戦を受けた。なぜ元老に従わなくてはならないのか？首相に軍を動かす権限はあるのか？　文民政治家は帝国議会を通して多数決の原則を取るべきなのか？天皇の権力が霞のように見えにくいためにこれらの問題は常に議論の的となり、交渉の末にはいかなる場合も必然的に誰かが不満を抱えることとなった。

そのように不満を残した人々はさまざまな領域に及び、疎外され、搾取され、裏切られたと感じた。そうして反感をもった上級および下級将校の集団こそが本書の主題である。一八七八年から一九三一年にかけては政府が制裁の恐怖を与えていたため、彼らに反乱の成功を望むことはできなかった。また、不満を抱える軍人たちにも国家のイデオロギーは浸透していたため、帝国体制に抵抗することもなかった。だが、そのイデオロギー体系に組み込まれていた「バグ」を原因に、不満を表現できる手段が一つ残された。それは本書で「前線への逃亡」と名づけた行動、つまり十分に正当化されていない政府よりも早く、より優れた断固たる方法で領土拡大のために尽力することによって天皇を崇める行為である。

理論上では、この愛国的反抗心が国外侵略にまでエスカレートする必要はなかった。台湾出兵と西南戦争で活躍した谷干城中将は、小さな日本こそ天皇と国家体制をうまく支えると信じたため、政府の帝国主義政策を批判した。だが、谷は陸軍内で孤独な「野の花」だった[11]。残念ながら、彼の思想とは逆の愛国主義のほうが、命令に逆らって領土拡大のため突き進むという行動によって表されることが多かった。この事実は、近代日本の政治に巣食った第二の重大なバグと関連している。

第二のバグ――一方通行の領土拡大

谷中将などの例外を除けば、国家の公式なイデオロギーは、軍、権力層、そして大衆の大半によって、領土拡大と経済発展の両視点における国家の成長だと解釈された。政策の費用と実行速度はしばしば議論の的になったが、その方向性について意見は分かれなかった。領土拡大は一方通行の道だった。国家全体が持続的成長というイデオロギーを受け入れている状況では、たとえ反抗的な軍人が法に反して手に入れた成果であろうと、それを手放すことは理屈に合わなかった。閔妃と張作霖の暗殺事件で示されるように、そうした軍人は本質的には政府と同じ道を歩んでいたため、反逆的とはいえ彼らを罰することも難しかった。その行動は間違っていても、「純粋な」動機には常に上層部も共感を示し、手段は支持しないにしても彼らの目的自体は正しいと考えた。これは、幕末の志士文化が遺した遺産のうち、最も消し去りがたく破滅的なものの一つであった。

このような条件下で、一方通行の領土拡大路線に後押しされて軍人は他国への攻撃という形で政府への反抗を示し、さらに一度上げた功績が否定されることはないと確信をもった。軍や政府が秩序への反抗を許すごとに、法で罰せられないという印象が強まるとともに歴史による正当化が進み、不服従を通じて現実を変えられるといった楽観思考が人々の中に深く根づいた。[12] これまでに述べたとおり、このような楽観主義は一八七〇年代から桜会の時代に至るまで軍人の反抗における燃料となった。

第三のバグ——終わりなき領土拡大の道

だが、この反抗的楽観主義をいつまでも持続させたのは、大日本帝国のイデオロギーに組み込まれたもう一つの致命的なバグだった。領土拡大は一方通行だっただけでなく、その道は無限に続いていた。日本にとっては不幸なことに、このイデオロギーは危険なほど曖昧だった。たとえば、いつになれば軍力が十分だと知ることができるのか？　大正政変時にも一九二〇年代にも、軍は常により多くの師団、予算、そして政治的影響力を求めつづけた。また、日本はどれくらいの大きさであるべきなのか？　朝鮮、台湾、満州を手に入れるだけで十分だろうか、それとも、これまで獲得した領地を守るためには中国への領土拡大が必要だろうか？　これらを知るすべも客観的基準もなく、日本の運命がいつまっとうされ、その使命が果たされるのかを定める合意もなかった。政府が何をしても、どれほどの領土を手にしようとも、日本の漠然とした帝国主義のもとでは常に多くの渇望が残り、文民および軍人の急進派が満たされることは決してなかった。

この絶えない不満は一九二〇年代後半に著しく急進化し、国内でますますフラストレーションが生まれていった。大正政変研究の中で坂野潤治が指摘するように、日本の帝国主義は解消できない矛盾に苦しんでいた。つまり、資源の乏しい日本には、一流の帝国でありつづけるという夢を叶えるための軍力を維持する手段がなかったのである。[13] 橋本欣五郎や二・二六事件首謀者などの軍人は、日本の貧困と領土拡大の遅れをどちらも懸念していた。軍と軍事費を無限に拡大しつづけながらも経済的に国家を繁栄させるという彼らの目標は、決して実現しえないものだった。したがって、何が起きようと彼らには不満が残ると決まっていたのである。

大川周明や北一輝など右翼思想家のイデオロギーは、一九二〇年代後半から強まっていた軍人の反抗心から恩恵を受けた。こうしてすでに混乱していた軍人たちの思想にまったく新しいユートピア的側面が加わったため、状況はいっそう悪化した。「昭和維新」によって軍、社会、精神など全領域の問題を解決するという夢も、実現不可能なユートピア的考えだった。当然ながら、そのような政権を構築する手段は誰も知らなかった。そのため、処刑前に二・二六事件の首謀者が自分たちの行動によって陸軍の立場が強化されたことを知ったとき、そのほとんどがまるで関心を示さなかったことも驚きではない。渋川善助は国民に軍を信用しないよう訴えた。事件の中心人物のうち死刑を免れた数少ない軍人である末松太平は、彼の仲間が射殺した蔵相は軍の領地拡大方針を抑えようとしていたにもかかわらず、陸軍は国内の問題から気を逸らせるためだけに対外の強硬姿勢を利用しているのだと嫌悪感を滲ませた。[14] 村中孝次は次のように記した。「我々は軍の予算を増やすためや陸軍の立場を強めるために刀を抜いたのではない。それは貧しい農民のため、日本のため、そして世界のためだった[15]」。そのような曖昧な目標のもとで村中が満足できなかったことに不思議はない。彼自身でさえ、自分が何を求めているのかほとんどわかっていなかった。

これまでの内容をまとめると、近代日本の悲惨な現実は政治および思想におけるバグの結果として生まれた。第一のバグは、軍人に危険な形で不満を表現させた。第二のバグは彼らに楽観主義および自らを正当化する根拠を与えた。そして第三のバグを原因に、彼らは決して満たされることがなかった。政府も軍指導部も、叶わない夢を見つづける彼らを癒すことはできなかった。譲歩するか対立するほかはなく、さらにどちらも時が経つにつれ難しくなっていった。穏健派の政治家たちが繰り返し譲歩したことで、争いの道は満州から盧溝橋、南京、真珠湾、サイパン、沖縄、広島、長崎に至るまで伸びつづけた。そして自らが突き進んでいる方向に日本が気づいたとき、それを修正するにはもう遅すぎた。

ダニ・オルバフ　Danny Orbach
1981年イスラエル生まれ。ハーバード大学で博士号（歴史学）取得。専門は軍事史、日本および中国近現代史。イスラエル軍情報部に勤務後、テルアビブ大学、東京大学、ハーバード大学で歴史学と東アジア地域学を学ぶ。歴史学者、評論家、政治ブロガーとして、ドイツ、日本、中国、イスラエルと中東の歴史に関する考察を精力的に発表している。現在はエルサレム・ヘブライ大学アジア学部の上級講師。近著に『The Plots against Hitler』（2016）。

暴走《ぼうそう》する日本軍兵士《にほんぐんへいし》——帝国《ていこく》を崩壊《ほうかい》させた明治維新《めいじいしん》の「バグ」

2019年７月30日　第１刷発行

著　　者　ダニ・オルバフ
訳　　者　長尾莉紗／杉田 真
発 行 者　三宮博信
発 行 所　朝日新聞出版
〒104-8011　東京都中央区築地５-３-２
電話　03-5541-8832（編集）
03-5540-7793（販売）
印刷製本　共同印刷株式会社

Published in Japan by Asahi Shimbun Publications Inc.
ISBN978-4-02-251616-9
定価はカバーに表示してあります。

訳者
長尾莉紗（ながお・りさ）

英語翻訳者。早稲田大学政治経済学部卒。主な訳書に『炎と怒り――トランプ政権の内幕』（共訳、早川書房）、『ワン・ミッション――米軍発、世界最先端の組織活性化メソッド』（共訳、日経BP）、『確率思考――不確かな未来から利益を生みだす』（日経BP）など。

杉田真（すぎた・まこと）

英語翻訳者。日本大学通信教育部文理学部卒。訳書に『激情回路――人はなぜ「キレる」のか』（共訳、春秋社）、『e-エストニア――デジタル・ガバナンスの最前線』（共訳、日経BP）がある。

注

序論

(1)　John Dower, *War without Mercy: Race and Power in the Pacific War* (New York: Pantheon Books, 1986, 84)(邦訳は猿谷要監修, 斎藤元一訳『容赦なき戦争――太平洋戦争における人種差別』平凡社, 2001年).

(2)　Wm. Theodore de Bary, Carol Gluck, and Arthur E. Tiedermann, eds. *Sources of Japanese Tradition*. vol. 2 (2nd ed., New York: Columbia University Press, 2005), 2:705-07.(日本語の原文は由井正臣・藤原彰・吉田裕校注『日本近代思想大系4　軍隊 兵士』岩波書店, 1989年, 172-76).

(3)　たとえば, Ernst L. Presseisen, *Before Aggression: Europeans Prepare the Japanese Army* (Tucson, AZ: University of Arizona Press, 1965), 147を参照.

(4)　原資料は1881年の陸軍刑法(国立国会図書館デジタルコレクション)第50条
http://dl.ndl.go.jp/info:ndljp/pid/794418

(5)　Craig M. Cameron, "Race and Identity: The Culture of Combat in the Pacific War," *The International History Review* 27, no. 3 (September 2005), 560.

(6)　Hugh Byas, *Government by Assassination* (New York: Knopf, 1942), 39(邦訳は内山秀夫・増田修代訳『昭和帝国の暗殺政治――テロとクーデタの時代』刀水書房, 2004年).

(7)　Ben-Ami Shillony, *Revolt in Japan: The Young Officers and the February 26, 1936 Incident* (Princeton, NJ: Princeton University Press, 1973); Sadako Ogata, *Defiance in Manchuria: The Making of Japanese Foreign Policy, 1931-1932* (Berkeley, CA: University of California Press, 1964)(日本語版は緒方貞子『満州事変――政策の形成過程』岩波書店, 2011年); Richard Storry, *The Double Patriots: A Study of Japanese Nationalism* (Boston, MA: Houghton Mifflin, 1957)(邦訳は内山秀夫『超国家主義の心理と行動――昭和帝国のナショナリズム』日本経済評論社, 2003年); Yale Maxon, *Control of Japanese Foreign Policy: A Study of Civil-Military Rivalry, 1930-1945* (Westport, CT: Greenwood Press, 1973); James B. Crowley, *Japan's Quest for Autonomy: National Security and Foreign Policy, 1930-1938* (Princeton, NJ: Princeton University Press, 1966).

(8)　藤井非三四『二・二六帝都兵乱――軍事的視点から全面的に見直す』(草思社, 2010年) 131.

(9)　David A. Sneider, "Action and Oratory: The Trials of the May 15th Incident of 1932," *Law Japan* 23, no. 1 (1990), 51-53, 62; Richard Storry, *Double Patriots*, 4.

(10)　Tobe Ryōichi, "Minshūka no Shiten to Seiji no Henchō:1930 Nendai no Nihon Seiji," keynote address, Modern Japan History Workshop, University of Pennsylvania, Philadelphia, PA, October 18, 2014.

(11)　Ian Kershaw, *Hitler: A Biography* (New York: W. W. Norton, 2008), 320-58(邦訳は川喜田敦子訳, 石田勇治監修『ヒトラー(上)――1889-1936　傲慢』白水社, 2016年; 福永美和子訳, 石田勇治監修『ヒトラー(下)――1936-1945　天罰』白水社, 2016年); Marc Ferro, *Nicholas II: Last of the Tsars* (New York: Oxford University Press, 1993), 2; D. P. G Hoffmann, "Kommandogewalt und Kriegsminister," *Zeitschrift für die Gesamte Staatswissenschaft / Journal of Institutional and Theoretical Economics* 68, no. 4 (1912), 740-49.

(12)　Tom Coffman, *Nation Within: The History of the American Occupation of Hawai'i* (Kihei, HI: Koa Books, 2009), 109-45.

第一章　志士

(1)　中野雅夫『橋本大佐の手記』(みすず書房, 1963年)21.

(2)　大谷敬二郎『落日の序章——昭和陸軍史　第一部』(八雲書店, 1959年)45.

(3)　「幕府」という言葉は, 19世紀の攘夷派の学者の小グループによってつくられ, 将軍に刃向かう者たちによって蔑称として使用された. その後, 当時の歴史家のあいだにも広まった. 本書では, 先行文献との一貫性を重視する立場から, この言葉を使用している.

(4)　Ronald Toby, *State and Diplomacy in Early Modern Japan: Asia in the Development of the Tokugawa Bakufu* (Stanford, CA: Stanford University Press, 1991), 235-46(邦訳は速水融・永積洋子・川勝平太訳『近世日本の国家形成と外交』創文社, 1990年).

(5)　野村晋作「幕末の御親兵設置に対する長州藩の寄与」(『山口県地方史研究』110号, 2013年10月, 山口県地方史学会)32-40.

(6)　Yamaga Sokō, "The Way of the Samurai," *Sources of Japanese Tradition*, eds. Wm. Theodor de Bary, Carol Gluck and Arthur E. Tiedemann.vol. 1 (2nd ed., New York: Columbia University Press, 2002), 2:662-64.

(7)　David L. Howell, *Geographies of Identity in Nineteenth-Century Japan* (Berkeley, CA: University of California Press, 2005), 24-25.

(8)　松尾正人『木戸孝允』(吉川弘文館, 2007年)4. 江戸時代末期の軍備近代化に関するコリン・ジョーンドリルの考察は, 時代の転換期における射撃術の研究の重要性を明らかにした. だが, この特殊な研究は, 藩同士の結束強化とはあまり関係がないようだ. D. Colin Jaundrill, *Samurai to Soldier: Remaking Military Service in Nineteenth-Century Japan* (Ithaca, NY: Cornell University Press, 2016) を参照.

(9)　Cameron Hurst III, *Armed Martial Arts of Japan: Swordsmanship and Archery* (New Haven, CT: Yale University Press, 1998), 83-90; Rainier Hesselnik, "The Assassination of Henry Heusken," *Monumenta Nipponica* 49, no. 3 (Autumn 1994), 40; Marius B. Jansen, *Sakamoto Ryōma and the Meiji Restoration* (Princeton, NJ: Princeton University Press, 1961), 49, 81-89, 115 (邦訳は平尾道雄・浜田亀吉訳『坂本龍馬と明治維新』時事通信社, 1965年).

(10)　このテーマに関する最近の研究を調べるには, 長南伸治「文久期における「処士横議」と草莽——薩摩藩誠忠組激派と清河八郎の関係を通じて」(『国士舘史学』12号, 国士舘大学日本史学会, 2008年3月)36-37を参照. 学校での人脈が反乱目的に利用された興味深い例としては, 薩摩藩士で尊皇派の折《おり》田《た》年秀《としひで》の場合が挙げられる. 折田は築城術の専門家だった. 彼は, 他の実用的な知識をもつ者たちと同様に, 国中を回って自分の専門分野を教えた. 折田は行く先々で数多くの弟子をもち, 一種の私的ネットワークを構築した. 折田は, このネットワークを駆使して, 1868年ごろの倒幕運動において機密情報を収集することができた. このような藩をまたいだ教師・生徒のネットワークは, 概して戦争を遂行する上できわめて重要な役割を果たした. 家近良樹『西郷隆盛と幕末維新の政局——体調不良問題から見た薩長同盟・征韓論政変』(ミネルヴァ書房, 2011年)313と「折田年秀日記」(『鹿児島県史料　忠義公史料』鹿児島県維新史料編さん所編, 鹿児島県, 1974-80年)4:544-55を参照.

(11)　Donald Keene, *Emperor of Japan: Meiji and his World, 1852-1912* (New York: Columbia University Press, 2002), 39 (邦訳は角地幸男訳『明治天皇』上・下, 新潮社, 2001年).

(12)　Erik H. Erikson, *Insight and Responsibility: Lectures on the Ethical Implications of Psychoanalytic Insight* (New York: W. W. Norton, 1964), 93 (邦訳は鑪幹八郎訳『洞察と責任——精神分析の臨床と倫理』誠信書房, 1971年).

(13) Hesselnik, "Assassination of Henry Heusken," 334.

(14) Thomas Huber, *The Revolutionary Origins of Modern Japan* (Stanford, CA: Stanford University Press, 1981), 130; Jansen, *Sakamoto*, 85-86. ジャンセンによると,これらの下級武士の中には,藩の屋敷に寄宿できない者たちが存在した.そのことが,藩の権力者が彼らの行動を監視することを困難にした.

(15) 武士たちが互いの絆を重視して,反幕府ネットワークを形成していった理論的背景は, David Knoke, *Political Networks: The Structural Perspective* (Cambridge: Cambridge University Press, 1990), 68 を参照.

(16) 芳賀登『幕末志士の世界』(雄山閣, 2003 年)233-38.

(17) 豊田満広「土佐勤王党」(『歴史読本』56 巻 6 号, 新人物往来社, 2011 年 6 月)86-87. 豊田満広によると, 周辺地域からの参加もあり, 党員数は 192 名だった.

(18) 「文久期における「処士横議」と草莽」36-69.

(19) 「文久期における「処士横議」と草莽」36;『幕末志士の世界』21.

(20) 山川浩著, 遠山茂樹校注, 金子光晴訳『京都守護職始末——旧会津藩老臣の手記』(平凡社, 1965-66 年)1:4-5; Keene, *Emperor*, 42-45; 高木俊輔『それからの志士——もう一つの明治維新』(有斐閣, 1985 年)5.

(21) 漢文からの翻訳は著者自ら行った.『論語』の優れた翻訳書は存在するが,「志士」(zhi-shi)という語を, 古代中国語の意味や儒教的解釈と組み合わせて,「紳士」(gentleman),「誠実な役人」(earnest officer), あるいは「学者」(scholar)として訳している. これらの訳語では, 江戸時代末期の武士文化における「志士」という語の特別な役割を十分に表現できないと考え, 利用しなかった.

(22) 『幕末志士の世界』33; 佐々木克『志士と官僚——明治初年の場景』(ミネルヴァ書房, 1984 年)111;『それからの志士』2.

(23) この言葉の起源と用法の詳細は, 小島毅「中国生まれの志士的思想——草莽, 尊王攘夷, 維新……幕末を象徴する言葉の源とは」(『歴史読本』56 巻 6 号, 新人物往来社, 2011 年 6 月)134-39 を参照.『志士と官僚』122-23,『幕末志士の世界』233-34, Jansen, *Sakamoto*, 40, 95-96 も参照.

(24) 西嶋量三郎『中山忠光暗殺始末』(新人物往来社, 1983 年)39.

(25) 川口雅昭「松下村塾」(『歴史読本』56 巻 6 号, 新人物往来社, 2011 年 6 月)70-71.

(26) 芳賀登『幕末志士の生活』(雄山閣出版, 1982 年)22-25, 33-34; 東京大学史料編纂所編『大日本維新史料類纂之部 井伊家史料』(東京大学出版会, 1959 年)3:360-61. Jansen, *Sakamoto*, 146; 木戸公伝記編纂所編『松菊木戸公伝』(明治書院, 1927 年)上:216;『中山忠光暗殺始末』36 も参照. 1865 年に志士たちが長州の支配権を掌握した際, はじめに実施した改革の一つは, 下級藩士の差別を廃止することだった. Huber, *Revolutionary Origins*, 193-94 を参照.

(27) 岩崎鏡泉編『坂本龍馬関係文書』(東京大学出版会, 1967 年)1:136. 英語の翻訳は, Jansen, *Sakamoto*, 216 より.

(28) たとえば,「柴山愛次郎日記」(未刊, 東京大学史料編纂所所蔵,『大日本維新史料(稿本)』)79-80 の中にある薩摩志士の伊牟田《いむた》の記述を参照.『幕末志士の世界』24-25; Huber, *The Revolutionary Origins*, 119.

(29) たとえば,『松菊木戸公伝』上:70-71;『坂本龍馬関係文書』1:136, 138 を参照.

(30) 『幕末志士の世界』198-99, 214; Jansen, *Sakamoto*, 98; 一坂太郎「「酒」と「志士」と幕末騒乱」(『歴史読本』56 巻 6 号, 新人物往来社, 2011 年 6 月)178-83.

(31) 『京都守護職始末』1:49. 遠山茂樹『維新変革の諸相』(岩波書店, 1992 年)17-18 も参照.

(32) 伊東成郎「天誅組」(『歴史読本』56巻6号, 新人物往来社, 2011年6月)106. Jansen, *Sakamoto*, 113も参照.

(33) 『京都守護職始末』1:59.

(34) たとえば,「柴山愛次郎日記」79-80;『志士と官僚』236-37を参照.

(35) Harry D. Harootunian, *Toward Restoration: The Growth of Political Consciousness in Tokugawa Japan* (Berkeley, CA: University of California Press, 1970), 193; Jansen, *Sakamoto*, 98-99, 136; Ernest M. Satow, *A Diplomat in Japan* (Bristol: Ganesha, 1998), 71 (邦訳は坂田精一訳『一外交官の見た明治維新』上・下, 岩波書店, 1960年).

(36) 伊藤博文が語った逸話. 伊藤は, 集まった志士の中で自分だけが酒に溺れず, 柵を切断する道具を買ったことを覚えていたと主張している(他の者たちは, ひどく酔っ払っていて, まったく覚えていなかった). 伊藤の話は疑わしいが, この証言は, 当時の志士の気風を知る上で, 非常に有効であると言える. 小松緑編『伊藤公直話』(千倉書房, 1936年)104-07を参照. 公使館放火計画についての詳細な説明は, 中原邦平編『井上伯伝』(1907年)1:195-206を参照.

(37) Harootunian, *Toward*, 221-22. また, Anne Walthall, *The Weak Body of a Useless Woman: Matsuo Taseko and the Meiji Restoration* (Chicago, IL: University of Chicago Press, 1998), 183 (邦訳は菅原和子・田崎公司・高橋彩訳『たをやめと明治維新――松尾多勢子の反伝記的生涯』ぺりかん社, 2005年);『志士と官僚』124-25も参照.

(38) Jansen, *Sakamoto*, 136.

(39) Harootunian, *Toward*, 221-22.

(40) Harootunian, *Toward*, 218; Thomas Huber, "Men of High Purpose and the Politics of Direct Action, 1862-64," in *Conflict in Modern Japanese History: The Neglected Tradition*, eds. Tetsuo Najita and J. Victor Koschmann (Princeton, NJ: Princeton University Press, 1982), 124;『それからの志士』4.

(41) Jean-François Lyotard, *The Differend: Phrases in Dispute*, trans. Georges van den Abbeele (Minneapolis, MN: University of Minnesota Press, 1988), 56 (邦訳は陸井四郎・小野康男・外山和子・森田亜紀訳『文の抗争』法政大学出版局, 1989年).

(42) Harootunian, *Toward*, 232.

(43) Albert M. Craig, *Chōshū in the Meiji Restoration* (Cambridge, MA: Harvard University Press, 1961), 198; Takii Kazuhiro, *Itō Hirobumi: Japan's First Prime Minister and Father of the Meiji Constitution*, trans. Takechi Manabu, ed. Patricia Murray (New York: Routledge, 2014), 10 (原書は瀧井一博『伊藤博文――知の政治家』中央公論新社, 2010年)も参照.

(44) たとえば,「柴山愛次郎日記」79-80; 嶋岡晨『志士たちの詩』(講談社, 1979年)30-31; 坂根義久校注『青木周蔵自伝』(平凡社, 1970年)65-66を参照.

(45) Huber, "Men," 108. Jansen, *Sakamoto*, 116も参照. 薩摩志士と清河の浪士組が企てた計画に関する長南伸治の詳細な研究は, 当該ネットワークの仕組みを理解する上で優れた事例研究である.「文久期における「処士横議」と草莽」42-55を参照.

(46) 土佐の興味深い例としては, 武市瑞山と藩の参政であった吉田東洋の会話を参照. 記録によると, 吉田は横柄な態度で, 間違った情報を受け取っているようだった. 武市の情報経路は, 藩同士の公的ネットワークよりも, 明らかに速く, 信頼性があった. 瑞山会編『維新土佐勤王史』(冨山房, 1912年)86-88を参照. この事象についてのより持続的な議論と分析は,「文久期における「処士横議」と草莽」59-61を参照.

(47) 『志士と官僚』124-25, 234-35;「文久期における「処士横議」と草莽」36-37.

(48) 「文久期における「処士横議」と草莽」36. 具体的な例としては,「柴山愛次郎日記」80の

伊牟田――「直言抗議」により，目上との面倒事に巻き込まれた志士――の話を参照．

(49) 『志士と官僚』124; Jansen, *Sakamoto*, 109;「土佐勤王党」87. このような誓約の三つの例（長州の御楯組《みたてぐみ》と他の二つの血の誓約）については，『幕末志士の世界』228-33と『伊藤博文関係文書』（伊藤博文関係文書研究会編，塙書房，1973-81）1:195-99を参照．隠語についての詳細は，『幕末志士の世界』259-60を参照．

(50) J. Victor Koschmann, *The Mito Ideology: Discourse, Reform, and Insurrection in Late Tokugawa Japan, 1790-1864* (Berkeley, CA: University of California Press, 1987), 149-52（邦訳は田尻祐一郎・梅森直之訳『水戸イデオロギー――徳川後期の言説・改革・叛乱』ぺりかん社，1998年）; Takii, *Itō*, 8.

(51) Jansen, *Sakamoto*, 116.

(52) 同上 81, 118.

(53) 『武市瑞山関係文書』（日本史籍協会，1916年）1:60.

(54) Keene, *Emperor*, 72-73;『中山忠光暗殺始末』34-35. また，Huber, *Revolutionary Origins*, 118も参照．

(55) 『幕末志士の世界』244-45.

(56) 「柴山愛次郎日記」81-83.

(57) Rutherford Alcock, *The Capital of the Tycoon: A Narrative of Three Year's Residence in Japan*, 2 vols. (New York: Harper and Brothers, 1863), 2:47（邦訳は山口光朔訳『大君の都――幕末日本滞在記』全3巻，岩波書店，1962年）．

(58) Yuval N. Harari, "Terror Ma-hu? Mi-Yemei ha-Beinayim ve-ad la-Me'a ha-Esrim ve-Ahat" ["What Is Terror? From the Middle Ages to the Twenty-First Century"], *Zmanim* 108 (Autumn 2009), 3.

(59) Hesselnik, "Assassination of Henry Heusken," 334, 341;『幕末志士の世界』243-44.

(60) 「柴山愛次郎日記」80;「文久期における「処士横議」と草莽」57の「南部弥八郎報告書」に記録．

(61) 『京都守護職始末』1:107; Walthall, *Weak*, 187, 202; Jansen, *Sakamoto*, 130-31; Huber, *Revolutionary Origins*, 118.

(62) 「文久期における「処士横議」と草莽」42-46.

(63) 『京都守護職始末』1:44, 107.

(64) 同上 1:12.

(65) Huber, "Men," 109; Huber, *Revolutionary Origins*, 130-31, 162, 198;『京都守護職始末』1:46-48; Walthall, *Weak*, 148-49;『中山忠光暗殺始末』36; Keene, *Emperor*, 67.

(66) Huber, *Revolutionary Origins*, 117.

(67) 同上;『松菊木戸公伝』上:216-17, 226; Walthall, *Weak*, 177-78;『幕末志士の世界』257-58; 芳即正『島津久光と明治維新――久光はなぜ討幕を決意したか』（新人物往来社，2002年）119.

(68) 『京都守護職始末』1:12. また，Koschmann, *Mito*, 158で説明されている水戸の同様の事例と比較．

(69) Walthall, *Weak*, 179（邦訳は『たをやめと明治維新』179）．

(70) 『京都守護職始末』1:12, 38; Huber, "Men," 114.

(71) 『島津久光と明治維新』116.

(72) 『京都守護職始末』1:101-03, 186, 189, 191, 203;『島津久光と明治維新』121-22.

(73) 詳細な説明は，『京都守護職始末』1:191-96を参照．さらに，William G. Beasley, *The Meiji Restoration* (Stanford, CA: Stanford University Press, 1972), 217; Jansen, *Sakamoto*, 139-40;

『京都守護職始末』1:117, 123-24も参照.

(74) 『京都守護職始末』1:197-200.

(75) Beasley, *Meiji*, 217-18.

(76) 『松菊木戸公伝』上:400-02; 山村竜也「新選組」(『歴史読本』56巻6号, 新人物往来社, 2011年6月)95-96; Keene, *Emperor*, 79.

(77) Huber, "Men," 116; Beasley, *Meiji*, 217; Jansen, *Sakamoto*, 197.

(78) Harootunian, *Toward*, 312.

(79) Huber, *Revolutionary Origins*, 135-36.

(80) Huber, "Men," 120-23; Beasley, *Meiji*, 230-31; Keene, *Emperor*, 79-80;『木戸孝允』8-9.

(81) Huber, *Revolutionary Origins*, 160.

(82) 『京都守護職始末』151;『木戸孝允』9.

(83) 「「酒」と「志士」と幕末騒乱」181-82; Huber, *Revolutionary Origins*, 143, 171-73.

(84) 三宅紹宣「奇兵隊」(『歴史読本』56巻6号, 新人物往来社, 2011年6月)100; Huber, *Revolutionary Origins*, 198; Harootunian, *Toward*, 316, 384, 388-90.

(85) Beasley, *Meiji*, 226-27;「奇兵隊」98-99, 102;『それからの志士』6-8, 16-18; Huber, *Revolutionary Origins*, 120-25.

(86) 「奇兵隊」100;『西郷隆盛と幕末維新の政局』113-14; Huber, *Revolutionary Origins*, 166-67.

(87) 「奇兵隊」101;『京都守護職始末』1:154; Jansen, *Sakamoto*, 202-03; Huber, *Revolutionary Origins*, 166, 173-79.

(88) 『西郷隆盛と幕末維新の政局』114, 119, 121-22; Jansen, *Sakamoto*, 185, 194-95;『木戸孝允』10-11.

(89) 『京都守護職始末』1:156-57;『西郷隆盛と幕末維新の政局』116, 121-22; Jansen, *Sakamoto*, 211-12;『木戸孝允』10-11.

(90) 『松菊木戸公伝』上:595;『西郷隆盛と幕末維新の政局』123-27;『木戸孝允』12.

(91) 『西郷隆盛と幕末維新の政局』114-15.

(92) 『京都守護職始末』1:156-57;『木戸孝允』10-11.

(93) 『京都守護職始末』1:156-57; Jansen, *Sakamoto*, 217;『木戸孝允』11-12;『松菊木戸公伝』上:595-96. 契約の文言と交渉の経緯は, 木戸が坂本に宛てた手紙の中に書かれている.『松菊木戸公伝』上:597-602に全文が記録されている.『西郷隆盛と幕末維新の政局』127-28も参照.

(94) Harootunian, *Toward*, 392-400; Andrew Cobbing (based on an original study by Inuzuka Takaaki), *The Satsuma Students in Britain: Japan's Early Search for the 'Essence of the West'* (London: Routledge, 2000), 115-16.

(95) 『木戸孝允』14-15; Satow, *Diplomat*, 302.

(96) 『志士と官僚』252-57.

(97) 髙田祐介「明治維新「志士」像の形成と歴史意識——明治二五・二六年靖国合祀・贈位・叙位遺漏者問題をめぐって」(『歴史学部論集』2, 佛教大学歴史学部, 2012年3月)43-52, 67-68. 靖国という名前は1879年に採用された. それまでこの神社は, 招魂社と呼ばれていた. 読売新聞1876年10月25日p. 2, 1877年3月14日p. 1, 1882年7月21日p. 1も参照.

(98) たとえば, 認定基準については,「明治維新「志士」像の形成と歴史意識」66-67と朝日新聞1879年11月16日大阪p. 1, 1884年6月13日大阪p. 2を参照.

(99) 1913年8月12日「殉国志士表彰追録誓願ノ件」(国立公文書館, 纂01283100).

(100) たとえば, 朝日新聞1890年11月14日の記事(大阪p. 1)では, 福沢諭吉が「愛国の志士」

を招集していると報じている．類似の表現は，同紙の1882年4月12日p.1も参照．読売新聞1890年9月16日p. 2と比較．朝日新聞のデータベースを使い，創刊以来の16年間（1879～1895年，本書の第6章までの期間）で，志士あるいは幕末の愛国者を指す代表的な四つの用語（志士，勇士，受難者，草莽）の使用回数を調べたところ，結果は1779件，全期間にわたって見られた．同様の検索を読売新聞のデータベース（1874～1895年，見出しキーワード検索）で行うと，結果は2148件だった．しかし，これらの記事のすべてが，正確な用語を含んでいたわけではない．中には，引用語句が言い換えられているものや，データベースの見出しにのみ関連語が表示されるものがあった．また，特に1870年代の記事には，しばしば同義語が使用されていた．さらに，多くの記事では，志士や勇士という語は，歴史上の志士ではなく，同時代の愛国者の行動を表現するために用いられていた．

(101) 読売新聞1883年7月14日p. 4「志士必読　日本魂」．朝日新聞1885年7月22日大阪朝刊p. 4の広告を参照．

(102) 松本総司「維新の志士ヲ論ズ」（甘粕重太郎編『生徒文集（2）』陸軍予科士官学校，1937年）(private collection of Carter Eckert and courtesy of Carter Eckert), 7-9. 同文集2:13の山下文雄の作文も参照．

(103) Paul J. DiMaggio and Walter W. Powell, "The Iron Cage Revisited: Institutional Isomorphism and Collective Rationality in Organizational Fields," *American Sociological Review* 48, no. 2 (April 1983), 151. また，同誌154-55のhypotheses A-3, A-4も参照．

(104) DiMaggio / Powell, "Iron Cage," 154.

(105)『志士と官僚』236-37, 246-47.

(106) 同上237.

第二章　宮城の玉

題辞は，*Mencius*, trans. Irene Bloom (New York: Columbia University Press, 2009), 4n6から引用．

(1)　Satow, *Diplomat*, 302（邦訳は『一外交官の見た明治維新』下:108）．

(2)　『岩倉具視関係文書』（国立公文書館内閣文書所蔵，1990-91年）4:188.

(3)　日本史籍協会編『大久保利通文書』（東京大学出版会，1967-69年）2:192-93, 301-02; *Diary of Kido Takayoshi*, 3 vols., trans. Sidney D. Brown and Akiko Hirota (Tokyo: University of Tokyo Press, 1983-86), 1:120, 125-26（以下，*DKT*）（原書は『木戸孝允日記』東京大学出版会，1967年）; Maximilian von Brandt, *Dreiunddreissig Jahre in Ost-Asien: Erinnerungen eines deutschen Diplomaten* (Leipzig: Verlag von Georg Wigand, 1901), 265-66（邦訳は原潔・永岡敦訳『ドイツ公使の見た明治維新』新人物往来社，1987年）; こうした改革には，保守的な公家の派閥――倒幕戦争を支援した可能性があるが，西洋化には断固として反対した者たち――の影響力を無効にする狙いもあった．下山三郎『近代天皇制研究序説』（岩波書店，1976年）80-81, 84を参照．

(4)　Carol Gluck, *Japan's Modern Myths: Ideology in the Late Meiji Period* (Princeton, NJ: Princeton University Press, 1985), 73-94; Takeshi Fujitani, *Splendid Monarchy: Power and Pageantry in Modern Japan* (Berkeley, CA: University of California Press, 1996), 174-83; Ben-Ami Shillony, *Enigma of the Emperors: Sacred Subservience in Japanese History* (Folkestone: Global Oriental, 2003).

(5)　*DKT*, 1:72-73; 移住と伝統の根絶との相関関係に関する興味深い理論的洞察は，Kate

Brown, *A Biography of a No Place: From Ethnic Borderland to Soviet Heartland* (Cambridge, MA: Harvard University Press, 2004), 82 を参照.

(6) Martin van Creveld, *Command in War* (Cambridge, MA: Harvard University Press, 1985), 65-78, 226-32, 268-77.

(7) 翻訳は, Beasley, *Meiji*, 285 からの引用. 日本語の原文は,『大久保利通日記』(東京大学出版会, 1969 年)上:395.

(8) この概念は, すでに数名の学者が明確に述べている. だが,「霞んだ中心」(hazy center)は, 著者独自の表現である. 優れた論述は, たとえば, John Haley, *Authority without Power: Law and the Japanese Paradox* (New York: Oxford University Press, 1991), 79-80(邦訳は判例調査会訳『権力なき権威——法と日本のパラドックス』判例調査会, 2002 年)を参照.

(9) この現象に関する同時代の優れた分析は, 福沢諭吉「帝室論」(『日本皇室論』島津書房, 1987 年)22-23 を参照.

(10) 『維新変革の諸相』324. 分析と議論は, Harootunian, *Toward*, 399-400 を参照.

(11) Satow, *Diplomat*, 192.

(12) Keene, *Emperor*, 40-41.

(13) 『維新変革の諸相』232-33.

(14) Michio Umegaki, *After the Restoration: the Beginning of Japan's Modern State* (New York: New York University Press, 1988), 4-5, 8, 35-37.

(15) *DKT*, 2:61-62 からの引用. また,『松菊木戸公伝』下:1477-78; 徳富猪一郎(蘇峰)編『公爵山県有朋伝』(山県有朋公記念事業会, 1933 年)中:134-35 も参照.

(16) 大島明子「明治初期太政官制における政軍関係——留守政府正院と建軍期の陸軍」(『紀尾井史学』第 11 号, 上智大学大学院史学専攻院生会, 1991 年)14.

(17) 『大久保利通文書』3:353, 355.

(18) 同上 352, 356.

(19) 武士の中で最も低い身分の「卒《そつ》」は, しばらく維持されていたが, 1872 年 3 月 8 日にようやく士族に編入された.『近代天皇制研究序説』228-34; Wolfgang Schwentker, "Die Samurai im Zeitalter der Meiji-Restauration. Elitenwandel und Modernisierung in Japan, 1830-1890," *Geschichte und Gesellschaft* 28, no. 1 (January-March 2002), 34.

(20) 明治初期の諸改革の詳細は, Sakeda Masatoshi and George Akita, "The Samurai Disestablished: Abei Iwane and his Stipend," *Monumenta Nipponica* 41, no. 3 (Autumn 1986), 299-301; Kim, Kyu-Hyun, *The Age of Visions and Arguments: Parliamentarianism and the National Public Sphere in Early Meiji Japan* (Cambridge, MA: Harvard University Asia Center, 2007), 70-80 を参照.

(21) 山崎丹照『内閣制度の研究』(高山書院, 1943 年)31 に記録.

(22) この執行機関は, 正院《せいいん》と呼ばれた. 1873 年 5 月 2 日以降, 内閣という名称が, 代わりに使われるようになった[本書第一部では太政官としている].

(23) 内閣記録局編『法規分類大全第 1 編』(内閣記録局, 1889-91 年)10:155, 159; 19:2; Beasley, *Meiji*, 347; Hsien-t'ing Ch'en, "The Japanese Government and the Creation of the Imperial Army" (Ph.D. diss., Harvard University, 1963), 98. ほとんどの著者は卿を「大臣」(minister)と訳しているが, これは非常に語弊がある. 当時,「大臣」という肩書きは, 右大臣と左大臣のために用意されていた. 各省の長に大臣の肩書きが与えられるのは, 1885 年に内閣制度が成立して以降のことである. そのため, 卿を大臣と訳すと, 太政官制度の特異性を十分に表現できないのではないかと思われる.

(24) この外遊についての簡潔な記述は, *DKT*, 2:xvii-xxxiii を参照.

(25) 『西郷隆盛と幕末維新の政局』69-105; Charles Yates, *Saigō Takamori: The Man behind the Myth* (London: Kegan Paul International, 1995), 137-39.

(26) Ch'en, "Imperial Army," 55; 山形が伝記作家に語ったことに基づいている.日本語の原文は,『公爵山県有朋伝』中:80. この寄せ集め軍隊の正確な構成は,『法規分類大全第1編』43を参照.また,議論については, Umegaki, *After the Restoration*, 68-69を参照.

(27) 『公爵山県有朋伝』中:80.

(28) 大島明子「一八七三(明治六)年のシビリアンコントロール——征韓論政変における軍と政治」(『史学雑誌』117編7号,史学会, 2008年7月)1228.

(29) 岡義武『黎明期の明治日本——日英交渉史の視角において』(未来社, 1964年)73-77; Brandt, *Dreiunddreissig Jahre*, 274-75.

(30) 木戸公伝記編纂所編『木戸孝允文書』(日本史籍協会, 1929-31年)4:192-93, 196-97.谷干城は,自身の回想録の中で,軍内の三つの旧藩の対抗意識が激しかったと述べている.たとえば,土佐の兵士は,長州や薩摩の兵士よりも「良い成果を上げる」ことを命じられていた.同時に,厳格な規律を守るよう警告されてもいた.その一例が,帯刀の自制だった. 島内登志衛編『谷干城遺稿』(東京大学出版会, 1975-76年)上:225を参照.

(31) Ch'en, "Imperial Army," 83.

(32) 「一八七三(明治六)年のシビリアンコントロール」1124-26.

(33) 『維新変革の諸相』244. 鎮台は1871年から兵部省(当時の陸軍省)の支配下にあった.大部分は士族の志願兵で,徴集兵は比較的まれだった.士族の志願兵は,徴集兵に取って代わられるまで——1873年の徴兵令の公布から1879年の鎮台条令の全面改定まで——規律上の主要な問題であると考えられていた.

(34) 大西郷全集刊行会編『大西郷全集』(大西郷全集刊行会, 1925-1927年)2:663.

(35) 中原英典「阪元純凞履歴一斑——明治警察史資料」(『警察研究』42巻5号,良書普及会, 1971年)71-74.

(36) 毛利敏彦『明治六年政変』(中央公論社, 1979年)108-10.

(37) 『大西郷全集』2:736-38.

(38) 朝鮮問題における西郷の真意は,大きな議論を呼んだ.シドニー・ブラウン(英訳本木戸孝允日記の編者)をはじめとする数人の歴史学者は,西郷を「好戦派」の首領と表現し,比較的穏健な大久保の態度と対比した(*DKT*, 2:xxxiii).講座派のマルクス主義歴史学者は,こうした対比に疑問をもち,西郷と大久保は大差ないと考えた(たとえば,『維新変革の諸相』309-10).結局のところ,どちらも帝国主義の支持者であり,出兵時期と国内問題,そして誰が直接この帝国主義プロジェクトを先導するのかという点で対立しているにすぎないからだ.これに対して,毛利敏彦は,西郷は戦争を望んでいたのではなく,もともと交渉を通じて平和を実現しようとしていたと主張した. 毛利によると,板垣に宛てた西郷の有名な手紙は,好戦的な板垣に計画を支持するよう説得するための戦術的な策略にすぎなかった(『明治六年政変』112-32).マーク・ラビナをはじめとする数人の歴史学者は,消極的ながらも毛利の見解を支持した(Mark Ravina, *The Last Samurai: The Life and Battles of Saigō Takamori* 〔Hoboken, NJ: John Wiley and Sons, 2004〕, 189-95).しかし,毛利の見解は他の歴史学者から強く批判された.特に家近良樹は,体調を崩し,精神的に不安定な状態にあった西郷は,自身の苦痛から「逃避」する手段として戦争を選択したと主張した(『西郷隆盛と幕末維新の政局』18-23).

(39) 『大西郷全集』2:787-88.

(40) 特に,木戸の変心は極端だった.木戸はかつて積極的な征韓論者だった. *DKT*, 1:167-68を参照.また, 1873年の彼の立場(*DKT* 2:370-71, 383-84; 『木戸孝允文書』8:360-61; Kim, *Age*

of Visions, 83-86）と比較.
（41） 大久保の反対意見の翻訳は, David J. Lu, ed., *Japan: A Documentary History* (Armonk, NY: M. E. Sharpe, 1997), 325-27 を参照.
（42） 『大久保利通日記』下:205.
（43） 遠山が的確に主張しているように, 実のところ, 大久保は岩倉使節団以前から薩摩で孤立していた.『維新変革の諸相』331-32 を参照.
（44） 宮内省図書寮編『三条実美公年譜』（宮内省, 1901 年）27:39a-b; *DKT*, 2:385.
（45） 「阪元純凞履歴一斑——明治警察史資料」75.
（46） 『大西郷全集』2:698（編集者注）.
（47） Umegaki, *After the Restoration* , 67.

第三章　止まることなく

（1） Robert Eskildsen, ed., *Foreign Adventurers and the Aborigines of Southern Taiwan, 1867-1874: Western Sources Related to Japan's 1874 Expedition to Taiwan* (Taibei: Institute of Taiwan History Academia Sinica, 2005), 3-7; Charles LeGendre, "Notes of Travel in Formosa," in *Foreign Adventurers*, ed. Eskildsen, 121-22, 125, 132; 多田好問編『岩倉公実記』（皇后宮職, 1906 年）下巻2:1183; 鄭永寧「副島大使適清概略」（明治文化研究会編『明治文化全集』, 日本評論社, 1955-57 年, 1967-74 年）11:63; Paul D. Barclay, "'Gaining Confidence and Friendship' in Aborigine Country: Diplomacy, Drinking, and Debauchery on Japan's Southern Frontier," *Social Science Japan Journal* 6, no. 1 (April 2003), 81-82.
（2） LeGendre, "Notes," in *Foreign Adventurers*, ed. Eskildsen, 166, 169;『岩倉公実記』下巻2:1171; 水野遵「台湾征蕃記」（谷ケ城秀吉編『大路水野遵先生』ゆまに書房, 2008 年）263. 鹿児島県当局者が収集し, 日本政府に報告した証言は, 西郷都督樺山総督記念事業出版委員会編『西郷都督と樺山総督』（西郷都督樺山総督記念事業出版委員会, 1936 年）資料篇:50-51 に収録されている. 加害者の動機に関する諸説は, 大浜郁子が分析している. 大浜郁子「『牡丹社事件』再考——なぜパイワン族は琉球島民を殺害したのか」（『台湾原住民研究』11 号, 日本順益台湾原住民研究会編, 風響社, 2007 年）203-24 を参照.
（3） 『大山鹿児島県参事琉球島民台湾ニ於テ遭害ニ付問罪云々上陳附琉球王子遭害始末届書』31.8.1872, Japanese Army and Navy Archives (Washington DC: Library of Congress), microfilm 5041, reel 34, frame: 44843（以下, *JANA*）.
（4） 許介鱗「外征と統治——1874 年台湾出兵を例にして」（現代憲法学研究会編『現代国家と憲法の原理——小林直樹先生還暦記念』有斐閣, 1983 年）400.
（5） 台湾出兵は, すでにロバート・エスキルドセン, 水野智仁, エドウィン・パク＝ワー・レオンをはじめとする学者が議論をしているが, その内容は, 日本帝国主義のルーツか日清関係に集中している. 毛利敏彦や許介鱗《きょかいりん》などの日本語の著者は, 日本の内政に焦点を置いて議論を展開している. 本章は, 上記の研究を参考にしながらも, 軍人不服従というきわめて重要な見地からこの問題を掘り下げるために一次史料を利用するはじめてのケースである. 上記の研究については, Robert Eskildsen, "Of Civilization and Savages: The Mimetic Imperialism of Japan's 1874 Expedition to Taiwan," *The American Historical Review* 107, no. 2 (April 2002), 388-418; Mizuno Norihito, "Early Meiji Policies towards the Ryukyus and the Taiwanese Aboriginal Territories," *Modern Asian Studies* 43, no. 3 (May 2009), 683-739; Edwin Pak-Wah Leung, "The Quasi-War in East Asia: Japan's Expedition to Taiwan and the Ryūkyū Controversy," *Modern Asian Studies* 17, no. 2 (April 1983), 257-81; 毛利敏彦『台湾出兵——大日

本帝国の開幕劇』(中央公論社, 1996年);「外征と統治」389-416を参照.

(6) 『鹿児島県史』(鹿児島県, 1940年)2:668.

(7) 「樺山資紀台湾記事」(『西郷都督と樺山総督』)資料篇:144, 147-48; ジャパン・デイリー・ヘラルド1874年4月7日; Leung, "The Quasi-War," 258;「副島大使適清概略」(『明治文化全集』)11:64. 琉球併合の可能性に関する日本政府の議論は, 明治文化資料叢書刊行会編『明治文化資料叢書』(風間書房, 1959-63年)4:8-9を参照. 分析は, 栗原純「台湾事件(一八七一~一八七四年)——琉球政策の転機としての台湾出兵」(『史学雑誌』87編9号, 史学会, 1978年)1328-52を参照.

(8) 「副島大使適清概略」(『明治文化全集』)11:63.

(9) 『大久保利通文書』3:535;『大久保利通日記』下:127-28.

(10) 「副島大使適清概略」(『明治文化全集』)11:63.

(11) Ōyama, 31.8.1872, *JANA*, M:5041, R:34, F:33834;「台湾事件(一八七一~一八七四年)」1329.

(12) Ōyama, 31.8.1872, *JANA*, M:5041, R:34, F:33834. 岩倉が日記に大山の手紙を全文引用している(正確な日付は不明)ことは, この手紙が日本の政策担当者たちに大きな影響を与えたことを示唆している.『岩倉公実記』下巻2:1171を参照.

(13) 「樺山資紀台湾記事」(『西郷都督と樺山総督』)資料篇:139.

(14) 『岩倉公実記』下巻2:1172; ジャパン・デイリー・ヘラルド1874年4月7日; 小林隆夫「留守政府と征台論争——ルジャンドル覚書に関する一考察」(『政治経済史学』296号, 政治経済史学会, 1990年12月)1-25; 張虎「副島対清外交の検討——副島外務卿宛て勅旨を素材にして」(明治維新史学会編『明治維新とアジア』吉川弘文館, 2001年)30-60; 信夫清三郎『日本政治史』(南窓社, 1976-82年)2:434-35; *DKT*, 3:70-71.

(15) 外務省調査部編『大日本外交文書』(日本国際協会, 1938-40年)7:21-25. 小田県の事件に関する全般的な印象は, Edward H. House, *Japanese Expedition to Formosa* (Tokyo: n.p., 1875), 13; 竜門社編『渋沢栄一伝記資料』(渋沢栄一伝記資料刊行会, 1955-65年)3:638も参照.

(16) *DKT*, 3:12, 15, 59-60, 370-71;『渋沢栄一伝記資料』3:638.

(17) 『岩倉公実記』下巻2:1172-73; 早稲田大学社会科学研究所編『大隈文書』(早稲田大学科学研究所, 1958-62年)1:40;『渋沢栄一伝記資料』3:638-39.

(18) Wayne C. McWilliams, "East Meets East: The Soejima Mission to China, 1873," *Monumenta Nipponica* 30, no. 3 (Autumn 1975), 261-66. 外務大丞《だいじょう》の柳原前光《さきみつ》らによる日本側の記録は, Yanagihara and Tei's Memorandum in *JANA*, M:5041, R:34 F:44973で言及され, 岩倉の日記に記録されている(『岩倉公実記』下巻2:1174-75). また, 短縮版は,「副島大使適清概略」(『明治文化全集』)11:70-71. 重要でない数カ所を除くほぼ完全な英語訳は, Nagao Ariga, "Diplomacy," in *Japan by the Japanese : A Survey by its Highest Authorities*, ed. Alfred Steed (London, 1904), 161-63を参照. 清国外交部の回答の日本側の「解釈」は, ニューヨーク・ヘラルドのエドワード・ハウスにより英語圏に伝えられた. ハウスは, 副島と外務省の代弁者としてすべての実利的な目的に従事した. House, *Expedition*, 10-11を参照. この解釈は, ジャパン・デイリー・ヘラルド1874年4月7日でも認められている.

(19) これは, McWilliams,"East," 268-69でのマクウィリアムズの憶測.

(20) 『岩倉公実記』下巻2:1176.

(21) 『三条実美公年譜』27:39a-b; Ernest M. Satow, *A Diplomat in Japan Part II: The Diaries of Ernst Satow*, 1870-1883 annotated and indened. Ian Ruxton (Morrisville, NC: Lulu Press, 2009), 102 (以下, *DES*)(邦訳は長岡祥三・福永郁夫訳『アーネスト・サトウ公使日記』1・2, 新人物往来社, 2008年).

(22) 『大久保利通日記』下:209, 22;『谷干城遺稿』下:54-55. 歴史的な背景は, 家近良樹「『台湾出兵』方針の転換と長州派の反対運動」(『史学雑誌』92編11号, 史学会, 1983年)1774;『日本政治史』2:417-18を参照.

(23) たとえば,『大久保利通日記』下:203-25を参照.

(24) 『大久保利通文書』5:234-36;『大久保利通日記』下:227, 233-36;『大隈重信関係文書』(東京大学出版会, 1983-84年)2:235.

(25) 「樺山資紀台湾記事」(『西郷都督と樺山総督』)資料篇:281, 314;『岩倉公実記』下巻2:1176.

(26) 『大日本外交文書』7:1-2.「樺山資紀台湾記事」(『西郷都督と樺山総督』)資料篇:281. 計画は, 1874年1月29日に, 清国への使節である柳原前光と腹心の鄭永寧《ていえいねい》の二人によって実質的に起草され, 改定後大久保と大隈に提出された. *JANA*, R:34, F:44973-44979を参照. 植民地化計画は, 台湾に派遣した密使からの報告にも影響を受けた.「海軍省へ吉田清貫清行旅費渡方ノ儀ニ付往復」(国立公文書館アジア歴史資料センター, A03030073600, 1875年6月14日),「池田陸軍大尉台湾ヨリ帰京届」(A01100078600)p. 14;「5.20外務大少丞 大尉池田道輝外六名昨七年清国或は台湾行の免状帰朝の分は早々返却云々」(C09120280000),「陸軍省ヨリ田中大尉渡蕃支度料支給云々往復」(A03030425400)p. 595を参照.

(27) 『大日本外交文書』7:1-3;『大久保利通文書』5:343-348;『三条実美公年譜』27:52a;「台湾蕃地事務局設置達」(国立公文書館アジア歴史資料センター, A03030997600, 1874年4月5日)pp. 1-3.

(28) 「樺山資紀台湾記事」(『西郷都督と樺山総督』)資料篇:288, 314-16; ジャパン・デイリー・ヘラルド1874年4月11日.『台湾出兵』143-44も参照.

(29) 『大久保利通文書』5:468;「岸田吟香台湾信報」(1874年5月15日)(『西郷都督と樺山総督』資料篇:7). 岸田吟香《ぎんこう》の記事の日付は, 東京日日新聞の刊行日とする(以下同様). 通常, 実際に記事が書かれた日よりも2, 3週間遅い.

(30) 『大久保利通文書』5:464-69;『大隈重信関係文書』2:283-85;『岩倉公実記』下巻2:1179; 落合弘樹『明治国家と士族』(吉川弘文館, 2001年)127; 西郷従宏『元帥西郷従道伝』(芙蓉書房出版, 1997年)117. この計画は,『西郷都督と樺山総督』資料篇:64, 68に記録されている. 植民地化は,「植民兵」とともにこの原典の中で明確に言及されている.「樺山資紀台湾記事」(『西郷都督と樺山総督』)資料篇:314, 321も参照.

(31) Eskildsen, "Mimetic," 397;『西郷都督と樺山総督』2:64; House, *Expedition*, 15. 植民地化を支持する旧薩摩藩士たちの意見は,「樺山資紀台湾記事」(『西郷都督と樺山総督』) 資料篇:144も参照. 樹木の種子については,「単行書・処蕃始末・癸酉上・第二冊」(国立公文書館アジア歴史資料センター, A03030097100)p. 19を参照.

(32) 「単行書・処蕃始末・癸酉上・第二冊」(国立公文書館アジア歴史資料センター, A03030097100)pp. 29:d-e;『三条実美公年譜』27:52a-b;『岩倉公実記』下巻2:1179-82.

(33) 『三条実美公年譜』27:52a-b;「外征と統治」395.

(34) 『谷干城遺稿』下:65;『岩倉公実記』下巻2:1179. 赤松則良「台湾征討の日記」(『赤松則良関係文書』, 国立国会図書館)1.

(35) 『大日本外交文書』7:18.

(36) 『大日本外交文書』7:19; この命令の別の版(日付なし)は,『西郷都督と樺山総督』資料篇2:64-70;『岩倉公実記』下巻2:1183を参照. この命令は, アメリカの顧問チャールズ・ルジャンドルの助言に反していた. ルジャンドルは, 外交と軍事の全権を一人の人間に集中させよと助言していた.『大隈文書』1:42-43を参照.

(37) 『西郷都督と樺山総督』資料篇:70.

(38) 『大日本外交文書』7:22.

(39) ジャパン・デイリー・ヘラルド1874年4月6日, 7日. この報道の表現は, 一連の出来事がかなり以前から読者に知られていたことを示唆している.

(40) 『大日本外交文書』7:31; 『大久保利通日記』下:262.

(41) 「単行書・処蕃始末・癸酉上・第二冊」(国立公文書館アジア歴史資料センター, A03030097100) p. 29f.

(42) 『大日本外交文書』7:47-48; Brandt, *Dreiunddreissig Jahre*, 302. ブラントの発言も外国メディアで報じられた. ジャパン・デイリー・ヘラルド1874年4月11日を参照.

(43) 『台湾出兵』136.

(44) 『大久保利通日記』下:256-62.

(45) 『大久保利通日記』下:262-63; 「内務卿大久保利通九州へ向出発届」(国立公文書館, 公01309100) p. 52; 『大隈重信関係文書』2:302-03; 「台湾征討の日記」pp. 4-5.

(46) 『岩倉公実記』下巻2:1193; 『大隈重信関係文書』2:302-03; 「金井権少内史長崎出張達」(国立公文書館アジア歴史資料センター, A03030120800, 1874年4月19日). 「正院ヨリ宮川長崎県令へ北海丸着港迄発艦見合ノ儀伝達云々電信 同件二通」(国立公文書館アジア歴史資料センター, A03030122000, 1874年4月19日, 20日); ジャパン・デイリー・ヘラルド1874年4月23日, 24日.

(47) 『岩倉公実記』下巻2:1193-94. 「在崎大隈長官ヨリ三条岩倉両大臣へ着後景況具状往東同件西郷都督へ往東並届書」(国立公文書館アジア歴史資料センター, A03030122100, 1874年4月20日), 「谷崎大隈長官ヨリ北海丸着崎金井権少内史御直書下付云々ニ付上申」(国立公文書館アジア歴史資料センター, A03030136600, 1874年5月2日); ジャパン・デイリー・ヘラルド1874年5月7日と比較.

(48) 『大隈重信関係文書』2:310. 「在崎大隈長官ヨリ三条岩倉両大臣へ着後景況具状往東 同件西郷都督へ往東並届書」も参照.

(49) 『岩倉公実記』下巻2:1194. 「在崎大隈長官ヨリ大久保参議へ廟議報告云々電信」(国立公文書館アジア歴史資料センター, A03030131200, 1874年4月27日) と比較.

(50) 『岩倉公実記』下巻2:1194-95. また, 「樺山資紀台湾記事」(『西郷都督と樺山総督』) 資料篇:293と比較.

(51) 『岩倉公実記』下巻2:1195. この出来事のあとに回想録を書いた落合泰蔵は, 海賊行為の発言が単なる冗談であると考えたが, 岩倉の日記から受ける印象と異なっている. 落合泰蔵『生蕃討伐回顧録 明治七年』(1920年) 60を参照.

(52) 『岩倉公実記』下巻2:1196-97; 「樺山資紀台湾記事」(『西郷都督と樺山総督』) 資料篇:319-20; 『大隈重信関係文書』2:310; 「在崎大隈長官ヨリ三条大臣へ都督滞在命令云々電信」(国立公文書館アジア歴史資料センター, A03030133900, 1874年4月29日); 「福嶌領事ヨリ有功丸到着並ドクトルマンソン使役云々電信」(国立公文書館アジア歴史資料センター, A03030137800, 1874年5月3日).

(53) 『大久保利通日記』下:266.

(54) 同上; 『岩倉公実記』下巻2:1195-99; 『大隈重信関係文書』2:307-8, 311-13. この合意の文書は, 『大隈重信関係文書』2:312-13に記録されている. 西郷は, 遠征軍に同行したアメリカ人軍事顧問のワッソンとカッセルを日本に送り返すことにも同意していた (『大隈重信関係文書』2:311) が, 実現しなかった. ジャパン・デイリー・ヘラルド (1874年4月25日) ——台湾出兵に断固反対の社説——は, ルジャンドルに, 彼が新たに受け入れたサムライの価値観に最後までこだわるべきであり, この「失敗が確実視されている」軍事行動の責任をとって切腹せよ, と命じている. 台湾出兵とルジャンドルに対するこの新聞の批判は, ジャパン・

デイリー・ヘラルド1874年5月7日も参照.

(55) 『西郷都督と樺山総督』資料篇:75;『岩倉公実記』下巻2:1200と比較.

(56) Eskildsen, *Foreign Adventurers*, 12; 安岡昭男『明治前期日清交渉史研究』(巌南堂書店, 1995年)105;『台湾出兵』136-40, 237;「外征と統治」398; Mizuno, "Early Meiji Policies," 729.

(57) 「『台湾出兵』方針の転換と長州派の反対運動」1775-76.

(58) Brandt, *Dreiunddreissig Jahre*, 303.

(59) 『大隈重信関係文書』2:305-6.

(60) 『岩倉公実記』下巻2:1203-14.

(61) 『大久保利通日記』下:264;『三条実美公年譜』28:1. ジャパン・デイリー・ヘラルド1874年4月28日p. 21. 政府首脳陣は捨て鉢になって, 島津久光を東京に呼び寄せようとさえした. 実際, 久光は4月21日に東京に到着し, しばらく左大臣として政府に仕えた. しかし, 久光は混乱の元でしかなかった. 彼は他の政府関係者, 中でも宿敵の大久保と対立しつづけた. 久光は嫌気が差して1876年に政府を去り, 二度と中央政界に復帰することはなかった.『岩倉公実記』下巻2:1207-14. *DKT*, 3:220-21, 238-39;「内閣顧問島津久光鹿児嶋県ヨリ帰京届」(国立公文書館, 公01309100)を参照.

(62) これらの話し合いは, 台湾出兵の正史に記録されている(「処蕃趣旨書」『明治文化全集』11:157). また, 西郷自身による議事録(『西郷都督と樺山総督』資料篇:104-9)と岩倉の記述(『岩倉公実記』下巻2:1203, 1224-25)も参照.

(63) Mizuno, "Early Meiji Policies," 729;『生蕃討伐回顧録 明治七年』46-47;『台湾出兵』137; ジャパン・デイリー・ヘラルド1874年5月8日p. 7. 5月18日のヘラルド紙は, 怒った兵士たちが, 出兵中止の際は西郷の首をはねると脅した噂があったことまで報じている. 岸田吟香によると, 兵士たちは, 港でおとなしく, 従順に待機していたが, 出兵が急遽中止になった場合, 彼らの態度が豹変することも十分に考えられたらしい. 岸田吟香「台湾信報」(1874年5月16日,『西郷都督と樺山総督』)資料篇:8を参照.

(64) Cassel to LeGendre, 24.5.1873, Wasson to Ōkuma, 1875, in Eskildsen, *Foreign Adventurers*, 203, 237.

(65) 「樺山資紀台湾記事」(『西郷都督と樺山総督』)資料篇:101-02, 326-27); Cassel to LeGendre, 24, 26.5.1873, Wasson to Ōkuma, in Eskildsen, *Foreign Adventurers*, 209, 212, 236, 239-40, 247-48;「台湾征蕃記」228, 281-82 ; 日高節「私の書生時代の追憶(下) 安立綱之翁叢談」(『自警』17巻6号, 1935年6月)70;『生蕃討伐回顧録 明治七年』78-79. 落合泰蔵は, 回想録の中で, 日本人が族長とその息子の首を取ったことを否定しているが, ワッソン, カッセル, そして水野は逆の証言をしている.

(66) 『西郷都督と樺山総督』資料篇:179, また, 110-11も参照. そのような行動は, ハウスの記述でもほのめかされている(House, *Expedition*, 48, 58).「私の書生時代の追憶(下)安立綱之翁叢談」68-70と比較.

(67) Wasson to Ōkuma, 1875, in Eskildsen, *Foreign Adventurers*, 233.

(68) Cassel to LeGendre, 24.5.1874, Wasson to Ōkuma, 1875, in Eskildsen, *Foreign Adventurers*, 207-08, 231-36と比較. カッセルと異なり, ワッソンは軍隊内の不服従を強調している.

(69) Cassel to LeGendre, 26.5.1874, in Esleildsen, *Foreign Adventurers,* 212. 石門の戦いにおける規律の致命的な欠如に関するカッセルの証言は, 水野遵の回想録によって裏付けられている(「台湾征蕃記」228). 水野もまた, 兵士が突進しようとする傾向を将校が管理できていないことについて不満を述べている. そのような無断行動は, 戦争遂行を脅かすことさえあった. 海軍中将赤松の日記(「台湾征討の日記」9)も参照.

(70) Cassel to LeGendre, 24.5.1873, in Eskildsen, *Foreign Adventurers*, 209.

(71) たとえば, Eskildsen, *Foreign Adventurers*, 208, 212 を参照.

(72) 『谷干城遺稿』下:71. 谷は, いつものように, 中国に対する自分の大げさな計画を日本の「内憂を掃き出す」ための手段だと考えていた.

(73) デイリー・ジャパン・ヘラルド1874年5月7日;『岩倉公実記』下巻2:1196,『台湾出兵』137;「台湾征討の日記」4-5;「樺山資紀台湾記事」(『西郷都督と樺山総督』)資料篇:324-25. 岸田吟香「台湾信報」(1874年5月12日, 16日)(『西郷都督と樺山総督』)資料篇:4, 8. 水野と落合泰蔵の記述は, 回想ということもあり, 注意して読む必要がある.「台湾征蕃記」218;『生蕃討伐回顧録 明治七年』60-63を参照. 日本軍とともに行動したエドワード・ハウスは, 最高司令部で起こった出来事についてまったく気付かなかった(House, *Expedition*, 23-24を参照).

(74) House, *Expedition*, 53-54, 60;『生蕃討伐回顧録 明治七年』70-71, 96-97, 110-15;「私の書生時代の追憶(下)安立綱之翁叢談」71; Wasson to Ōkuma, 1875, in Eskildsen, *Foreign Adventurers*, 250-51;『西郷都督と樺山総督』15-17;「台湾征蕃記」291-96;『元帥西郷従道伝』120. 中原英典によると, 561人の兵士が病気で死に, 3600人の兵士に大きな負担を強いた. 実際に戦闘で命を落とした兵士は12人しかいなかった.「阪元純凞履歴一斑」を参照.

(75) 『台湾出兵』145. エスキルドセン(Eskildsen, *Foreign Adventurers*, 13)は, 十分な証拠を出していないが, 西郷は台湾に留まることを希望し, 清国との和平合意に反対したと主張している.

(76) 『谷干城遺稿』下:68-71, また,「樺山資紀台湾記事」(『西郷都督と樺山総督』)資料篇:361-62の樺山の説明と比較.

(77) 『生蕃討伐回顧録 明治七年』110-16.

(78) 「阪元純凞履歴一斑」77;『鹿児島県史』3:867-68.『生蕃討伐回顧録 明治七年』45.

(79) 「私の書生時代の追憶(下)安立綱之翁叢談」70.『生蕃討伐回顧録 明治七年』116と比較.

(80) 『三条実美公年譜』28:1-9; Mizuno, "Early Meiji Policies," 731-73.

(81) 「樺山資紀台湾記事」(『西郷都督と樺山総督』)資料篇:360-66.『大久保利通日記』下:248-49;『元帥西郷従道伝』121. 東久世の役割については, 特に362;『生蕃討伐回顧録 明治七年』134-35;「台湾征蕃記」297-303を参照.

(82) 「西郷都督帰朝ニ付途警衛並儀仗兵式」(国立公文書館アジア歴史資料センター, A03031062200, 1874年〔日付不明〕);『西郷都督と樺山総督』資料篇:126-27;『大久保利通日記』下:248-55;『西郷都督と樺山総督』2:363. 落合泰蔵によると, 西郷は最後の数カ月非常に退屈しており, 丈夫な若い兵士たちが彼を楽しませるために相撲を取っている姿を見て気を紛らわせていた. 大久保が台湾にやって来ることを聞いても, 西郷は興味を示さず, 兵士たちに勝負を続けるよう命じた(『生蕃討伐回顧録 明治七年』116-17, 130, 133-34).

(83) 『公爵山県有朋伝』中:350; 大山梓編『山県有朋意見書』(原書房, 1966年)57-60. 三浦梧楼述, 小谷保太郎編『観樹将軍回顧録』(政教社, 1925年)99-101. Stewart Lone, *Army, Empire and Politics in Meiji Japan: The Three Careers of General Katsura Tarō* (Basingstoke: MacMillan, 2000), 13. 黒野耐『参謀本部と陸軍大学校』(講談社, 2004年)28.

第四章　破滅的な楽観主義

(1) *DKT*, 3:381.

(2) 陸上自衛隊北熊本修親会編『新編西南戦史』(原書房, 1977年)1:23-24; 我妻栄他編『日本政治裁判史録 明治前』(第一法規出版, 1968年)402-03; Hugh Cortazzi, *Dr. Willis in Japan*,

1862-1877: British Medical Pioneer (London: Athlone Press, 1985), 217-19(邦訳は中須賀哲朗訳『ある英人医師の幕末維新――W・ウィリスの生涯』中央公論社, 1985年).

(3)　参謀本部陸軍部編纂課編『征西戦記稿』(陸軍文庫, 1887年)上:1. 反乱に関する政府談話の英語版は, 1877年3月3日のジャパン・デイリー・ヘラルド紙に掲載された東京日日新聞の記事「西郷の反乱について」を参照. 反逆者側の立場から見たそのような二元論的態度の極端な例は,『岩倉公実記』下巻2:1377-78に記録されている神風連の声明書(1876年10月)を参照. また,『新編西南戦史』1:117-18で述べられている西郷隆盛と補佐役たちのきわめて重要な議論も参照. この議論の参加者は, 政府に対する遠征は「詰問」であると表現し, 自分たちこそが合法的な機関で, 東京の指導者たちは犯罪者であると語っている. それに続く要請で, 反逆者たちは自らの任務を天皇の周囲にいる「悪人どもを粛正する」ための忠臣の軍事行動であると述べている.『太政類典・雑部・明治十年～明治十四年・第八巻, 鹿児島征討始末(八)』(国立公文書館, 太00833100)pp. 10を参照.

(4)　川田瑞穂『片岡健吉先生伝』(湖北社, 1978年)248-62;『林有造自歴談』(高知市立市民図書館, 1968年)上:53.

(5)　東京大学史料編纂所編『保古飛呂比――佐佐木高行日記』(東京大学出版会, 1970-79年)5:419.

(6)　『片岡健吉先生伝』152に記録されている.

(7)　福島成行『赤坂喰違の事変――征韓論余聞』(前田馬城太, 1927年)108-14に収録されている小楯知方《おだてともかた》の尋問を参照.

(8)　そのような変質に関する興味深い記述は,『赤坂喰違の事変』108-14に記録されている小楯知方の供述書を参照.

(9)　『林有造自歴談』上:53; Umegaki, *After the Restoration*, 202.

(10)　小川原正道『西南戦争――西郷隆盛と日本最後の内戦』(中央公論新社, 2007年)10-11.『保古飛呂比』6:16-17と比較.

(11)　小川原正道「征韓論政変後の政府転覆計画」(『武蔵野短期大学研究紀要』20号, 武蔵野学院大学, 2006年)91.

(12)　郵便報知新聞1875年10月2日.

(13)　A. B. Mitford, *Tales of Old Japan: Classic Folklore, Fairy Tales, Ghost Stories, and Legends of the Samurai* (London: Wordsworth Editions, 2000), 313.

(14)　Helen Hardacre, *Shintō and the State, 1868-1988* (Princeton, NJ: Princeton University Press, 1989), 30-31.

(15)　小川原正道『大教院の研究――明治初期宗教行政の展開と挫折』(慶應義塾大学出版会, 2004年)181.

(16)　「警視庁録事」(郵便報知新聞1874年9月16日).

(17)　建依別「土佐人物評論」(『日本及日本人』504号, 政教社, 1909年2月)25.

(18)　同上26.

(19)　郵便報知新聞1875年10月2日.

(20)　「警視庁録事」(郵便報知新聞1874年9月16日)に掲載された, 宮崎, 千屋, 戸田の警察への供述を参照.

(21)　「土佐人物評論」25.

(22)　『社寺取調類纂』(国立国会図書館所蔵)152, reel 50.

(23)　郵便報知新聞1874年1月4日. 分析とさらなる言及は,『大教院の研究』184-88を参照.

(24)　「警視庁録事」(郵便報知新聞1874年9月16日).『赤坂喰違の事変』58-59では, この二つの事件に対して間違った日付(12月20日と1月3日)を付けている.

(25) グループ同士の接触については,「征韓論政変後の政府転覆計画」92-93を参照. さらに,「喰違暴徒武市熊吉外八人適律伺」(国立公文書館, 公01237100, 1874年7月)のp. 2「武市熊吉の供述」を参照.

(26) 「武市熊吉の供述」(p. 2),「山崎則雄の供述」(p. 1),「岩田正彦の供述」(p. 1)(「喰違暴徒武市熊吉外八人適律伺」);「征韓論政変後の政府転覆計画」91.

(27) 「下村義明の供述」(pp. 2-3),「岩田正彦の供述」(p. 2)(「喰違暴徒武市熊吉外八人適律伺」).

(28) 『赤坂喰違の事変』35-39.

(29) 『赤坂喰違の事変』121.

(30) 『赤坂喰違の事変』61で引用されている橋本彦弼《ひこすけ》の回想録を基にしている. 同上121に引用されている.「武市熊吉の供述」(p. 2),「武市喜久馬の供述」(p. 2),「岩田正彦の供述」(pp. 2-3),「山崎則雄の供述」(p. 2),「下村義明の供述」(pp. 1-2)(「喰違暴徒武市熊吉外八人適律伺」);『岩倉公実記』下巻2:1148;『赤坂喰違の事変』56.

(31) 『赤坂喰違の事変』61-62で引用されている橋本彦弼の回想録を基にしている. 同上121と比較. 岩倉に対する武市の非難は, 当時の旧土佐藩士のあいだでは珍しいことではなかった.『保古飛呂比』6:16-17を参照.

(32) この見解の詳述は, Danny Orbach, "Tyrannicide in Radical Islam: Sayyid Qutb and Abd a-Salam Faraj," *Middle Eastern Studies* 48, no. 6 (November 2012), 961-72を参照.

(33) 黒竜会編『西南記伝』(黒竜会本部, 1909-11年)中巻2:235.

(34) 『赤坂喰違の事変』61で引用されている橋本彦弼の回想録.

(35) 「武市熊吉の供述」(p. 3),「澤田悦彌太の供述」(p. 3)(「喰違暴徒武市熊吉外八人適律伺」所収).

(36) 『岩倉公実記』下巻2:1146;『大久保利通日記』下:229-30; 宇田友猪著, 公文豪校訂『板垣退助君伝記』(原書房, 2009年)2:556-57. 実際には彼らの多くは, 刀を川に捨てたと嘘の供述をした.『赤坂喰違の事変』127を参照. また,「武市熊吉の供述」(pp. 4-5),「山崎則雄の供述」(pp. 5)(「喰違暴徒武市熊吉外八人適律伺」); 尾佐竹猛「赤坂喰違の変」(明治大学史資料センター監修『尾佐竹猛著作集』ゆまに書房, 2005-06年)5:151-53;『赤坂喰違の事変』66-68, 124と比較.

(37) 『大久保利通日記』下:230-31;『赤坂喰違の事変』89-91; 加来耕三『大警視川路利良——幕末・明治を駆け抜けた巨人』(出版芸術社, 1999年)336-37.

(38) 『赤坂喰違の事変』122;『板垣退助君伝記』2:557.

(39) 「喰違暴徒武市熊吉外八人適律伺」pp. 1-2;「赤坂喰違の変」5:153-54; 郵便報知新聞1874年1月17日;『日本政治裁判史録 明治前』542.

(40) 「警視庁録事」(郵便報知新聞1874年9月16日);「土佐人物評論」26.

(41) 長野暹編『「佐賀の役」と地域社会』(九州大学出版会, 1987年)116-22, 130-35, 203-04.

(42) 『日本政治裁判史録 明治前』343;『「佐賀の役」と地域社会』161-65, 183-85, 190-91.

(43) 『「佐賀の役」と地域社会』116-17, 198-204;『小城町史』(小城町, 1974年)377.

(44) 『公文録・明治七年・第二百九十五巻・佐賀征討始末(一)』(国立公文書館, 公01318100)1, 3, 6, 7, 10, 28. 佐賀県の複雑で混乱した権力構造については,『「佐賀の役」と地域社会』114-15を参照.

(45) 請願者の見解は, 的野半介『江藤南白』(南白顕彰会, 1914年)下:403-05に記録.『公文録・明治七年・第二百九十五巻・佐賀征討始末(一)』10と比較.

(46) 『公文録・明治七年・第二百九十五巻・佐賀征討始末(一)』10.

(47) 『江藤南白』下:405.

(48) 『公文録・明治七年・第二百九十五巻・佐賀征討始末(一)』10.

(49) 『大久保利通日記』下:236; *DKT*, 2:427; 『日本政治裁判史録 明治前』344; 『「佐賀の役」と地域社会』209-10.

(50) 『江藤南白』下:394.

(51) 『「佐賀の役」と地域社会』205; 『新編西南戦史』1:28.

(52) 『「佐賀の役」と地域社会』216, 219-20, 233. 『江藤南白』下:398-400も参照. 日付と征韓党の請願書は, 園田日吉『江藤新平と佐賀の乱』(新人物往来社, 1974年)150を参照. 『公文録・明治七年・第二百九十五巻・佐賀征討始末(一)』10も参照. 『江藤南白』下:398-400. 前山清一郎(佐賀の政府派の指導者)は, 県運営を通して征韓党メンバーの存在に対して県権令の岩村高俊に不平を訴えている. 『公文録・明治七年・第二百九十五巻・佐賀征討始末(二)』27(10), p. 2を参照.

(53) 『江藤新平と佐賀の乱』130; 『「佐賀の役」と地域社会』233; 『小城町史』377, また, 同上382の小城日誌の抄録を参照.

(54) 『公文録・明治七年・第二百九十五巻・佐賀征討始末(一)』26. 憂国党の全綱領は, 『江藤南白』下:429-30; 『「佐賀の役」と地域社会』190-97, 212; Umegaki, *After the Restoration* , 196-97を参照.

(55) 『江藤南白』下:429, また, 同434と比較.

(56) 『江藤新平と佐賀の乱』144に引用がある.

(57) 『「佐賀の役」と地域社会』208.

(58) 『「佐賀の役」と地域社会』212-13; 『江藤南白』下:429-30.

(59) Umegaki, *After the Restoration*, 207.

(60) こうした分断に関する定量的データと分析は, 『「佐賀の役」と地域社会』226-35を参照. 長野暹が示唆しているように, 派閥のメンバーとその分布状況に関するデータは不十分である. 飯塚一幸「佐賀の乱の再検討――周辺の視点から」(『九州史学』149号, 九州史学研究会, 2008年2月)28も参照.

(61) 『江藤南白』下:395, 401に引用されている村地正治の発言を参照.

(62) 『西南記伝』上巻1付録67-69; 『日本政治裁判史録 明治前』339.

(63) 『西南記伝』上巻2付録26.

(64) 『江藤南白』下:397-98, 401; 1874年4月8日, 9日の江藤新平の法廷での発言(以下, 江藤の発言), 『江藤南白』下:555に記録. また, 陸軍参謀局編輯『佐賀征討戦記』(陸軍文庫, 1875年)2の陸軍省の公式見解と比較.

(65) 『江藤新平と佐賀の乱』117. 江藤と板垣――板垣は, 江藤に東京に留まるよう説得を試みた――の会話は, 『江藤南白』下:410-11を参照.

(66) 高木秀臣の発言(『江藤南白』下:427で引用).

(67) 『保古飛呂比』6:5. また, 『江藤南白』下:406-07; 江藤の発言, 同上555; 『保古飛呂比』6:5; 『江藤新平と佐賀の乱』133も参照.

(68) この件に関する特定の証言と学説は, 毛利敏彦『江藤新平――急進的改革者の悲劇』(中央公論社, 1987年)205; 『日本政治裁判史録 明治前』341; 「佐賀の乱の再検討」16を参照. また, 『林有造自歴談』上:56 (『江藤南白』下:418-19で引用); 『江藤南白』下:555の江藤自身の声明と比較.

(69) 『林有造自歴談』上:53-54.

(70) 高木秀臣の発言, 『江藤南白』下:411-12, また, 同409-10の板垣との会話.

(71) 『「佐賀の役」と地域社会』210.

(72) 『大久保利通日記』下:254; 島義勇の発言, 『江藤南白』下:434.

(73) この手紙は『日本政治裁判史録 明治前』342;『佐賀征討戦記』5-6で引用されている.

(74) 『公文録・明治七年・第二百九十五巻・佐賀征討始末(一)』1, 3, 6, 7, 28;『大久保利通日記』下:236;『江藤新平』206.

(75) 『江藤新平』206.

(76) *DKT*, 2:420.『保古飛呂比』6:11と比較.

(77) 『佐賀征討戦記』2, 5-6; 1874年2月28日岩倉発大久保宛書簡(『江藤南白』下:568-69;『岩倉公実記』下巻2:1157に記録);『日本政治裁判史録 明治前』340;『「佐賀の役」と地域社会』210. 3月2日になってもなお,政府関係者の中には,薩摩や筑前の反乱軍が佐賀の反逆者の支援に駆けつけるのではないかという懸念があった.だが,この噂はすぐに否定された.『公文録・明治七年・第二百九十五巻・佐賀征討始末(二)』68 (31), p. 1の福岡から東京への電報を参照.

(78) 『公文録・明治七年・第二百九十五巻・佐賀征討始末(二)』27(10), pp. 3-4.

(79) 『江藤南白』下:558. 証言の中で,江藤はこの二つの軍隊規則のみを引き合いに出している.だが,彼はさらに「二,三の」規則があったことに言及している.脱走の禁止を江藤が強調していることは,この問題が佐賀の反乱軍のあいだでいかに繰り返し起こっていたのかを表している.

(80) 政府派指導者の前山清一郎が県令の岩村に提出した報告書は,『公文録・明治七年・第二百九十五巻・佐賀征討始末(二)』27(10), pp. 2-3を参照.さらに,前山が書いた短い意見書,帝国陸軍に宛てた前山の手紙,大久保に宛てた岩倉の報告書(『江藤南白』下:436-37, 439, 570. また同上438-39と『佐賀征討戦記』8)を参照.調査と分析は,『江藤新平と佐賀の乱』157-62;『江藤新平』204-05を参照.自発的に政府軍に加わった佐賀士族もいた.旧小城藩(憂国党の本拠地)でさえ,「100人以上の」士族が,帝国陸軍に協力した.『小城町史』377を参照.

(81) 『林有造自歴談』上:56-58. 土佐の状況は,『岩倉具視関係文書』4:512-13も参照.

(82) 『江藤南白』下:435-36;「佐賀の乱の再検討」22-24.

(83) 「佐賀の乱の再検討」28.

(84) 『江藤南白』下:556-57.

(85) 『「佐賀の役」と地域社会』211-12;『江藤新平』205. 興味深いことに,佐賀の最重要の政府支持者である前山清一郎も同じ誤解をしていた.『江藤南白』下:435; 同上439を参照.『林有造自歴談』上:56-58と『江藤南白』下:440-41を比較.

(86) 『公文録・明治七年・第二巻・明治七年二月・各課局伺(内史本課〜印書局)』(国立公文書館,公01016100)8; *DKT*, 2:433. 人数は『日本政治裁判史録 明治前』345より.この評価によると,4000〜5000人の反逆者しか直接戦闘に参加しなかった. 1874年2月20日「山中一郎から江藤と島への報告」(『江藤南白』下:467-68に記録)の報告も参照.憂国党の説明は,『新聞雑誌』1874年4月2日を参照.

(87) 『公文録・明治七年・第二巻・明治七年二月・各課局伺(内史本課〜印書局)』1:11, 13. 大久保の権限を定義する勅令は,尾佐竹猛『明治文化叢説』(学芸社, 1934年)181に記録.『公文録・明治七年・第二百九十五巻・佐賀征討始末(一)』26;『大久保利通日記』下:237, 240;『日本政治裁判史録 明治前』340も参照.英語の説明は, Masakazu Iwata, *Ōkubo Toshimichi: The Bismarck of Japan* (Berkeley, CA: University of California Press, 1964), 181-82を参照.

(88) 『公文録・明治七年・第二巻・明治七年二月・各課局伺(内史本課〜印書局)』1:17, 18;『大久保利通日記』下:249; 1874年2月28日岩倉発大久保宛書簡(『江藤南白』下:568に記録);『公文録・明治七年・第二百九十五巻・佐賀征討始末(二)』33(6);『佐賀征討戦記』27.

(89) 部隊と階級ごとの兵士の数に関する正確なデータは, 1875年に陸軍省が発表した公式記録『佐賀征討戦記』の序文(ページ番号記載なし)を参照.この数字が士族義勇兵の人数

を表しているのかどうかは不明．現代的な評価は，『新編西南戦史』1:31 を参照．義勇兵に関しては，『大警視川路利良』364-65 を参照．

(90) 『佐賀征討戦記』3-4, 7.

(91) 『江藤新平と佐賀の乱』169-70; *DKT*, 2:435. 戦術と戦闘の進行に関する詳細は，Edward J. Drea, *Japan's Imperial Army: Its Rise and Fall, 1853-1945* (Lawrence, KS: University Press of Kansas, 2009), 37 を参照．

(92) 『大久保利通日記』下:242-43; *DKT*, 2:436;『公文録・明治七年・第二百九十五巻・佐賀征討始末(二)』29 (2); Drea, *Imperial Army*, 37. 帝国陸軍の兵器に関する統計データは，『佐賀征討戦記』の序文(ページ番号記載なし), 21-23;「佐賀の乱の再検討」24 を参照．

(93) 『大久保利通日記』下:254;『江藤南白』下:559-60;『公文録・明治七年・第二百九十五巻・佐賀征討始末(二)』68(31), p. 6.

(94) 『大久保利通日記』下:246; *DKT*, 3:4-5, また，『公文録・明治七年・第二百九十五巻・佐賀征討始末(二)』68(31), p. 16 の陸軍省への電報内容と比較．この電報では，投降者数を同じく 1600 人と見積もっている．陸軍省の公式記録によると，政府側の犠牲者は 358 人，反逆者側は 323 であり，のちの対外戦争はもとより，西南戦争と比べても小さい数字である．『佐賀征討戦記』38 を参照．

(95) 『新聞雑誌』1874 年 4 月 2 日．

(96) 『佐賀征討戦記』35-36;『江藤新平と佐賀の乱』192 にも引用あり．

(97) 『佐賀征討戦記』35-36;『公文録・明治七年・第二百九十五巻・佐賀征討始末(一)』26, p. 10. 書き直す前の謝罪文は, おそらく『新聞雑誌』1874 年 4 月 2 日で発表されたものだろう.『新聞雑誌』の記者は，この謝罪文は佐賀城に残されていたと記述している．言い換えれば，これは公式の謝罪文として政府側に認められなかったということだ．書き直された謝罪文は，『佐賀征討戦記』35 に記録されている．

(98) 『江藤新平と佐賀の乱』217-18;『大久保利通日記』下:256;『日本政治裁判史録 明治前』350.

(99) 『大久保利通日記』下:258;『江藤南白』下:574-77, 598.

(100) *DKT*, 3:19;『日本政治裁判史録 明治前』353; Drea, *Imperial Army*, 38.

(101) Brandt, *Dreiunddreissig Jahre,* 304. しかし，政府首脳陣の中には，江藤と島に対する同情が広がることを，特にメディアがそのような論調で報じることを懸念する者がいた．たとえば，『大久保利通文書』5:483 を参照．

(102)『岩倉公実記』下巻 2:1377;『西南戦争』34-35.

(103) 神風連の声明は，『岩倉公実記』下巻 2:1377-78 を参照．英語の抄訳は，Augustus A. Mounsey, *The Satsuma Rebellion: An Episode of Modern Japanese History* (London: John Murray, 1879), 91-92;『新編西南戦史』1:25-28 を参照．

(104) *DKT*, 3:381;『新編西南戦史』1:32-32.

(105)『新編西南戦史』1:33-34;『大警視川路利良』370-71.

(106)『征西戦記稿』上:13-14; *DKT*, 3:435.

(107) Mounsey, *Satsuma Rebellion*, 17, *DKT*, 3:486 と比較．『「佐賀の役」と地域社会』120 も参照．

(108) Mounsey, *Satsuma Rebellion*, 78-79; James H. Buck, "The Satsuma Rebellion of 1877: From Kagoshima through the Siege of Kumamoto Castle," *Monumenta Nipponica* 28, no. 4 (Winter 1973), 429; 西郷隆盛全集編集委員会編『西郷隆盛全集』(大和書房，1976-80 年)3:510-12;『征西戦記稿』上:5;『西南記伝』上巻 2:659-60, 664;『大西郷全集』3:820-81; 鹿児島における士族の俸給やその他の改革に関する議論は，圭室諦成『西南戦争』(至文堂，1958 年)32-39 を参照．

(109) *DKT*, 3:401-02.
(110)『西南戦争』15-19;『西南記伝』上巻2:652-75;『西南戦争』25-32;『新編西南戦史』1:45-46.
(111)『西郷隆盛全集』3:501-02;『西南戦争』19;『西南記伝』上巻2:661, 2a:46-47;『西南戦争』15, 30-32;『新編西南戦史』1:46.
(112)『西郷隆盛全集』3:510-11;『新編西南戦史』1:49.
(113)『公文録・明治七年・第二百九十五巻・佐賀征討始末(一)』26, p. 2.
(114) Ravina, *Last Samurai*, 192; Charles Yates, "Saigō Takamori in the Emergence of Meiji Japan," *Modern Asian Studies* 28, no. 3 (July 1994), 466; John Stephan, "Saigō Takamori and the Satsuma Rebellion," *Papers on Japan* 3 (Cambridge, 1965), 125-61. 西郷が1873年10月に下野したあと, 反乱を計画していたと考える反対意見は,『西南戦争』12-13;『大警視川路利良』370を参照. これは,『征西戦記稿』中:5-6の陸軍省の公式見解と似ている.
(115) 岩山清子・岩山和子編『西郷さんを語る――義妹・岩山トクの回想』(ぺりかん社, 1999年)56-101.
(116)『西郷隆盛全集』3:504.『保古飛呂比』6:2-3,『西南記伝』上巻2:663-64も参照.
(117)『西郷さんを語る』192. 林有造も, 自身の回想録の中で, 1874年1月に西郷と会おうとしたときの難しさを証言している.『林有造自歴談』上:54-55を参照.
(118)『江藤南白』下:396-97;『西郷隆盛全集』3:507;『新編西南戦史』1:25.
(119)『西郷隆盛全集』3:537.
(120)『西郷隆盛全集』3:496-97, 509;『保古飛呂比』6:2-3;『岩倉公実記』下巻2:1396.
(121)『大警視川路利良』331-32.
(122)『保古飛呂比』6:7; D. Eleanor Westney, "The Emulation of Western Organizations in Meiji Japan: The Case of the Paris Prefecture of Police and the Keishi-chō," *The Journal of Japanese Studies* 8, no. 2 (Summer 1982), 325.
(123)『公文録・明治七年・第二百九十五巻・佐賀征討始末(一)』26, p. 4-5; *DKT*, 2:428; Westney, "Emulation," 314-16, 322-23.
(124)『新編西南戦史』1:49;『岩倉公実記』下巻2:1399. 中原隊のメンバー一覧と略歴は,『西南記伝』中巻1:51-53を参照. さらに, 同上36;『公文録・明治十年・第百四十八巻・明治十年八月～十月・征討総督府伺』(国立公文書館, 公02170100) 15. pp. 2も参照. 明治初期の警察の特徴は, 1874年1月に大警視の川路利良が起草した規則からうかがうことができる. 川路の草稿の全文は, 警視庁史編纂委員会編『警視庁史 明治編』(1959年)50-62に記録.
(125) 中原の自白書は,『西南記伝』中巻1:62-64に記録. 原典は,『太政類典・雑部・明治十年～明治十四年・第八巻・鹿児島征討始末(八)』(国立公文書館, 太00833100)pp. 1. 中原逮捕のきっかけとなった告発状(同pp. 2)も参照. 自白書の英語訳は, Mounsey, *Satsuma Rebellion*, 275-78;『征西戦記稿』上:8-9を参照.
(126) この使者の名前は野村綱《つな》. 野村の証言は『西南記伝』中巻1:73-74に記録.
(127) *DES*, 2:232-34. この言葉は, 中原の自白から取られた.『西南記伝』中巻1:63を参照.
(128)『西郷隆盛全集』3:522-24, 530. 西郷は知らせを聞いたとき, 狩りをしていた. これは, 彼が反乱の準備をしていなかったという証拠だと言える.『西南記伝』中巻1:45を参照.
(129) *DES*, 2:224-25;『西郷隆盛全集』3:523;『征西戦記稿』中:5;『新編西南戦史』1:52-54; *DKT*, 3:435-36. 市《いち》来《き》四郎の1877年2月5日の日記(『西南記伝』中巻1: 102-3)も参照. この出来事に関する帝国海軍の報告は,『太政類典・雑部・明治十年～明治十四年・第八巻・鹿児島征討始末(八)』pp. 11を参照.
(130)『公文録・明治十年・第百四十八巻・明治十年八月～十月・征討総督府伺』15:pp. 5.
(131) Ravina, *Last Samurai*, 200.

(132)『公文録·明治十年·第百四十八巻·明治十年八月～十月·征討総督府伺』15:pp. 5.

(133)『新編西南戦史』1:117-18. 2月初旬の鹿児島県情勢に関する目撃証言は, Cortazzi, *Dr. Willis*, 221を参照.

(134) Mounsey, *Satsuma Rebellion*, 175. 1874年2月28日の大山綱良の発言と比較. 大衆への訴えの中で, 鹿児島県令の大山は, 西郷たち天皇の忠臣が政府によって反逆者扱いされたことを嘆いている.『太政類典·雑部·明治十年～明治十四年·第八巻·鹿児島征討始末(八)』pp. 7を参照.

(135) *DES*, 2:230;『西郷隆盛全集』3:521,『公文録·明治十年·第百四十八巻·明治十年八月～十月·征討総督府伺』15:pp. 5;「詰問」という言葉が使われている. 私学校の重要会議についての詳述は,『新編西南戦史』1:117-18, 123-24,『西南記伝』中巻1:104-5そして『太政類典·雑部·明治十年～明治十四年·第八巻·鹿児島征討始末(八)』pp. 3を参照.

(136)『新編西南戦史』1:124.

(137) Mounsey, *Satsuma Rebellion*, 119-20;『新編西南戦史』1:117-18, 123-24;『西南記伝』中巻1:104-05.

(138) *DES*, 2:230, 234;『公文録·明治十年·第百四十八巻·明治十年八月～十月·征討総督府伺』15:pp. 11-12; Mounsey, *Satsuma Rebellion*, 288に英語の抄訳がある.

(139) 大山の公式文書の全文は,『新編西南戦史』1:125-26に記録. 原典は,『太政類典·雑部·明治十年～明治十四年·第八巻·鹿児島征討始末(八)』pp. 3に収録.『公文録·明治十年·第百四十八巻·明治十年八月～十月·征討総督府伺』15:pp. 5; *DES*, 2:230と比較. 大山の手紙に対する熊本鎮台の返事は,『征西戦記稿』上:6-7を参照.

(140)『公文録·明治十年·第百四十八巻·明治十年八月～十月·征討総督府伺』15:pp. 9-10.

(141)『林有造自歴談』上:55-56, 下:1-8; 板垣は, 自分の支持者との会話の中で, 西郷を支援しないことを明言した. このことは, 東京曙新聞1877年6月20日で報じられた. この記事は, 旧土佐藩士からの報告を基にしている(おそらく板垣の命令があったのだろう). 板垣は, 西郷と政府の両方に対して自分の立ち位置を明らかにしたかったのだと思われる. いずれにせよ,『板垣退助君伝記』2:619によると, 板垣は立志社(板垣が設立した政治団体)の指導者たちに同様のことを言った. 土佐は薩摩の操り人形ではなく, 西郷と大久保の私闘に引きずられてはならない, と板垣は強調した. これを受けて, 後藤象二郎は京都で木戸に会い, 土佐が中立であることを約束した. 立志社の活動家の中には, 林有造に率いられて, 大阪鎮台に攻撃を試みた者もいたが, 計画がばれて逮捕された.

(142)『征西戦記稿』上:12-14, 下:5;『林有造自歴談』下:6-7;『新編西南戦史』1:72-74;『大久保利通文書』7:488.

(143) *DKT*, 3:451.

(144)『西郷隆盛全集』3:538. 元の布告文は,『征西戦記稿』上:18に記録. 下:6も参照. 英語訳は, Mounsey, *Satsuma Rebellion*, 138; *DKT*, 3:451を参照. 使節の逮捕に関しては,『太政類典·雑部·明治十年～明治十四年·第八巻·鹿児島征討始末(八)』pp. 5を参照.

(145)『征西戦記稿』上:18. 政府軍に関する詳細な統計は,『新編西南戦史』1:57-62を参照.

(146)『西郷隆盛全集』3:524;『太政類典·雑部·明治十年～明治十四年·第八巻·鹿児島征討始末(八)』pp. 9.

(147)『征西戦記稿』上:6-7; *DKT*, 3:443; Buck, "Satsuma Rebellion," 434.

(148)『征西戦記稿』下:1-2, 上:6-7.

(149) Mounsey, *Satsuma Rebellion*, 158-59;『西郷隆盛全集』3:537; ジャパン·デイリー·ヘラルド1877年3月3日. 両部隊の統計データは,『日本政治裁判史録 明治前』405を参照.

(150)『西郷隆盛全集』3:537. 西郷と将校たちは, 海軍が攻撃してくることを考えていなかっ

たらしい.2月10日ごろ,県令の大山は,海軍は鹿児島を「絶対に」攻撃しないとアーネスト・サトウに断言したが,この自信は間違っていた.*DES*, 2:231, 234を参照.

(151) 西郷の最後の抵抗を目撃したアメリカ人の感動的な証言が, Elizabeth Tripler Nock, "The Satsuma Rebellion of 1877: Letters of John Capen Hubbard," *The Far Eastern Quarterly* 7, no. 4 (August 1948), 368-375に記録されている.西郷の「自害」と彼の死にまつわるその他の伝説については, Mark Ravina, "The Apocryphal Suicide of Saigō Takamori: Samurai, 'Seppuku' and the Politics of Legend," *The Journal of Asian Studies* 69, no. 3 (August 2010), 691-721を参照.

(152) 藩アイデンティティの複雑な役割に根ざした別の説明は, Umegaki, *After the Restoration*, 207-08を参照.

(153) 『林有造自歴談』下:1-2.この問題に関するさらなる議論は,『日本政治裁判史録 明治前』374を参照.

(154) 十分に検討された例は,『日本政治裁判史録 明治前』374を参照.

(155) 宮地正人『幕末維新期の社会的政治史研究』(岩波書店, 1999年)51; Mounsey, *Satsuma Rebellion*, 109-10.

(156) Yates, "Saigō Takamori in the Emergence," 459.

(157) Mounsey, *Satsuma Rebellion*, 109-10;『新編西南戦史』1:18.

(158) Yates, "Saigō Takamori in the Emergence," 461.

(159) 憂国党の木原隆忠が2月28日に帝国陸軍に提出した謝罪文は良い例だ.謝罪文の中で,木原と仲間たちは,帝国陸軍に対する「身勝手な暴力」を謝罪している.この謝罪文は,『佐賀征討戦記』34-35に記録.

第五章　黄金を喰らう怪物

題辞はフョードル・ドストエフスキー著(亀山郁夫訳)『悪霊』から引用.

(1)　広瀬順晧監修・編『参謀本部歴史草案』(ゆまに書房, 2001年)4:49.

(2)　Presseisen, *Before Aggression*, 94.

(3)　司馬遼太郎『この国のかたち』(文藝春秋, 1997年)4:134-145.司馬自身が金を喰らうという貔貅の特徴に言及してはいない.だがこの伝説上の怪物がもつ大きな特徴であるため,司馬も読者も連想していたはずである.

(4)　最新の文献調査に関しては以下を参照してほしい.森靖夫『日本陸軍と日中戦争への道――軍事統制システムをめぐる攻防』(ミネルヴァ書房, 2010年)3-8.

(5)　菊田均『なぜ「戦争」だったのか――統帥権という思想』(小沢書店, 1998年)74; 大江志乃夫『日本の参謀本部』(中央公論社, 1985年)31-34.

(6)　戸部良一『逆説の軍隊』(中央公論社, 1998年)78-80; Yoshimitsu Khan, "Inoue Kowashi and the Dual Images of the Emperor of Japan," *Pacific Affairs* 71, no. 2 (Summer 1998), 229.

(7)　第八章から第十章および以下を参照.梅溪昇「参謀本部独立の決定経緯について」(『軍事史学』9巻2号, 1973年9月)19;『逆説の軍隊』収録の梅溪の論文の引用; Peter Wetzler, "Kaiser Hirohito und der Krieg im Pazifik: zur politischen Verantwortung des Tennô in der modernen japanischen Geschichte," *Vierteljahrshefte für Zeitgeschichte* 37, no. 4 (October 1989), 620.

(8)　松下芳男『明治軍制史論』(有斐閣, 1956年)下:6-7; 大塚三七雄『明治維新と独逸思想』(長崎出版, 1977年)138-140; Presseisen, *Before Aggression, 94-95*.

(9)　宇野俊一校注『桂太郎自伝』(平凡社, 1993年)73-74, 87-88; Rudolf Hartmann, "Japanische

Offiziere im Deutschen Kaiserreich 1870-1914," *Japonica Humboldtiana*, 11 (2007), 115; 秦郁彦『統帥権と帝国陸海軍の時代』(平凡社, 2006年)76; Presseisen, *Before Aggression*, 60-62;『明治維新と独逸思想』94-95; Lone, *Army, Empire*, 10-11. 参謀局は1871年に陸軍省の一部として設立された(Presseisen, *Before Aggression*, 60-62および『桂太郎自伝』81-83を参照). 参謀局の設立に関する情報は以下を参照. 山県有朋他編・解題『陸軍省沿革史』(日本評論社, 1942年)97-98, 105, 127.

(10) 1870年代における日本のフランス式モデルの導入についてはPresseisen, *Before Aggression*, 33-45を参照. 1873年におけるフランス式の陸軍省構築については『陸軍省沿革史』97-98および127. 保守派将校による抵抗については,『陸軍省沿革史』95;『桂太郎自伝』100; Presseisen, *Before Aggression*, 95-110;『観樹将軍回顧録』174-175; Lone, *Army*, 15を参照.

(11) 『統帥権と帝国陸海軍の時代』76. 軍部改革における山県の重要な役割については以下も参照. Roger F. Hackett, *Yamagata Aritomo in the Rise of Modern Japan, 1838-1922* (Cambridge, MA: Harvard University Press, 1971), 81-89. 保守派将校による抵抗の問題については以下も参照. Barbara J. Teters, "The Conservative Opposition in Japanese Politics, 1877-1894" (Ph.D. diss., University of Washington, 1955), 57-58, 65-70.

(12) 『桂太郎自伝』90-91.

(13) 由井正臣「明治初期の建軍構想」(由井正臣・藤原彰・吉田裕校注『日本近代思想大系4 軍隊 兵士』)488;『明治軍制史論』下:3-4.

(14) Presseisen, *Before Aggression*, 61-62; 木野主計『井上毅研究』(続群書類従完成会, 1995年)185; Lone, *Army*, 12.

(15) 『参謀本部歴史草案』4:17. 1878年の参謀本部組織図は同書27. その分析については『日本の参謀本部』35-37を参照. 日清戦争直後の1896年に刷新された参謀本部の組織図は同書61を参照.

(16) 条例全文の複写は『参謀本部歴史草案』4:19-26に収録. その分析と考察については『明治軍制史論』下:11-12を参照.

(17) 考察は『日本の参謀本部』33-35を参照.

(18) 1878年12月7日付陸軍卿発内閣宛書簡.『参謀本部歴史草案』4:17および33を参照. 秦郁彦(『統帥権と帝国陸海軍の時代』63-64)によると, 文章の草案者は山県ではなく西郷従道文部卿であり, 当時西郷は病気休暇中の山県に代わって陸軍卿を兼任していた. これに関する考察は『明治軍制史論』下:14-15を参照.

(19) 『統帥権と帝国陸海軍の時代』11.

(20) プロシアの軍事内局に関しては以下を参照. Manfred Messerschmidt, "Die politische Geschichte der preussisch-deutschen Armee," in *Deutsche Militärgeschichte in sechs Bänden 1648-1939*, ed. Militärgeschichtliches Forschugsamt (Munich: Bernard & Graefe Verlag, 1983), 2:297-302.

(21) 『参謀本部歴史草案』4:33;『日本の参謀本部』41.

(22) 1885年の内閣規則(太政官布告71号)ではこのような手続きには首相を通さなければならなかったが, 3年後に変更された. 初期規則については春畝公追頌会編『伊藤博文伝』(原書房, 1970年)中:485-486を参照. 太政官規則の比較は以下を参照.『明治軍制史論』下:15;『日本陸軍と日中戦争への道』19; Wetzler, "Kaiser Hirohito," 619.

(23) 教育総監に関する規則については『桂太郎関係文書』17:56-58 (国会図書館憲政資料室蔵)を参照. 1887年5月31日に教育総監に軍隊教育の権限が委ねられたことに関しては以下を参照. Tomio Nakano, *Origin and Development of So-Called Independence of Supreme Military Command in Japanese Constitution*(国際出版印刷社, 1932年)114;『参謀本部と陸軍

大学校』5;『井上毅研究』188;『桂太郎自伝』101;『陸軍省沿革史』151-152および217;『統帥権と帝国陸海軍の時代』62;『明治維新と独逸思想』113-114. メッケルの助言は以下に収録. Jacob Meckel, "Der organisatorische Aufbau und die Befehlsgliederung der grossen Verbände des japanischen Heeres," in George Kerst, *Jacob Meckel: sein Leben, sein Wirken in Deutschland und Japan* (Göttingen: Musterschmidt Verlag, 1970), 126-27.

(24) 宮内庁『明治天皇紀』(吉川弘文館, 1968-1977年)4:577; Keene, *Emperor*, 300-02, 583-84.

(25) 『明治天皇紀』4:527-45;『陸軍省沿革史』148-50;『岩倉公実記』下巻2:1604-05; keene, *Emperor*, 300-02.

(26) 別の見解についてはBarbara J. Teters, "The Genro-in and the National Essence Movement," *Pacific Historical Reveiw,* vol. 31, November 1962, 367-368を参照. Tetersの主張に反し, 私は四将軍が参謀本部の設立に反対したという確固たる証拠があるとは考えない. Tetersが参照した1944年の論文からは確かに三浦と曽我が軍部改革にはじめから反対していたとわかるが, そこに挙げられている例はすべて主に後年の山県の政策に対する批判に関連したものである. この点については小山弘健『近代日本軍事史概説』(伊藤書店, 1944年)226-27を参照. たとえば, 谷干城の関連文書を調べると, 1881年まで彼の抵抗は軍人恩給法など特定の政策に対するもので, 山県の方針全体ではないことがわかる. この点については『谷干城遺稿』下:76-79を参照. また, 小林和幸・広瀬順晧編『谷干城関係文書』(北泉社, 1995年)16-17の編者前書きと106-107の小林による分析を比較してほしい.

(27) 鳥尾小弥太の立場は,「参謀本部独立の決定経緯について」15収録の三条から岩倉宛ての1878年12月1日付書簡および, 5収録の伊藤から井上宛ての1878年10月12日付書簡を参照. 加えて以下も参照.『日本の参謀本部』47-49; Shin'ichi Kitaoka, "The Army as a Bureaucracy: Japanese Militarism Revisited," *The Journal of Military History* 57, no. 5 (October 1993),71-72; Drea, *Imperial Army*, 65-66;『参謀本部と陸軍大学校』46-49;『伊藤博文伝』中:501-05.

(28) 『谷干城遺稿』下:498収録の谷から樺山資紀宛て1878年11月2日付書簡.

(29) 「参謀本部独立の決定経緯について」4-5収録の伊藤博文発井上馨宛1878年10月12日付書簡. 考察と分析は6-7.

(30) 「参謀本部独立の決定経緯について」8-13. 指導者たちの反応については澤地久枝『火はわが胸中にあり――忘れられた近衛兵士の叛乱 竹橋事件』(岩波書店, 2008年)310-13を参照.

(31) 伊藤は井上馨宛ての書簡で,「適正な手続き」に従うなら天皇の到着を待たなくてはならないと述べている. だがそのときはすでに指導者たちの総意はまとまっていたため, 戻った天皇を待っていたのは事実上の決定事項だった.「参謀本部独立の決定経緯について」5収録の1878年10月12日付伊藤から井上宛ての書簡を参照.

(32) 加藤陽子『戦争の論理――日露戦争から太平洋戦争まで』(勁草書房, 2005年)143; Nakano, *Origin and Development*, 99;『明治軍制史論』下:16;『日本の参謀本部』33.

(33) 『井上毅研究』176, 178, 182-83.

(34) 『陸軍省沿革史』205-06掲載の三条内大臣の書状, 内閣制度を確立させた詔勅は同書207-08を参照. 考察と分析は木野主計「井上毅の統帥権の立憲的統御構想(下)」(『藝林』59巻1号, 藝林会, 2010年4月)186-87. 以下も参照. Hirobumi Ito, *Commentaries on the Constitution of the Empire of Japan*, trans. Miyoji Ito (Tokyo: Igirisu-Hōritsu Gakko, 1889) 89-90;『伊藤博文伝』中:484-86; George Akita, *Foundations of Constitutional Government in Modern Japan, 1868-1900* (Cambridge, MA: Harvard University Press, 1967), 68;『明治天皇紀』6:513-18.

(35) 『明治天皇紀』6:471-72.

(36) Tomio Nakano, *Origin and Development*, 113;「明治初期の建軍構想」492-93; Hackett, *Yamagata Aritomo*, 91;『日本の参謀本部』28, 54, 56-57; Drea, *Imperial Army*, 64;『公爵山県有朋伝』中:760.

(37) 同じ条文で, 陸相が首相を通してのみ天皇に上奏できることが以下のように定められている.「全閣僚は職務に関連する報告を適宜首相に行うとする. 参謀総長は軍事に関して直接天皇に上奏できるが, 陸軍大臣は首相を通さねばならない」.『伊藤博文伝』中:486 収録の内閣規則(1885年)第6条を参照.

(38)『井上毅研究』189-202. 201-02 に伊藤巳代治の発言が引用されている.

(39) Ito, *Commentaries*, 24-26.

(40) Nakano, *Origin and Development*, 99-100. 同様の解釈は Wetzler, "Kaiser Hirohito," 618 も参照. Wetzler によると, 参謀総長が天皇に直接上奏できるのは厳密な軍事事項, つまり秘密司令であり, その場合ものちに首相への報告が必要だった. 法的にはそう決まっていたが, 重要なのは陸軍がのちにその制度をどう解釈したかである.

(41) Nakano, *Origin and Development*, 100. 同様の解釈は梅溪昇『軍人勅諭成立史』(青史出版, 2008年)113, 278 を参照.

(42)『日本の参謀本部』50-51.

(43)「明治初期の建軍構想」489;『明治維新と独逸思想』92.

(44) Hackett, *Yamagata Aritomo*, 82;『参謀本部と陸軍大学校』20-21,『軍人勅諭成立史』24.

(45)『陸軍省沿革史』97-98, 127.

(46) 同上 148-50. これらの主張はのちに参謀本部の正史『参謀本部歴史草案』や複数の歴史家によってまとめられている. 例として『明治軍制史論』下:5 を参照.

(47)『陸軍省沿革史』152;『参謀本部と陸軍大学校』24-25, 28-9; 千葉功編『桂太郎発書翰集』(東京大学出版会, 2011年)165-67; 172, 243. 同様の主張は『明治軍制史論』下:3-4 も参照.

(48)『統帥権と帝国陸海軍の時代』72.

(49) 同上 114-17;『参謀本部と陸軍大学校』6-7, 28-34. Drea, *Imperial Army*, 50 は, 監軍本部は山県が自らに権力を集中させ, さらには薩長派閥の力を高めるために設立されたと述べる. だがそうだとすれば, なぜ監軍本部は独立の上奏権をもったのか? さらに, なぜそのような権利を山県の敵である三浦梧楼や谷干城に与えたのか?

(50)『観樹将軍回顧録』124, 135;「明治初期の建軍構想」491-92.

(51) Umegaki, *After the Restoration*, 179-83, 192.

(52)「明治初期太政官制における政軍関係」27. 分析と考察は 12. 山県はこの軽蔑心を一生抱えた. Lone, *Army, Empire*, 23 を参照.

(53) Lone, *Army, Empire*, 12;『日本の参謀本部』22-24;『公爵山県有朋伝』中:334. 1905年に山県の指示のもと作成された陸軍省の正史の中で佐賀の反乱に関わった陸軍司令官はすべて名前を挙げられているが, 大久保による支配については一言も触れられていない.『陸軍省沿革史』105-6 を参照.

(54)『公爵山県有朋伝』中:350; Lone, *Army, Empire*, 13;『参謀本部と陸軍大学校』28.

(55)『山県有朋意見書』57-60(特に 60);『陸軍省沿革史』108-09, 119, 131; Hackett, *Yamagata Aritomo*, 73-74.

(56)『統帥権と帝国陸海軍の時代』71-72; Presseisen, *Before Aggression*, 61; 熊谷光久『日本軍の精神教育――軍紀風紀の維持対策の発展』(錦正社, 2012年)200-201.

(57) 福沢諭吉「帝室論」37-40.

(58)『桂太郎自伝』94.

(59)『軍人勅諭成立史』104 収録の山県発伊藤宛ての書簡を参照. 考察は『火はわが胸中に

あり』312-14.

(60) 軍法会議の判決と三条実美宛ての書簡は『軍人勅諭成立史』104-05および『参謀本部と陸軍大学校』26-27;『逆説の軍隊』66に引用.竹橋事件に関する書籍レベルの研究については『火はわが胸中にあり』を参照.より簡潔な事件の内容と法および政治面での影響については『日本軍の精神教育』66-71および『日本政治裁判史録 明治前』469-510を参照.『日本政治裁判史録 明治前』483-92に収録されている裁判証言からは,事件のきっかけは給与と職務環境に対する不満であり,曖昧なイデオロギーや政治的動機ではなかったことがわかる.

(61) Hackett, *Yamagata Aritomo*, 71;『軍人勅諭成立史』33-34.

(62) 『陸軍省沿革史』134.

(63) 千葉功編『桂太郎関係文書』(東京大学出版会,2010年)326(本書は桂の書簡を書籍の形でまとめたものであり,同タイトルの原資料とは異なる). Hackette. *Yamagata Aritomo*, 83-85;『逆説の軍隊』67; 藤田嗣雄『明治軍制』(信山社出版,1992年)81-85. 別の意見については以下を参照.『統帥権と帝国陸海軍の時代』97;『軍人勅諭成立史』103-04;『日本軍の精神教育』69-70.

(64) 『公爵山県有朋伝』中:782収録の山県発伊藤宛書簡.

(65) 『桂太郎自伝』111-12; Hackett, *Yamagata Aritomo*, 83;『逆説の軍隊』67; Lone, *Army, Empire*, 12.

(66) Hackett, *Yamagata Aritomo*, 86に引用.原資料は『明治文化叢説』182.『公爵山県有朋伝』中:810-12も参照.

(67) 1881年の危機に関する詳細は以下を参照. Akita, *Foundations*, 31-58;『伊藤博文伝』中:214-35.『参謀本部と陸軍大学校』39-40と比較.

(68) 『観樹将軍回顧録』131-34;『逆説の軍隊』67;『谷干城関係文書』113-14. 一部の翻訳と四将軍の回顧録についての詳細な考察はTeters, "Conservative Opposition," 65-70を参照.

(69) 『観樹将軍回顧録』135.

(70) 『日本軍の精神教育』184-85, 197.

(71) 軍人訓誡の全文は『山県有朋意見書』75-83に収録,特に79-82を参照.これについての考察はDrea, *Imperial Army*, 48.

(72) Oleg Benesch, *Inventing the Way of the Samurai: Nationalism, Internationalism, and Bushido in Modern Japan* (Oxford: Oxford University Press, 2014), 177.

(73) Keene, *Emperor*, 366.

(74) de Bary el al., *Sources of Japanese Tradition* 2: 705-07. 日本語原資料は『日本近代思想大系4 軍隊 兵士』172-76.

(75) Gluck, *Japan's Modern Myths*, 53-54.『逆説の軍隊』69-71, 山県発伊藤宛ての書簡は『公爵山県有朋伝』中:919-20に収録.

(76) 『桂太郎発書翰集』172.

(77) 『この国のかたち』4:134で司馬遼太郎が述べるとおり,木戸は政軍分離を真に求めた唯一の指導者だったのかもしれない.彼の断固とした主張は『木戸孝允日記』2:238を参照.

(78) 『公爵山県有朋伝』中:759-60;『統帥権と帝国陸海軍の時代』112-13;『参謀本部と陸軍大学校』31; R. P. G. Steven, "Hybrid Constitutionalism in Prewar Japan," *The Journal of Japanese Studies* 3, no. 1 (Winter 1977), 115. 元老の緩やかな権力衰退については同書117-18.

(79) 『日本軍の精神教育』184. 陸軍幼年学校で1917年から使われた教科書には,階級にかかわらず絶対服従は全兵士の義務であると明確に記されている.高野邦夫編『近代日本軍隊教育史料集成』(柏書房,2004年)4:16を参照.

(80) 原資料は1881年の陸軍刑法(国立国会図書館デジタルコレクション)第50条,第110

条. http://dl.ndl.go.jp/info:ndljp/pid/794421

(81) 『日本軍の精神教育』15, 18-19.

(82) 1908年, 陸軍首脳部は大日本帝国の領土拡大に伴って禁止事項を追加した. 同年に発布された新たな陸軍刑法の第35条には,「司令官がやむことを得ざる理由なくして他国を攻撃したるときは死刑に処す」とある. 原資料は『中野文庫法令目次』内「陸軍刑法」を参照. http://www.geocities.jp/nakanolib/hou/hm41-46.htm(2019年3月31日サービス終了)

(83) Drea, *Imperial Army*, 50. 黒野耐は『参謀本部と陸軍大学校』33-34で監軍本部の設立は山県の個人的野望を叶えるためだけの序章であったとしている. 同機関設立によって山県の権限が対立派に分散したという事実を完全に見落としているようだ. 梅溪昇は『軍人勅諭成立史』278で1878年に確立した体制を「天皇中心の専制主義」だとし, 派閥主義の存在や確固たる階級制の欠如, いつまでも続いた無秩序な権力の分散を無視している. 梅溪のように通常は慎重な学者が日本戦後史のマルクス主義的な単純化思想に影響されていることにはいささか当惑する.

(84) この定義はSteven, "Hybrid," 101-02を参考にした.『観樹将軍回顧録』174-75も参照. 陸軍省は参謀本部の将校を罷免する権限をもたなかった.『日本の参謀本部』41を参照.

(85) 『公爵山県有朋伝』中:789;『なぜ「戦争」だったのか』77-78.

(86) Bernd Martin, *Japan and Germany in the Modern World* (Providence, RI: Berghahn Books, 1995), 52-56. 同様のアプローチについては以下を参照. Chalmers Johnson, *MITI and the Japanese Miracle: The Growth of Industrial Policy, 1925-1975* (Stanford, CA: Stanford University Press, 1982), 36.

(87) フランス軍の影響については以下を参照.『明治軍制史論』下:6-7; Kerst, *Meckel*, 56-57;『軍人勅諭成立史』23-30. 日本の憲法に対するイギリスとアメリカの影響については以下を参照. Steven, "Hybrid," 99-133; George Akita, Hirose Yoshihiro, "The British Model. Inoue Kowashi and the Ideal Monarchical System," *Monumenta Nipponica* 49, no. 4 (Winter 1994), 117-19.

(88) Emily O. Goldman, "The Spread of Western Military Models to Ottoman Turkey and Meiji Japan," in *The Sources of Military Change: Culture, Politics, Technology*, ed. Theo Farrell and Terry Terriff (Boulder, CO: Lynne Rienner, 2002), 53. 新制度学派社会論の観点から日本軍の変化を見たGoldmanの分析は非常に啓蒙的で, 特に陸海軍間の対立が外国モデル導入の動機になったとする彼女の主張からは学ぶことが多い.

(89) Martin, *Japan and Germany*, 52-56.

(90) Westney, "Emulation," 318.

(91) 『桂太郎自伝』73-74;『明治軍制史論』下:7. ドイツからの桂の報告書の原資料を手に入れるのは非常に難しい. 自衛隊が保管する資料には二つのみ報告書が残っており, どちらもドイツで学ぶ日本人学生に関わる手続きについて記されている. 関連事項に関する報告書は国立国会図書館憲政資料室蔵『桂太郎関係文書』に多く残されているが, 一部には後年の日付が記され, 多くには日付の記載がない(同資料18:5-7などを参照).

(92) Gordon A. Craig, *The Politics of the Prussian Army 1640-1945* (London: Oxford University Press, 1956), 218, 223-32; Messerschmidt, "Die politische Geschichte," *Deutsche Militärgeschichte*, ed. Militärgeschichtliches Forschugsamt, 2:299-300; Gerhard P. Gross, *Mythos und Wirklichkeit: Geschichte des operative Denkens im deutschen Heer von Moltke d.Ä bis Heusinger* (Munich: Ferdinand Schöningh, 2012), 59. ドイツ帝国陸軍の重要な軍の手引書Der Dienst des Generalstabes(「参謀本部の任務」)が冒頭の章でこの特権を1821年から続く伝統だとして事細かく正当化していることは留意すべきである. Bronsart von Schellendorff, Paul L. E. H.

Anton, *Der Dienst des Generalstabes* (Berlin: E.S. Mittler, 1893), 17-18, 22-25 を参照.

(93) Craig, *Politics*, 162.

(94) Jonathan Steinberg, *Bismarck: A Life* (Oxford: Oxford University Press, 2011), 159-60.

(95) Otto von Bismarck, *Briefe an seine Braut und Gattin*, ed. H. Bismarck (Stuttgart: Cotta, 1900), 572-73; Craig, *Politics*, 199-204, 207-15; Azar Gat, *The Development of Military Thought: The Nineteenth Century* (Oxford: Clarendon Press, 1992), 339-41.

(96) Gat, *Military Thought*, 338.

(97) 軍の専門家意識の発展における理論的および歴史的背景についてはSamuel P. Huntington, *The Soldier and the State: The Theory and Politics of Civil-Military Relations* (Cambridge, MA: Harvard University Press, 1957), 7-98を参照. 特にプロシアに関しては99-109. ビスマルクとモルトケの考察に関する資料で優れたものは, 普仏戦争以後のフリードリヒ王太子(のちの皇帝フリードリヒ3世)による戦記である. Kaiser Friedrich III, *Das Kriegstagebuch von 1870-71*, ed. Heinrich Otto Meisner (Berlin: K. F. Koehler, 1926), 319, 325-26, 483-84およびOtto von Bismarck, *Die Gesammelten Werke* (Berlin: O. Stollberg, 1924-35), 6b:551-53を参照. 考察と分析はChristopher M. Clark, *Iron Kingdom: The Rise and Downfall of Prussia, 1600-1947* (Cambridge, MA: Harvard University Press, 2006), 515, 528-30; Craig, *Politics*, 195-96, 199-204, 207-15; Gross, *Mythos*, 45を参照.

(98) Kitaoka "The Army As a Bureaucracy," 70;『逆説の軍隊』58-60, 67-68, 161; Huber, *Revolutionary Origins*, 173-75, 205.

(99) 田村安興「戦争論の系譜(2)――統帥権独立をめぐって」(『高知論叢 社会科学』高知大学経済学会, 98号, 2010年7月)2-6, 8-9, 32-33.

(100) Steinberg, *Bismarck*, 163, Craig, *Politics*, 162-63; D. P. G. Hoffmann, "Kommamdogewalt und Kriegsminister," *Zeitschrift für die Gesamte Staatswissenschaft / Journal of Institutional and Theoretical Economics* 68, no. 4 (1912), 743.

(101) 桂関係文書の中に天皇の軍事補佐官の役割について具体的に記した日付記載のない文書が存在する. 一部のみが残っているこの短い文書の作者はこの役割に関して複数のモデルを挙げ, そのうちの一つはプロシアの軍事内局に酷似している. この文書を桂が書いたのか, そうであればいつ書かれたのか定かではない. だがいずれにせよ, 軍事補佐官の役割は連絡役のような比較的弱い立場として発達した. 国立国会図書館憲政資料室蔵『桂太郎関係文書』16:226を参照.

(102) Craig, *Politics*, 162-64; Bismarck, *Briefe*, 572-73. ヴィルヘルム2世による外交政策の直接関与の例についてはAkita and Hirose, "British Model," 416-17を参照.

(103) Akira and Hirose, "British Mode," 417. 伊藤はIto, *Commentaries*, 88で国内問題に関して警告をし, 古代中国では「国内の重要な政策が元皇帝の判断や皇帝の個人的な意向, 官女の意見書などに基づいて実行されていた」と述べる.

(104)「帝室論」26-27.

(105)『統帥権と帝国陸海軍の時代』26. さらなる考察はWetzler, "Kaiser Hirohito," 616-17およびKitaoka, "Army," 70を参照.

(106) Loneは*Army, Empire,* 39で日清戦争時の天皇の役割について記している. 天皇の曖昧な権力のもとでの派閥闘争に関する優れた比較分析は, 福沢の「帝室論」22-23を参照. 天皇の権力の曖昧さについてはHaley, *Authority without Power*, 79-80も参照.

(107) 1917年6月に出版された陸軍幼年学校の教科書から引用.『近代日本軍隊教育史料集成』4:15-17に収録.

(108) 三根生久大『陸軍参謀――エリート教育の功罪』(文藝春秋, 1988年)167-69.

(109) James Crowley, "From Closed Door to Empire: The Formation of the Meiji Military Establishment," in *Modern Japanese Leadership: Transition and Change*, eds., Bernard S. Silberman and H. D. Harootunian (Tucson, AZ: University of Arizona Press, 1966), 284-85; Shillony, *Revolt in Japan*, 6-7.

(110)『参謀本部と陸軍大学校』7.

(111) 部下の軍人は直属以外の上官の命令にも従わなくてはならないと定められていた(『近代日本軍隊教育史料集成』4:15-16)が, 本書内でのちにわかるとおり, この規定は無視されることが多かった.

第六章　煙草三服

題辞は『観樹将軍回顧録』341, 347 より引用.

(1)　Drea, *Imperial Army*, 86-87.

(2)　現在の韓国における閔妃の扱いについては以下を参照. Tatiana Simbirtseva, "Ubistvo v Dvortse Kyonbokkun," *Vostochnaya Kollektsiya* 3, no. 18 (Autumn 2004), 129; 秦郁彦「閔妃殺害事件の再考察」(『政経研究』43 巻 2 号, 2006 年 10 月)141-198; 嶋村初吉「在日コリアンの胸のうち 閔妃暗殺と政略結婚——韓国併合一〇〇年を迎え」(『海路』9 号, 2010 年 3 月)164. 閔妃暗殺は 80 年近く経った 1972 年, 朴正熙韓国大統領の妻が在日韓国人に殺害された際に大きな反響が起きた. 事件後, 韓国のデモ隊は「また我が国の王妃を殺した」として日本を非難した. 当時の駐韓日本大使による証言は角田房子『閔妃暗殺——朝鮮王朝末期の国母』(新潮文庫, 1993 年)16-17 を参照.

(3)　「杉村濬等被告事件陳述書」(伊藤博文編『朝鮮交渉資料』秘書類纂刊行会, 1936 年)中:526-27, 533; 小早川秀雄『閔后殂落事件』(「憲政資料室収集文書」1195)35.『閔后殂落事件』は王宮襲撃の参加者による手書きの手記で, 1910 年の韓国併合直後に編纂されたと考えられる. 50 年後に出版された現代語訳を偽物だと考える学者もいたが(Critchfield, *Murder*, 8-9), のちに原資料が発見され, 安達謙蔵の子孫によって国立国会図書館に遺贈された. Critchfield は何よりも文書のうち一段落は安達謙蔵の回顧録を言い換えただけのように思えると主張したが, その理由は明らかである. 金文子の推測どおり(金文子『朝鮮王妃殺害と日本人——誰が仕組んで, 誰が実行したのか』高文研, 2009 年, 284-85), 安達の原稿に書かれたメモを見れば, 小早川が彼の回顧録を参考にしたことがわかる. 戦前の原資料は国立国会図書館憲政資料室収集資料 no. 1195.

(4)　Ernest Satow to Lord Salisbury, 23.10.1895, in George A. Lensen ed., *Korea and Manchuria between Russia and Japan, 1895-1904: The Observations of Sir Ernest Satow, British Minister Plenipotentiary to Japan (1895-1900) and China (1900-1906)* (Tallahassee, FL: Diplomatic Press, 1966), 52. Isabella Bird, *Korea and Her Neighbours* (Bristol: Ganesha, 1997), 2:43-44 の記述も参照.

(5)　Bird, *Korea*, 2:43-44.

(6)　Woonsang Choi, *The Fall of the Hermit Kingdom* (Dobbs Ferry, NY: Oceana, 1967), 17-19; Peter Duus, *The Abacus and the Sword: The Japanese Penetration of Korea, 1895-1910* (Berkeley, CA: University of California Press, 1995), 54.

(7)　Choi, *Hermit Kingdom*, 21-23; Critchfield, *Murder*, 31-37.

(8)　Critchfield, *Murder*, 37.

(9)　杉村濬『明治廿七八年在韓苦心録』(市川正明編『日韓外交史料』10, 原書房, 1981 年)

146-47.

(10) Homer B. Hulbert, *The Passing of Korea* (Seoul: Yonsei University Press, 1969) 47. 同様の解説は Choi, *Hermit Kingdom*, 15.

(11) 政府と王室とのあいだの緊張について，詳しくは以下を参照．『明治廿七八年在韓苦心録』147; 石塚英蔵「朝鮮事情調査（課題）」（山本四郎編『明治史料 三浦梧楼関係文書』8, 明治史料研究連絡会，1960年）72-73.

(12) D'Anethan to de Burlet, 10.10.1895, in George A. Lensen, *The D'Anethan Dispatches from Japan, 1894-1910: The Observations of Baron Albert d'Anethan, Belgian Minister Plenipotentiary and Dean of the Diplomatic Corps*（上智大学出版，1967年）54;『日本政治裁判史録 明治後』214.

(13) ソウル使節 K. I. Weber からセントピーターズバーグの外務省宛書簡．*Rossiia i Koreia : nekotorye stranitsy istorii (konets XIX veka): k 120-letiiu ustanovleniia diplomaticheskikh otnoshenii*（以下 *RIK*），ed. A. V. Turkunov (Moskva: Moskovskil gos. institut mezhdunarodnykh otnoshenil) (Moscow: Universitet MID Rossii, 2004), 315.

(14) Bird, *Korea*, 2:39. 閔妃に関する同様の表現については以下を参照．Afanasii Seredin-Sabatin, to the Russian deputy consul in Chifu (Yantai), 30.10.1895, Arhiv Venshneii Politiki Rossiskei Imperii（以下 *AVPRI*），fond 143, opis 141, Kitaiskii Stol, attachment to number 121 - 1895（以下 Sabatin's Report *AVPRI*），20.

(15) Simbirtseva, "Ubistvo," 139.

(16) 1895年11月29日付 Weber 発外務省宛書簡（*RIK*, 315）．経済利益，シベリア鉄道建設，攻撃的な自明の宿命説（"Easterners" や "Vostochniki" と呼ばれる学派が提唱）誕生の結果，1890年代のロシアは極東に強い関心をもった．流氷のない港から太平洋に出られる朝鮮は特にロシアの計画にとって重要だった．その背景については Andrew Malozemoff, *Russian Far Eastern Policy, 1881-1904: with specia emphasis on the causes of the Russo-Japanese War* (New York: Octagon Books, 1977), 41-93 を参照．

(17) Duus, *Abacus*, 52-55, 88-89; Critchfield, *Murder*, 60. 同時代のソウルの詳細な区分地図はロシア人建築家サバチンの報告書 Sabatin's Report *AVPRI*, 19-21 を参照．

(18) Malozemoff, *Policy*, 56; Duus, *Abacus*, 54-55.

(19) Malozemoff, *Policy*, 52-56; Andre Schmid, *Korea between Empires, 1895-1919* (New York: Columbia University Press, 2002), 25-27; Duus, *Abacus*, 68-70.

(20) Duus, *Abacus*, 425. 韓国併合という思想の発展については1895年9月26日に駐日英国公使アーネスト・サトウと伊藤首相のあいだで行われた議論を参照（Lensen, *Satow*, 44-45）．

(21) Duus, *Abacus*, 49-52, 64-65（引用部分は69-70）．

(22) 『日本政治裁判史録 明治後』212;「杉村濬等被告事件陳述書」（『朝鮮交渉資料』中:530）;『明治廿七八年在韓苦心録』46-47, 54, 58.

(23) 『日本政治裁判史録 明治後』212;『明治廿七八年在韓苦心録』71-74, 86-87;「杉村濬等被告事件陳述書」（『朝鮮交渉資料』中:533）．

(24) 『明治廿七八年在韓苦心録』90-94, 96-97. また，駐朝アメリカ公使が打電した朝鮮独立宣言書第4条も参照．John M. B. Sill to the Secretary of State, 17.1.1895, *Korean- American Relations: Documents Pertaining to the Far Eastern Diplomacy of the United States*, eds., George M. McCune and John A. Harrison (Berkeley, CA: University of California Press), 2:350（以下 *KAR*）．

(25) 「岡本柳之助訊問調書（続）」（『朝鮮交渉資料』中:470）;『閔妃暗殺』277.

(26) 葛生能久(黒竜会)編『東亜先覚志士記伝』(黒竜会出版部, 1933-36年)上:520; Ko Teung Chai Pan-So, Supreme Court, to Justice Minister Yi Porn Chin, "Official Report on Matters Connected with the Events of October 8th, 1895, and the Death of the Queen" (以下 "Official Korean Investigation"), reproduced in *The Korean Repository*, Seoul (以下 *TKR*) 3 (1896): 131-32; 安達謙蔵『安達謙蔵自叙伝』(新樹社, 1960年)52.

(27) 『明治廿七八年在韓苦心録』89-105. 井上が構想した改革については, 日本人の朝鮮政府顧問であった石塚英蔵が井上の在任中に記した(正確な日付は不明)覚書に詳しく述べられている(『三浦梧楼関係文書』内72-80「朝鮮事情調査(課題)」).

(28) 『日本政治裁判史録 明治後』211; Satow to Salisbury, 27.9.1895, in Lensen, *Satow*, 45. 三国干渉の詳細はMalozemoff, *Policy*, 62-68を参照.

(29) 「杉村濬等被告事件陳述書」(『朝鮮交渉資料』中:529);「閔妃殺害事件の再考察」70.

(30) 『東亜先覚志士記伝』上:514-18 .

(31) 『閔妃暗殺』276-77.

(32) 「訓練隊起鬧について 安前軍務大臣内報」1895年8月18日(『三浦梧楼関係文書』84-85).

(33) Duus, *Abacus*, 67.

(34) 「杉村濬等被告事件陳述書」(『朝鮮交渉資料』中:530).

(35) 『明治廿七八年在韓苦心録』89-90.

(36) 『安達謙蔵自叙伝』53-54;「杉村濬等被告事件陳述書」(『朝鮮交渉資料』中:527).

(37) 名草杜夫『右翼浪人登場――岡本柳之助の光と影』(草風社, 1980年)27.

(38) 「陸軍少佐岡本柳之助外三名処刑」1879年3月22日(国立公文書館, 太00659100);『閔妃暗殺』21-24; 山県保二郎「朝鮮王妃事件」(『軍事史研究』3巻1号, 1938年)45-54(山県についての楠瀬幸彦将軍の証言), 48.

(39) 「三浦梧楼訊問調書」(『朝鮮交渉資料』中:420).

(40) 「岡本柳之助訊問調書(続)」(『朝鮮交渉資料』中:455). 井上と大院君の互いに対する嫌悪については以下を参照. 堀口九萬一『外交と文芸』(第一書房, 1934年)128-29;『右翼浪人登場』364.

(41) 『明治廿七八年在韓苦心録』148;「閔妃殺害事件の再考察」70-71.

(42) 『日本政治裁判史録 明治後』214-15.

(43) 「岡本柳之助訊問調書(続)」「杉村濬等被告事件陳述書」(『朝鮮交渉資料』中:462, 529-30).

(44) 「閔妃殺害事件の再考察」73.

(45) Critchfield, *Murder*, 88.

(46) 「閔妃殺害事件の再考察」76-77.

(47) Teters, "Conservative Opposition," 36-38.

(48) 谷発伊藤宛書簡1895年7月(日付不明);『谷干城遺稿』下:599-600. 考察と分析は『朝鮮王妃殺害と日本人』104-07;「閔妃殺害事件の再考察」76-77.

(49) 暗殺事件後, 谷は三浦の行動に驚き, 狼狽し, ひどく失望した.『谷干城遺稿』;「閔妃殺害事件の再考察」78-79.

(50) 『木戸孝允日記』3:477.

(51) Kitaoka "Army," 71-72; Drea, *Imperial Army*, 65-66, Teters, "Conservative Opposition," 1-20, 36, 53-54;『閔妃暗殺』77.

(52) 『観樹将軍回顧録』120-23, 350-51; Teters, "Conservative Opposition," 58-59, 67-68; 鳥谷部春汀「三浦梧楼子」(『春汀全集』2:178, 80, 博文館, 1909年).

(53) 『観樹将軍回顧録』341, 347. 三浦は「十」の漢字を，天を表すものとして超自然的および宗教的な意味で用いた．
(54) 「杉村濬等被告事件陳述書」(『朝鮮交渉資料』中:530)．
(55) 『観樹将軍回顧録』319;「杉村濬等被告事件陳述書」(『朝鮮交渉資料』中:530-31)．
(56) 「対韓政策ニ関スル三浦新公使意見書 対韓政策ノ訓令ヲ待ツ」(外務省編『日本外交文書』, 外務省調査部，1947-53年)」28:483-84.「杉村濬等被告事件陳述書」(『朝鮮交渉資料』中:530-32)も参照．
(57) 『観樹将軍回顧録』324.
(58) 『閔妃暗殺』283-84.
(59) 『観樹将軍回顧録』324-25. 安達謙蔵もまた，朝鮮王室が三浦に無礼な態度を示したと述べている．『安達謙蔵自叙伝』56.
(60) 「岡本柳之助訊問調書(続)」(『朝鮮交渉資料』中:469)．
(61) Critchfield, *Murder*, 88.
(62) 「岡本柳之助訊問調書(続)」(『朝鮮交渉資料』中:470-72)．
(63) 内田定槌《きだつち》「十月八日王城事変ノ詳細報告ノ件」(『日本外交文書』28:554)．
(64) 『閔后殂落事件』24-26.
(65) 『明治廿七八年在韓苦心録』179-80.
(66) 菊池謙譲『朝鮮王国』(民友社，1896年)510-11;『閔妃暗殺』315. 洪は1882年のクーデターで閔妃の命を救った．Critchfield, *Murder*, 25.
(67) 『明治廿七八年在韓苦心録』178.
(68) 『外交と文芸』120-27;「三浦梧楼訊問調書」(『朝鮮交渉資料』中:409-11, 420)．以下も参照．『明治廿七八年在韓苦心録』48;「十月八日王城事変ノ詳細報告ノ件」(『日本外交文書』28:555-56)．
(69) 『観樹将軍回顧録』328-29, 346-47. この証言は岡本によっても裏づけられており，彼は大院君と協力するよう三浦を説得するのに非常に骨を折った．「岡本柳之助訊問調書(続)」(『朝鮮交渉資料』中:470-71)．ただし，岡本の証言では大院君との協力に対する三浦の抵抗はやや小さいように表されている．
(70) 「三浦梧楼訊問調書」(『朝鮮交渉資料』中:412-13);「岡本柳之助訊問調書(続)」(『朝鮮交渉資料』中:468-70, 473;『明治廿七八年在韓苦心録』171.
(71) 『明治廿七八年在韓苦心録』171-72; 1895年10月11日付仁尾惟茂発蔵相宛書簡(『朝鮮交渉資料』中:502-4);『朝鮮王妃殺害と日本人』326-27.
(72) 「岡本柳之助訊問調書(続)」および1895年10月11日付「朝鮮出張仁尾惟茂ヨリ大蔵大臣ニ報告」(『朝鮮交渉資料』中:471-73, 504);『明治廿七八年在韓苦心録』171. 大院君との合意書は同書172-73に収録．
(73) 『明治廿七八年在韓苦心録』178-80.
(74) 『朝鮮王妃殺害と日本人』261-62, 275;『閔妃暗殺』287-300. 交渉に関する主な資料は堀口九萬一領事官補の回顧録であるが，その信頼性には大きな疑問が残る．『外交と文芸』113-34.
(75) 広島地裁は三浦・杉村・岡本が10月3日に行った会合で閔妃暗殺が決定されたとした．"Decision of the Japanese Court of Preliminary Inquiries" (以下 "Japanese Court Decision"), *TKR* 3 (1896): 123.「三浦梧楼訊問調書」(『朝鮮交渉資料』中:415)も参照．これに関する考察については「閔妃殺害事件の再考察」82を参照．
(76) 角田(『閔妃暗殺』347)によると，こうした感情は志士だけでなくソウルの日本人社会や日本人顧問たちのあいだにも広がった．天佑俠の形成については蔡洙道「「天佑俠」に関

する一考察」(『中央大学大学院研究年報/法学研究科篇』30号,2000年)441-42を参照.

(77) Eiko Maruko Siniawer, *Ruffians, Yakuza, Nationalists: The Violent Politics of Modern Japan* (Ithaca, NY: Cornell University Press, 2008), 43.「壮士」という言葉について詳しくは『志士と官僚』113-15を参照.

(78) 『志士と官僚』113-16. 特に253-7収録の「壮士論」(徳富蘇峰創刊『国民之友』7号,1887年8月1日)および東雲新聞1888年1月23日を参照.

(79) 『朝鮮王国』503;『東亜先覚志士記伝』上:517;「「天佑俠」に関する一考察」440, 445-47. 呼び方についての考察は『閔妃暗殺』302-03. たとえば小早川は仲間を表すのに「同志」「勇士」「民間志士」などを用い,「壮士」は敵味方関係なく兵士を指すときに使っていた.『閔后殂落事件』41, 52, 75, 88, 91-92.

(80) 「「天佑俠」に関する一考察」442, 445; Siniawer, *Ruffians*, 55-56. 天佑俠に関する優れた説明は以下も参照. Oleg Benesch, *Inventing the Way of the Samurai: Nationalism, Internationalism, and Bushido in Modern Japan* (Oxford: Oxford University Press, 2014), 68-69; 姜昌一「天佑俠と「朝鮮問題」——「朝鮮浪人」の東学農民戦争への対応と関連して」(『史学雑誌』97編8号,史学会,1988年8月)1322-35.

(81) 伊藤痴遊『伊藤痴遊全集』(平凡社,1929-31年)12:439収録「寺崎氏昔日談」(寺崎泰吉〔別名高橋源治〕);「天佑俠と「朝鮮問題」」1325-26, 1342

(82) 「佐々正之訊問調書」『朝鮮交渉資料』中:487.

(83) 『閔后殂落事件』41-42, 46-7;「閔妃殺害事件の再考察」82-83.

(84) 『朝鮮王妃殺害と日本人』298-301 .

(85) 『東亜先覚志士記伝』上:517;『閔后殂落事件』46-47;「天佑俠と「朝鮮問題」」1329.

(86) 『東亜先覚志士記伝』上:516-17.

(87) 元壮士でありのちに朝鮮史学者として人気を博した菊池謙譲が一年後に著した『朝鮮王国』に,この対外思想がよく表されている.『朝鮮王国』159-61および「天佑俠と「朝鮮問題」」1343-45を参照.この種の日本人の思想をより広く述べたものについては以下を参照. Schmid, *Korea*, 116-17, 121-23; Duus, *Abacus*, 59-60.

(88) 『閔后殂落事件』33;「天佑俠と「朝鮮問題」」1345.

(89) 『朝鮮王国』504;『閔后殂落事件』33.

(90) 『安達謙蔵自叙伝』62.

(91) 『朝鮮王国』503.

(92) 『閔后殂落事件』32-33.

(93) 『朝鮮王国』516.

(94) 「岡本柳之助訊問調書(続)」(『朝鮮交渉資料』中:464-65).『閔后殂落事件』33でも裏づけられている.さらなる証拠は「閔妃殺害事件の再考察」68.

(95) 『東亜先覚志士記伝』上:522.

(96) 同上538, 545.『朝鮮王国』511も参照.

(97) 『朝鮮王国』501-3;『閔后殂落事件』34, 66.

(98) 「十月八日王城事変ノ詳細報告ノ件」(『日本外交文書』28:559); Critchfield, *Murder*, 81, 147;「閔妃殺害事件の再考察」77;『右翼浪人登場』366.

(99) 『安達謙蔵自叙伝』54-55. 小早川はこの会話は10月1日に行われたとしている(『閔后殂落事件』42).

(100) 『安達謙蔵自叙伝』56-58;『閔后殂落事件』42. のちに岡本は,安達の仲間が作戦に参加した事実はないと嘘の証言をしようとした.「岡本柳之助訊問調書(続)」(『朝鮮交渉資料』中:483). この会話は安達と小早川による証言しか証拠がないが(小早川は「キツネ狩り」と

いう表現はしていない), それでも事実である可能性は高い. 安達によって組織された壮士集団が閔妃暗殺を引き受け, 佐々正之が証言するように, 彼らはそれが三浦のためだと考えていた(『朝鮮交渉資料』中:489, 538収録「佐々正之訊問調書」および「岡本柳之助外四十七名審豫終結決定ノ非難ヲ排スル理由説明書」). したがって, 二人のあいだで作戦会議が行われた可能性はきわめて高く, 安達が証言した日付も妥当である. 加えて, まるで三浦の口調を真似るように, 岡本は「キツネ」という単語を部隊への指示の中でも使っている.

(101)『安達謙蔵自叙伝』56-57.

(102)「閔妃殺害事件の再考察」80.

(103) 安達雪子「雪子の所感録」(『安達謙蔵自叙伝』68-69); 『閔后殂落事件』59, 81.

(104)「岡本柳之助訊問調書(続)」(『朝鮮交渉資料』中:451).

(105)「十月八日王城事変ノ詳細報告ノ件」(『日本外交文書』28:559); "Japanese Court Decision," *TKR* 3 (1896): 122.

(106) 同上.

(107)「閔妃殺害事件の再考察」84.

(108)『明治廿七八年在韓苦心録』176.

(109)『観樹将軍回顧録』326.「三浦梧楼訊問調書」(『朝鮮交渉資料』中:417) および, 大臣側の証言として安駉寿「訓練隊起鬧に付安前軍務大臣内報」(『三浦梧楼関係文書』85-86); 「十月八日王城事変ノ詳細報告ノ件」(『日本外交文書』28:554) も参照. 杉村の証言は『明治廿七八年在韓苦心録』179-80. 10月7日の流れについては「閔妃殺害事件の再考察」87.

(110)「岡本柳之助訊問調書(続)」(『朝鮮交渉資料』中:474); 『明治廿七八年在韓苦心録』179-80.

(111) "Japanese Court Decision," *TKR* 3 (1896): 123; 「三浦梧楼訊問調書」(『朝鮮交渉資料』中:417); 『安達謙蔵自叙伝』58-59; 『明治廿七八年在韓苦心録』181; 「被告人楠瀬中佐供状」(市川正明編『日韓外交史料』5: 131-32, 原書房, 1981年).

(112)『明治廿七八年在韓苦心録』182.

(113)「十月八日王城事変ノ詳細報告ノ件」(『日本外交文書』28:556); "Japanese Court Decision," *TKR* 3 (1896): 123; 「岡本柳之助訊問調書(続)」(『朝鮮交渉資料』中:475); 『閔后殂落事件』56-57; 山県保二郎「朝鮮王妃事件」48.

(114)「佐々正之訊問調書」(『朝鮮交渉資料』中:489); 『朝鮮王国』511-13. 岡本は嫌疑を逃れるため, 日本に発つふりをして仁川で作戦前の数日を過ごした. 「岡本柳之助訊問調書(続)」(『朝鮮交渉資料』中:473-76).

(115)「十月八日王城事変ノ詳細報告ノ件」(『日本外交文書』28:556).

(116)『東亜先覚志士記伝』上:528. 黒竜会の説明は『閔后殂落事件』81の回顧録がもとになっていると考えられる. 以下も参照. 『安達謙蔵自叙伝』58-59, 「十月八日王城事変ノ詳細報告ノ件」(『日本外交文書』28:556). サバチンの報告書も参照(Sabatin's Report *AVPRI*, 4).

(117) "Official Korean Investigation," *TKR* 3 (1896): 132-33. サバチンは共謀者たちについては記していないが, 10月7日夜に宮廷親衛隊の数が減っていたことには言及している(Sabatin's Report *AVPRI*, 3).

(118) Sabatin's Report *AVPRI*, 3-4; Sabatin, "Korea Glazami Rasiyam," *Sankt Peterburskie Vedmosti*, 16.5.1896 (Julian - 4.5), 5-16; 「十月八日王城事変ノ詳細報告ノ件」(『日本外交文書』28:557); "Assassination," *TKR* 2 (1895): 386-87. ダイ将軍の報告書は非常に言い訳めいており, イザベラ・バードの非難(*Korea* 2:73)に対し, 事件の前および事件中の宮廷親衛隊軍事顧問としての自らの行動を必死に弁護している. だが, その証言の中でさえ当日の親衛隊の戦力の低さは明らかである. 以下を参照. General William Dye on "Korea and Her Neighbors,"

letter to the editor, November 1898, in *TKR* 5 (1898), 440;『朝鮮王国』515-16;『閔后殂落事件』88-89.

(119) 前農商務大臣U Porn-chinの証言. K. I. Weber to Foreign Minister Prince Alexei Lobanov Rostovskii, 9.10.1895, *RIK*, 283; Allen to the Secretary of State, 10.10.1895, *KAR*, 2:359.

(120) Sabatin's Report *AVPRI*, 3;『安達謙蔵自叙伝』61;「岡本柳之助訊問調書(続)」(『朝鮮交渉資料』中:477-78);『東亜先覚志士記伝』上:529-30;「十月八日王城事変ノ詳細報告ノ件」(『日本外交文書』28:557).

(121)『朝鮮王国』515;『閔妃暗殺』90.

(122)『閔后殂落事件』89; "Assassination," *TKR* 2 (1895): 387-88; "Official Korean Investigation," *TKR* 3 (1896): 142, Sabatin's Report *AVPRI*, 3-4;「岡本柳之助訊問調書(続)」(『朝鮮交渉資料』中:477-78). より客観的な説明は『安達謙蔵自叙伝』61を参照. 安達によると, ダイの外見と振る舞いはくたびれた老人のようで, 侵入部隊に対して帽子を脱いで「敬意を払った」という.『東亜先覚志士記伝』上:529で黒竜会,『朝鮮王国』515-16で菊池も同様の内容を述べる.

(123)「閔妃殺害事件の再考察」92-93. 日本人たちの証言からは宮廷に入った壮士の中に軍人もいたとわかるが, 二人の朝鮮人および一人のロシア人の証言によると, 軍服を着た兵士は宮廷の外を取り囲み, 軍服を着ていない男たちだけが中に入ったという(H. N. Allen to the Secretary of State, 10.10.1895, *KAR*, 2:357-58; Sabatin's Report *AVPRI*, 4; interrogations of Lieutenant Colonel Yi Ha-gyun, Colonel Hyun In-tak by K. I. Weber, #211 Seoul, October 1895, *AVPRI*, appendixes 4, 5). だが朝鮮の調査報告書("Official Investigation Report," 127)は軍服を着た日本人も宮廷の奥の部屋に入ったとしているため, この点について確証を得ることはできない.

(124) Korean Official Report in *TKR* 3 (1896): 125-26. 以下の証言も参照. 1895年10月9日Weber 発Lobanov-Rostovskii 宛書簡内朝鮮皇太子の証言(*RIK*, 282),「岡本柳之助訊問調書(続)」(『朝鮮交渉資料』中:480-81). 殺人行為に関連した部分は削除されているが, 閔妃暗殺が壮士の使命だったことは文脈から比較的明らかである. 壮士の視点から見た, より率直で具体的な日本人の見解については以下を参照.『東亜先覚志士記伝』上:530;『閔后殂落事件』100;『朝鮮王国』516-17.

(125)「寺崎氏昔日談」442-43.

(126) Sabatin's Report *AVPRI*, 5-7.

(127)『朝鮮王国』516. 虐殺に関するより客観的な内田定槌の報告は以下を参照.「十月八日王城事変ノ詳細報告ノ件」(『日本外交文書』28:557-58).

(128) 1895年11月9日草野検事発芳川法相宛書簡(山邊健太郎「閔妃事件について」『コリア評論』6巻46号, 1964年9月, 50), 1895年10月9日Weber 発Lobanov-Rostovskii 宛書簡内朝鮮皇太子の証言(*RIK* 277-78, 282).

(129) 原敬外務次官宛ての内田の一つめの報告書によると, 閔妃を殺害したのは日本軍の尉官だという. 原奎一郎・山本四郎編『原敬をめぐる人びと』(日本放送出版協会, 1981年)152-53; 1895年11月1日内田発原宛書簡(『日韓外交史料』5:153. 1895年11月12日林憲兵中佐ヨリ児玉陸軍次官宛電信(『日韓外交史料』8:206, 1980年)には, その人物は秘密部隊所属で名前は宮本竹太郎だと示唆されている. 内田は西園寺宛ての公式報告書でこの件について再び述べているが, 多数ある可能性の一つだとしている(「十月八日王城事変ノ詳細報告ノ件」『日本外交文書』28:558). 金文子はこの解釈をそのまま受け入れているが(『朝鮮王妃殺害と日本人』254-58), 他の可能性(下に述べる高橋の自白文の内容など)に目を向けていない.

(130) 高橋は生涯後悔の念を示さなかった.「寺崎氏昔日談」444-45;「十月八日王城事変ノ詳

細報告ノ件」(『日本外交文書』28:558); Hillier to the Foreign Office, October 1875, British National Archives (以下 *BNA*) FO 228 1884, 267 を参照. 閔妃暗殺に関する皇太子の証言 は Weber to Lobanov-Rostovskii, 9.10.1895, *RIK*, 282, Allen to the Secretary of State, 10.10.1895, *KAR*, 2:358) を, 官女の証言は "Assassination," *TKR* 2 (1895): 388-89 を参照. 黒竜会の証言は『東亜先覚志士記伝』上:530. 殺害者の可能性があるとして高橋を挙げたのは内田で, それは事件翌日に高橋が記した自白文に基づく推測であった. だが自白文で高橋は恐怖に駆られて別の「美女」と宮内大臣を殺し, 真の敵である王妃は殺していないと記している. この文書は『日本外交文書』内に収録されていないが, 国立国会図書館所蔵の井上馨の私文書の中にある. 1895年10月8日高橋源治発鈴木重元宛書簡を参照(『井上馨関係文書』58:25, 国立国会図書館憲政資料室). 高橋は別名の寺崎泰吉の名で呼ばれている.

(131) "Assassination," *TKR* 2 (1895): 390.

(132) H. N. Allen to the Secretary of State, 13.10.1895, *KAR*, 2:359. 以下も参照. Satow to Salisbury, 18.10.1895, in Lensen, *Satow*, 50;「訓練隊ノ宮城侵入ニ付在朝鮮国日露両公使ノ談話通知ノ件」(『日本外交文書』28:496-97);『観樹将軍回顧録』338;『安達謙蔵自叙伝』62;『閔后殂落事件』93; 1895年10月24日東北日報「京城変事の後報」. 東北日報の同記事によると, 壮士の刀からは「鮮血が滴っていた」という.

(133) Critchfield, *Murder*, 135-36.

(134)『朝鮮王国』516-17;『閔妃暗殺』74.

(135) 大院君の二度めの布告は "Assassination," *TKR* 2 (1895): 389 に収録.

(136) "Official Korean Investigation," *TKR* 3 (1896): 135. Weber も引用する別の証言によると, 王は「指」でなく「手」と言ったという. 以下も参照. Weber to Lobanov-Rostovskii, 12.10.1895, *RIK*, 290-91; Allen to the Secretary of State, 13.10.1895, *KAR*, 2:362; Testimony of U Porn-chin, in Weber to Lobanov-Rostovskii, 9.10., 7.12.1895, *RIK*, 283, 298-99; Hillier to the Foreign Office, October 1875, *BNA* FO 228 1 884, 268-69,「王妃事変関係本邦人処罰並在韓国各国使臣ノ行動通知ノ件」(『日本外交文書』28:519-20). 漢文での勅令原文は『日本外交文書』28:505 に収録.

(137) Weber to St. Petersburg, 9.10.1895, reproduced in *RIK*, 275.

(138) "Korean Official Report," *TKR* 3 (1896): 127.

(139)『観樹将軍回顧録』338-39. 以下も参照. Weber to Lobanov-Rostovskii, 9.10.1895, *RIK*, 278-80;『朝鮮王国』517-18.

(140) Allen to the Secretary of State, 10.10.1895, *KAR*, 2:361; "Korean Official Report," in *TKR* 3 (1896): 129-30; 1895年10月10日午前9時三浦発西園寺宛電信(『三浦梧楼関係文書』91). 三浦と金外相の書簡のやりとりは「王妃事変ニ関スル韓国外部大臣トノ往復書類送付ノ件」『日本外交文書』28:502-06 に収録. 国友重章もソウル領事館で1895年10月12日に行われた取り調べにおいて朝鮮人が和服を着ていたという嘘を述べている(『井上馨関係文書』58:27). 身代わりになった朝鮮人については『閔妃暗殺』430-31.

(141) だが, この点については反対意見もある. 1895年10月の時点でサバチンはロシア領事宛ての書簡で日本政府の関与を伝えている (Sabatin's Report *AVPRI*, 17-18). この事件をテーマにした最も新しい日本語書籍の著者である金文子も, 三浦らは政府の意向に沿って閔妃を殺害したと考える. 金は希少なものを含む数多くの文献から詳細に証拠を検討しているが, 主な主張を裏づけることはできていない. また, 三浦が政府の指示に従っただけならばなぜ西園寺に嘘をついたのかという説明も行っていない.『朝鮮王妃殺害と日本人』258-59, 360-65.

(142) 1895年10月8日午前8時三浦発西園寺宛電信(『三浦梧楼関係文書』87).

(143)「十月八日王城事変ノ詳細報告ノ件」(『日本外交文書』28:559).

(144) 1895年10月8日午後3時西園寺発三浦宛電信(『三浦梧楼関係文書』88).

(145) 1895年10月8日午後3時, 8時, 11時および14日午後3時三浦発西園寺宛電信(『三浦梧楼関係文書』87-89, 93); 1895年10月14日三浦発伊藤宛書簡(『日本外交文書』28:513-14). 1895年10月11日仁尾発蔵相宛書簡(『朝鮮交渉資料』中:502-6)も参照.

(146)「十月八日王城事変ノ詳細報告ノ件」(『日本外交文書』28:553-54, 559).

(147) 10月19日に原宛てに送った書簡において, 内田は暗殺は政府の指示でないと思いつつまだ確信できていなかった.『原敬をめぐる人びと』154.

(148)「十月八日王城事変ノ詳細報告ノ件」(『日本外交文書』28:553, 555, 561),『原敬をめぐる人びと』152-53.

(149)「十月八日王城事変ノ詳細報告ノ件」(『日本外交文書』28:552-62. 特に558-61).

(150) 内田定槌「西園寺外相代理宛内田定槌具報・書翰写・退韓者調書」(『井上馨関係文書』58:56);「十月八日王城事変ノ詳細報告ノ件」(『日本外交文書』28:561-62);『東亜先覚志士記伝』上:537.

(151) D'Anethan to de Burlet, 17, 26. 10.1895, *D'Anethan Dispatches from Japan*, 54; Weber to Lobanov-Rostovskii, 7.12.1895, *RIK*, 298-99; 1895年10月11日仁尾発蔵相宛書簡(『朝鮮交渉資料』中:503-04);「王妃殺害事件ニ日本ノ関係有無ニ就キ露公使言明ノ件」(『日本外交文書』28:518).

(152) Hillier to Foreign Office, 11.10.1875, *BNA* FO 228 1 884, 272; 1895年10月10日午前9時三浦発西園寺宛電信(『三浦梧楼関係文書』91).

(153) "The King at the Russian Legation," *TKR* 3 (1896): 80-89; "Official Korean Investigation," *TKR* 3:140-41 .

(154) "Official Korean Investigation," *TKR* 3 (1896): 80-89.

(155) このリンチ行為に関する三つの目撃者証言は以下を参照. "The King at the Russian Legation," *TKR* 3 (1896): 86-89;『閔妃暗殺』447.

(156) Satow to Salisbury, 16.10.1895, in Lensen, *Satow*, 47. 1895年10月9日西園寺発西宛電信(『日本外交文書』28:496-97)も参照.

(157) 1895年10月11日午後3時西園寺発三浦宛電信(『三浦梧楼関係文書』91-92).

(158) 1895年10月10日野村靖内大臣閣議提案(国立公文書館, 類00741100).

(159) 1895年10月17日午後6時西園寺発三浦宛電信(『三浦梧楼関係文書』94-95), 東北日報1895年10月22日.

(160)『東亜先覚志士記伝』上:538.

(161) 東北日報1895年10月24日;「佐々正之訊問調書」(『朝鮮交渉資料』中:488).

(162) "Japanese Court Decision," 20.1.1896, *TKR* 3 (1896): 122-25; 1895年10月8日高橋発鈴木宛書簡(『井上馨関係文書』58:25); 1895年11月9日草野発芳川宛書簡(「閔妃事件について」50).

(163) "Official Korean Investigation," *TKR* 3 (1896): 125; "Japanese Court Decision," *TKR* 3 (1896):124-25.

(164)『刑事訴訟法』(朝日新聞社, 1890年) 165条 (pp.50-51). オンライン版は http://kindai.ndl.go.jp/info:ndljp/pid/795135/33

(165) John Haley は, この「道理」は法律の条文を現存の価値観に当てはめるため使われることが多かったと主張する. Haley, *Authority without Power*, 85 を参照.

(166)「岡本柳之助外四十七名予審終結決定ノ非難ヲ排スル理由説明書」(『朝鮮交渉資料』中:537-39). この文書も検閲後のものしか公にされなかったため, 信頼性と説得力には欠ける.

(167) 宮廷での出来事に関する内田の説明は「十月八日王城事変ノ詳細報告ノ件」(『日本外

交文書』28:557-58)を参照.
(168) 1895年11月9日および22日春田発児玉宛電信(『日韓外交史料』5:201, 231);「十月八日王城事変ノ詳細報告ノ件」(『日本外交文書』28:557-58) 169. 1895年11月1日内田発原宛電信, 1895年11月12日および15日内田発草野宛電信(『日韓外交史料』5:153, 218, 224, 234-35).
(170) 1895年11月20日に内田が聴取した「ゼネラル・ダイ」の証言を参照.『日韓外交史料』5:269-74.
(171) Critchfield, *Murder*, 229-30.
(172)『日本政治裁判史録 明治後』151-55, Teters, "Conservative Opposition," 111-14.
(173)『日本政治裁判史録 明治後』176-94(特に189-91).
(174)「王妃事変邦人関係者処罰並朝鮮国承認ニ関スル国務長官談話報告ノ件」(『日本外交文書』28:522-23);「十月八日王城事変ノ詳細報告ノ件」; 1895年11月8日に西園寺が日本人使節に宛てた「王妃殺害事件経過通報ノ件」(『日本外交文書』28:561, 567-68).
(175) 特に "Japanese Court Decision" 1ページめを参照(*TKR* 3〔1896〕:122). ただ, 政府が捜査の進捗と集められた証拠の利用に興味を示していたこともわかっている. 1895年11月10日芳川法相発黒田枢密院議長宛書簡(「閔妃事件について」50).
(176) 10月から11月にかけての井上および春田発児玉陸軍次官宛書簡・電信(『日韓外交史料』5:139-40, 152, 155, 163, 275-76). 朝鮮への調査隊派遣要請は196.
(177) この問題は1895年11月19日井上第五師管軍法会議理事発児玉陸軍次官宛の長い書簡で議論されている.『日韓外交史料』5: 228-30, 248-49. 日本陸軍における不法な命令に対する認識の欠如については吉田裕『日本の軍隊――兵士たちの近代史』(岩波書店, 2002年) 146を参照.
(178) 12月19日, 井上は陸軍省と証拠を検討するため帰国の許可を求めている. 被告を免訴する決定はその会合で行われたと考えられる. 1895年12月19日井上発児玉宛書簡(『日韓外交史料』5: 274-75)を参照. 軍法会議の最終決定については同書308-12を参照.
(179) なぜ政府は1894年の大鳥のクーデターを許して翌年の三浦の事件を責めるのかと, 杉村は大げさなまでに怒りの疑問を呈したが, おそらくこれが答えだろう.「杉村濬等被告事件陳述書」(『朝鮮交渉資料』中:533-34).
(180) Hilary Corroy, *The Japanese Seizure of Korea, 1868-1910; A Study of Realism and Idealism in Internatiomal Relations*. Philadelphia, PA: University of Pensylvania Press, 1960 306-07.
(181) Gluck, *Modern Myths*, 73-94; Fujitani, *Monarchy*, 174-83;『木戸孝允日記』1:72-73.
(182) Sabatin's Report *AVPRI*, 21-22; Bird, *Korea*, 2:37, 42, 73;『観樹将軍回顧録』324-25.
(183)『東亜先覚志士記伝』上:522; Sabatin's Report *AVPRI*, 22も参照.
(184)『東亜先覚志士記伝』上:521;『閔后殂落事件』33.
(185)『朝鮮王国』501-02.
(186)『東亜先覚志士記伝』上:522.
(187) Bird, *Korea*, 2:65;「十月八日王城事変ノ詳細報告ノ件」(『日本外交文書』28:557-58);「寺崎氏昔日談」442-23. Sabatin's Report *AVPRI*, 4-10も参照.
(188) 1895年12月12日「三浦梧楼事実訂正願」(『朝鮮交渉資料』中:524-25).
(189)「杉村濬等被告事件陳述書」(『朝鮮交渉資料』中:526).
(190)「十月八日王城事変ノ詳細報告ノ件」(『日本外交文書』28-1:560).
(191) 東北日報1895年10月27日. 部隊動員の権限に関する考察は『朝鮮王妃殺害と日本人』130-36を参照.
(192) 壮士の小早川秀雄が述べるとおり(『閔后殂落事件』33, 52), 三浦の決定は政府の命令も承認もなしに行われた「独断」であった.

(193) この表現は丸山眞男の有名な「下からのファシズム」「上からのファシズム」論を彷彿とさせるかもしれない．だが，私は意図的に彼の表現を使うことを避けた．なぜなら1895年にファシズムはほぼ存在していないため時代錯誤となるうえ，三浦や壮士を「ファシスト」と定義づけるのは誤解を生みかねないからである．丸山の見解については彼の著書『現代政治の思想と行動』（未来社，1956-57年）25-84を参照．

(194) Siniawer, *Ruffians*, 54, 87;「「天佑俠」に関する一考察」1341.

(195)「寺崎氏昔日談」440.「「天佑俠」に関する一考察」1341も参照．

(196) Prasenjit Duara, "State Involution: A Study of Local Finances in North China: 1911-1935," *Comparative Studies in Society and History* 29, no. 1 (January 1987), 135-36.

(197) 東北日報1895年10月24日「朝鮮兇変と内閣」;「十月八日王城事変ノ詳細報告ノ件」（『日本外交文書』28:562）;「被告人楠瀬中佐供状」（『日韓外交史料』5:131-32）．金文子はこの複雑なプロセスを，陸軍は組織の活動を隠すために壮士を利用しただけだという一元的な陰謀論に単純化している（『朝鮮王妃殺害と日本人』310）．だがそれは半分しか正しくない．「陸軍」が団結した一つの集団だったことはなく，壮士と軍閥とのあいだのやりとりは両者に影響を及ぼしたからである．

第七章　三幕のクーデター

(1)　Drea, *Imperial Army*, 89.

(2)　『逆説の軍隊』158-59.

(3)　Peter Duus, *Party Rivalry and Political Change in Taisho Japan* (Cambridge, MA: Harvard University Press, 1968) 11 .

(4)　田崎末松『評伝田中義一——十五年戦争の原点』（平和戦略綜合研究所，1981年）上:356-59, 362-63.

(5)　Najita Tetsuo, *Hara Kei in the Politics of Compromise, 1905-1915* (Cambridge, MA: Harvard University Press, 1967), 105-06, 208-09（邦訳は安田志郎訳『原敬——政治技術の巨匠』読売新聞社，1974年）. Duus, *Party Rivalry*, 3, 8-13, 29-31; 坂野潤治『大正政変——1900年体制の崩壊』（ミネルヴァ書房，1982年）72; 利谷信義「明治憲法体制と天皇——大正政変前後を中心として」（『法学新報』中央大学法学会，83巻7-12号，1977年1月）72-73; 1912年8月20日大阪朝日新聞「原内相の非立憲」.

(6)　大津淳一郎『大日本憲政史』（原書房，1969-70年）6:752;『日本の参謀本部』127;『大正政変』9-13.

(7)　Najita, *Hara*, 60-62; Duus, *Party Rivalry*, 31-33. 原の政策に対する当時の解釈は「原内相の非立憲」を参照．

(8)　1912年8月20日大阪朝日新聞「朝鮮師団設置」; J. Charles Schencking, *Making Waves: Politics, Propaganda, and the Emergence of the Imperial Japanese Navy, 1868-1922* (Stanford, CA: Stanford University Press, 2005), 139;『評伝田中義一』364-65;「明治憲法体制と天皇」75-76;『日本の参謀本部』117-18, 124-25.

(9)　山本四郎『大正政変の基礎的研究』（御茶の水書房，1970年）43-44; 高倉徹一編『田中義一伝記』（田中義一伝記刊行会，1958-60年）下:485-86; Schencking, *Waves*, 139-40, 145;『日本の参謀本部』118.

(10)　上原発内閣宛書簡（『田中義一伝記』下:492）.

(11)　『大正政変』10.

(12)　原奎一郎編『原敬日記』（福村出版，1965-67）3:187. 緊縮財政の詳細は以下に収録の

1912年1月23日帝国議会での西園寺と山本の答弁を参照.『大日本憲政史』6:668-70;『大正政変の基礎的研究』179;『田中義一伝記』下:501; 海軍歴史保存会編『日本海軍史』(海軍歴史保存会, 1995年)2:214;『大正政変』10.

(13) 1912年10月23日上原発山県宛書簡(尚友倶楽部山県有朋関係文書編纂委員会編『山県有朋関係文書』1:221-22, 山川出版社, 2005年);『原敬日記』3:254, 259; 1912年5月9日後藤発桂宛書簡(千葉功編『桂太郎関係文書』)179-80; 1912年11月16日「西園寺首相ニ呈シテ平ニ海軍拡張中止ヲ建言」(国立公文書館アジア歴史資料センター, B03030229900, p.1).

(14) 『原敬日記』3:244; 田中義一「増師問題経緯」(『田中義一伝記』下:515);『大正政変』11.

(15) 『東洋経済新報』1912年7月15日, 8-10「陸軍の拡張断じて不可」.

(16) シベリア出兵開始時の世論についてはPaul E. Dunscomb, *Japan's Siberian Intervention, 1918-1922: A Great Disobedience against the People* (Lanham, MD: Lexington Books, 2011), 4を参照. 地方で陸軍の人気が高かったデータについては以下を参照. Richard J. Smethurst, *A Social Basis for Prewar Japanese Militarism: The Army and the Rural Community* (Berkeley, CA: University of California Press, 1974), 66-71.

(17) 1912年10月29日上原発寺内宛書簡(千葉功編『桂太郎関係文書』180-81); 坂野潤治他編『財部彪日記——海軍次官時代』(山川出版社, 1983年)下:100;『原敬日記』3:257;『評伝田中義一』上:309-10; Schencking, *Waves*, 148-50.

(18) 陸海軍両方に批判的な雑誌もあった(『大正政変の基礎的研究』723-75). 海軍の要求を全面的に批判する記事「陸軍の拡張断じて不可」さえ, 海軍の大衆からの人気は認めている. 以下も参照.『評伝田中義一』上:369; Schencking, *Waves*, 138.

(19) 城西耕夫「独嘯録」(『太陽』18巻1号, 1912年8月)141.

(20) 「二個師団増師問題覚書」(著者不明, 1912年9月)(山本四郎編『寺内正毅関係文書——首相以前』533, 京都女子大学, 1984年); 東京朝日新聞1912年10月26日; 後藤新平とロシア大使の会話(H. A. Malevsky-Malevich to Foreign Minister S. D. Sazonov, 12.12.1912, reproduced in V. E. Molodiakov, ed., *Katsura Taro, Goto Simpĭ i Rossiia: Sbornik Dokumentov 1907-1929*, Moscow: Dmitrii Bulanin, 2005), 87; 1912年12月(日付不明)平田東助発桂宛書簡(千葉功編『桂太郎関係文書』324-25);『田中義一伝記』下:485.

(21) 1912年11月10日山県と西園寺の会話(『田中義一伝記』下:495-97). 山県の解釈は伊藤隆編『大正初期山県有朋談話筆記——政変思出草』(山川出版社, 1981)31-34を参照. 1912年9月5日後藤発桂宛書簡には8月の時点での山県と西園寺の会話に関する報告が含まれている(千葉功編『桂太郎関係文書』181-82). 田中の立場については「増師問題経緯」『田中義一伝記』下:508, 513. 海軍の心情は『財部彪日記』下:124.

(22) 1912年12月17日田中発桂宛書簡(千葉功編『桂太郎関係文書』250).

(23) 「増師問題経緯」(『田中義一伝記』下:506-13).

(24) 同上:514-16.

(25) 『大正政変の基礎的研究』176-79;「増師問題経緯」(『田中義一伝記』下:506-07). 内閣への上原の訴えは『田中義一伝記』下:491-92. これに関する考察は『日本の参謀本部』124-25.

(26) 1912年3月30日田中発寺内宛書簡; 1912年10月17日寺内発田中宛書簡(千葉功編『桂太郎関係文書』250, 282-83); 1912年2月12日および3月30日田中発寺内宛書簡; 1912年3月31日および10月29日上原発寺内宛書簡(千葉功編『桂太郎関係文書』98-99);「二個師団増師問題覚書」(『寺内正毅関係文書』583-85). 分析研究は『大正政変の基礎的研究』179.

(27) 1912年3月30日田中発寺内宛書簡.

(28) 1900年5月19日「御署名原本・明治三十三年・勅令第百九十三号 陸軍省官制改正」付表15脚注1(国立公文書館アジア歴史資料センター, A03020460500). 分析はSven Saaler,

Zwischen Demokratie und Militarismus: Die Kaiserliche-Japanische Armee in der Politik der Taisho-Zeit, (1912-1916) (Bonn: Bier'sche Verlagsanstalt, 2000), 35-36.

(29) 『逆説の軍隊』157. 唯一の例外として, 文民だがかつては海軍に所属した勝海舟が1873年から1879年にかけて海軍卿を務めた. 同書を参照.

(30) 『大日本憲政史』6:671; Saaler, *Militarismus*, 70-71; 『逆説の軍隊』165; Duus, *Party Rivalry*, 37.

(31) Saaler, *Militarismus*, 71-77. ネットワークの「接着剤」としての山県の役割については Najita, *Hara*, 233 (note no. 10) を参照.

(32) 2月21日および3月30日田中発寺内宛書簡(文末). 別の解釈は『逆説の軍隊』175.

(33) 1912年3月25日上原発寺内宛書簡, 1912年4月14日寺内発桂宛書簡(千葉功編『桂太郎関係文書』278-79).

(34) 1912年2月4日西園寺発山県宛書簡(『山県有朋関係文書』2:147); 1912年4月3日岡発寺内宛書簡(Lone, *Army Empire*, 175-76).

(35) 『評伝田中義一』上:295; Takekoshi Yosaburo(竹越与三郎), *Prince Saionji* (Kozaki Nariaki訳, 立命館大学, 1933年)262.

(36) 『原敬日記』3:264-66.

(37) 田中は政府が問題をいつまでも先延ばしにして見て見ぬふりをすることを嘆いている.「増師問題経緯」(『田中義一伝記』下:514).

(38) 『原敬日記』3:237.

(39) タイムズ1912年6月10日, 7月15日, 16日.

(40) Saaler, *Militarismus*, 76; Najita, *Hara*, 93-94; 内藤一成「大正政変期における桂新党と貴族院」(『史学雑誌』111編4号, 史学会, 2002年4月)80, Duus, *Party Rivalry*, 39.

(41) 1912年9月3日加藤高明駐英大使発桂宛書簡; 1912年9月15日本野一郎駐露大使発桂宛書簡(千葉功編『桂太郎関係文書』138-39, 345-46).

(42) 岡義武·林茂校訂『大正デモクラシー期の政治――松本剛吉政治日誌』(岩波書店, 1959年)3; 1912年9月3日加藤発桂宛書簡(千葉功編『桂太郎関係文書』138-39); 浅田江村「優詔皇族元老大臣に下り桂公内大臣に任ず」(『太陽』18巻12号, 1912年9月)18-19.

(43) タイムズ1912年7月18日; 1912年7月20日加藤発桂宛書簡および1912年9月15日本野発桂宛書簡(千葉功編『桂太郎関係文書』126-28); Lone, *Army, Empire*, 177; 1912年9月5日後藤発桂宛書簡(千葉功編『桂太郎関係文書』178-79).

(44) 『原敬日記』3:244-45. 山県の顧問たちが桂に何度も書簡を送り, 彼を侮辱したり排除したりする意図はないと訴えていることからも, 間接的に桂の辛い心情がわかる. 1912年8月28日および9月5日後藤新平発桂宛書簡(千葉功編『桂太郎関係文書』176-78). その後の桂の行動にも表れている. 12月17日に再び首相に就いたとき, 彼は山県に対してややぶしつけに「別荘で休んで」政治に干渉しないよう促している(Duus, *Party Rivalry*, 39). だが不満を抱えながらも, 1912年秋の桂はかつての仲間たちと縁を切ることはなかった. 宮中にいるあいだも山県および長州閥と裏で協力していた. 1912年10月16日桂発山県宛書簡(『桂太郎発書翰集』429. 『山県有朋関係文書』1:381-82にはこの日付で記されているが, 書簡内で10月15日を未来としているため, 誤りと思われる.

(45) Takekoshi, *Saionji*, 267.

(46) 「二個師団増師問題覚書」(『寺内正毅関係文書』584).

(47) 1912年8月28日山県の顧問で文民の後藤新平発桂宛書簡(千葉功編『桂太郎関係文書』177).

(48) 『原敬日記』3:250; 1912年12月(日付不明)平田東助(?)発桂宛書簡(千葉功編『桂太郎

関係文書』325）. 西園寺内閣倒壊後の同様の意見は1912年12月10日山県発桂宛書簡（同書447-48）. 1912年12月11日の時事新報による山県への取材内容および『大正初期山県有朋談話筆記』27-28に記されているその後の発言も参照. この発言と取材において山県は自らの立場を弁護しようとしているため, 解釈には注意を要する. 分析資料としては以下を参照. 伊藤隆『大正初期山県有朋談話筆記（1）』（『史学雑誌』75編10号, 1966年11月）63-67.

(49) 1912年11月16日「西園寺首相ニ呈シテ平ニ海軍拡張中止ヲ建言」（国立公文書館アジア歴史資料センター, B03030229900, p. 2）. 西園寺を海軍の軍備増強計画に固執させた反論は意見書自体に反映されている. 政変さなかにおける政友会幹部の主な意見については『大正政変の基礎的研究』187を参照.

(50) 『原敬日記』3:257, 64; 1912年10月13日桂発山県宛書簡（『桂太郎発書翰集』429）; 松方発山県宛書簡（『山県有朋関係文書』3:244）.

(51) 角田順校訂『宇垣一成日記』（みすず書房, 1968-70年）1:88; 小泉策太郎『随筆西園寺公』（岩波書店, 1939年）269; 小林道彦「大正政変期の大陸政策と陸海軍――1912～14年」（『日本史研究』363号 ; 1992年11月）5; 前田蓮山『歴代内閣物語』（時事通信社, 1961年）1:412.

(52) 『原敬日記』3:263-67; 『評伝田中義一』上:330, 334; 1912年12月6日上原発寺内宛書簡（『大正政変の基礎的研究』198-99）. 党に対する原と松田の重要性については尾崎行雄『咢堂自伝』（『尾崎咢堂全集』11, 東京　公論社, 1955年）266を参照.

(53) 1912年12月17日田中発桂宛書簡（千葉功編『桂太郎関係文書』250）; 『大正政変の基礎的研究』170; 『田中義一伝記』下:489; 『大日本憲政史』6:751; 「明治憲法体制と天皇」81 .

(54) 田崎の主張によると, 井上の仲介は田中が促し, それは政友会の中心メンバーに陸軍の要求の正当性を直接納得させる試みだった（『評伝田中義一』上:324）.

(55) 『原敬日記』3:260, 70.

(56) 『原敬日記』3:258;『評伝田中義一』上:334-35.

(57) 『田中義一伝記』下:491-93に覚書が収録. 493には作者についての注記がある. 『評伝田中義一』上:317の分析も参照.

(58) 表現は『原敬日記』3:266から引用. 薩摩閥が上原を味方につけて長州閥に対抗しようとして失敗した経緯については1912年12月6日上原発寺内宛書簡を参照. ここで上原は自らの決定に対する薩摩閥の影響を否定している（『大正政変の基礎的研究』160, 198-99）; 『評伝田中義一』上:331-33.

(59) 1912年11月10日西園寺と山県の会話（『田中義一伝記』下:495-97）. 山県視点の記録は『大正初期山県有朋談話筆記』31-34. 田中は予想どおりいっさいの保留を認めなかった（「増師問題経緯」『田中義一伝記』下:509）. それに対する解釈は『評伝田中義一』上:329. 1912年11月28日山県発桂宛書簡（千葉功編『桂太郎関係文書』447）も参照. のちに田中は, 山県はこの問題に「引きずり込まれた」のだと語るが, 一方で政変を引き起こしたとしてなぜか井上を責める（『随筆西園寺公』269）.

(60) 『原敬日記』3:264; 『大正政変の基礎的研究』175-76.

(61) 『大正政変の基礎的研究』153.

(62) 『東京経済雑誌』1912年10月5日「朝鮮師団問題の切迫」.

(63) 『日本及日本人』1912年10月15日「東西南北」2-3.

(64) 大阪毎日1912年10月19日「日本の前途を何するか（三）」

(65) 『評伝田中義一』上:313; 松方発平田宛書簡（『山県有朋関係文書』3:244）.

(66) 『原敬日記』3:260-61, 263. 海軍と比べて薄遇されているという陸軍の感情の重要性については9月に寺内に提出された覚書を参照（「二個師団増師問題覚書」『寺内正毅関係文書』533）. 山県の仲間たちのやりとりにも陸軍の要求に対する政友会の抵抗が見られる（1912

年9月5日後藤発桂宛書簡(千葉功編『桂太郎関係文書』182).
(67) 『原敬日記』3:264, 267.
(68) 『原敬日記』3:267.
(69) 『大正政変の基礎的研究』190.
(70) 『原敬日記』3:269; 山本四郎編『寺内正毅日記——1900~1918』(京都女子大学, 1980年) 568, 570-71.
(71) 『原敬日記』3:269-70.
(72) 『原敬日記』3:270-71.
(73) 『原敬日記』3:270-71; 1912年12月4日田中発寺内宛書簡(『寺内正毅関係文書』587); 『評伝田中義一』上:342. 山県の視点からは『大正初期山県有朋談話筆記』33-34.
(74) Takekoshi, *Saionji*, 266.
(75) 1912年12月(日付不明)渡辺発桂宛書簡(千葉功編『桂太郎関係文書』492); 『寺内正毅日記』570-71; 尚友倶楽部・櫻井良樹編『田健治郎日記』(芙蓉書房出版, 2009年) 2:237. 選任プロセスについての詳細は山県の証言(『大正初期山県有朋談話筆記』34-42)および徳富蘇峰編『公爵桂太郎伝』(原書房, 1967年)坤:613-14. 勅令は『大正初期山県有朋談話筆記』614.
(76) 1912年12月24日寺内発山県宛書簡(『山県有朋関係文書』2:401); 1912年12月27日田中発寺内宛書簡(『大正政変の基礎的研究』300-01); 『田健治郎日記』2:238; 『公爵桂太郎伝』坤:614-15; Schencking, *Waves*, 157. 多数のデータによる詳細な考察には『日本海軍史』2:220-22を参照.
(77) 「二個師団増師問題覚書」(『寺内正毅関係文書』533); 1913年2月16日木越発桂宛書簡(千葉功編『桂太郎関係文書』149).
(78) 1912年12月7日清浦圭吾発山県宛書簡(『山県有朋関係文書』2:79-80). 1912年12月21日上原発桂宛書簡(『大正政変の基礎的研究』297-99)も参照.
(79) 1912年12月17日田中発桂宛書簡(千葉功編『桂太郎関係文書』250-51); Lone, *Army, Empire*, 182-83.
(80) 1912年12月16日清浦発山県宛書簡(『山県有朋関係文書』2:81); 『大正政変の基礎的研究』306.
(81) 1912年12月16日清浦発山県宛書簡(『山県有朋関係文書』2:81-82); 1912年12月12日 H. A. Malevsky-Malevich 発 S. D. Sazonov 宛書簡に記された後藤とロシア大使の会話(Molodiakov, *Sbornik Documentov*, 87-88).
(82) 海軍に仲間のいない田中でさえ, この状況下では斎藤は辞任するしかないと考えた. 内閣に残れば臆病だとみなされるだろうと. 1912年12月27日田中発寺内宛書簡(『大正政変の基礎的研究』301).
(83) 『原敬日記』3:274; 『大正政変の基礎的研究』303-04; 「大正政変期の大陸政策と陸海軍」4.
(84) 『田健治郎日記』2:238; 『公爵桂太郎伝』坤:614-15.
(85) 『財部彪日記』下:119.
(86) これらの出来事に関する詳細な情報源は桂の秘書官であった江木翼の証言である(『公爵桂太郎伝』坤:615-18). この証言の一部は斎藤の日記でも裏づけられている. 斎藤子爵記念会編『子爵斎藤実伝』(斎藤子爵記念会, 1941-42年) 2:204-07; 『大正政変の基礎的研究』307-08. 財部彪海軍次官の日記にも記載がある(『財部彪日記』下:118-19).
(87) 江木の証言(『公爵桂太郎伝』坤:616-18); 斎藤の日記(『子爵斎藤実伝』2:204-07); 桂に対する斎藤の返事(同書 2:205-06). 以下も参照. 『財部彪日記』下:119-23; Schencking, *Waves*, 158-59;『日本海軍史』2:222-25. 会議に参加した海軍将校のうち中心人物は, 伊集院軍令部長

とその代理の藤井, 松本艦政本部長である(1912年12月20日斎藤の日記より;『子爵斎藤実伝』2:206). 資料にこれらの名前が繰り返し挙がることから, 彼らに山本権兵衛を加えた少数が日本海軍の総意の鍵を握っていたと結論づけてよいだろう.

(88) 桂は頻繁にドイツ語の "mein junger Herr" と "mein Junge" (= my boy) という表現を用いた. この会話はロシア大使とのあいだで交わされ, 桂は堪能だったドイツ語で意思疎通をしていた. Malevsky-Malevich to Sazonov, 21.8.1912, Molodiakov, *Sbornik Dokumentov*, 86.

(89) 『公爵桂太郎伝』坤:615;『財部彪日記』下:123-24. 勅令は『子爵斎藤実伝』2:211-12に収録.

(90) 『財部彪日記』下:124-25;『原敬日記』3:274-75.

(91) ただし, 海軍は戦艦建造の費用をいくらか与えられた(『日本海軍史』2:225-27).

(92) 報道およびその世論への影響に関する当時の興味深い意見は, 1912年12月24日に大阪毎日新聞社長の本山彦一から後藤新平通信大臣に宛てた書簡を参照(千葉功編『桂太郎関係文書』183-84). 1913年1月20日松方発桂宛書簡(同書340)も参照.

(93) 「日本の前途を何するか(三)」;「優詔皇族元老大臣に下り桂公内大臣に任ず」;『大正政変の基礎的研究』102-05; Takekoshi, *Saionji*, 266; Hackett, *Yamagata*, 255. 政友会にも同様の感情が広まっていた(『咢堂自伝』265).

(94) 高橋義雄『萬象録――高橋箒庵日記』(思文閣出版, 1986-90) 1:179; Schencking, *Waves*, 159-66.

(95) 政友会との協力が活動を支えたことは確かだが, それが大規模の暴力的なデモの原因になったということは決してない. Andrew Gordonが主張するとおり, そうしたデモはむしろ1913年の前にも後にも政友会に対して頻繁に行われていた(Andrew D. Gordon, "The Crowd and Politics in Imperial Japan: Tokyo: 1905-1908," *Past and Present* 121 no. 1 (November 1988), 168.

(96) 『萬象録』1:235; Hackett, *Yamagata*, 257. 中心人物によるさらなる体験談は『咢堂自伝』267. 分析はSaaler, *Militarismus*, 84-85.

(97) 『田健治郎日記』2:253;『咢堂自伝』266;『原敬日記』3:277-78. 国民党の背景についてはDuus, *Party Rivalry*, 37.

(98) 桂任命日の交詢社の反対については『萬象録』1:174-75. 運動における同クラブのハブ的役割については同書231-35, 240. 炉端談義の引用は235. 以下も参照.『咢堂自伝』266; Takekoshi, *Saionji*, 270; Duus, *Party Rivalry*, 41.

(99) 桂発三浦梧楼宛書簡(『桂太郎発書翰集』366-67);『田健治郎日記』2:247, 51;『咢堂自伝』267-68;『原敬日記』3:281; Najita, *Hara*, 102, 117-18;『大正政変の基礎的研究』310; Saaler, *Militarismus*, 82.

(100)「朝鮮師団問題の切迫」;「日本の前途を何するか(三)」;『萬象録』1:177;『原敬日記』3:274, 276;『大正政変の基礎的研究』288-93; Hackett, *Yamagata*, 255.

(101) 1913年1月12日桂発山県宛書簡(『桂太郎発書翰集』431); Schencking, *Waves*, 160-66.

(102)『咢堂自伝』271.『萬象録』1:235も参照. 原文は「明治憲法体制と天皇」79に引用されている.

(103) Najita, *Hara*, 147.『田健治郎日記』2:261-62および尾崎の視点(『咢堂自伝』271); Takekoshi, *Saionji*, 274も参照.

(104)『田健治郎日記』2:253; Schencking, *Waves*, 162-63;「明治憲法体制と天皇」78-79; 舩木繁『陸軍大臣 木越安綱』(河出書房新社, 1993年) 319-20.

(105) 1913年2月19日寺内発山県宛書簡(『山県有朋関係文書』2:401-02).

(106)『田健治郎日記』2:264;『咢堂自伝』273-74; Najita, *Hara*, 160-61; Saaler, *Militarismus*, 87;

Hackett, *Yamagata*, 256-57, 262-63.
(107) Siniawer, *Ruffians*, 83-85.
(108) 1913年1月12日桂発山県宛書簡(『桂太郎発書翰集』431).
(109)「明治憲法体制と天皇」79.
(110)『愕堂自伝』272;『原敬日記』3:287; Najita, *Hara*, 156; Saaler, *Militarismus*, 86. 勅令の原文は「明治憲法体制と天皇」79.
(111) 1913年2月10日望月小太郎発桂宛書簡(千葉功編『桂太郎関係文書』365);『田健治郎日記』2:263-64;『原敬日記』3:287;『愕堂自伝』273; Saaler, *Militarismus*, 86-87.
(112) Najita, *Hara*, 158.
(113)『萬象録』1:233-35. これらの出来事に関する山本の視点は「伯爵山本権兵衛直話」(山本清他編『伯爵山本権兵衛伝』1938年)下:964-65. 考察はSchencking, *Waves*, 163-65; Saaler, *Militarismus*, 87.
(114)『田健治郎日記』2:264-65; Schencking, *Waves*, 138.
(115) 大阪毎日新聞1912年10月10日「武断政治矯正」; 城西耕夫「独嘯録」142; 尾崎行雄「陸海両相に武官専任の可否——適任者問題」(『太陽』18巻12号, 1912年9月)143-46.
(116)『田健治郎日記』2:247.
(117)『原敬日記』3:297.
(118)「大正政変期の大陸政策と陸海軍」17.
(119)『愕堂自伝』280.
(120) 1913年3月11日木越発山県宛書簡(『山県有朋関係文書』2:24),『陸軍大臣 木越安綱』333.
(121) 1913年3月11日木越発山県宛書簡(『山県有朋関係文書』2:24).
(122)『原敬日記』3:298;『陸軍大臣 木越安綱』334-35.
(123)『財部彪日記』下:171.
(124)『宇垣一成日記』1:88.
(125)『原敬日記』3:298;『陸軍大臣 木越安綱』333-34.
(126)『原敬日記』3:305-7;『財部彪日記』下:169-7 1; 1913年4月20日宇都宮発上原宛書簡(山本四郎『山本内閣の基礎的研究』京都女子大学, 1982年)187;『陸軍大臣 木越安綱』338-39.
(127) Najita, *Hara*, 181-82.
(128)『宇垣一成日記』1:87.
(129)『原敬日記』3:305-06.
(130)『原敬日記』3:308. 内閣決定書の原文は『山本内閣の基礎的研究』190-91.
(131)『原敬日記』3:306.
(132)『財部彪日記』下:175;『宇垣一成日記』1:87;『山本内閣の基礎的研究』191.
(133)『原敬日記』3:309;『財部彪日記』下:175-76.
(134)『原敬日記』3:319;『財部彪日記』下:188-89; Drea, *Imperial Army*, 131 .
(135) 1913年4月20日宇都宮発上原宛書簡(『陸軍大臣 木越安綱』338-39, 考察は340, 50). このつながりは, 元佐賀藩で薩摩閥の宇都宮太郎参謀本部第二部長および首相にほぼ直属する財部海軍次官が維持していた(『財部彪日記』下:157, 71, 88-89). 分析は『山本内閣の基礎的研究』201-2.
(136) 1913年6月20日寺内発山県宛書簡(『山県有朋関係文書』2:403).
(137) 妥協案については『大正政変の基礎的研究』181-82.
(138)『田中義一伝記』下:489-90; 1912年12月24日寺内発山県宛書簡(『山県有朋関係文書』2:400-1); 1913年5月15日田中発寺内宛書簡(『陸軍大臣 木越安綱』346-47), 宇垣「陸海軍大

臣」(『宇垣一成日記』1:89-92, 95).

(139)「明治憲法体制と天皇」67, 70, 72-73, 77;『原敬日記』3:245; フレドリック・R. ディキンソン『大正天皇——一躍五大洲を雄飛す』(ミネルヴァ書房, 2009年)88-90;『歴代内閣物語』上:412, 418-19. 同書218で著者の前田は, 明治天皇が生きていれば西園寺と山県を宮中に呼び出し, 自らの特権を使って効果的な妥協策を講じられたと主張する.

(140)『大日本憲政史』6:753-54.

(141)『逆説の軍隊』167-76.

(142) 下剋上を行使した数多くの例のうちの一つは『陸軍大臣 木越安綱』339を参照.

(143) van Creveld, *Command*, 65-78, 226-32, 268-77.

(144) Yuri Pines and Gideon Shelach, *Kol asher mi-taf:zat la-shamayim: Toldot Ha-Keisarut Ha-Sinit* (Ra'ananah: Universitah ha-petuhah, 2011) 1:372.

(145) 英語による山県の伝記作家Roger F. Hackettは当時の山県の政治的影響力をより高く評価している(Hackett, *Yamagata*, 248-49). Duus, *Party Rivalry*, 11も参照.

(146) 1912年11月1日寺内発田中宛書簡(『大正政変の基礎的研究』164).

(147) 1912年11月17日上原発桂宛書簡(千葉功編『桂太郎関係文書』98-99); Hackett, *Yamagata*, 249.

(148) 1912年11月17日上原発桂宛書簡(『桂太郎関係文書』98-99); 1912年12月6日上原発寺内宛書簡(『大正政変の基礎的研究』198-99),『歴代内閣物語』上:413;『田中義一伝記』下:483-84, 488(田中の活動に対する渡辺世祐の証言は520-22).

(149)『財部彪日記』下:122-23;『子爵斎藤実伝』2:216.

(150) Richard W. Southern, *Western Society and the Church in the Middle Ages* (London: Penguin Books, 1990), 141-42.

(151)『咢堂自伝』271;『田健治郎日記』2:263.

(152) Najita, *Hara*, 138.

(153) Slavoj Žižek, "Talk at Occupy Wall St.," in *Ecology without Nature.* http://ecologywithoutnature. blogspot.com/2011/10/zizeks-talk-at-occupy-wall-st.html

(154) 1913年1月15日田中発上原宛書簡(『山本内閣の基礎的研究』196-97).

(155)『原敬日記』5:271. 1917年2月3日の外相(本野一郎)による議会答弁も参照(『伯爵山本権兵衛伝』下:992-93). 分析は「大正政変期の大陸政策と陸海軍」15.

(156) Najita, *Hara*, 181.

(157)「大正政変期の大陸政策と陸海軍」2.

(158) シベリア出兵および陸軍の役割と行動についてはDunscombのすばらしい論文*Japan's Siberian Intervention*で考察されている.

第八章　満州の王

(1)　Dunscomb, *Japan's Siberian Intervention,*126-30, 40;『日本陸軍と日中戦争への道』49, 72-73.

(2)　Yoshihisa Tak Matsusaka, *The Making of Japanese Manchuria, 1904-1932* (Cambridge, MA: Harvard Asia Center/Harvard University Press, 2001), 233;「大正政変期の大陸政策と陸海軍」2.

(3)　「大正政変期の大陸政策と陸海軍」2;『日本陸軍と日中戦争への道』8-9, 28.

(4)　大江志乃夫『張作霖爆殺——昭和天皇の統帥』(中央公論社, 1989年)157.

(5)　Theodore Cook, "The Japanese Corps: The Making of a Military Elite," (Ph.D. diss., Princeton University, 1987), 86-89. 陸軍大学校で後年に使用されていた教科書(初期のものは

残っていない)は以下を参照.「陸軍大学校教育 綱領・行務細則」(1907年6月, 高野邦夫編『近代日本軍隊教育史料集成』7, 柏書房, 2004年);「統帥参考書草案第三案」(1929年9月,『近代日本軍隊教育史料集成』7)215, 240-45;『日本軍の精神教育』139-40; 上法快男『陸軍大学校』(芙蓉書房, 1973年)166;『陸軍参謀』30-31(有末精三と今井武夫の証言は294, 305).

(6) Leonard A. Humphreys, *The Way of the Heavenly Sword: The Japanese Army, in the 1920s* (Stanford, CA: Stanford University Press), 43-50; Benesch, *Inventing the Way*, 170.

(7) 橘川学『嵐と闘ふ哲将荒木――陸軍裏面史・将軍荒木の七十年(下)』(荒木貞夫将軍伝記編纂刊行会, 1955年)80; 宇垣一成述, 鎌田沢一郎著『松籟清談』(文藝春秋新社, 1951年)321-22; Humphreys, *Sword*, 157-60; Kitaoka "Army", 79-80; Drea, *Imperial Army*, 156-58;『日本陸軍と日中戦争への道』72-74. 1932年3月5日 League of Nations Commission of Inquiry(リットン調査団)による荒木との面談内容は League of Nations Archives, United Nations Office at Geneva(以下 *LNA-UNOG*), S29, No. 132 Japan, 21.

(8) 『嵐と闘ふ哲将荒木』80.

(9) 『嵐と闘ふ哲将荒木』80-81. この口論の背景に関する詳細は『田中義一伝記』下:951-52.

(10) 『嵐と闘ふ哲将荒木』87.

(11) 宇垣の政策とそれに対する批判は Humphreys, *Sword*, 79-107; Drea, *Imperial Army*, 151-56; Kitaoka, "Army," 76-79.

(12) "Heben Dazuo Kou gong," 4.4.1953, "Pingye Lingfu Zheng ci," (平野零児の証言) *Heben Dazuo yu Rijun Shanxi "Can Liu,"* eds. Zhongyang Dang an guan et al. (Beijing: Zhonghua Shu ju, 1995, 以下 *HBDZ*): 7, 68-69;『張作霖爆殺』33-39, 41-43.

(13) "Heben Dazuo Kou gong," 4.4.1953, *HBDZ*, 18;『張作霖爆殺』33-39, 41-43. この学派の考察は Humphreys, *Sword*, 110-16; Drea, *Imperial Army*, 154-56; 平野零児『満州の陰謀者――河本大作の運命的な足あと』(自由国民社, 1961年)39-40.

(14) Sir Miles Lampson, British Minister in Beijing, to Lord Cushendun, Acting Secretary of State, 19.3.1928, "A Review of the Past and Present Policy of Japan in South Manchuria," "China-Manchuria Japanese Policy, 1923-1932," part I, 152-53, National Archives of Australia, Chin 165(以下 *CMJP-NAA*).

(15) Lampson, "Review," *CMJP-NAA*, 1:155-56.

(16) Sir Cecil Dormer, British Ambassador in Tokyo, to Lord Cushendun, 14.8.1928, *CMJP-NAA*, 1:163.

(17) 1932年6月2日および10月9日本庄繁および荒木貞夫のリットン調査団による面談(*LNA-UNOG*, S31 No. 131-32 R Manchuria, pp. 1-5, S29, No.132 Japan, pp. 3-7); Dormer to Cushendun, 14.8.1928, *CMJP-NAA*, 1:163. 陸軍将校の田中隆吉の証言は International Military Tribunal for the Far East, *Record of proceedings, Tokyo, Japan: The United States of America [et al.] against Araki, Sadao . . . Tojo, Hideki [et al.], accused / official court reporters, Jack Greenberg, Chief . . . [et al.]* (Microfilm Reels, Center for Research Libraries, Chicago) microfilm reel 2:1958(以下 *IMTFE*). 満州に対する日本の「感傷」の歴史的背景は Emer O'Dwyer, *Significant Soil: Settler Colonialism and Japan' s Urban Empire in Manchuria* (Cambridge, MA: Harvard University Asia Center, 2015), 138-39.

(18) 『張作霖爆殺』123 .

(19) Matsusaka, *Making of Japanese Manchuria*, 71.

(20) *IMTFE*, R2: 1759-60; Ramon H. Myers, "Japanese Imperialism in Manchuria: The South Manchurian Railway Company, 1906-1933," in *The Japanese Informal Empire in China, 1895-1937*, ed. Peter Duus et al. (Princeton, NJ: Princeton University Press, 1989), 101-33.

(21) Lampson, "Review," *CMJP-NAA*, 1:156.

(22) 大陸浪人への志士の影響の典型例については馮正宝『評伝宗方小太郎——大陸浪人の歴史的役割』(熊本出版文化会館, 1997年)50.

(23) Arthur Sandusky (US prosecution), *IMTFE*, M4:4677-78, 4695; O'Dwyer, *Significant*, 109-110; Miriam L. Kingsberg, "The Poppy and the Acacia: Opium and Imperialism in Japanese Dairen and the Kwantung Leased Territory, 1905-1945," (Ph.D. diss., University of California, Berkeley, 2009), 174, 192, 195, 197, 220-25, 231, 237.

(24) Lampson, "Review," *CMJP-NAA*, 1:155; Gavan McCormack, *Chang Tso-lin in Northeast China, 1911-1928: China, Japan and the Manchurian Idea* (Stanford, CA: Stanford University Press, 1977), 1, 12-18.

(25) 1932年7月9日リットン調査団による荒木の面談(*LNA-UNOG*, S29, No. 132 Japan, p. 8, 10); 水野明『東北軍閥政権の研究——張作霖・張学良の対外抵抗と対内統一の軌跡』(国書刊行会, 1994年)366.

(26) Kitaoka Shin'ichi, "China Experts in the Army," in Duus et al., *Informal Empire*, 361-62; McCormack, *Chang Tso-lin*, 146-88.

(27) Lampson, "Review," *CMJP-NAA*, 1:157; McCormack, *Chang Tso-lin*, 223-49; Matsusaka, *Making of Japanese Manchuria*, 312-49 . デモなどの抗日活動一覧 G. S. Karetina, *Chzhan TSzolin' i politicheskaia bor' ba v Kitae v 20-e gody XX v* (Moskva: Iz-vo Nauka, 1984), 167-70.

(28) *IMTFE*, M2: 1752-53; 鈴木貞一『鈴木貞一氏談話速記録』(日本近代史料研究会, 1971-74年)上:57, 287; 河本大作「私が張作霖を殺した」(『文藝春秋』32巻18号, 1954年12月)194, 197. この記事は河本の義弟であり中国特派員の平野零児による取材に基づく. 二人は同時期に中国の収容所に抑留されていた. この取材原稿の写本は1930年代後半に行われたと考えられ, 河本の私設秘書から彼の娘に渡され, 戦後に『文藝春秋』に発表された. 以下も参照. O' Dwyer, *Significant*, 221-24; "Annual Report on the Kwantung Leased Territory and on Japanese Activities in Manchuria," 1.1.1928, *CMJP-NAA*, 190 (11), 194 (15).

(29) British Secretary of State, cable B55, 19.5.1928, *CMJP-NAA*, 1:198; Matsusaka, *Making of Japanese Manchuria*, 335-36.

(30) Sir Frederick White, "The Drama in Manchuria," *The Times*, 22.2.1928. 著者は中国政府の政治顧問だった. 学者らがしばしば日本の「新帝国主義」と呼ぶこの政策に関する考察と分析は Matsusaka, *Making of Japanese Manchuria*, 267-73. だが,「新」と「旧」の帝国主義の違いは大きくないとする学者もいる. 一例は McCormack, *Chang Tso-lin*, 134-43.

(31) 岡田圭介の宣誓供述書(Okada Keisuke' s affidavit, *IMTFE*, M2:1816-17), 1928年6月5日駐日英国大使 Sir Cecil Dormer 宛ての駐大連イギリス領事 Dening と松岡洋右の会話報告(*CMJP-NAA*, 1:165); 森島守人『陰謀・暗殺・軍刀——一外交官の回想』(岩波書店, 1950年)1-8, Matsusaka, *Making of Japanese Manchuria*, 327.

(32) 町野武馬「張作霖爆死の前後」(『中央公論』64巻9号, 1949年9月)77; 井星英「張作霖爆殺事件の真相(一)」(『藝林』31巻1号, 藝林会, 1982年3月)8.

(33) 岡田の宣誓供述書(*IMTFE*, M2:1817-18); Dening to Dormer (松岡の発言を引用) 5.6. 1928, *CMJP-NAA*, 1:166;『宇垣一成日記』2:689; 稲葉正夫「張作霖爆殺事件」(参謀本部編『昭和三年支那事変出兵史』所収, 巌南堂書店, 1971年, 付表)3. 問題の経済的側面については柳沢遊「奉天における「奉天票暴落」問題と「不当課税」問題の展開過程——張作霖爆殺事件の歴史的前提」(『経済学研究』第24号, 東京大学経済学研究会, 1981年12月)49-50.

(34) 1928年5月19日「張作霖に満州治安維持覚書を手交し満州へ撤退を勧告せる旨報告」(『日本外交文書』昭和1:1:2, 91);『鈴木貞一氏談話速記録』上:57, 287. 張の顧問だった町野

武馬の証言は「張作霖爆死の前後」79.

(35) “Pingye Lingfu Zhengci,” 21.8.1954, in *HBDZ*, 72; Dening to Dormer（松岡の発言を引用）5.6.1928, *CMJP-NAA*, 1:166; 稲葉「張作霖爆殺事件」2-3;『田中義一伝記』下:952-53.

(36) 稲葉「張作霖爆殺事件」2-3;『田中義一伝記』下:952-54; 佐々木到一『ある軍人の自伝』（勁草書房, 1967年）191 .

(37) Dormer to Chamberlain, 4.6.1928, Dening to Dormer（松岡の発言を引用）5.6.1928, *CMJP-NAA*, 1:165-66, 74-75;「張作霖爆死の前後」76-80; Kitaoka, “China Experts,” in Duus et al., *Informal Empire*, 360, 364-65, 367; 澁谷由里『馬賊で見る「満洲」——張作霖のあゆんだ道』（講談社, 2004年）156-58.

(38) William F. Morton, *Tanaka Giichi and Japan' s China Policy* (Folkestone, UK: Dawson, 1980), 96-97. 東方会議の詳細は Matsusaka, *Making of Japanese Manchuria*, 327-40.

(39) “Heben Dazuo Bigong,” 2.8.1953, *HBDZ*, 39; Dormer 宛て Dening と松岡の会話報告書（5. 6. 1928, *CMJP-NAA*, 1:165）;『田中義一伝記』下:952.

(40) 1928年5月15日「張作霖より和平統一に対する外国の援助要請について」,「戦乱満州に波及の際は同地方治安維持のため有効なる措置を執るべき旨南北両軍に通告方訓令」（『日本外交文書』昭和1:1:2, 74-81）. Sir Joseph Austen-Chamberlain 外相宛ての駐日英国大使 Sir Cecil Dormer と田中の会話報告書も参照（4.6.1928, *CMJP-NAA*, 1:174）.

(41) 1928年5月18日「張学良, 楊宇霆に満州治安維持覚書手交の際の反乱について」, 1928年5月19日「張作霖に満州治安維持覚書を手交し満州へ撤退を勧告せる旨報告」（『日本外交文書』昭和1:1:2, 89-93）; Sir Miles Lampson, British Minister to Beijing, conversation with Ou Tching, 23.5.1928, as reported in Lampson to Chamberlain, 23.5.1928, *CMJP-NAA*, 1:171 .

(42)『田中義一伝記』下:954-55; 田中隆吉の尋問（*IMTFE*, M2:1949-52）; 井星英「張作霖爆殺事件の真相（三）」（『藝林』31巻3号, 1982年9月）:40-41. 5月21日, 28日, 30日および6月1日の斎藤の日記が稲葉「張作霖爆殺事件」11, 14-15に収録. 関東軍の準備に関する詳細は同書8-9.

(43) 原文は「張作霖爆殺事件の真相（三）」45. 川越守二の見解は「張作霖爆殺事件」（防衛省防衛研究所, 文庫 - 依託 -251）.

(44) 1928年5月19日参謀総長発関東軍本部宛書簡; 5月21日参謀次長発関東軍本部宛書簡; 6月2日陸軍次官発関東軍参謀長宛書簡（稲葉「張作霖爆殺事件」10, 16）; 川越「張作霖爆殺事件」31 .

(45) 稲葉「張作霖爆殺事件」12.

(46) 5月23, 25日および6月1日斎藤の日記（稲葉「張作霖爆殺事件」14-15）. 関東軍参謀のあいだの雰囲気は川越「張作霖爆殺事件」31-34.

(47) 1928年6月2日「張作霖外交団に北京撤退を言明について」（『日本外交文書』昭和1:1:2, 123）.

(48)『田中義一伝記』下:954.

(49) 相良俊輔『赤い夕陽の満州野が原に——鬼才河本大作の生涯』（光人社, 1978年）13.

(50)『赤い夕陽の満州野が原に』11-42. 河本に対する好意的な評価は他に川越「張作霖爆殺事件」14も参照.

(51)『満州の陰謀者』53-63; “Pingye Lingfu Zhengci,”; 5.8., 21.8.1954, *HBDZ*, 68-69, 72-73. 暗殺計画に参加した河本の部下である参謀将校の尾崎義春も同様の証言をしている. その詳細がすべて信頼できるわけではないが, 尾崎の説明は河本に対する平野の描写をいくらか裏づけている. 以下を参照. 尾崎義春『陸軍を動かした人々』（八小堂書店, 1960年）99-102.

(52)『赤い夕陽の満州野が原に』18-26, 40;『満州の陰謀者』20, 52; “Pingye Lingfu Zhengci,”

5. 8., 21.8.1954, *HBDZ*, 68-69, 72-73. 河本自身の証言は下に挙げる文献を参照.

(53) "Pingye Lingfu Zhengci," 5.8.1954, *HBDZ*, 68-69;『赤い夕陽の満州野が原に』19-22, 29-31.

(54) "Pingye Lingfu Zhengci," 11.8.1954, *HBDZ*, 6-7; 川越「張作霖爆殺事件」6.

(55) "Heben Dazuo Bigong," 27.5.1952, *HBDZ*, 12-13;『満州の陰謀者』50-52.

(56) "Heben Dazuo Bigong" (undated), and in 27.5.1952, *HBDZ*, 5, 13 ;『赤い夕陽の満州野が原に』40-42.

(57) "Heben Dazuo Bigong," 19.4.1953, *HBDZ*, 19.

(58) "Pingye Lingfu Zhengci," 11.8.1954, *HBDZ*, 6-7. 平野の説明は『満州の陰謀者』48-49.

(59) "Heben Dazuo Bigong," 27.5.1952 *HBDZ*, 12-13;『満州の陰謀者』65.

(60) 背景についてはJames E. Weland, "The Japanese Army in Manchuria: Covert Operations and the Roots of the Kwantung Army Insubordination," (Ph.D. diss., University of Arizona, 1977), 23-27, 60-63, 81. 関東軍の将校たちはこの戦術をリットン調査団に語っている(26. 4., 27. 4. 1932, *LNA-UNOG*, S31 No.13 1-2 R Manchuria, pp. 8-9〔一度めの調査〕, pp. 4-6〔二度めの調査〕).

(61) 『陸軍大学校』229.

(62) 『鈴木貞一氏談話速記録』上:299.

(63) 『宇垣一成日記』1:667.

(64) 「私が張作霖を殺した」194-95, 197, 199.

(65) 同上197.

(66) 「私が張作霖を殺した」194;『赤い夕陽の満州野が原に』125-30, 148. 河本の右腕であった川越守二も命を落とした英雄たちの魂と「天皇の意思」について, 自らを動かす動機として語っている. 川越「張作霖爆殺事件」78.

(67) 「私が張作霖を殺した」195.

(68) この手紙は1992年に佐野増彦という従軍記者によって雑誌『現代』(26巻9号, 1992年9月)に掲載された. 原資料は防衛庁が補完し, 閲覧は非常に制限されている. だが磯谷廉介の伝記作家である小林一博はその資料を調べて『現代』の記事と比較した. 小林はいくつかの誤りに修正を加えて全文を発表した. 本書の引用は小林のものを参考にした. この文書に関する詳細は小林一博『「支那通」一軍人の光と影――磯谷廉介中将伝』(柏書房, 2000年)46-47.

(69) 引用文の強調箇所はすべて私が加えたものである.

(70) 1928年4月18日河本発磯谷宛書簡(『「支那通」一軍人の光と影』47-48).

(71) 同上48-50. だが, 井星英はこの手紙に対して異なる解釈をする. いくらか不自然にも思える彼の解釈によると, このときの河本はまだ暗殺を, 関東軍が奉天軍の武装解除を失敗した場合の代替案として考えていたという. 彼によると, 暗殺を決意したのは5月23日ごろだという. 井星英「張作霖爆殺事件の真相(四)」(『藝林』31巻4号, 1982年12月)42-44を参照.

(72) 日本の軍閥に対する非常に似た批判は川越「張作霖爆殺事件」78.

(73) "Heben Dazuo Gongshu," *HBDZ*, 661.

(74) "Pingye Lingfu Zhengci," *HBDZ*, 68-71.

(75) Matsusaka, *Making of Japanese Manchuria*, 346-47; 1942年12日1日の森による河本の取材(森克己『満洲事変の裏面史』国書刊行会, 1976年, 266-67).

(76) 「私が張作霖を殺した」197. "Heben Dazuo Kou gong," 6.4.1953, *HBDZ*, 33も参照. 斎藤も同様の主張をしていた(1928年5月20日斎藤発畑宛書簡, 稲葉「張作霖爆殺事件」5).

(77) 「私が張作霖を殺した」196-97; "Heben Dazuo Gongshu," *HBDZ*, 661. 井星英によると，満州の民間日本人を守ることも河本の主な動機の一つだったという（「張作霖爆殺事件の真相（四）」44）．だが，これに対する彼の解釈はやや誇張されているように思える．

(78) 「私が張作霖を殺した」197.

(79) 同上197. 河本の中国語での証言は "Heben Dazuo Gongshu," *HBDZ*, 661. 小川による説明は小川平吉「満州問題」（岡義武編『小川平吉関係文書』みすず書房，1973年）1:626-27.

(80) 1928年6月3日「東三省政権に対する今後の日本の政策に関し意見具申」（『日本外交文書』昭和1:1:2, 128），1918年6月3日，6日の斎藤の日記（稲葉「張作霖爆殺事件」18, 25）．この噂には畑の陰謀が関わっていたと考えられる（以下を参照）．

(81) 『赤い夕陽の満州野が原に』157.『満州の陰謀者』79-81にも同様の解釈が見られる．この考えは河本自身の「私が張作霖を殺した」198にも述べられ，中国政府（"Heben Dazuo Kou gong" and "Heben Dazuo Gongshu," 6.4.1954, *HBDZ*, 33-34, 660-61）および1942年に森克己にも語られている（『満洲事変の裏面史』267-28). 稲葉「張作霖爆殺事件」33も参照．1973年11月19日の井星による取材で竹下は河本の主張を否定している．北京での張の動きと奉天への出発に関する情報を集めるよう河本から指示されたことは認めたが，村岡の計画の存在と河本との会話の詳細を否定し，河本の真の意図も知らなかったと語る（「張作霖爆殺事件の真相（一）」11）．だが，私は河本の主張が正しいと考える．まず何より，河本は中国からの調査を含めて三つの異なる場面で事件について語っている．基本的に彼はすべて自分で責任を負おうとし，自分の行いを誇りに思っていた．20年近く前に死亡している村岡に罪を負わせて彼に何の得があるというのか？　さらに，河本の主張は秦郁彦「張作霖爆殺事件の再考察」（『政経研究』44巻1号，日本大学政経研究所，2007年5月）126および川越「張作霖爆殺事件」36で川越によって裏づけられている．ただし，後者の報告書で裏づけられるのは村岡の計画のみで，会話の詳細については触れられない．

(82) "Heben Dazuo Kou gong," 6.4.1954, *HBDZ*, 33-34. 村岡の計画に対する，異なるがまったく反対ではない解釈は「張作霖爆殺事件の真相（四）」48-50を参照．

(83) 「私が張作霖を殺した」198. 川越「張作霖爆殺事件」36と比較．

(84) 川越「張作霖爆殺事件」77.

(85) 『赤い夕陽の満州野が原に』151.

(86) 1928年6月16日「対満州政策実行に関する意見具申　付記六月堀内謙介書記官「満州出張報告」」（『日本外交文書』昭和1:1:2, 158）．

(87) 「私が張作霖を殺した」200. だが，戦後に荒木五郎は自分と土肥原は河本の計画について何も知らなかったと主張する（土肥原賢二刊行会編『秘録土肥原賢二　日中友好の捨石』芙蓉書房，1972年，238-39）．磯谷宛ての手紙で，確かに河本は彼らに計画を隠していると記している（『「支那通」一軍人の光と影』49）．

(88) 1928年4月18日河本発磯谷宛書簡．背景に関する考察は『赤い夕陽の満州野が原に』150-51."Heben Dazuo Bigong," 2.8.1953, *HBDZ*, 40も参照．

(89) 共謀者全員のリストは秦郁彦「張作霖爆殺事件の再考察」124. この表で首謀者には**，部分的に関わった将校には*の印がつけられている．

(90) 川越「張作霖爆殺事件」14-15, 18-19, 39-40, 78-79. 川越の回顧録によると，この会話が行われたのは1928年6月2日．川越は河本に「正式な命令」を求めて得ている（同文献38-39）．

(91) "Heben Dazuo Kou gong," 6.4.1954, *HBDZ*, 34; 川越「張作霖爆殺事件」15;『赤い夕陽の満州野が原に』153;「張作霖爆殺事件の真相（四）」40.

(92) 川越「張作霖爆殺事件」36-37;「張作霖爆殺事件の再考察」126.

(93) 川越「張作霖爆殺事件」36, 42-48; "Heben Dazuo Kou gong," 6.4.1954,"Heben Dazuo Gongshu," *HBDZ*, 35-36, 662;『赤い夕陽の満州野が原に』158, 170.

(94) 田中隆吉の尋問(*IMTFE*, M2:1952).

(95) "Heben Dazuo Kou gong," 6.4.1954, "Heben Dazuo Gongshu," *HBDZ*, 34, 661. この将校の苗字は桐原だが, のちに藤井に変わる.「張作霖爆殺事件の再考察」126.

(96)「私が張作霖を殺した」198; "Heben Dazuo Kou gong," 6.4.1954, "Heben Dazuo Gongshu," *HBDZ*, 34, 661 .

(97) 川越「張作霖爆殺事件」43-44.

(98) この将校の名前は尾崎義春少佐. 戦後の彼の証言は『陸軍を動かした人々』108.

(99)「私が張作霖を殺した」198; 川越「張作霖爆殺事件」79.

(100) 1928年10月23日「張作霖爆殺事件調査特別委員会第二回会議議事録」(『日本外交文書』昭和1:1:2, 195-96);『赤い夕陽の満州野が原に』168; "Heben Dazuo Bigong," 2.8.1953, *HBDZ*, 42. 満州の日本人商人による反張運動の背景は「奉天における「奉天票暴落」問題と「不当課税」問題の展開過程」48-58.

(101) "Heben Dazuo Bigong," 2.8.1953, *HBDZ*, 42. 河本の主張は張作霖爆殺事件調査特別委員会の1928年10月23日第二回会議でも裏づけられている(『日本外交文書』昭和1:1:2, 196).

(102)「張作霖爆殺事件の真相(四)」33;『赤い夕陽の満州野が原に』169.

(103) 1928年10月23日「張作霖爆殺事件調査特別委員会第二回会議議事録」(『日本外交文書』昭和1:1:2, 196-97);「満州問題」(『小川平吉関係文書』1:627). 売春斡旋業者の名はLiu Daiming.

(104) "Heben Dazuo Kou gong," 6.4.1954, "Heben Dazuo Bigong," 2.8.1953, *HBDZ*, 36, 42; 1928年6月16日「対満州政策実行に関する意見具申 付記六月堀内謙介書記官「満州出張報告」」(『日本外交文書』昭和1:1:2, 158); 1928年10月23日「張作霖爆殺事件調査特別委員会第二回会議議事録」(『日本外交文書』昭和1:1:2, 196-97). 川越によると, ロシア製手榴弾は秦真次が奉天で特務機関から購入した. 特務機関は河本の作戦への協力に同意したが, 秦の独自作戦については挫折させた(川越「張作霖爆殺事件」79-81).

(105) 1928年6月2日「張作霖側より六月二日深更北京退却の旨通告について」(『日本外交文書』昭和1:1:2, 125). やや異なる川越の記録は川越「張作霖爆殺事件」40-41. 以下も参照.『赤い夕陽の満州野が原に』143;「私が張作霖を殺した」198-99.

(106)「張作霖爆死の前後」79.

(107) 高宮太平『軍国太平記』(酣灯社, 1951年)46.

(108)『満洲事変の裏面史』268の河本の取材.

(109)「私が張作霖を殺した」194; 川越「張作霖爆殺事件」40-43, 78-79;『赤い夕陽の満州野が原に』172-73; "Heben Dazuo Gongshu," *HBDZ*, 661-62; 森島守人「日本外交の回想(1)張作霖・楊宇霆の暗殺」(『世界』45号, 1949年9月)43.『満州の陰謀者』69-70も参照.

(110) 1928年6月21日在奉天総領事館・内田五郎領事「昭和三年六月四日満鉄京奉交叉地点列車爆破事件調査報告」(アジア歴史資料センター, C04021743400, p. 92); 関東軍発陸軍省宛「張作霖列車爆破事件に関する所見」(日付不明, 稲葉「張作霖爆殺事件」62).

(111) 川越「張作霖爆殺事件」47-48. 気象解析による1928年6月28日の奉天周辺の推定日の出時刻は以下を参照. http://www.world-timedate.com/astronomy/sunrise_sunset/sunrise_sunset_time.php?month=6&year=1928&sun_param=0&city_id=578 尾崎義春は, 河本に作戦を中止すべきかどうか尋ねられたという(『陸軍を動かした人々』108-09). 東宮と同様, 彼も計画どおりに実行すべきだと訴えた.

(112)「昭和三年六月四日満鉄京奉交叉地点列車爆破事件調査報告」82, 87-90;「張作霖爆殺

事件の再考察」130;「張作霖爆殺事件の真相(四)」28.

(113) 列車の外装については以下を参照. Debo Gong (T.P.K'ung), *The Tragic Death of Chang Tso-lin: A Documentary Survey of a Prelude to the Japanese Invasion of Manchuria* (Peiping, 1932), 8.

(114) 佐久間亮三『満州の思い出』(防衛省防衛研究所委託No.245)4; 1928年6月4日, 5日「張作霖搭乗列車爆破事件に関し中国側と立会, 現場調査の結果について」(『日本外交文書』昭和1:1:2, 132-33); 稲葉「張作霖爆殺事件」19, 21;『軍国太平記』46.

(115)「日本外交の回想(1)張作霖・楊宇霆の暗殺」43; 1928年4月27日河本発荒木貞夫および松井岩根宛書簡(三谷太一郎『近代日本の戦争と政治』岩波書店, 1997, 111-12). 同書簡の手書きの全文は『荒木貞夫関係文書』(東京大学大学院法学政治学研究科附属近代日本法政史料センター原資料部);『張作霖爆殺事件の再考察』132; 岡田の反対尋問は*IMTFE*, M2:1865.

(116) 河本の取材(『満洲事変の裏面史』270); "Heben Dazuo Kou gong," 6.4.1954, *HBDZ*, 36-37. 尾崎自身が1929年に田中隆吉に打ち明けたところによると, 斎藤は「中国軍のような弱い相手に関東軍を使う」必要はないとして尾崎を叱ったという. 田中隆吉の取調べ記録を参照(*IMTFE*, M2:1952, 7).

(117) 1928年6月9日「村岡関東軍司令官の積極政策に関する関東庁保安課長の談話について」(『日本外交文書』昭和1:1:2, 142). 当時奉天領事館の外交官だった森島守人は関東軍が何度も領事館に申し入れをしたという(「日本外交の回想(1)張作霖・楊宇霆の暗殺」43). だが, 村岡はのちの林との会話でこの話題を持ち出していない(「今後の時局に関し高柳中将(満鉄社長代理)村岡関東軍司令官との三者会談について」〔『日本外交文書』昭和1:1:2, 143-44〕).『陰謀・暗殺・軍刀』24の森島守人総領事代理の回想も参照.

(118) 暗殺後の隠蔽工作については川越「張作霖爆殺事件」65-66.

(119) 1928年10月23日「張作霖爆殺事件調査特別委員会第二回会議議事録」(『日本外交文書』昭和1:1:2, 197);『陰謀・暗殺・軍刀』25.

(120) 松村謙三『三代回顧録』(東洋経済新報社, 1964年)125-29. 川越は, 中国側の犯行に見せかけるためロシア製爆弾を調達する際に秦がミスをしたことと, 田中から権力を奪おうとする民政党の利己的な願望のせいで隠蔽工作が失敗したと考えた. 川越「張作霖爆殺事件」79-81を参照.

(121) 陸軍省はアヘン中毒者だけを加害者とした. 6月12日の陸軍省の発表文は『陰謀・暗殺・軍刀』20-21を参照.

(122) 1928年6月4日「張作霖搭乗列車爆破事件調査に関し現場付近整備担当の守備隊長東宮大尉談による状況について」, 8日「張作霖搭乗列車爆破事件に関する情報について」, 13日「張作霖搭乗列車爆破事件の日本側の所為とする流説について」, 21日「張作霖搭乗列車爆破事件の日本側報告要領について」(『日本外交文書』昭和1:1:2, 131-32, 139, 144-46, 161-63); 林久治郎『満州事変と奉天総領事——林久治郎遺稿』(原書房, 1978年)21.

(123) 松村との会話の中で林は, 彼に真実を伝えるつもりだが,「陸軍のやつらが見ている」領事館では話せないと告げ, 代わりに温泉で話すと言った(『三代回顧録』125).

(124)「(1928年)6月4日関東軍参謀発陸軍次官宛電報」「張作霖坐乗列車爆破事件に関する件」63-66; "Heben Dazuo Kou Gong," 6.4.1954, *HBDZ*, 34;『張作霖爆殺』20-23. 同時期の関東軍による, 同様に曖昧な調査報告書「張作霖列車爆破事件に関する所見」(日付不明)は稲葉「張作霖爆殺事件」60-68.

(125) 1928年6月8日「凌印清に関する井田哲の河野副領事への談話について」, 13日「張作霖搭乗列車爆破事件と凌印清の関係につき井田哲の談話について」(『日本外交文書』昭和

1:1:2, 140-42, 146-50).
(126)『田中義一伝記』下:1028, 30;『張作霖爆殺』21-22.
(127)『田中義一伝記』下:1030;「張作霖爆殺事件の再考察」133; 岡田の宣誓供述書(*IMTFE*, M2:1828).
(128) 1928年6月7日「満州治安維持のため関東軍司令官に与える任務などに関する閣議について」(『日本外交文書』昭和1:1:2, 135-37).
(129) 1928年9月22日「張作霖爆殺事件調査特別委員会第一回会議議事録」(『日本外交文書』昭和1:1:2, 192-93). 出席者は以下. 外務省:森政務次官, 有田アジア局長, 岡崎事務官. 陸軍省:杉山軍務局長. 関東庁:大場事務官(同書192).
(130) 峯憲兵司令官の報告書はおそらくもはや入手不可能だが, 事情をよく知る特務機関所属の田中隆吉が東京裁判でその内容について証言している(*IMTFE*, M2:1951-60). 報告書に関するさらなる詳細は「張作霖爆殺事件の真相(一)」4. 技術担当将校の桐原がソウルの酒場で事件について話し, それが峯の耳に入ったと考えられる(「張作霖爆殺事件の再考察」138).
(131) 原田熊雄『西園寺公と政局』(岩波書店, 1950-55年)1:3-4.
(132) もし河本が適正な軍法会議にかけられていれば陸軍刑法に基づき死刑が科されていたかもしれない(『張作霖爆殺』123). その後の経緯に関する情報源として重要なものには, 1946年の昭和天皇の「人間宣言」および以下の複数の裁判所高官の日記や回顧録がある. 寺崎英成, マリコ・テラサキ・ミラー編著『昭和天皇独白録——寺崎英成御用掛日記』(文藝春秋, 1991年)22-23; 奈良武次『侍従武官長奈良武次日記・回顧録』4(柏書房, 2000年);『西園寺公と政局』1:4.
(133) 岡田圭介の宣誓供述書(*IMTFE*, M2:1819-20, 1829). 小川平吉鉄道大臣との会話における田中の同様の意見は「満州問題」(『小川平吉関係文書』1:628). また, 3月の天皇謁見時の会話が以下の牧野伸顕内大臣の日記に記されている. 伊藤隆・広瀬順晧編『牧野伸顕日記』(中央公論社, 1990年)350-51;『張作霖爆殺』28, 30.
(134) 岡田の宣誓供述書(*IMTFE*, M2:1820);『侍従武官長奈良武次日記・回顧録』4:151;『宇垣一成日記』2:704;『西園寺公と政局』1:5, 8; Drea, *Imperial Army*, 163.
(135)「満州問題」(『小川平吉関係文書』1:630). のちに河本は荒木しか自分を理解しなかったと不満を述べるが, 公然であれ水面下であれ彼を支持する者は陸軍内に多くいた.『満洲事変の裏面史』271-72の河本の取材および『張作霖爆殺』31-34, 45-48, 113-14を参照. 阿部信行大将はもともと河本の敵だったが, 隠蔽工作に参加している. 二人の張りつめた関係については『満州の陰謀者』65.
(136)『田中義一伝記』下:1036.
(137)『昭和天皇独白録』22; 河井弥八『昭和初期の天皇と宮中——侍従次長河井弥八日記』(岩波書店, 1993-94年)3:99. 小川は自らの情報源から事件についてはよく知っていた(小川平吉「満州問題秘録・秘」〔『小川平吉関係文書』1:626-29〕). 日付は記されていないが, 627の小川自身のメモによると1931年以前に書かれたことは間違いない.
(138)『田中義一伝記』下:1031. 両院の議会審理の詳細および一部の英訳は以下を参照. William F. Morton, *The Tanaka Cabinet's China Policy, 1927-1929* (New York:Columbia University, 1970) (Photocopy. Ann Arbor, MI: University Microfilms International, 1970), 153-54; Gong, *Tragic Death*, 20-33.
(139)『宇垣一成日記』2:724.
(140)『田中義一伝記』下:1036;『西園寺公と政局』3; 岡田の宣誓供述書(*IMTFE*, M2:1820). 小川との会話の中で西園寺は陸軍の規律の乱れと国家権威の衰退を非難し, 軍法会議開廷を

強く支持した(小川平吉「満州問題秘録」〔『小川平吉関係文書』1:629〕). 伊藤の影響力は枢密院の陸軍支持派によって抑えられていた(『張作霖爆殺』103). 岡田は厳しい処罰を求めたが, 事件を公にしないことが条件だった(「張作霖爆殺事件の再考察」140).

(141)『宇垣一成日記』1:689, 704, 712, 724;『張作霖爆殺』53-56.

(142) 1928年9月22日特別調査委員会に対する田中の説明「張作霖爆殺事件調査特別委員会第一回会議議事録(別紙)」(『日本外交文書』昭和1:1:2, 195). 岡田の反対尋問(*IMTFE*, M2:1862-63);『西園寺公と政局』1:7; O'Dwyer, *Significant*, 226-27.

(143)『宇垣一成日記』2:724.

(144)『西園寺公と政局』1:10.

(145)『張作霖爆殺』115.

(146)『西園寺公と政局』1:4-5.

(147)「満州問題秘録」(『小川平吉関係文書』)1:629-30.

(148)『侍従武官長奈良武次日記・回顧録』4:151;『昭和初期の天皇と宮中』3:37;『牧野伸顕日記』333, 336-37, 343;『西園寺公と政局』1:8, 10.

(149)『昭和天皇独白録』22;『西園寺公と政局』1:11.

(150)『昭和天皇独白録』23;『侍従武官長奈良武次日記・回顧録』4:152;『昭和初期の天皇と宮中』3:111;『牧野伸顕日記』376-78; 尚友倶楽部編『岡部長景日記――昭和初期華族官僚の記録』(柏書房, 1993年)141-42;『田中義一伝記』下:1043.

(151)「満州問題秘録」(『小川平吉関係文書』)1:632;『牧野伸顕日記』379.

(152) Stephen S. Large, *Emperor Hirohito and Shōwa Japan: A Political Biography* (London: Routledge, 1992), 34-40.

(153) Peter Wetzler, *Hirohito and War: Imperial Tradition and Military Decision Making in Prewar Japan* (Honolulu, HI: University of Hawai'i Press, 1998), 164. 牧野もウエッツラーと同様の解釈をしている(『牧野伸顕日記』377-78).

(154) Herbert Bix, *Hirohito and the Making of Modern Japan* (New York: HarperCollins, 2000), 217-18(邦訳は吉田裕監修, 岡部牧夫・川島高峰・永井均訳『昭和天皇』講談社文庫, 2005年).

(155) ビックスの主張には根拠となる情報源がなく, 事実と異なる場合も多い. たとえば1929年1月19日の日記で牧野は, 宮中の視点では, 天皇の調査命令は正式な軍法会議を開くことを求めていたとはっきり述べている(『牧野伸顕日記』333). 3月27日の白川の謁見後に天皇が陸軍の立場を「受け入れた」としてビックスは『牧野伸顕日記』350を参照文献に挙げているが, そこに彼の主張を裏づける記述はなく, 岡部の日記(『岡部長景日記』4)にも鈴木の証言(『田中義一伝記』下:1041)にもそのような主張の根拠となるものはない. こうした問題は上記のビックスの書においていくつも見られる. Matsumoto Ken'ichi and Shōji Jun'ichirō, "Critiquing Herbert Bix's 'Hirohito,'" *Japan Echo* 29, no. 6 (December 2002), 65-68を参照.

(156)『岡部長景日記』141 .

(157)『張作霖爆殺』153, 159, 161, 165.

(158) Wetzler, *Hirohito*, 156.

(159) 大江志乃夫が記すとおり, 天皇は「誤ったボタンを押した」のである(『張作霖爆殺』161).

(160)『昭和天皇独白録』23;「満州問題秘録」(『小川平吉関係文書』)1:632; Wetzler, *Hirohito*, 165-66.

(161)『日本陸軍と日中戦争への道』72-74.

(162) Dormer to Chamberlain, 4.6.1928, *CMJP-NAA*, 174.

(163) 1928年6月3日斎藤の日記(稲葉「張作霖爆殺事件」18). だが, 日記の次の行では張の復活後には何をすべきかと記していることから, 彼が計画を詳しくは知らなかったとわかる. さらに6月5日の日記でも計画の情報を得ていないことがわかる(同書25).
(164) 川越「張作霖爆殺事件」45-46.
(165)『陰謀・暗殺・軍刀』25.
(166) Northcote Parkinson, *Parkinson's Law and Other Studies in Administration* (Boston, MA: Houghton Mifflin, 1957), 5.
(167) 参謀本部からの毎日のような使者派遣, 電報, 書簡に悩まされたのは河本でなく村岡と斎藤である(稲葉「張作霖爆殺事件」9-16).
(168) Mark Peattie, *Ishiwara Kanji and Japan's Confrontation with the West* (Princeton, NJ: Princeton University Press, 1995), 93-94.
(169) 1928年4月18日河本発磯谷宛書簡(『「支那通」一軍人の光と影』47). Kitaoka, "China Experts"(Duus et al., *Informal Empire*, 339-42, 366-67)も参照.
(170)「張作霖爆死の前後」76.
(171)『張作霖爆殺』184.
(172)『鈴木貞一氏談話速記録』上:292.

第九章　桜会

(1)　『橋本大佐の手記』8-10で中野がコメントをしている. 橋本の伝記作家田々宮英太郎によると, 歯科医の内田絹子(キヌ)は文書の公開を望んでいなかったが, 中野が「借りる」と言って彼女を騙して公開した. 彼女は決して中野を許さなかった. 田々宮英太郎『橋本欣五郎一代』(芙蓉書房, 1982年)36.
(2)　Maxon, *Control*, 72-107; Andrew D. Gordon, *Labor and Imperial Democracy in Prewar Japan* (Berkeley, CA: University of California Press, 1991), 261-69; Elise K. Tipton, *Modern Japan: Social and Political History* (London: Routledge, 2008), 123-52; Gluck, *Japan's Modern Myths*, 282-83. 日本史におけるこの流れの考察は William M. Tsutsui, "The Domestic Impact of War and Occupation on Japan," in *World War II in Asia and the Pacific and the War's Aftermath, with General Themes: A Handbook of Literature and Research*, ed. Loyd E. Lee (Westport. CT: Greenwood Press, 1998), 138-39.
(3)　木戸日記研究会校訂『木戸幸一日記』(東京大学出版会, 1966年)下:147-48; 粟屋憲太郎他編, 岡田信弘訳『東京裁判資料・木戸幸一尋問調書』(大月書店, 1987年)43-44.
(4)　『木戸幸一日記』下:147; 小磯国昭『葛山鴻爪』(小磯国昭自叙伝刊行会, 1963年)498-500.
(5)　木戸幸一の宣誓供述(*IMTFE*, reel 23:30, 727-28).
(6)　Richard J. Smethurst, *From Foot Soldier to Finance Minister: Takahashi Korekiyo, Japan's Keynes* (Cambridge, MA: Harvard University Press, 2007), 243-44, 247-48.
(7)　Shillony, *Revolt in Japan,* 9-10. 自らの回顧録における大蔵栄一の証言も参照(大蔵栄一『二・二六事件への挽歌――最後の青年将校』読売新聞社, 1971年, 60).
(8)　『橋本大佐の手記』15-16; 荒木貞夫の聴取内容(*Court Papers, journal, Exhibits, and Judgments of the International Military Tribunal for the Far East* [Microfilm Reels, Center for Research Libraries, Chicago], 以下 *IMTFE-CJEJ*), reel 11, exhibit 187:T, p. 1; 樋口季一郎『陸軍中将樋口季一郎回想録』(芙蓉書房, 1999年)280-322, 327-28. 陸軍の悲観的な空気については駐日ロシア大使館の年次報告書を参照. 1932年に作成された以下の報告書は, 1920年代から軍内で広まっていたイデオロギー衰退の心情をよく表している. "Godovoi Doklad 1932,

ob ekonomichesko-politicheskom polozhenii Yaponii," 60, *Arhiv Vneshnei Politiki Rossiskei Federatsii*（ロシア連邦外交政策アーカイブ. 以下 *AVPRF*), opis 15, delo 6, popka 149.

(9) 『橋本大佐の手記』29; 徳川義親『最後の殿様——徳川義親自伝』(講談社, 1973年)122.

(10) 斎藤三郎著, 今井清一他編「右翼思想犯罪事件の綜合的研究——血盟団事件より二・二六事件まで」(『現代史資料』4巻, みすず書房, 1963年)62;『最後の殿様』125.

(11) 同上 62.

(12) 同上 58; 1934年大川周明の聴取内容(第3回尋問 *IMTFE-CJEJ*, reel 24, exhibit 2177A).

(13) 田中隆吉の証言(*IMTFE*, reel 2:1 962-63).「日本第一, 満州第二」は著者の表現だが, 内容は田中の証言に基づいている.

(14) Frank S. Tavenner, Hugh B. Helm, and Arthur Comyns Carr, "Report on the Case against Col. Kingoro Hashimoto," 4, The Tokyo War Crimes Trial: A Digital Exhibition, University of Virginia Law Library. http://lib.law.virginia.edu/imtfe/content/item-1-report-case-against-col-kingoro-hashimoto-i-j-ret

(15) 橋本欣五郎の聴取(*IMTFE-CJEJ*, reel 12, exhibit 258, pp. 1-2); 刈田徹「十月事件(1)」(『東京都立大学法学会雑誌』11巻2号, 1971年3月)319.

(16) 1929年11月15日橋本発岡本連一郎参謀次長宛書簡(*IMTFE-CJEJ*, reel 15, exhibit 734, p. 1). 分析は Hiraoki Kuromiya and George Mamoulia, "Anti-Russian and Anti-Soviet Subversion: The Caucasian-Japanese Nexus, 1904-1945," *Europe-Asia Studies* 61, no. 8 (September 2009), 1421.

(17) 橋本へのトルコの影響は『橋本欣五郎一代』18-32を参照.

(18) 『陸軍中将樋口季一郎回想録』288; 橋本の発言引用(1937年3月17日『太陽大日本』, "The Road to the Reconstruction of the World," "From the Point of View of National Defense, It Is the Duty of the Military to Mix in Politics," reproduced in *IMTFE-CJEJ*, reel 11, exhibit 177:1, p. 1; reel 15, exhibit 67S:A, p. 2);『橋本欣五郎一代』61. 聴取の中で橋本は外国の指導者のモデルとしてヒトラーの名も挙げたが, ヒトラーが権力をもったのは1933年以降であるため, 1930年に橋本の思想に影響を与えたとは考えられない. 以下も参照. 刈田「十月事件(1)」320, 1931年8月18日本庄繁発上原勇作宛書簡(上原勇作関係文書研究会編『上原勇作関係文書』東京大学出版会, 1976年)452-53.

(19) 橋本の引用("The Road to the Reconstruction of the World," *IMTFE-CJEJ*, reel 11, exhibit 177:1, p. 1).

(20) 橋本の引用("The Inevitability of Renovation," *IMTFE-CJEJ*, reel 12, exhibit 264, pp. 1-2).

(21) ロシア班は諜報部の第四課(欧米課)に属していた. 同部の組織構造および機能に関する総合的な分析は刈田「十月事件(1)」316-18を参照.

(22) 「右翼思想犯罪事件の綜合的研究」58; 田中清「昭和七年一月○○少佐手記——所謂十月事件に関する手記」付表5(村中孝次・磯部浅一『粛軍に関する意見書——昭和十年七月十一日』自費出版パンフレット, 1935年)78. 著者の「○○少佐」はのちに歴史家によって1931年では大尉だった田中清であると判明した. 田中梓「いわゆる三月事件について——その概要と文献の紹介」(『参考書誌研究』16巻, 1978年6月)9-10を参照. 原文資料は失われており, 作者に強い敵意をもつ若い将校たちによって作成された写本のみが手に入った. だが田中自身が戦後に出版記事の信頼性を概ね保証している. この資料に関する信頼性については『橋本欣五郎一代』67-68を参照.

(23) 『橋本大佐の手記』21;「所謂十月事件に関する手記」78.

(24) 松本総志「維新の志士ヲ論ズ」(甘粕重太郎編『生徒文集(2)』陸軍予科士官学校, 1937年, Carter Eckertの個人コレクション)2:7-9. 同文集2:13に山下文雄の作文も収録. この模倣

行動の経緯に関する考察は第一章最終項および Benesch, *Inventing the Way*, 179, 194を参照.
(25) 『閔后殂落事件』41, 52, 75, 88, 91-92. さらなる詳細は本書第六章を参照.
(26) 『橋本大佐の手記』21 .
(27) 同上 21-22.
(28) 同上 24, 88.
(29) 同上 30および60の中野の分析も参照. 田中への橋本の返事は「所謂十月事件に関する手記」89.
(30) *IMTFE*, reel 2:1962; 『橋本大佐の手記』24-25. 橋本の主張は和知鷹二中佐の宣誓供述にも裏づけられている (*IMTFE*, reel 15:19, 666). 田中清によると, 会は1930年9月下旬に設立された (「所謂十月事件に関する手記」76, 79).
(31) 「右翼思想犯罪事件の綜合的研究」58; 「所謂十月事件に関する手記」77; 「十月事件 (1)」323.
(32) 『橋本大佐の手記』25; 「十月事件 (1)」323.
(33) 「所謂十月事件に関する手記」98-99. 批判的な評者である田中は, 橋本らの志士崇拝の根源は彼らの無謀さにあり, 結局はそれが原因で失敗したのだと述べる.
(34) 外山豊造の引用 (『橋本大佐の手記』79).
(35) 「右翼思想犯罪事件の綜合的研究」58; *IMTFE*, reel 2:1962. アメリカ人による聴取で橋本は自らの役割を誇張し, 当時ほとんどが死亡していた仲間たちは設立者でなく補佐的な役割だったと述べる (1946年2月17日, 18日橋本の証言 *IMTFE*, reel 12:15, 647).
(36) 「十月事件 (1)」325. 引用は長の親しい友人である大川周明の回想から.
(37) 『橋本大佐の手記』25, 77-78. 図9-2は4月に会員が急増する前の三月事件の時期の構成を表す.
(38) 「右翼思想犯罪事件の綜合的研究」62; 末松太平『私の昭和史』(みすず書房, 1963年) 31, 39.
(39) 「所謂十月事件に関する手記」97-98; 『二・二六帝都兵乱』26.
(40) 『橋本大佐の手記』26-27; 「岡村メモ」(『橋本大佐の手記』) 77; 『私の昭和史』43. だが, 樋口季一郎は回顧録でほとんどの将校が自ら穏健派を支持していたと主張する (『陸軍中将樋口季一郎回想録』288). これは仲間の松村秀逸の証言にも裏づけられる (刈田徹「十月事件——昭和6年, 陸軍将校結社「桜会」の未発クーデター (2)」『東京都立大学法学雑誌』12巻1号, 1971年10月, 276-77). 刈田徹も1931年までこれは事実だったと考える (同書277).
(41) 『橋本大佐の手記』27; 「所謂十月事件に関する手記」87.
(42) 『橋本大佐の手記』53の中野雅夫のコメント. 「いわゆる三月事件について」4も参照. この派閥闘争に対するソ連外交官の視点からの興味深い考察は A. Askov to T. Sokolnikov, 5.5.1934, *AVPRI*, opis 17, delo 17, popka 158, p. 175 (2).
(43) 1934年公判調書における岡田圭介の宣誓供述 (*IMTFE-CJEJ*, reel 11, exhibit 157, pp. 1, 4; reel 24, exhibit 2177 A, pp. 2-10, 14-15, 30-31); 大川周明『日本及日本人の道』(行地社, 1926年) 125-26, 142-43; 「いわゆる三月事件について」3-4.
(44) 1934年大川の公判調書 (*IMTFE-CJEJ*, reel 24, exhibiti 2 177A, p. 18); 清水行之助の宣誓供述 (*IMTFE-CJEJ*, reel 11, exhibit 157, p. 1).
(45) 『東京裁判資料・木戸幸一尋問調書』51. 徳川の事後の証言によると, 「誰も殺さない」ことを条件に金を渡したという (『最後の殿様』125-27); 「右翼思想犯罪事件の綜合的研究」61. 秘密の手記で橋本は仲間から金を得たと記しているが, 相手の名前には言及していない (『橋本大佐の手記』61).
(46) 『最後の殿様』124.

(47) 『橋本大佐の手記』45-46.『葛山鴻爪』498-99および「いわゆる三月事件について」3も参照.

(48) 1934年大川の公判調書(*IMTFE-CJEJ*, reel 24, exhibit 2177A, pp. 17-18).

(49) 三月事件参加者たちにとっての大正政変の重要性に関する分析は以下を参照.小林道彦「三月事件再考——宇垣一成と永田鉄山」(『日本歴史』713号, 2007年10月)1-19.

(50) 1934年大川の公判調書(*IMTFE-CJEJ*, reel 24, exhibit 2177 A, p. 18);『橋本大佐の手記』60-61;「所謂十月事件に関する手記」82-83.

(51) 『木戸幸一日記』下:147-48;『橋本大佐の手記』61;「所謂十月事件に関する手記」82-83;清水行之助の宣誓供述(*IMTFE-CJEJ*, reel 11, exhibit 157, p. 1.『橋本大佐の手記』71-72および『葛山鴻爪』501から,これらの偽爆弾は爆音を立てるが殺傷力はほぼなかったとわかる.

(52) 『橋本大佐の手記』61;「所謂十月事件に関する手記」82.

(53) 「所謂十月事件に関する手記」83. 以下も参照.『木戸幸一日記』下:147;「いわゆる三月事件について」5.

(54) 「所謂十月事件に関する手記」82-83. 1934年の裁判で,大川は国家改造のための「綿密な計画を立てることは不可能だった」と認めている.大川の公判調書を参照(*IMTFE-CJEJ*, reel 24, exhibit 1175:A, p. 30).まったく穏健派ではない大蔵栄一中尉も田中を同じ懸念を抱いていた.彼の意見では,橋本と長は「陶酔した心境で危険な行為に突き進んでいた」(『二・二六事件への挽歌』66).

(55) 「所謂十月事件に関する手記」83.

(56) 刈田徹『大川周明と国家改造運動』(人間の科学新社, 2001年)310-11および同書319-22収録「国家それ怪し」(宇垣一成).著者名の記載がない同原稿は宇垣の関連文書の中で見つかった.文体と内容から,刈田などの学者は著者が宇垣だと断定した(同書307-08, 324).日付は1931年4月と記載されており,これは三月事件の後で満州事変と十月事件の前である.『宇垣一成日記』1:795-96で彼は政党支配と景気悪化への強い不満を示している.

(57) 『大川周明と国家改造運動』310-11;『橋本大佐の手記』56;『葛山鴻爪』500-501.

(58) 「所謂十月事件に関する手記」80.

(59) 『橋本大佐の手記』47-51;『橋本欣五郎一代』59-62.『木戸幸一日記』下:93も参照.

(60) 回顧録で小磯は大川と宇垣の会合を仲介したことを認めるが,時期ははるかに後の2月下旬だとする(『葛山鴻爪』502-03).小磯が最初に大川に会ったのは2月20日で,計画への協力は拒んだが大川と宇垣の話し合いを求め,数日後に会合が開かれたという.だが,別の情報源によると大川と宇垣の会合が行われたのは2月11日である.以下を参照.1934年大川の公判調書(*IMTFE-CJEJ*, reel 24, exhibit 2177A, pp. 18-19),中野雅夫の証言(『橋本大佐の手記』59).これらに加え,橋本の手記に言及される宇垣の原田熊雄に対する証言から,大川への協力を拒んだという小磯の主張はやや認めがたくなる.協力を拒んだならば,そもそもなぜ大川と宇垣の会合を手配したのか? そしてその時期を実際よりも遅いと証言したのか? 原田熊雄, *The Saionji-Harada Memoirs, 1931-1940*(以下*SHM*,マイクロ資料を参照.英訳はWashington, DC: University Publications of America, 1978), 1:156-57.

(61) *SHM*, 1:157-59;宇垣一成の宣誓供述(*IMTFE-CJEJ*, reel 11, exhibit 163, p. 1).

(62) 1931年大川の公判調書(*IMTFE-CJEJ*, reel 24, exhibit 2177 A, pp. 19-20).大川は供述において(15, 583),自分に議院制度を完全に破壊する意図はなく,まったくのでたらめであると述べている.永田が大川と交わした会話について木戸幸一に話した証言はやや曖昧である(『木戸幸一日記』下:147).宇垣の主張は以下で裏づけられている.「所謂十月事件に関する手記」85;『葛山鴻爪』503-4;清水行之助の宣誓供述(*IMTFE-CJEJ*, reel 11, exhibit 157, p. 1).

(63) 「岡村メモ」(『橋本大佐の手記』67-68).「所謂十月事件に関する手記」84でも裏づけられている.『大川周明と国家改造運動』321収録「国家それ怪し」も参照.回顧録で小磯は大川の計画について「非合法な,かつ子供らしいこと」と表現したと述べるが,彼が遅くとも1月から違法な計画に関わっていたことを考えると,「非合法」の部分はあとから付け加えられたように思える.大川の計画の詳細を聞くうちに徐々に疑念が強まっていったのだろう.

(64) 1934年大川の公判調書(*IMTFE*, reel 12:15, 582); 1931年3月6日大川発宇垣宛書簡(*IMTFE-CJEJ*, reel 11, exhibit 163:2, pp. 1-2).日本語原文は『橋本欣五郎一代』74-75).以下も参照.『葛山鴻爪』509;「いわゆる三月事件について」7.

(65) 『葛山鴻爪』503-04, 509.

(66) 「右翼思想犯罪事件の綜合的研究」61;『橋本大佐の手記』71-72; 清水行之助の宣警供述(reel 11, exhibit 157, p. 1);『葛山鴻爪』502-03.

(67) 「所謂十月事件に関する手記」85; 大川の公判調書, 1934, *IMTFE-CJEJ*, reel 24, exhibit 2177A, pp. 18-19;『葛山鴻爪』511;「いわゆる三月事件について」8;『最後の殿様』130; 秦郁彦『軍ファシズム運動史』(河出書房新社, 1972年)30.

(68) 『最後の殿様』130-34.『橋本大佐の手記』70の中野の分析も参照.以下も参照.清水行之助宣誓供述; 徳川義親宣誓供述; 1934年大川の公判調書(*IMTFE-CJEJ*, reel 11, exhibit 157, p. 1, exhibit 158, p. 1; reel 24, exhibit 2177 A, p. 20);『葛山鴻爪』511-12;「いわゆる三月事件について」7.

(69) 『橋本大佐の手記』62. 同書68の「岡村メモ」も参照.

(70) 『最後の殿様』134.

(71) 1931年8月18日本庄発上原宛書簡(『上原勇作関係文書』452).

(72) 「右翼思想犯罪事件の綜合的研究」63;『橋本大佐の手記』77-78;「所謂十月事件に関する手記」85-86;「十月事件(2)」283; 1931年8月18日本庄発上原宛書簡(『上原勇作関係文書』452).戸山学校における桜会の活動は『二·二六事件への挽歌』61の大蔵栄一の証言および『私の昭和史』39, 42, 44も参照.田々宮によると, 1931年9月には東京だけで300人の会員がいた(『橋本欣五郎一代』52).

(73) *SHM*, 1:43-44, 49 (引用は49から).田中隆吉の証言も参照(*IMTFE*, reel 2:2019-20).

(74) *SHM*, 1:26, 37.

(75) 『橋本大佐の手記』146.

(76) 1931年8月6日軍縮国民同盟(尾崎行雄ほか6名)発南陸相宛書簡(*IMTFE*, reel 2:2193-94).

(77) *SHM*, 1:40-41, 45, 50-52.

(78) *SHM*, 1:59-61, 66も参照.

(79) 『橋本大佐の手記』76-77. 清水行之助の証言および80-81橋本の文章; 1931年8月18日本庄発上原宛書簡(『上原勇作関係文書』453).

(80) *IMTFE*, reel 2: 1975, 2158-59.

(81) 田中隆吉の聴取(*IMTFE*, reel 2:2060-61, 2068, 2087-96); 森島守人の宣誓供述, 1934年大川の公判調書, 平田幸広の宣誓証言(*IMTFE-CJEJ*, reel 12, exhibit 245, p. 4; reel 24, exhibit 1175:A, pp. 14-15, 17; reel 25, exhibit 2404, pp. 3-7);『橋本大佐の手記』103-05;『二·二六事件への挽歌』64.

(82) 田中隆吉の聴取(*IMTFE*, reel 2:1966-70, 2015-16);『橋本大佐の手記』84-85.

(83) 1934年大川の公判調書, 1945年10月上旬本庄繁, "The True Nature of the Manchurian Incident,"(*IMTFE-CJEJ*, reel 24, exhibit 2177 A, pp. 17, 22; reel 25, exhibit 2403, p. 1);『橋本大佐の手記』127-28.

(84) 1931年9月19日林発幣原宛書簡(*IMTFE*, reel 2:21 79-80); Peattie, *Ishiwara*, 121 .
(85) 『橋本大佐の手記』163; Ogata, *Defiance in Manchuria*(日本語版は緒方貞子『満州事変』), 80, 94; 田中隆吉の聴取(*IMTFE*, reel 2:2017).
(86) Peattie, *Ishiwara*, 129.
(87) 『橋本大佐の手記』119-21.
(88) 田中隆吉の聴取(*IMTFE*, reel 2:2006-07).
(89) 『橋本大佐の手記』120, 22.
(90) 田中隆吉の聴取(*IMTFE*, reel 2:1974, 2004-06).
(91) V. G. R. B. Lytton et al., *Appeal by the Chinese Government. Report of the Commission of Enquiry* (also known as the Lytton Report, Geneva: League of Nations Publications, 1932), 67-68.
(92) 『橋本大佐の手記』123.
(93) 武田寿の宣誓証言(*IMTFE-CJEJ*, reel 25, exhibit 2405, p. 7).
(94) 森島守人の宣誓供述(*IMTFE-CJEJ*, reel 12, exhibit 245, p. 6).
(95) 田中隆吉の聴取(*IMTFE*, reel 2:1989-90).
(96) 1931年9月24日 重 光 発 幣 原 宛 書 簡(*IMTFE-CJEJ*, reel l2, exhibit 246; O' Dwyer, Significant, 280).
(97) 1931年9月19日林発幣原宛書簡(*IMTFE*, reel 2:178-79).
(98) 1931年9月21日幣原発重光宛書簡(*IMTFE-CJEJ*, reel l2, exhibit 246, p. 1).
(99) 南次郎の宣誓証言(*IMTFE-CJEJ*, reel 25, exhibit 2435, pp. 4-6);『二·二六事件への挽歌』65.
(100)『橋本大佐の手記』127.
(101)『橋本大佐の手記』3-5; 田中の証言(*IMTFE*, reel 2:1966-67).
(102)『橋本大佐の手記』128.
(103) *SHM*, 1:123-24; Forbes to Secretary of State, 7.11.1931, US State Department, Records Related to the Internal Affairs of Japan (〔以下 *USIAJ*〕, reel 1:321, p.2). 以下も参照. 1934年大川の公判調書(*IMTFE-CJEJ*, reel 24, exhibit 2177A, pp. 21-22); 木戸幸一の宣誓供述(*IMTFE*, reel 23:30, 738-30, 739, 23:30, 746. 1935年, 橋本は自分たちこそが「真の参謀本部」だと得意げに話した(『橋本大佐の手記』133). ある意味ではそれは正しい.
(104)『橋本大佐の手記』128.
(105) 加藤陽子『満州事変から日中戦争へ』(岩波書店, 2007年)17-18.
(106) 荒木貞夫の聴取(*IMTFE*, reel 2:2220-22). 荒木によると, 関東軍への予算割り当ては1931年12月17日に閣議決定された.そのときすでに荒木は南の後任として陸相に就いていた. 荒木の聴取内容と南の宣誓証言も参照(*IMTFE-CJEJ*, reel 11, exhibit 187:S, p. 1; reel 25, exhibit 2435, pp. 6-7).
(107) 南次郎の宣誓証言(*IMTFE-CJEJ*, reel 25, exhibit 2435, pp. 8-9; Forbes to Secretary of State, 7 Nov. 1931, *USIAJ*, reel 1:321, p. 2, HULL).
(108) *SHM*, 1:80.
(109) 1934年大川の公判調書(*IMTFE-CJEJ*, reel 24, exhibit 1175:A, p. 21).
(110) *SHM*, 1:97.
(111) 田中隆吉の聴取(*IMTFE-CJEJ*, reel 2:1977-80, 2158-59). 以下も参照.『橋本大佐の手記』145-46; 1934年大川の公判調書(*IMTFE-CJEJ*, reel 24, exhibit 1175:A, p. 21).
(112) *SHM*, 1:105, 116-17. 木戸幸一の宣誓供述も参照(*IMTFE*, reel 23:30, 734, 23:30, 737).
(113) *SHM*, 1:108. 当時の米国大使館の報告によると, 安達は「軍内で最も多くの支持者をもつ」と言われていた(Forbes to Secretary of State, 24.11.1931, *USIAJ*, reel l:323).

(114)『橋本大佐の手記』151;「所謂十月事件に関する手記」91, 103.

(115) 1934年大川の公判調書(*IMTFE-CJEJ*, reel 24, exhibit 2177 A, pp. 21-22). 橋本は仲間たちの一部には, 民間人は計画に関わっておらず, 大川も何の役割ももっていないと伝えていた可能性がある. 以下を参照. 和知鷹二の聴取(*IMTFE*, reel 15:19, 680);『橋本大佐の手記』151, 158.

(116)『橋本大佐の手記』151;「所謂十月事件に関する手記」76, 89.

(117)『橋本大佐の手記』151-57, 160.

(118)『橋本大佐の手記』151-60;「所謂十月事件に関する手記」93.

(119) 1934年大川の公判調書(*IMTFE*, reel 12:15, 586-15, 587). 以下も参照. 和知鷹二の宣誓供述(*IMTFE*, reel 15:19, 668);「所謂十月事件に関する手記」90.

(120)「所謂十月事件に関する手記」94; 中野雅夫の証言(『橋本大佐の手記』155-57); 荒木貞夫の聴取(*IMTFE-CJEJ*, reel 11, exhibit 187:S, pp. 1-2).

(121) 中野雅夫の証言(『橋本大佐の手記』155-57);「所謂十月事件に関する手記」89.

(122)「所謂十月事件に関する手記」86, 91-92.『二・二六事件への挽歌』64-65;『東京裁判資料・木戸幸一尋問調書』52.

(123)「所謂十月事件に関する手記」91-92, 96;『陸軍中将樋口季一郎回想録』288-89;『二・二六事件への挽歌』64-67;『木戸幸一日記』下:94;「長勇手記」(『落日の序章』46収録); 末松太平は回顧録で, 会議はムッソリーニとアタテュルクの「悪臭」で満ちていたと不満を述べる(『私の昭和史』43).

(124) 田中隆吉の聴取(*IMTFE*, reel 2:2016.「長勇手記」『落日の序章』46およびOgata, *Defiance*, 98にも裏づけられている.

(125) 異なる証言をもとにした他の説については中野雅夫の解説を参照(『橋本大佐の手記』167-68).

(126)「長勇手記」(『落日の序章』46). 酔った長の壮語と桜会指導者たちの軽率な行動については『二・二六事件への挽歌』65.『私の昭和史』52にも裏づけられている. 以下も参照. 田中隆吉の聴取(*IMTFE*, reel 2:1981); 荒木の証言(『橋本大佐の手記』169); 橋本の証言(同書166);「所謂十月事件に関する手記」92, 99; Shillony, *Revolt in Japan*, 28.

(127)「長勇手記」(『落日の序章』45);「所謂十月事件に関する手記」92;「十月事件(1)」319.

(128) *SHM*, 1:137-38.「所謂十月事件に関する手記」97も参照.

(129) 和知鷹二の宣誓供述(*IMTFE*, reel 15:19, 667). 和知によると, 計画を荒木に打ち明けたのは橋本で, それが南に伝わったという. 荒木がクーデターに反対して酒場で長(橋本ではない)に会ったことは橋本も認めている(『橋本大佐の手記』166). 原田に話したものとは詳細の異なる荒木の別の証言もある(同書169). この場面に関する長の説明は「長勇手記」(『落日の序章』46)および「所謂十月事件に関する手記」87を参照. 荒木がアメリカの調査員に話したところによると, 情報提供者の名前は忘れたが, 自分は南から知らされたという(*IMTFE-CJEJ*, reel 11, exhibit 187:S, p. 2).

(130) 和知鷹二の聴取(*IMTFE*, reel 15:19, 679);『私の昭和史』53;『木戸幸一日記』下:107;『橋本大佐の手記』167. 内田絹子の証言も参照(『橋本大佐の手記』172-73;「所謂十月事件に関する手記」97).

(131)「陸軍軍法会議法」(官報63号, 1921年4月26日). 分析は Sneider, "Action and Oratory," 14.

(132)『木戸幸一日記』下:148. Ogata, *Defiance*, 100も参照.

(133) "Minutes of the Conference on the China Incident Report dated December 9th 1931," *IMTFE-CJEJ*, reel 24, exhibit 2205:A, p. 2; Sneider, "Action and Oratory," 14.

(134)『木戸幸一日記』下:93;『東京裁判資料・木戸幸一尋問調書』49.

(135) Edwin N. Neville, Charge d'Affairs (Tokyo) to the secretary of state, 21.10.1931, *USIAJ*, reel 1:314, HULL.
(136) Forbes to Secretary of State, 7. 11. 1931, *USIAJ*, reel 1:320, HULL.
(137) 和知鷹二の宣誓供述(*IMTFE*, reel 15:19, 667); 荒木貞夫の取調べ(*IMTFE-CJEJ*, reel 11, exhibit 187:S, pp. 1-2); 橋本欣五郎の取調べ(*IMTFE-CJEJ*, reel 12, exhibit 258, p. 2); 中野雅夫の説明(『橋本大佐の手記』8-10); Cameron, "Race and Identity," 560. 橋本はおそらく二·二六事件の影響で1936年10月に陸軍を退役した. その後は1937年から1939年に中国で短期間現役復帰したほかは国家主義運動の主導者として新たなキャリアを築いた. 天野勇の取調べも参照(*IMTFE-CJEJ*, reel 24, exhibit 2164, pp. 1-2).
(138) Ben-Ami Shillony, *The Jews and the Japanese: The Successful Outsiders* (Rutland, VT: C.E. Tuttle, 1992), 182-83; 早坂隆『指揮官の決断——満州とアッツの将軍 樋口季一郎』(文藝春秋, 2010年)125-49.
(139) Ogata, *Defiance,* 99.
(140) Shillony, *Revolt in Japan*, 28-29; 『軍ファシズム運動史』31, 41-44.
(141) 「国家それ怪し」(『大川周明と国家改造運動』322).
(142) *SHM*, 1:116-17.
(143) *SHM*, 1:67, 131; 『橋本大佐の手記』128. 若槻礼次郎の宣誓供述と荒木の聴取も参照(*IMTFE-CJEJ*, reel 11, exhibit 162, pp. 1-2, exhibit 187:T, p. 2).
(144) 『橋本大佐の手記』127-28; Peattie, *Ishiwara*, 122-23.
(145) 『私の昭和史』59.
(146) 同上43, 53-54, 61 .
(147) 三月事件後, 宇垣はすでにこのような結果を恐れていた(「国家それ怪し」『大川周明と国家改造運動』321).
(148) 「所謂十月事件に関する手記」85; 荒木の聴取(*IMTFE-CJEJ*, reel 11, exhibit 187:T, p. 1); 『陸軍中将樋口季一郎回想録』288. 「国家それ怪し」(『大川周明と国家改造運動』321)も参照.
(149) 『最後の殿様』135-36. 以下も参照. 徳川の宣誓供述(*IMTFE-CJEJ*, reel 11, exhibit 158, p. 1); 『葛山鴻爪』511-12 ; *SHM*, 9:1363; 「いわゆる三月事件について」6. 関連文書として『大川周明と国家改造運動』331-48も参照.
(150) *SHM*, 1:138; 『木戸幸一日記』下:147-48; 『橋本大佐の手記』134-37; 「所謂十月事件に関する手記」86; 『二·二六事件への挽歌』64-65; 『最後の殿様』140.
(151) 氏名不明のこの海軍少将から個人的にアメリカ人歴史家Yale Maxonに宛てられた手紙(Maxon, *Control*, 104-05).
(152) Maxon, *Control*, 106-07; Ogata, *Defiance*, 94.
(153) *SHM*, 1:123-24, 128-29. 日本人外交官たちのあいだに広まっていた同様の心情については1931年11月7日大橋ハルビン総領事発幣原宛書簡(*IMTFE-CJEJ*, reel 15, exhibit 700, p. 1).
(154) *SHM*, 1:31-32, 138.

第一〇章　水のごとく

(1)　山口一太郎の訊問調書(林茂他編『二·二六事件秘録』小学館, 1971-72年)1:411-12, 416, 429.
(2)　秦郁彦「二·二六事件と裕仁天皇」(『政治経済史学』209号, 1983年12月)17. 松下一郎「三年遅れた二·二六事件」(小野源治朗·金重隆介編『近歩三想い出集』近歩三会, 1962)141

も参照.

(3) Shillony, *Revolt in Japan*, ix.

(4) 須崎慎一『二・二六事件——青年将校の意識と心理』(吉川弘文館, 2003年)50;『粛軍に関する意見書』43; 仲乗匠『「ワレ皇居ヲ占拠セリ」——二・二六事件秘話「宮城坂下門内の変」』(恒友出版, 1995年)172.

(5) 磯部浅一「宇垣一成等九名告発書」(『二・二六事件秘録』別:3-5);『二・二六事件への挽歌』68;『粛軍に関する意見書』3-4, 43;『二・二六事件——青年将校の意識と心理』49-50;『二・二六帝都兵乱』96-97.『私の昭和史』59-61, 142の末松の説明も参照.

(6) 香田の訊問調書(『二・二六事件秘録』)1:118-19; 村中の証言(池田俊彦編『二・二六事件裁判記録——蹶起将校公判廷』原書房, 1998年)5.『粛軍に関する意見書』43も参照.

(7) 栗原の訊問調書『二・二六事件秘録』1:129, 131.

(8) 運動の思想面には同調するが違法行為には躊躇していた軍人の典型的な証言は「三年遅れた二・二六事件」140-43を参照.

(9) *SHM*, 9:1333-34, 1339-44, 1449-50, 10:1410-11. 青年将校らが与えた影響の評価についてはソ連大使館付武官からソ連政府への報告書を参照(I Rink, Sostoyanie yaponskoi armii k 1/1/1936, godovoi doklad polpregstva SSSR v Yaponii za 1935 god, *AVPRF*, opis 19, delo 74, papka 174, 85). 二・二六事件に関与した全将校の氏名, 階級, 出身, 処罰の一覧は『二・二六帝都兵乱』53を参照.

(10) 『二・二六事件——青年将校の意識と心理』100;『二・二六帝都兵乱』41-42, 47-50.

(11) 竹島, 対馬の訊問調書(『二・二六事件秘録』1:142, 145-46).

(12) 香田, 対馬, 安田, 池田の訊問調書(『二・二六事件秘録』1:118, 145, 171, 255); 磯部の証言『二・二六事件裁判記録』67;『私の昭和史』150-51, 260; 磯部「獄中手記」(高宮太平『順逆の昭和史——2・26事件までの陸軍』原書房, 1971年)316;『二・二六帝都兵乱』61-62, 74.

(13) 中橋の訊問調書『二・二六事件秘録』1:155; 大前信也「陸軍の政治介入の淵源について(1)陸軍予算編成と二・二六事件」(『政治経済史学』540号, 2011年10月)6, 10-13. 岡崎康一の宣誓証言(*IMTFE-CJEJ*, reel 31, exhibit 3326, pp. 2-4); 磯部浅一「行動記」(河野司編『二・二六事件——獄中手記・遺書』河出書房新社, 1972年)48; Shillony, *Revolt in Japan*, 87-88.

(14) 池田の訊問調書『二・二六事件秘録』1:255.

(15) 『二・二六事件——青年将校の意識と心理』133-40.

(16) 磯部の証言『二・二六事件裁判記録』63, 76. 以下も参照.「三年遅れた二・二六事件」140; Shillony, *Revolt in Japan*, 133-34.

(17) 中橋, 安田, 村中, 安藤の訊問調書『二・二六事件秘録』1:156, 168, 198, 262.

(18) 池田の訊問調書『二・二六事件秘録』1:255.

(19) 磯部の証言『二・二六事件裁判記録』63, 76.

(20) 『私の昭和史』115-16.

(21) 林, 池田の訊問調書, 磯部弁駁書 (『二・二六事件秘録』1:177, 255, 別:19; 磯部「獄中手記」(『順逆の昭和史』314).

(22) 磯部弁駁書(『二・二六事件秘録』別:19).

(23) 『私の昭和史』126-27; 磯部「行動記」(『二・二六事件——獄中手記・遺書』54).

(24) 『二・二六事件——青年将校の意識と心理』136.『私の昭和史』111, 258も参照.

(25) 中橋の訊問調書『二・二六事件秘録』1:1 58.

(26) 栗原, 中橋, 鈴木, 村中の訊問調書『二・二六事件秘録』1:135, 157, 189, 208.

(27) 村中の証言『二・二六事件裁判記録』23-24.

(28) 磯部「行動記」(『二・二六事件——獄中手記・遺書』54-55).

(29) 『私の昭和史』114; 磯部の証言『二・二六事件裁判記録』64.

(30) 満井の証人申請(『二・二六事件秘録』1:24); 田中, 池田の訊問調書, 磯部弁駁書(『二・二六事件秘録』1:166, 255-56, 別:18); 湯川(清原)康平「二・二六事件と西園寺公」(『文藝春秋』45巻6号, 1967年6月)326; Shillony, *Revolt in Japan*, 81-95.

(31) 安田, 林, 磯部の訊問調書『二・二六事件秘録』1:171, 178, 219-20; 磯部「獄中手記」(『順逆の昭和史』316); 磯部「行動記」(『二・二六事件——獄中手記・遺書』)25.

(32) 『粛軍に関する意見書』2.

(33) 磯部「行動記」(『二・二六事件——獄中手記・遺書』)67.

(34) 獄中の磯部から森宛て書簡(日付不明, 『二・二六事件秘録』別:9); 『私の昭和史』144, 148. 皇道派将校のあいだで一般的だった考え方については「真崎甚三郎聴取書」(『二・二六事件秘録』2:197-98, 212). 統制派と皇道派は正式な派閥ではなく, 同様の思想をもつ者の集団につけられた名称にすぎない. ほぼすべての証言者によって各派閥の構成に対する認識は異なり, 呼び方も異なっている. 本書では日本軍の複雑な軍閥よりも歴史的経緯に注目しているため, 厳密ではないが「統制派」「皇道派」「青年将校運動」という三つの名称を用いる.

(35) 安田の訊問調書, 磯部弁駁書(『二・二六事件秘録』1:172, 別:13, 19-20); 磯部「行動記」(『二・二六事件——獄中手記・遺書』43); 村中, 磯部の証言『二・二六事件裁判記録』4, 67-70; 『私の昭和史』99-100, 105, 152; 『二・二六帝都兵乱』65-66. 北一輝の思想と影響に関する私の考察は以下を参照してほしい. Danny Orbach, "A Japanese Prophet: Eschatology and Epistemology in the Thought of Kita Ikki," *Japan Forum*, 23, no. 3 (2011), 339-61 .

(36) 『二・二六事件——青年将校の意識と心理』53-54, 62, 67-69; 木戸幸一の宣誓供述(*IMTFE-CJEJ*, reel 31, exhibit 3340, 3334-35); 『私の昭和史』97-98; 磯部の証言『二・二六事件裁判記録』72. 荒木と青年将校の関係については駐日ソ連大使館の分析も参照(*AVPRF*, opis 16, delo 12, papka 153, Zheleznyakov, lth Sekretar nolppredstva to Karaxan, 4.5.1933, 163).

(37) 駐日英国大使館付武官 Colonel E. A. H. James 発 Foreign Office 宛書簡, 8.5.1936, *BNA* WO 5585, 4.

(38) 村中, 磯部の証言『二・二六事件裁判記録』13, 77-78.

(39) 『二・二六事件への挽歌』71; 『二・二六帝都兵乱』106; Stephen S. Large, "Nationalist Extremism in Early Showa Japan; Inoue Nissho and the 'Blood-Pledge Corps Incident'; 1932,"*Modern Asian Studies* 35, no. 3 (July 2001), 533-64.

(40) 真崎の聴取書(『二・二六事件秘録』2:215); 村中, 磯部の 証言(『二・二六事件裁判記録』15, 71); 磯部「行動記」(『二・二六事件——獄中手記・遺書』43).

(41) 五・一五事件の歴史調査は以下を参照. Sneider, "Action and Oratory," 3-9;『日本政治裁判史録 昭和前』462-551.

(42) 『二・二六帝都兵乱』112.

(43) Sneider, "Action and Oratory," 32-37.

(44) 同上 28-32, 40-41.

(45) 同上 24-25, 37-42.

(46) 「五・一五事件の志士」という言葉は坂井直《なおし》の訊問調書から引用(『二・二六事件秘録』1:224; 『二・二六事件——青年将校の意識と心理』77).

(47) James B. Crowley, "Japanese Army Factionalism in the Early 1930's," *The Journal of Asian Studies* 21, no. 3 (May 1962), 316.

(48) 磯部の証言『二・二六事件裁判記録』77; *AVPRF*, opis 16, delo 12, papka 153, Zheleznyakov, lth Sekretar nolppredstva to Karaxan, 4.5.1933, 159; 『二・二六事件——青年将校

の意識と心理』69, 89-91;『二・二六帝都兵乱』120.
(49) 『二・二六事件——青年将校の意識と心理』95-96.
(50) 村中, 磯部の証言『二・二六事件裁判記録』8-9, 72-73;『二・二六事件——青年将校の意識と心理』69, 89-91;『二・二六帝都兵乱』120;「二・二六事件と裕仁天皇」5.
(51) 『私の昭和史』130-31;『二・二六帝都兵乱』50.
(52) 村中, 磯部の証言『二・二六事件裁判記録』9-10, 74;『粛軍に関する意見書』15-16, 37-38;『二・二六事件——青年将校の意識と心理』96-100.
(53) *SHM*, 9:1333-34, 1339-44, 1349-50; Shillony, *Revolt in Japan*, 49-51.
(54) 『二・二六事件——青年将校の意識と心理』70-72; Crowley, "Army Factionalism," 320-21. 真崎更迭の背景にあった陰謀の分析はソ連大使付武官のソ連大使宛て報告書を参照(I. Rink, Sostoyanie yaponskoi armii, 80-87).
(55) 相沢の裁判における真崎の証言(『二・二六事件秘録』1:7-10).
(56) 真崎の意見書, 真崎の聴取書(『二・二六事件秘録』1:3-6, 2:201).
(57) 真崎の聴取書『二・二六事件秘録』2:217. 日記の中で真崎は, 磯部と香田に会うことは気が進まなかったがいつまでも避けつづけることはできないため最終的に折れたと述べる(伊藤隆他編『真崎甚三郎日記』山川出版社, 1981-87)1:327. 磯部の証言も参照(『二・二六事件裁判記録』77).
(58) 村中, 磯部の証言『二・二六事件裁判記録』12, 15, 75; 磯部「行動記」(『二・二六事件——獄中手記・遺書』)48;『真崎甚三郎日記』1:334;『私の昭和史』257.
(59) Byas, *Government by Assassination*, 95, 111.
(60) 『私の昭和史』257;『二・二六帝都兵乱』125-27, 131; Byas, *Government by Assassination*, 97-98, 115.
(61) 『真崎甚三郎日記』1:335.
(62) 「陸軍の政治介入の淵源について(1)」15.
(63) Yurenev to the deputy people's commissar for foreign affairs, 25.4.1936, *AVPRF*, opis 19, delo 76, papka 175, 154(4)-155(3). イギリス人ジャーナリストのヒュー・バイアスも同じ印象を抱いているが, 日本に長年精通している彼はほとんど驚かなかった(Byas, *Government by Assassination*, 99-100).
(64) 安田, 鈴木の訊問調書『二・二六事件秘録』1:167, 187; 磯部「行動記」(『二・二六事件 獄中手記・遺書』43).
(65) 栗原, 中橋, 村中の訊問調書『二・二六事件秘録』1:129, 155, 200; 磯部「行動記」(『二・二六事件——獄中手記・遺書』)28. 軍史研究家であり二・二六事件を研究する学者のうち屈指の洞察力をもつ藤井非三四の主張によると, クーデターの計画が甘かったのは首謀者たちに時間の制約があったからだという. そもそも左遷と派閥争いで勢いを失っていた彼らの活動は, 第一師団が異動になれば完全に消滅したと思えるからである. だが, 藤井が正しいのは一部分のみである. 本章でこれまでに述べたように, 緻密な計画の欠如はどうしても避けられなかったものではなく, 志士流の思想も影響していた(『二・二六帝都兵乱』138).
(66) この窮地に関する考察は『ワレ皇居ヲ占拠セリ』165-67.
(67) 栗原, 村中, 磯部の訊問調書『二・二六事件秘録』1:132, 208, 216-17. 村中, 磯部の証言『二・二六事件裁判記録』20, 84; 磯部「行動記」(『二・二六事件——獄中手記・遺書』45, 47).
(68) 『二・二六帝都兵乱』145.
(69) 村中, 磯部の証言『二・二六事件裁判記録』31, 81-83.
(70) 「二・二六事件と西園寺公」325; 村中, 磯部の証言『二・二六事件裁判記録』31, 81-83; 磯部「行動記」(『二・二六事件——獄中手記・遺書』39-40); Shillony, *Revolt in Japan.*

(71) 磯部「行動記」(『二・二六事件——獄中手記・遺書』)37.

(72) 二・二六事件における秩父親王の役割は常に議論を呼ぶ. Ben-Ami Shillony は彼の青年将校への共感を大きく解釈しすぎて, 事後の噂に信頼を置きすぎているかもしれない(Shillony, *Revolt in Japan*, 95-109). 事件の前および最中の秩父宮の行動に関する詳細な分析は保阪正康『秩父宮と昭和天皇』(文藝春秋, 1989年)212-98を参照. 反乱軍の一部が秩父宮に託した望みについては同書246-47.「二・二六事件と裕仁天皇」7-8, 14-16も参照. 反乱軍に対する親王の否定的な態度も西園寺の秘書である原田熊雄によって記録されている(*SHM*, 10:1430および「二・二六事件と西園寺公」323).

(73) 事件前の政府の疑いについては *SHM*, 10:1411.

(74) 『二・二六帝都兵乱』27-30, 139-41; Shillony, *Revolt in Japan*, 119-20; 磯部「行動記」(『二・二六事件——獄中手記・遺書』26, 36-39). ただ, 磯部は事件前の川島および陸軍省職員からの同調を誇張しているようにも思え, それは自分たちが「義軍」であり反乱軍ではないと強調したかったからだろう.

(75) 蹶起趣意書の全文は『二・二六事件——獄中手記・遺書』409-11. 全文英訳は Shillony, *Revolt in Japan*, 146-48.

(76) 正確な兵士の数と部隊の内訳は『二・二六帝都兵乱』171-72.

(77) 同上 173-75; 安藤の証言『二・二六事件裁判記録』287. だがソ連大使館への情報提供者は, 部下の兵士たちは将校たちから宮城の警備や明治神宮の参拝に行くのだと告げられて真実を知らなかったと報告する (Yurenev to the deputy people's commissar for foreign affairs, 25.4.1936, *AVPRF*, opis 19, delo 76, papka 175, 150〔8〕). 蔵相襲撃前, 中橋は確かに部下たちに明治神宮に参拝に行くと告げている(『ワレ皇居ヲ占拠セリ』202).

(78) 栗原, 対馬の訊問調書『二・二六事件秘録』1:131-32, 147; Joseph Grew, US ambassador, "How Premier Okada Escaped Assassination," report from Tokyo, 13.3.1936, in Joseph C. Grew, *Ten Years in Japan: A Contemporary Record Drawn from the Diaries and Private and Official Papers of Joseph C. Grew* (London: Hammond, 1944), 177-78.

(79) 中橋, 中島の訊問調書『二・二六事件秘録』1:155-56, 230.

(80) 安田, 高橋の訊問調書『二・二六事件秘録』1:68, 238. Joseph Grew, "Japan's New Era begins," report from Tokyo, 1.3.1936, in *Ten Years in Japan*, 176.

(81) 麦屋の訊問調書『二・二六事件秘録』1:245.

(82) 安田の訊問調書『二・二六事件秘録』1:169. このやりとりに関するわずかに異なる主張は高橋の訊問調書(『二・二六事件秘録』1:239)を参照.

(83) 安田の訊問調書『二・二六事件秘録』1:169. 高橋の証言も参照(同書1 :239); Shillony, *Revolt in Japan*, 137.

(84) 安藤の訊問調書『二・二六事件秘録』1:263.

(85) 栗原, 中橋の訊問調書『二・二六事件秘録』1:131, 156.

(86) 常盤, 鈴木の訊問調書『二・二六事件秘録』1:180, 185;「二・二六事件と西園寺公」322.

(87) 青年将校は桜会の残虐性を批判していた(『粛軍に関する意見書』43).

(88) 石橋恒喜『昭和の反乱——三月クーデターから二・二六事件まで』(高木書房, 1979年) 2:87.

(89) 中橋, 今泉の訊問調書『二・二六事件秘録』1:157, 273; 栗原の証言『二・二六事件裁判記録』163, 167;『ワレ皇居ヲ占拠セリ』174-75, 193-94, 202-03.

(90) 中橋の聴取『二・二六事件秘録』1:155;『ワレ皇居ヲ占拠セリ』224-25. 裁判で中橋は坂下門占拠や援軍要求を試みたことを否定したが, それは憲兵に対する自身の供述を含む他の証言や証拠と矛盾する(『二・二六事件裁判記録』252, 254,「二・二六事件と西園寺公」322).

また,中橋はその裁判の証言の中でも矛盾している(『二·二六事件裁判記録』261-62).

(91) 警視庁の屋上に配置されていた清原康平は裁判で信号が見えなかったと証言し,さらに信号が送られるとは思っていなかったと示唆した(『二·二六事件裁判記録』381).だが,戦後の証言では信号による合図が予定されていたことを認めた.彼は屋上で中橋による懐中電灯の信号を待っていたが,届くことはなかった(「二·二六事件と西園寺公」322).

(92) 『昭和の反乱』2:87-90.石橋によるジャーナリスト視点の見解は,事件直後の松村秀逸少佐と田中軍吉大尉との会話に基づく.松下一郎によるわずかに異なる説明は「三年遅れた二·二六事件」146を参照.証拠の調査は『ワレ皇居ヲ占拠セリ』210-11, 224-33を参照.

(93) 栗原の部隊も同様に,首相を見つけ出して殺そうとしているにもかかわらず,官邸のものを壊さないように注意をはらった(栗原の証言『二·二六事件裁判記録』174).

(94) 磯部「行動記」(『二·二六事件——獄中手記·遺書』)54-55;『二·二六帝都兵乱』185.

(95) 村中の証言『二·二六事件裁判記録』34-35;『ワレ皇居ヲ占拠セリ』215-16.

(96) 山口の訊問調書『二·二六事件秘録』1:417.磯部の主張は「行動記」を参照(『二·二六事件——獄中手記·遺書』63).

(97) 複雑で形式的な手続きなど,陸軍の反応を遅らせた官僚主義的な障壁については以下の安井戒厳参謀長の報告を参照.「二·二六事件に関する戒厳参謀長の手記」(松本清張編『二·二六事件研究資料(1)』文藝春秋,1976年,19-20).

(98) 「二·二六事件に関する戒厳参謀長の手記」(『二·二六事件研究資料(1)』20-22).安井東京警備参謀長の報告は当然ながら弁解めいている.香椎と自身が反乱軍とは遠い立場にあったことを強調するため,安井は東京警備司令部の作戦における「封じ込め」の要素を強調し,香椎と部下の将校たちが反乱軍の思想に共感していたことを隠した(ただ,同書24などに共感の気配は見られる).実際にはどちらの要素も存在したのだろう.香椎は確かに東京での衝突を恐れており平和的解決を望んだが,その忍耐強さの根底には彼らの思想を支持する感情があった.もし共産主義者が東京中心部を占拠していれば彼は同じ行動には出なかっただろう.

(99) Honjō Shigeru, *Emperor Hirohito and his Chief Aide-de-Camp: The Honjō Diary, 1933-36*, trans. and ed. Mikiso Hane (Tokyo: University of Tokyo Press, 1982), 212(原書は本庄繁『本庄日記』原書房,1967年).戒厳令の原文は『二·二六事件——獄中手記·遺書』454-5.

(100) *Honjō Diary*, 209-10; 告示文の原文は『二·二六事件——獄中手記·遺書』411-12.荒木貞夫の証言を参照(『二·二六事件——獄中手記·遺書』413-14収録「陸軍大臣告示のできた経緯」).

(101) *Honjō Diary*, 209.香椎の電話報告の記録は「二·二六事件に関する戒厳参謀長の手記」(『二·二六事件研究資料(1)』21)および『二·二六帝都兵乱』193-94.公式発表となった香椎の指示は『二·二六事件——獄中手記·遺書』412.

(102) 村中の証言『二·二六事件裁判記録』37, 40, 44; 山口の訊問調書『二·二六事件秘録』1:418;「二·二六事件に関する戒厳参謀長の手記」(『二·二六事件研究資料(1)』23);「二·二六事件と西園寺公」322;『二·二六事件——青年将校の意識と心理』197-200, 203-05; Colonel E. A. H. James, "Attempted Coup d'Etat by Young Officers," 3.3.1936, dispatch no. 62, *BNA* WO 106 5585, 4.

(103) *Honjō Diary*, 210; 磯部「行動記」(『二·二六事件——獄中手記·遺書』66).

(104) 『二·二六事件——青年将校の意識と心理』209-10では山口の証言など複数の情報源から会話を再現している.この会話に関する山口の詳細な回想は『二·二六事件秘録』1:420-41収録の彼の証言を参照.別視点からの証言は磯部「行動記」(『二·二六事件——獄中手記·遺書』68-69);『昭和の反乱』2:103-04; 村中の証言『二·二六事件裁判記録』38-40を参照.村中は,

反乱軍は軍事参議院に組閣を頼んでいないと述べる．岡田内閣の総辞職を要求しただけだという．ただ，村中は一貫して自分たちは勅令に背くことなく反逆者を排除したかっただけであると証明しようとしたが，彼の証言が完全に信頼できるわけではない．反乱には参加していないが彼らの考えに共感していた山口の証言のほうが信頼性は高い．

(105) *SHM*, 10:1425-27;「二·二六事件に関する戒厳参謀長の手記」(『二·二六事件研究資料(1)』20).

(106) 岩畔豪雄の証言『二·二六事件――獄中手記·遺書』414-15.

(107)『二·二六帝都兵乱』210-14.

(108) 磯部「行動記」(『二·二六事件――獄中手記·遺書』) 72-73;『二·二六事件――青年将校の意識と心理』205;『二·二六帝都兵乱』173;『ワレ皇居ヲ占拠セリ』176-77.

(109)『二·二六帝都兵乱』274.

(110) 磯部「行動記」(『二·二六事件――獄中手記·遺書』) 52-53.

(111)「陸軍大臣告示のできた経緯」(『二·二六事件――獄中手記·遺書』) 413.

(112)「二·二六事件に関する戒厳参謀長の手記」(『二·二六事件研究資料(1)』) 19-21.

(113) 反乱軍の戦略上の失敗に関する分析は『二·二六帝都兵乱』263-84. 秦郁彦はクーデター失敗につながった失態に関するさまざまな学者の意見を調査し検討した(「二·二六事件と裕仁天皇」6). 通信施設の占拠失敗はこの事件のみでなく他国のケースにも見られる．たとえば，ヒトラー政権に対する1944年7月20日のクーデター失敗の主な原因でもある．以下の拙著を参照．Danny Orbach, *The Plots against Hitler* (New York: Houghton Mifflin Harcourt, 2016), 226-27.

(114) Byas, *Government by Assassination*, 125.

(115) 村中の証言『二·二六事件裁判記録』43-44;「二·二六事件と裕仁天皇」10;『秩父宮と昭和天皇』233-34. 顧問の一部は止められることなく反乱軍の待機場所を通過した(*SHM*, 10:1424).

(116)「二·二六事件と裕仁天皇」4.

(117)『昭和天皇独白録』32.

(118) 木戸幸一の宣誓供述(*IMTFE-CJEJ*, reel 31, exhibit 3340, p. 47): *Honjō Diary*, 209.『木戸幸一日記』上:464-65 も参照．

(119) このシステムに関する別の例は「二·二六事件と裕仁天皇」4.

(120)『昭和天皇独白録』32で天皇は自身の命令経路としての参謀本部に言及している．山口の訊問調書も参照(『二·二六事件秘録』1:419); *Honjō Diary*, 210;『二·二六事件――青年将校の意識と心理』220;『秩父宮と昭和天皇』234-35; Shillony, *Revolt in Japan*, 167-71.

(121)『木戸幸一日記』上:465.

(122) *Honjō Diary*, 213. *SHM*, 10:1428 も参照．

(123) 村中の証言『二·二六事件裁判記録』46-47; *Honjō Diary*, 213-14;『木戸幸一日記』上:466-67; 磯部「行動記」(『二·二六事件――獄中手記·遺書』) 70-72;『二·二六事件――青年将校の意識と心理』240-61, 270-74;『二·二六帝都兵乱』215-16.

(124)『二·二六事件――青年将校の意識と心理』270-79; 磯部「獄中手記」(『順逆の昭和史』) 301-02.

(125) *Honjō Diary*, 215;「二·二六事件と西園寺公」323;『二·二六事件――青年将校の意識と心理』270-77, 295, 308.

(126)『二·二六事件――青年将校の意識と心理』296-301.

(127) 磯部「行動記」(『二·二六事件――獄中手記·遺書』) 78-79;「二·二六事件に関する戒厳参謀長の手記」(『二·二六事件研究資料(1)』) 24-25.

(128) *Honjō Diary*, 214-16;『昭和天皇独白録』32-33. 磯部「獄中手記」(『順逆の昭和史』)301の磯部の証言も参照.
(129) 2月28日午後6時川島発堀宛書簡(『二・二六事件――獄中手記・遺書』)443.
(130) 2月28日午後11時「戒作命第14号」(『二・二六事件――獄中手記・遺書』)443-44;『木戸幸一日記』上:468; 2月29日「戒厳司令部発表 川島陸軍大臣声明」(『二・二六事件――獄中手記・遺書』)448-49;「二・二六事件と裕仁天皇」11.
(131) 磯部「獄中手記」(『順逆の昭和史』)296.
(132)『二・二六事件――青年将校の意識と心理』302-03.
(133) 2月29日午前8時55分「戒厳司令部発表 ラジオ放送」「下士官兵に告ぐ」(『二・二六事件――獄中手記・遺書』)432, 434; Clive to Foreign Secretary Eden, 30.3.1936, *BNA* WO 106 5585, 3.
(134) Byas, *Government by Assassination*, 125.
(135) *Honjō Diary*, 217-18; 磯部「獄中手記」(『順逆の昭和史』)301-02; 磯部「行動記」(『二・二六事件――獄中手記・遺書』)83-84, 87-88.
(136)「川島陸軍大臣声明」(『二・二六事件――獄中手記・遺書』)448-49. 英訳は*Honjō Diary*, 219, 223.
(137)「二・二六事件と裕仁天皇」17.
(138) Shillony, *Revolt in Japan*, 203.
(139) 磯部発森伝宛書簡(日付不明, 獄中から)『二・二六事件秘録』別:6-7, 10; 磯部「獄中手記」(『順逆の昭和史』)294.
(140) 磯部「獄中手記」(『順逆の昭和史』)295-96.
(141) 磯部発森伝宛書簡(日付不明, 獄中から)『二・二六事件秘録』4:8-9; 磯部「獄中手記」(『順逆の昭和史』)293, 297, 318.
(142)『私の昭和史』153.
(143) 磯部「獄中手記」(『順逆の昭和史』)293.
(144) 中橋の証言『二・二六事件裁判記録』271.
(145) 船山の訊問調書『二・二六事件秘録』1:195; Shillony, *Revolt in Japan*, 133. Shillonyが述べるように, 多くの下士官兵がクーデター計画を支持したことは明らかだが, 新人兵が大半だった彼らの立場ははっきりしない. 26日に歩兵第三連隊の番兵たちと話をした英国大使館付武官は, 彼らは「何に巻き込まれているのかわかっていない」印象を受けたという(Colonel E. A. H James, "Attempted Coup d' Etat by Young Officers," 3.3.1936, dispatch no. 62, *BNA* WO 106 5585 [cover letter]).
(146) 松下一郎の証言(「三年遅れた二・二六事件) 140-44.
(147) 山本の訊問調書, 磯部弁駁書(『二・二六事件秘録』1:265, 別:19); 村中の証言『二・二六事件裁判記録』39.
(148)「蹶起趣意書」(『二・二六事件――獄中手記・遺書』409-10);『二・二六帝都兵乱』274-75.
(149)「二・二六事件と裕仁天皇」19. 木戸孝允の引用は『大久保利通日記』上:395.
(150) 磯部「獄中手記」(『順逆の昭和史』)314; "Bushido and a Budget," タイムズ(東京)1936年7月14日.
(151)「二・二六事件と西園寺公」327.
(152) 同上328.
(153) 原文は川島の「陸軍大臣声明」(『二・二六事件――獄中手記・遺書』)419. 英訳は*Honjō Diary*, 219, 230-33; Colonel James to the Foreign Office, 8.5.1936, *BNA* WO 5585, 2.
(154) *Honjō Diary*, 225-26, 228-30.

(155) 木戸幸一の宣誓供述(*IMTFE-CJEJ*, reel 31, exhibit 3340, p. 52); *Honjō Diary*, 230; Crowley, "Army Factionalism," 320-21.

(156) *Honjō Diary*, 221, 226; 大前信也『政治勢力としての陸軍——予算編成と二・二六事件』(中央公論新社, 2015年)228-29.

(157) Joseph Grew, "Hirota Reorganizes," report from Tokyo, 5.3.1936, in *Ten Years in Japan*, 178.

(158) Colonel James to the Foreign Office, 8.5.1936, *BNA* WO 5585, 3.

(159) この事件の研究はB. Winston Kahn, *Doihara Kenji and the "North China Autonomy Movement," 1935-36* (Tempe, AZ: Arizona State University, 1973), z.

(160) 筒井清忠『昭和期日本の構造——その歴史社会学的考察』(有斐閣, 1984年)97.

(161) "Dictatorship in Japan," *Manchester Guardian*, 11.6.1936; 次田大三郎と津島寿一の宣誓証言(*IMTFE-CJEJ*, reel 31, exhibit 3258, pp. 1-2, exhibit 3324, p. 4); *Honjō Diary*, 224-25; *SHM*, 10: 1437-42. 陸軍と政府の権力バランスの変化に関する分析はStomonyakov to Yurenev, 28:3, 28:6., 1936, *AVPRF*, opis 19, delo 12, papka 170.

(162) Andrew Levidis, "Conservatism and Japanese Army Factionalism, 1937-1939: The Case of Prince Konoe Fumimaro and Baron Hiranuma Kiichiro," talk given at the Forum for US-Japan Relations, Harvard University, November 17, 2015. Levidisの主張は主に1937年7月下旬の荒木貞夫の日記および田中新一「支那事変記録」(防衛研究所, 文庫-依託-403)という二つの未発表の情報源に基づく.

結論

(1) Shillony, *Revolt in Japan*, 209-10.

(2) 次田大三郎の宣誓証言(*IMTFE-CJEJ*, reel 31, exhibit 3258, pp. 1-2). 以下も参照. Shillony, *Revolt in Japan*, 210;「いわゆる三月事件について」9.

(3) Maxon, *Control*, 176, 214-15, 218-19.

(4) Iguchi Takeo, *Demystifying Pearl Harbor: A New Perspective from Japan*, trans. David Noble (Tokyo: International House of Japan, 2010), 218-36, 241(原書は井口武夫『開戦神話——対米通告はなぜ遅れたのか』中央公論新社, 2008年). これらの将校のうちの一人の見解は戸村盛雄「昭和天皇への親電をなぜ私は遅らせたのか——日米開戦もう一つの「遅延問題」(遺稿)」(『諸君!』24巻2号, 1992年2月, 206-09). 戦争回避の最終手段としてルーズベルトと天皇の直接のやりとりを開始させた駐米日本大使館の職員は, 陸軍の過激派に殺害されることを恐れていた(Roger B. Jeans, *Terasaki Hidenari, Pearl Harbor, and Occupied Japan: A Bridge to Reality* (Lanham, MD: Lexington Books, 2009), 115-16.

(5) Byas, *Government by Assassination*, 39.

(6) 「いわゆる三月事件について」1.

(7) Crowley, *Japan's Quest for Autonomy*, 380-84.

(8) Joel Joos, "The Liberal Asianism of Inukai Tsuyoshi (1855-1932): Japanese Relations with the Mainland between Opportunism, Pragmatism and Idealism,"*Bulletin of Kochi Woman's University: Series of Faculty of Cultural Studies* 60 (March 2011), 43-46.

(9) この保持力および説得力に関する理論的考察はJohn Scott, "Modes of Power and the Re-conceptualization of Elites." in *Remembering Elites*, ed. Mike Savage and Karel Williams (Malden, MA: Blackwell, 2008), 30. 以下も参照. Haley, *Authority without Power*, 6-8, 13-14.

(10) Gordon, *Imperial Democracy*, 332-33; Gluck, *Japan's Modern Myths*, 247-49.

(11) 谷は日清戦争中に陸奥宗光外相から「野原に咲く一輪の花」だとして評価された

(Teters, "The Conservative Opposition," 36).
(12) 二つめのバグの土台となるこの現象が反映されている興味深い例は今村均の証言を参照(『陸軍参謀』306-07).
(13) 『大正政変』9-13.
(14) 『私の昭和史』153.
(15) Shillony, *Revolt in Japan*, 214.